基于本体特色的汉语研究

Ontological Studies of the Chinese Language

·庆祝薛凤生教授八十华诞文集·

侍建国 耿振生 杨亦鸣 主编

中国社会科学出版社

图书在版编目（CIP）数据

基于本体特色的汉语研究／侍建国等主编．—北京：中国社会科学出版社，2011.10
ISBN 978－7－5161－0342－5

Ⅰ．①基…　Ⅱ．①侍…　Ⅲ．①汉语－文集－汉、英　Ⅳ．①H1－53

中国版本图书馆 CIP 数据核字（2011）第 243533 号

出版策划　任　明
特邀编辑　成　树
责任校对　王俊超
技术编辑　李　建

出版发行　中国社会科学出版社
社　　址　北京鼓楼西大街甲 158 号　　邮　编　100720
电　　话　010－84029450（邮购）
网　　址　http://www.csspw.cn
经　　销　新华书店
印　　刷　北京奥隆印刷厂　　装　订　廊坊市广阳区广增装订厂
版　　次　2011 年 10 月第 1 版　　印　次　2011 年 10 月第 1 次印刷
开　　本　710×1000　1/16
印　　张　21　　插　页　2
字　　数　375 千字
定　　价　50.00 元

薛凤生教授

薛凤生教授和夫人陈慕勤先生

在黄石公园

在巴黎罗浮宫

在山西五台山

与赵元任夫妇等合影（后排左一为薛先生）

与赵元任夫人在一起

与王力教授合影

薛教授（后右）薛夫人（前右）与王力夫人夏蔚霞先生（前排右二）等合影

与钱钟书教授及夫人、黎天睦（Tim Light，前右）教授合影

1998 年在北京香山“汉学研究国际会议”留影（左起：蒋绍愚，丁邦新，郭锡良，王靖宇，薛凤生，唐作藩，何九盈）

与唐作藩教授夫妇合影

与丁邦新教授夫妇合影

与吕必松教授合影

与鲁国尧教授合影

恭賀

鳳生先生八秩華誕

情系祖國　誼淳同道

學貫中西　業通古今

唐作藩　二〇一一年四月廿五日

學富五車通今古
才高八斗串西中

鳳生教授仁兄八秩華誕，
特以吉金文字書寫頌辭
『學富五車通今古
才高八斗串西中』
敬獻，恭祝
薛公賢伉儷福海壽山

向光忠 謹奉

庚寅歲 仲春

寿凤生先生

蒋绍愚

驻车握手披肝胆，耻效阮生不否臧。
析句分章见睿智，审声论韵入豪芒。
已有文章惊海内，更栽桃李遍遐方。
众宾今日齐云集，共指南山举一觞。

目　录

薛凤生教授简介

侍建国　澳门大学中文系

1. 从大陆到美国

薛先生原名薛凤声，江苏省邳县人。1931 年 10 月 9 日出生。早年就读于江苏省立徐州中学，1949 年跟随父母去台湾，在省立新竹中学继续学业。1953 年考入台湾大学外文系，1957 年毕业。随即考入台大中国文学研究所攻读古典诗文，曾选修董同龢先生的音韵学课；其题为《元微之年谱》（导师为台静农先生）的硕士论文 1964 年由台湾学生书局出版。

薛先生从 1962 年起在美国印第安纳大学（Indiana University）语言学系专攻理论语言学，1968 年获得博士学位。博士论文的题目是 *Phonology of Old Mandarin: A Structuralistic Approach*，论文指导委员会主任是曾经担任过美国语言学会副会长、会长的 Fred W. Householder 博士。该论文以 *Phonology of Old Mandarin* 为题于 1975 年由荷兰 Mouton 出版社出版，其中译本《中原音韵音位系统》于 1990 年由北京语言学院出版社出版。该论著以严格的音位理论对《中原音韵》的语音系统提出了独到的见解。赵元任先生曾阅读了书稿，并提出过修改意见。

薛先生自 1966 年开始在美国爱荷华大学（University of Iowa）任助理教授，1969 年返台大中文系任教一年。自 1970 年开始在美国俄亥俄州立大学（The Ohio State University，简称 OSU）东亚语言文学系任职，直至退休。其间曾两度应邀担任系主任职务，一次是从 1986 年至 1988 年，后觉得繁忙的系务有碍个人研究，两年后坚决辞去；另一次是自 1991 年到 1993 年。1993 年曾获得 OSU 授予讲座教授称号（Bliss M. & Mildred A. Wiant Designated Professorship）。薛先生在 1995 年退休后移居加州，他曾先后在斯坦福大学（Stanford University）和伯克利加州大学（University of California, Berkeley）各做过一学期的讲学。

2. 从美国到大陆

薛先生是“文化大革命”后美籍华人教授中较早回国的专家之一。中美建交后不少华人学者回国进行学术交流①，薛先生是其中之一。1981年，薛先生获得 OSU 和美中学术交流委员会（The Committee on Scholarly Communication with The People's Republic of China）的资助，回到中国大陆，在武汉的华中工学院（现改名为华中理工大学）教授英语；同时被聘为该校中国语言研究所的客座教授，并接受中国音韵学研究会发起人严学窘先生的邀请加入中国音韵学研究会。当时大陆有个规定，学术团体不可接纳外籍学者。严学窘先生说，薛先生是中国人，不是外国人，这条规定不适用。

自从薛先生 1981 年第一次到武汉工作之后，他频繁回国讲学，并邀请国内众多学者到俄亥俄州立大学访学。他是促进中美之间汉语语言学学者相互交流最早的推动人，而当时的俄亥俄州立大学也一度成为国内语言学家到访最为频繁的美国大学之一。

3. 俄亥俄州立大学东亚语言文学系

俄亥俄州立大学是全美最大的大学之一，除了它久负盛誉的美式橄榄球队以外，它的语言学科也极具影响力。其主要原因是 OSU 的语言学历史悠久，师资强大，可称得上是美国现代语言学的摇篮。美国语言学会（Linguistic Society of America）在 1924 年成立，当时的三位创始人中的两位都在 OSU 任职，一位是布龙菲尔德（Leonard Bloomfield），另一位是 George M. Bolling。前者从 1921 年至 1927 年任 OSU 的德语及语言学教授，后者曾在美国语言学会的学术期刊 *Language* 做过 15 年的编辑，对于该期刊的发展作出过重要贡献。此外，著名的美籍语言学家王士元先生（William S-Y. Wang）从 1961 年至 1965 年也曾在 OSU 任职，他还是 OSU 的语言学系（初期名称为 Division of Linguistics）的创建人②，不久又组建了 OSU 的东亚语言文学系（初期名称为 Division of East Asian Languages and Literatures）③。

OSU 的东亚语言文学系是美国汉语教学和研究的重镇之一，从 20 世

---

① 如 OSU 东亚语言文学系的荆允敬 20 世纪 70 年代就回国进行学术交流。

② OSU 的 Division of Linguistics 建立于 1962 年，1967 年改名为语言学系，成为 OSU 当时的第 91 个系。著名的海外中国语言学家桥本万太郎、Sandra Thompson、余霭芹等都是 OSU 训练出来的。

③ Division of East Asian Languages and Literatures 也建立于 1962 年，1970 年改称为系。东亚语言文学系初创时期的三位教授为王士元、荆允敬、Charles Fillmore。

纪80年代至20世纪末，美国《中文教师学会学报》的编辑部就设在东亚语言文学系，历时长达15年，薛先生自1983年开始的6年时间里一直担任该学报主编。

在黎天睦（Timothy Light）和薛先生先后担任系主任的那段时期[①]，东亚语言文学系达到了一个历史上的鼎盛期。当时的师资阵容庞大，汉语言专业著名的学者还包括戴浩一、陈洁雯（Marjorie K. M. Chan）、Bob Sanders、Galal Walker等，汉语语言学师资是当时全美东亚语言文学系中最齐全的。同时中文博士生云集，规模上也在北美名列前茅。

值得一提的是，薛先生曾游说OSU的院方、校方领导，制订了一个邀请国内语言学者访美计划。这一时期应邀访问OSU（并居住一段日子）的中国语言学家包括北京大学的唐作藩、陆俭明、蒋绍愚，中国社会科学院语言研究所的吴宗济、侯精一，北京语言学院的王还、吕必松，南京大学的卞觉非、鲁国尧，上海师范大学的范开泰等。陆俭明先生还给东亚语言文学系的研究生开设了一学期的研讨课（即seminar），使他成为在美国大学里用汉语讲授语法学的第一位中国学者。

薛先生还说服OSU的人文学院（College of Humanities）资助设在武汉华中理工大学的《语言研究》这一颇具影响的学术刊物，为期5年。《语言研究》利用这项赞助，从1992年7月开始对该刊的内容、编辑、装帧、印刷等诸多方面作出了重大的改进。

薛先生本人也经常应邀回国，到许多院校作音韵和语法的学术报告，他曾到过的院校包括北京大学、北京语言大学、南京大学、南开大学、中山大学、四川大学、徐州师范大学、上海师范大学等。薛先生还在徐州师范大学捐资设立"语言学奖励基金"，以弘扬语言科学，提携后进，造福乡梓[②]。

薛先生在向中国学者介绍美国的语言研究与教学发展的同时，让中国学者了解和认识了OSU的东亚语言文学系，而东亚语言文学系的老师和学生们也更多地接触了来访的中国学者；这不仅促进了中美之间的学术交流，也为OSU的东亚语言文学系——这一美国中文研究与教学的大本营——做了非常有效的宣传工作。

4. 音位理论与汉语音韵研究

从1975年的*Phonology of Old Mandarin*到1979年在法国巴黎召开的

① 黎天睦1980年至1986年担任OSU东亚语言文学系语言文学主任。

② 薛凤生先生以其曾祖父名讳冠名设立"薛叙斋先生语言学奖励基金"。

第十二届国际汉藏语言学会上发表《试论等韵学之原理与内外转之含义》，四年间的这两篇重要论著标志着薛先生在汉语音位理论的研究上已开创了一条独特的路子。音位的概念早在一千年前的韵图里就有了，而西方学者的音位观念却只有一百多年的历史[①]。王力先生在1980年山东省语言学会成立大会上的讲话中，称赞美国的一位汉学家"很简明地解决了等韵学中的内外转问题"。王力先生所指的这位美国汉学家就是薛先生，而当时王力先生还不认识他。王力先生在《我的治学经验》中写道："关于内外转的问题，罗常培先生写过文章，我看了不满意。我也写过这方面的文章，觉得也没有解决问题。两年前看到美国的汉学家的文章，我认为他解决了问题。"（见《高教战线》1984年第8期）

当代中国语言学大师王力先生如此高度地评价薛先生对汉语音位理论的研究，说明了这个观点的重要性以及过去的汉语音韵研究忽略了汉语等韵学所表现的音位概念。薛先生在20世纪70、80年代以音位概念研究汉语等韵学，在当时是个大胆的创举，因为那时正值美国生成语言学理论一统天下，海外的汉语研究多围绕着如何将生成理论运用在汉语上。在那样的氛围中提出并论证了在中国的音韵图里早已有之的音位概念，需要独到的见解和非凡的勇气。

鲁国尧先生（见《古汉语研究》2007年第4期）在专门比较了中国的切韵图与西洋音系学的"最小析异对"之后，非常赞同薛先生的观点，他认为中国音韵学切韵图的基石就是"最小析异对"，韵图"每字左右上下各有一字，声声有别"显示了语言中能够区别词义的最小语音对立。他作了以下的评价：

> 要说明的是，西洋学者根据自己语言的特点在分析音节时采取的是辅音、元音分析法。而中国古代和现代语言学者依据汉语的特点则

---

① 最早提出音位概念的人是英国人亨利·斯威特（Henry Sweet），他在1877年出版的《语音学手册》（*Handbook of Phonetics*）里区分了两种语音，一种不具备区别性（non – distinctive），另一种语音本身可造成词汇的不同项（见 R. H. Robins, *A Short History of Linguistics*（4th Edition）. London and New York: Longman, 1997）。最早从理论上给音位下定义的是波兰人博杜安·德·库尔特内（Baudouin de Courtenay）。1870年他在圣彼得堡大学的一次演讲中提出音位（以俄语 fomena 表示）的基本原理，库尔特内提出，要十分重视某些语音对意义的影响，以及意义对语音音质的影响（参见［捷克］伊·克拉姆斯基《音位学概论——音位概念的历史与理论学派研究》，李振麟、谢家叶、胡伟民译，上海译文出版社1993年版）。

采取“声”“韵”“调”分析法。如果两个音节或多个音节，在“声”“韵”“调”三者之中有一差异，就构成最小析异对（组）。现代汉语如此，广韵音系亦如此，由于汉语音节结构的这一特色，故不仅极易寻觅到大量的“最小析异组”，而且可以编织出庞大、严密、明晰的网状切韵图或现代汉语“音节表”。它们都是充分运用了这一重大特点而制成的，如此严密，如此简洁，“非通幽悟微之人，焉能造是”！千年以前的切韵图是中国古代学者的原创精神的体现。

唐作藩先生对薛先生的音韵理论研究的意义和价值也给予了高度的评价，他说（见薛凤生《汉语音韵史十讲·序》）：

我感到薛先生做学问、研究汉语音韵，颇有自己的特色。最突出的就是重视理论分析，因而能高瞻远瞩；注重音位的分析方法，强调系统性，因而能切合古汉语音韵的实际。尽管对一些具体结论，可以有不同的看法。汉语音韵研究主要有两个方面：一是音类的区分，一是音值的构拟。后者的目的本亦在帮助了解音类的不同，而不是要求把每类古音的细微末节（有的包含“古今方国之音”）都拟测出来，更不能认定现代构拟的“古音”就是古人原本的读音。薛凤生先生的报告、论文中旗帜鲜明地反对这种做法，而一再倡导并坚持运用音位学的原则方法，这也是吸取了中国传统音韵学方法的精华，是符合汉语实际的，因而很值得学习。

薛先生曾将自己的研究概括为两点：“其一，用最严密的推理发掘出最能代表语感的音系；其二，用最精确的方式标示出音系的演变与方言的异同”（薛凤生《中原音韵音位系统·著者赠序》）。他此后的研究集中在第一条原则上，他近年曾经对笔者这样说，早先研究汉语音韵时自然认定其“音位”的说法，但经过仔细思考以后，就知道自古迄今的诗词韵书以及民间的顺口溜，都是根据各自的语感而作的，因此可知等韵的含义才是汉语音韵的正宗。

5. 从中文教学上思考语法问题

薛先生在 OSU 东亚语言文学系长期从事语言教学与研究，并担任过美国《中文教师学会学报》的主编，所以他对海外的中文教学（国内叫“对外汉语教学”）非常关注，曾发表过一些有影响的语法文章，如他的《“把”字句和“被”字句的结构意义——真的表示“处置”和“被动”?》（载戴浩一、薛凤生主编《功能主义与汉语语法》，北京语言学院出版社 1994 年版）就是一篇根据他在教学上的思考而写成的论文。这篇文章从语言教学的角度将“把”字句和“被”字句分别表示为两个格式，即“A 把 BC”和“A 被 BC”；再把这两个格式的语意特色解释为“把”字句的 C 是对 B 状态的描写，“被”字句的 C 则是对 A 状态的描写。此外，在语用方面，他将“把”字句里的 B 看做主要话题，A 为次要话题；而“被”字句则正相反，A 为主要话题，B 为次要话题。这种分析从功能上和语义上将两个句式的相关性表示出来，同时也体现了在海外中文教学中的一种可操练性。对于这种规则性的洞察，如果没有丰富的课堂教学经验以及不断的探索和尝试，是无法做到的。

薛先生在古汉语的教学上也有类似的精辟论述，他认为分析句式不能只看句法结构而不管语意（非“语义”），他曾说过，“我认为所谓‘汉语的特点’……是说在风格上，古今汉语的句式都有某些特色，因此在分析当代口语或古代文献时，就必须充分掌握这些特色”（见《古汉语研究》1998 年第 4 期）。比如，他认为《孟子·梁惠王上》的“以羊易之”和“易之以羊”中的“易之”和“以羊”在两个句式里的位置不同，使得整体的语意有差异，但两个句式的语意重心都在后面（见孙朝奋主编 *Studies on the History of Chinese Syntax*，1997）。

以上这种对于古汉语句式重视语意而对于现代汉语句式重视结构的分析方法，均显示了薛先生对于“汉语的特点”的独到见解，它形成了薛先生在语法研究上的一大特色。

6. 师恩难忘

薛先生对学生，特别是对国内的留学生，充满了体恤和关爱之情。这里举两个我亲身经历的例子。

我是 1993 年开始撰写博士论文的，那年时逢薛先生第二次辞去系主任一职，并刚从新加坡国立大学做短期访问后回到美国，他耗费很多的心思和时间指导我的论文写作。我出国前一直在中文系读书和工作，出国时的英语考试（TOEFL，GRE）全靠自学，要用英文写出够水准的博士论文有相当高的难度。薛先生从一开始就要求我每写成一节（大概 6—10 页的篇幅）就必须送给他看，然后面谈。1993 年暑期是我留学的最后一个夏天，教授们大多放假了，但薛先生还是每周来学校跟我详谈他上周收到的章节，再带走我本周所写的章节回去修改。他逐词、逐句、逐段地对论文提出了具体的修改意见，大至如何提出观点、展开论证，小到某个英文术语的用法和搭配，这样整整持续了一个夏天。在如此严格的训练下，我获益匪浅，改正了以往论证不缜密的毛病，例如在论述中对某个术语常常不加界定。这虽在中文里可能算不上大毛病，但用英文表述就有很大的问题，因为英文名词的有定或无定是非常严格的，容不得半点含糊。当时看来，这似乎是对英文语法的掌握不够；现在细想起来，这又何尝不是一种严密论证的方法呢？幸亏薛先生的悉心指导和帮助，我才得以顺利完成博士论文的答辩和修改，于 1994 年初按原计划赴新加坡国立大学中文系任教。

薛先生不仅对我，对其他学生亦是如此耐心，学长王连清在他的回忆文章里也有类似的叙述（见本书《润物细无声——怀念薛先生对学生的关怀》）。

笔者在美国留学五年半当中，从 OSU 的东亚语言文学系到语言学系，语言学知识方面虽所学甚多，但严密的论证方法却是在博士论文的写作过程中训练及培养出来的。我一直视后者为赴美留学的最大收获，这自然跟薛先生特殊的指导方式分不开。

薛先生不仅对学生进行细致的学业指导，也热心支持学生的社会活动。1989 年初夏，国内发生了重大的政治事件，在美国大学里的中国学生学者联谊会纷纷表示自己的立场。那时我刚被选为 OSU 的中国学生学者联谊会主席，发现全校三百多名来自国内的访问学者和留学生处于一个尴尬的处境：因宣布与中国驻外机构脱离关系而无法办理护照延期或更换等事务，一些留学人员面临签证过期的困境。我一上任就设法与有关机构取得联系，协调办理这些事情。这种接触中国使领馆的做法遭到了部分留学生的强烈反对，晚上我常常接到匿名电话，有人恐吓说要向 FBI（美国联邦调查局）告发我是中国政府派来的“间谍”；后来我果真因此遭到了哥伦布市（俄亥俄州的州府）FBI 官员的“上门约见”。幸亏当时薛先生是 OSU 中国学生学者联谊会的顾问，他对我的立场和联谊会的工作予以了大力支持，使得我不但能“化险为夷”，而且还能够顺利组织和开展全校中国学生学者联谊会的各种活动。

每当我忆起在异国他乡留学时遇到的这么一位诲人不倦、关爱备至的恩师，我都庆幸自己在人生最重要的阶段获得了如此的指导和关照，感激之情油然而生。值此庆祝薛先生八十寿辰之际，遥祝太平洋彼岸的薛先生健康长寿，恩师的精神和风范将会永远铭刻在学生心中。

难忘的远方亲情

——寄语凤生兄八十华诞

吕必松　北京语言大学

我有幸结识薛凤生教授，始于1980年。当年，我应俄亥俄州立大学东亚语言文学系新任系主任黎天睦（Timothy Light）教授之邀，到那里任教一个学季（10周）。十年之后，即1990年，我作为访问学者在俄大访问半年，这时，凤生兄正好担任东亚系主任。1994年，我又以俄大校长客人的身份，跟我爱人林英贝一起，在那里做客半年。在这几段时间里，以及在美国的其他日子里，我们都得到了凤生兄和薛夫人慕勤嫂的无微不至的关怀和照顾，终生难忘。记不得有多少个周末，凤生兄和慕勤嫂一下班就双双亲自开车，把我们接到他家中，热情款待。每次都是慕勤嫂亲自下厨——她做的饭菜怎么夸也不过分。当慕勤嫂还在围着锅台转的时候，我和凤生兄已开始饮酒谈心。有一次，慕勤嫂开玩笑说，凤生叫你来喝酒，是因为他自己想喝。不错，我们都希望有机会一起喝酒，真有千杯不够之感。其实，我们根本算不上有什么酒量，一瓶酒要几次才能喝完。

我和凤生兄并非“酒友”（无论“酒友”二字是褒是贬），因为我们不是因酒而交，也不会因为无酒而不交。我们成为好友，是因为能够以心相交。凤生兄出生在中国大陆，少年时随家人去台湾，大学毕业后到美国留学，成了美国教授。然而，我们都来自农村，他的老家隶属徐州，我的老家隶属泰兴，两地相去甚近，自然环境，风俗习惯，甚至地里的庄稼，几乎完全相同。我们是真正的同乡。“老乡见老乡，两眼泪汪汪”，一点不错。更为重要的是，我们都希望自己能为沟通中西文化、增进中外友谊尽一份力，都希望中美关系变得越来越好，都希望中国大陆和台湾的关系变得越来越好，都希望两岸三地的人民更加幸福快乐。我们喝酒谈心，总离不开这些话题，谈的都是我们共同的心愿，觉得不吐不快。作为炎黄子孙，这份割不断的亲情把我们紧紧地联系在一起。

凤生兄和慕勤嫂把赴美的中国学者和学生视为亲人。为让更多的中国学者和学生赴美工作和学习，他们不辞艰辛，做了大量的工作。他们总希望有更多的中国学人学成后回国服务。当然，也难免出现“恨铁不成钢”的情况，这也是一种亲情、一种愿望。

三十年转瞬即逝。回忆往事，好像回到昨天。三十年前英姿勃勃的中年人，不知不觉间就步入了老年。不过，我们还在继续努力，不止不息。凤生兄和慕勤嫂的学术成就和工作业绩，他们为传播中华文化、增进中美友谊所作出的贡献，不但惠及当代，而且会影响将来。我为有幸结识凤生兄和慕勤嫂而深感荣耀。在凤生兄的新作即将出版之际，在凤生兄八十华诞即将来临之际，我和英贝衷心祝愿兄嫂二人健康长寿，衷心祝愿他们全家永远幸福！

我所敬重的风生君

卞觉非　南京大学中文系

今年适逢薛凤生先生八秩华诞，作为多年的老友，我应该写点庆贺文字，以寄心香一瓣。

我敬重凤生君的学识。薛先生是美国俄亥俄州立大学（OSU）东亚语言文学系的讲座教授，曾两度出任该系系主任，也是南京大学、华中理工大学等校的客座教授。他是一位著名的语言学家，既具深厚的国学底蕴，又具宽广的国际视野，在中国古代音韵和汉语语法研究方面，造诣精深，成果卓著。在治学中，他立论高远，视角新颖，论证严密，他的古音韵研究，比如《古官话音系》等著作，给学界带来耳目一新之风；他的语法研究，比如《试论"把"字句的语义特征》等论文，也给学界带来振聋发聩的效果。

我敬重凤生君的人品。我很荣幸地与薛先生相识于 1985 年 5 月。那是他第一次来南京大学访问，我参加接待。结束后他邀我同游我的故乡扬州。那时正是烟花三月季节，大地复苏，春意盎然。那天早晨 8 点多钟，我带上一只军用水壶，我们同乘一辆开往扬州的老旧的长途汽车。不可思议的是，等待乘客上满后，司机竟然锁上了车门，一路哐里哐当地开着，薛君担心地问：出了事怎么逃？我说：不会吧？害得他一路担惊受怕，也让他体验一下当时落后的中国交通，我却有点儿麻木。幸好一路平安无事。到达扬州已经 11 点多了，我们匆匆奔向久负盛名的富春茶社，时间已近 12 点，此时菜肴已经售完，但还有富春包子，味道不错，我们草草地吃了几个。如此简便地招待客人，至今仍感怠慢不周。那是一个物质匮乏的年代，也让薛君体会了一次。下午，我们游览了扬州瘦西湖、钓鱼台、五亭桥、白塔、平山堂、欧阳修祠等胜景。薛君谈古论今，游兴甚浓，一路拍照留念，甚是开心，连连说下次还要再来。翻开当年的老照片，初识时的凤生君，乌发皓齿，体格强健，意气风发，正值壮年。在交往中，我感到薛君为人谦和，待人真诚，极易相处。我们一见如故，从此成了朋友。此后，我们几乎年年见面，或是参加会议之际，或是他回国访问之时，或是于私人聚会之中。尤其是1987—1988年我应邀在OSU执教一年中，得到他的关照尤多：在教学上，得到他的指点和帮助；在工作中，比如在主编《新编实用汉语系列教材》时，得到他的大力支持，才得以顺利完成任务；在生活上，得到他和夫人图书馆学专家陈慕勤女士的多方照顾，每逢节日均被邀至府上做客，夫人亲自下厨，烹制精美的粤菜，精致可口，至今仍感口齿留香。现在，我们家跟薛君、夫人以及儿子明远和女儿文斐都成了朋友。这一年的访问经历，使我有机会亲身感受美国，实践美国教学理念，了解美国语言学的进展，这对我回国后的教学和研究都有很大帮助。

由于凤生君心存同胞情谊，在国内广结同行，善交朋友。在交往中，薛公始终抱着谦虚谨慎、亲善和蔼、以诚相待的态度；绝对没有个别华人学者那种傲睨自若、颐指气使、轻视国内学术的做派，所以，他在北京、上海、南京、武汉等各大城市都有很多知交，深受学界同仁的敬重。

我敬重凤生君的赤诚。薛先生是江苏邳县人。我没有问过他的身世，但从我们的多次谈话中，我知道他曾经就读于徐州中学，是位品学兼优的学生。1949年，由于中国大陆政权更迭，他跟着家人几经辗转，最后到了台湾，可能还在眷村中生活过。1957年考上台湾大学外文系，专攻英语，但对中国传统的古代音韵产生浓厚兴趣，后就读于台湾大学研究所，师从董同龢先生等。旋又赴美国深造，1968年获印第安纳大学语言学博士，后受聘于俄亥俄州立大学担任教授。以我对他的了解，尽管他人在台湾，或是后来成了所谓的美籍华人，但他的心结仍然留在中国大陆，深深的中华情结使得他难分难舍、难弃难忘。我曾多次感慨地对他说：一个最不应该离开中国的人却离开了！但他始终关注着国内发生的一切，他希望故国富强、民族振兴、人民幸福安康，总存回国服务的念头。他曾对我说，20个世纪70年代，作家陈若曦夫妇曾率先探路性地回到中国大陆工作，他们却被分配在南京华东水利学院。薛君说，我们十分关注他们在大陆的境遇，如果陈氏夫妇能够顺利待下去，我会接着跟进的。当时正值“文化大革命”后期，后来发生的陈氏夫妇回流的故事是不可避免的。

薛君对此失望但并不灰心。果然机会降临，拨乱反正、改革开放刚开始，他毅然只身来到武汉，受聘于华中工学院，教授英文。他可能是“文化大革命”后华人教授中最早回来为祖国效劳的人士之一。这是他在阔别三十多年后第一次回国，亲身体验现实，感受变化，看到希望。随着国门大开，中国大批学生留学美国，薛君所任教的俄亥俄州立大学是全美最大也是最好的大学之一，他所执教的东亚语言文学系，也是中国留学生首选的系科之一，其教学质量也属上乘一流。作为两度出任该系系主任的凤生君，对于这批初出国门、贫穷但勤奋好学的青年学子，出于同胞情谊，关爱尤加，在学业指导、经费支持和就学、就业推荐等方面都倾注了很大的心血。如今这群数百名学生中，除了部分回国服务外，其余均留在美国，从事汉语言文化教学等工作，为弘扬中华文化效力。他们亲切地把Columbus称作自己的第二故乡，把培养和教育他们的敬爱的老师薛凤生先生等看做自己的亲人。这对教师而言，不是一种最高赞誉么？

与此同时，凤生君还积极参加国内学术活动，推动中美学术交流。他几乎年年都要回国一次，参加诸如世界汉语教学学会、中国语言学会、中国音韵学研究会等学术活动，自费赴各地作学术报告，跟国内同行分享自己的研究成果，他介绍先进的治学理念，让祖国学人享受学术互动的乐趣。即使退休之后，他也乐此不疲，自费回国，到徐州师范大学讲学，赴各地作学术报告，他不顾天气炎热和路途劳累，参加中国音韵学研究会的学术活动，一次也不缺席。何以如此？用薛夫人陈慕勤女士的话说：这就是所谓中华情结吧！

还值得称道的是，凤生君在担任两任系主任期间，为了帮助国内同行走出国门、了解世界，他多方筹集经费，制订了一个邀请国内学者访美计划。时间长短不等，有的参加学术会议，有的进修，有的讲学，有的读学位。被邀请者如：北大的唐作藩、陆俭明等，中国社科院语言所的吴宗济、侯精一等，北京语言大学的王还、吕必松等，南京大学的鲁国尧、卞觉非等，上海师范大学的范开泰等，总数不下数十人。薛先生是执行这项计划的纽带，是桥梁，是引领者。此举为国内同行提供了感知美国、认知美国语言学、了解世界的机会，这对他们回国后的教学和科研工作是极有帮助的。就我亲眼所见，薛君对来访者常常亲自迎来送往，安排活动计划，举行家宴款待，忙得不亦乐乎，薛公似乎在乐中求乐，乐在其中。我深为薛君的这种只求奉献、不图回报、真情实意地帮助国内学人的义举所感动。这就是凤生君。

伟者如斯，吾所敬重者，此也！

哥仑布城的黄昏

吴欢章　上海大学文学院

我曾经两度访问哥仑布城。哥仑布是美国俄亥俄州的首府，一个宁静而美丽的城市。然而留在我记忆深处的，却是它那迷人的黄昏。

1982 年我随中国汉语专家代表团头一次来到哥仑布城，陪同我们前来的是俄亥俄州立大学的薛教授。一下飞机，俄州大学的教授们亲自驾着好多辆轿车来迎接我们。这是一个春日的傍晚，从车窗望去空气都是透明的。街道安静而整洁，两旁是行行绿树、簇簇鲜花，时不时闪过可口可乐的广告牌。商店小巧玲珑，橱窗装饰新颖别致，霓虹灯渐渐闪烁起来，好像眯着笑眼欢迎我们这些远方来客。一路在轻快优美的美国乡村音乐的伴奏下，我们来到花木掩映的薛教授的住宅。这是一幢白色的小洋楼，进入客厅却是满目的中国字画，墙角和几案上立着几尊古朴的铜佛，虽在西方城市，我们却感受到东方文化的浓郁的气息。薛太太为我们准备了丰富的冷餐，大家喝着啤酒，三三两两随意交谈。客厅里笑声不断，一片温馨。我坐在靠窗的沙发上，外面是一个绿草如茵的小花园，园角一株桃树正吐放着绯红色的火焰。月亮升起来了，洒落一园淡淡的银辉。此情此景，诗意油然而生，我随口吟出几句："小楼灯火分外明，旧友新朋笑语频。树影摇红春夜月，他年入梦有此城。"从这以后，哥仑布城的黄昏就伴随着这首诗时常来到我的心里。

不料 7 年以后我又来到哥仑布城。这次是乘我在纽约大学讲学之便，俄州大学东亚语言文学系请我来此短期讲学。薛教授作为系主任和老朋友，殷勤邀我住在他的家里。那几天可把薛教授忙坏了，他陪我去俄州大学讲课，又驾车送我去几十公里外的威腾堡大学作报告，又带我去日光城参观美国航空博物馆，日子过得紧凑而有趣。最有意思的是每天我们都要在他家的小花园里共同享受一个温馨而轻松的黄昏。一用过晚餐，我们就来到小园里，围着用树桩做的桌子，坐在同样用树桩做的凳子上，一边呷着咖啡，一边谈天说地。园子里依旧绿草如茵，园角依旧开着满树粉红色的桃花，天空变幻着金色的晚霞。小园围墙外是一片白色的花海，大概是李花吧，春风送来馥郁的花香。薛教授虽是语言学家，可对中国文学非常熟习。我们谈得最多的是古典诗歌。从屈原、陶潜、李白、杜甫一直谈到苏东坡、陆游、龚自珍、黄遵宪，说到高兴处还随口吟诵一些名诗佳句。有一回谈着谈着，他动了感情，吐露了心底的一个秘密："熟读唐诗三百首，天涯海角不忘根啊！"薛太太是图书馆学者，但她的业余爱好却是研究中国当代女作家，这时也接过薛教授的话头说："我研究中国当代女作家，也是为了同故土的女性保持心灵交流，使自己在国外不致断了民族文化的血脉。"对海外游子这种心情，我是理解的，我出国才几个月不就乡思不断么！小园黄昏里浓浓的乡情和友谊，常使我们忘掉时之早晚，天黑了还不想进楼去休息。

花园黄昏小憩，是我在哥仑布城度过的最畅怀的时光，成为我和薛教授夫妇每天的"保留节目"。尤其是我临回国前的那个黄昏，薛教授夫妇在园中设宴为我送行的情景，更让我久久难以忘怀。

那天傍晚，薛太太首先忙碌起来。她把精心烹制的许多拿手的中国菜摆满了那张树桩做成的圆桌，还特意准备了两瓶绍兴酒。气候也特别宜人，虽已黄昏，但天空仍然颇为亮堂。围桌坐定后，薛教授首先举杯对我说："今天春夜宴桃李园，是临别的聚会，也是为你饯行。"大概是惜别的缘故，起先大家只是默默地饮酒和吃菜。酒过数巡，话渐渐多了起来。话题一直围绕着中国目前的状况。我发现他们夫妇很关注中国的改革开放政策，尤其关注知识分子政策问题。我就此谈了自己的一些看法。似乎是为了解释，薛太太说："我们在美国生活了几十年，如今年纪渐渐大了，假若国内情况好，我们很想回江南度过自己的晚年。"我理解地点点头。薛教授忽然长叹一声："树高千尺——叶落归根呀！"一阵轻风吹过，飘来扑鼻花香。薛教授似乎有点感慨地吟哦起来："夕阳无限好，只是近黄昏。"我马上回应了一句："老夫偏作黄昏颂，满目青山夕照明。"他也有点激动地点点头。我望着他那花白的头发在晚风中轻轻拂动，夕照的余晖映出他的眼睛似乎有些湿润。为了排解沉重的气氛，我又说起："黄昏在古诗人笔下总有点伤感的味道，但是景随情迁。白日的跋涉和劳累之后，黄昏时休养休养身心，回味回味生活的苦辣酸甜，享受享受亲情和友谊，也依然是人生的一大乐境。何况接下来还有满天星月，万家灯火，还有第二天的旭日东升……"他俩都会意地点点头。薛教授高高举起酒杯大声说："让我们为美好的黄昏，为今日小园的聚会，为千里万里的乡情和友谊，干杯！"月亮升得很高了，满园子明晃晃的，不知是花光，还是月色？

哦，令人难忘的哥仑布城的黄昏！

（原载《光明日报》1995 年 12 月 9 日）

润物细无声

——怀念薛先生对学生的关怀

王连清　美国国防语言学院

1985年，我在中国社会科学院当助理研究员的时候，成功申请到了俄亥俄州立大学读博士的奖学金（Graduate Fellowship）。这种奖学金虽是通过全校竞争获得的，但东亚语言文学系的极力推荐也非常关键，而当时正是薛凤生教授任东亚语言文学系主任。我非常感激他，薛教授自然也成为我赴美读博士的第一位导师。

薛教授跟我的第一次谈话就给我留下非常深刻的印象。当时中国和美国的交流刚开始不久，中美之间在学术方面的相互了解也有限；而薛教授年轻时从台湾来美国读博士，毕业后就一直在美国大学任教。但是谈话中他给我的印象是他当时对中国汉语学界的研究非常了解，我在中国社会科学院研究生院读硕士研究生的三位导师傅懋勣、王辅世、王均，他们在北京话的研究和中国文字改革方面有一些贡献，薛教授对此非常熟悉，能举出他们发表的主要著作的题目及其内容。

后来，我非常有幸在薛教授的具体指导下研究中国音韵。薛教授对西方研究音韵的理论非常熟悉，而我在这方面却是小学生。记得有一次我试图用刚学来的一点西方语言学理论描述自己的海南方言的音系，作为我的期末作业。交上去以后，薛教授就启程去了北京。我想他这么忙，可能只是给个分数。没想到他回来以后，约我去详细谈了那篇习作。原来他利用坐飞机的时间，详细地看了我的作业，作了许多眉批，指出其中的问题；还当面给我一一解释，使我获益匪浅。从薛教授那里，我不仅学到了知识，更学到了他对学术研究和教学工作的一丝不苟。

除了在学术上深受其益以外，薛教授对国内留学生生活上的关心和体贴也让我至今不能忘怀。20世纪80年代从中国大陆来美国留学的学生大都年纪较大，是“文化大革命”十年大学关门、高考和研究生制度一律停止所造成的。我当时来美国已经是 40 岁开外，虽然拿全额奖学金，但是我们还要照顾家庭和孩子，有时候会到学校的学生食堂或校外的中国餐馆打点工。按美国政府的规定，我们持学生签证（F1）的学生是不能在校外打工的。如果大学的国际学生办公室知道，我们会有很多麻烦。但是薛教授非常理解我们的处境，从不为难我们，即使知道有此事，也是“睁一只眼，闭一只眼”。如果对中国文化和当时中国社会的现状没有深刻的理解，是很难做到这一点的。薛教授还常常在家里跟师母一起准备中国饭菜，招待我们学生和其他老师。他常常“规定”国内来的学生不要带任何东西，对我们的体贴可见细微。除了生活上的关心以外，薛教授更关心我们毕业后的去向和工作，只要有可能，他都会竭力推荐他的学生到合适的大学任教。

薛教授对中美之间的学术交流一向十分热情，做了很多具体的工作。其中之一就是启动并维持俄亥俄州立大学与北京大学、南京大学和北京语言学院（现北京语言大学的前身）的学术和人员交流。在我学习的几年时间里，在薛教授的努力下，东亚语言文学系每年都有几位从这几所大学来的访问学者，而薛教授对此事无巨细，均一一关照。我有几次看到他亲自给刚来的访问学者送生活必需的锅瓢碗勺，亲自落实很多诸如机场接送、找房租房等具体的接待工作，使这些访问学者的生活非常顺利。记得有一次，他已经安排我送北京大学的陆俭明教授去机场。但是那天下大雪，他不放心，亲自到陆教授的寓所，看看送机有没有问题。

除了在生活上对这些访问学者关怀备至以外，薛教授也非常注意保证学术上的访问成功和顺利。1988 年，他和戴浩一教授一起主编美国中文教师学会出版的第一本单行本 *Chinese Functional Grammar*，当时我是研究助理（Research Assistant），他让我打字和做一些文字校对的工作。他选用了几位国内访问学者的文章在上面发表。我每次把打好的稿子交给他以后，他都要再仔细校对一遍，还多次叮嘱我要保证国内学者文章的排版质量。薛教授对访问学者在生活上和学术上的考虑之周到、安排之细致，给我留下了深刻印象。

薛教授在汉语音韵的研究方面造诣很深，在中国和美国学术界都享有很高的声誉。我来美国留学，非常荣幸能做他的学生。值此薛教授八十华诞之际，衷心祝愿恩师健康长寿。

《集韵校本》序

赵振铎　四川大学中文系

《集韵》是宋代继《广韵》之后的又一部大型官修韵书。根据卷首《韵例》，它在收字、注音、释义各个方面都尽量要求完备，这和陆法言《切韵》以来的韵书“论南北是非，古今通塞”、“捃选精切，削除疏缓”的旨趣有所不同。正因为如此，有人认为它是一个“大杂烩”，用途不大。其实这部书收字三万字以上，大大超过了《广韵》；收录字的读音也比《广韵》多，有的多达十个以上；字义的解释也比较丰富，收录的义项不少。这部书除了音韵学上的价值外，在文字学和训诂学方面也有重要的作用。只要运用得当，它在研究古音、探索词义、考察字形结构方面都有很大的好处。除此以外，《集韵》注音将切语的类隔切改为音和切，每个韵内部的小韵按照声母的发音部位和方法类聚在一起，开宋代韵书革命的先河，也是值得注意的。

根据文献记载，《集韵》由丁度、李淑与宋祁、郑戬、王洙、贾昌朝等同定。在编纂中丁度起了重要的作用。因此一些公私书目只著录丁度的名字。书成于宋仁宗宝元二年（1039）九月，庆历三年（1043）八月十七日雕成。两宋时期各地陆续有一些刻本。从元代到明代四百年间，这部书没有重刻过，宋代的刻本也渐渐稀少，到了明末清初，见过这部书的人已经不多，博学多闻如顾炎武，也因为没有看到它而认为它已经亡佚。

康熙年间，朱彝尊从汲古阁毛扆处借得一部影宋钞本，交给曹寅镂版印行，以广流传。康熙四十五年（1706）在扬州刻成，就是通常所说的曹楝亭本，简称“曹本”。《集韵》又有了刻本在世上传播。嘉庆十九年（1814）顾广圻重修本，光绪二年（1876）的姚觐元“姚刻三种”本都是用它作为底本。

《集韵》是一部官修书，官修书粗疏之处表现得非常明显，错讹的地方不少。姚觐元说“《集韵》触处皆误”，不是夸张之辞。曹寅刻书的时候，按照自己所定的统一格式重新编排抄写，又出现一些新的错讹。正如姚觐元所评论这个本子“版刻精工，而校雠未善，识者之所弗取”。

早在宋代《集韵》编纂的同时，司马光等人修纂《类篇》，就已经发现《集韵》的错讹，并有所纠正。到了清代，由于有了刻本，见到《集韵》的人多了起来，人们发现这个本子的一些错讹，对它进行校理，段玉裁、王念孙等学者都有过整理这部书的打算，但是由于种种原因，都没有成功。除了段玉裁有校本流传外，他们对《集韵》的见解，散见于他们的著作中。

清代校理《集韵》的学者不少，如：余萧客、汪道谦、吴骞、许克勤、韩泰华、陈鳣、钮树玉、汪远孙、严杰、陈庆镛、许翰、董文焕、汤裕、周寿昌、马钊、丁士涵、卫天鹏、顾广圻、吕贤基、凌曙、黄彭年等，他们大多数是用当时能够看到的汲古阁影宋钞本来校《集韵》，也有用传世典籍校《集韵》的，这些校本藏在国内的一些图书中，已经属于善本书了。

方成珪的《集韵考正》是清道光年间写成的。后来由孙诒让编入《永嘉丛书》，这部书对《集韵》作了全面的整理，用功最勤。书中用的宋本是汲古阁影宋钞本，但不是原书，而是传抄本，也仅是部分引用，此外还用了汪远孙、严杰、陈庆镛的校语。虽然他没有更多地利用宋本，但是所得的结论却和宋本相合，这是难能可贵的。但是他引用的严杰校语有的是段玉裁的，可能严杰过录段校没有标明，所以出现这个误会。不管怎么说，这是今天能够利用的整理《集韵》的好本子。

陆心源也曾经用汲古阁影宋钞本校《集韵》，写了一些校语，书名《校集韵》，收录在他的《潜园总集》中。

以上是两部刊印出的研究《集韵》的著作。

清朝同治年间，常熟庞鸿文、庞鸿书兄弟曾经从同乡翁同龢家中借得南宋明州刻本《集韵》，用它和曹本对校，作了校记。这是开始利用了南宋明州刻本《集韵》来校曹本。光绪年间，朱一新邀约黄国瑾、濮子潼、钱振常和他的儿子钱洵等人也用明州本校曹本，世间还有明州本《集韵》才为人知晓。

姚觐元的《集韵校汇编》，利用了明州本和汲古阁影宋钞本，并录有余萧客、段玉裁、钮树玉、韩泰华、吕贤基等人的校语，应该是晚清整理《集韵》的重要著作，但是存书不到四卷。而且仅是稿本。

清末钱洵对《集韵》也下过一番功夫。他除了参加用明州刻本《集韵》校曹本外，还做了其他一些工作。现在日本早稻田大学藏有他校《集韵》的三种本子。一种是前面提到的朱一新等五人的校本，另一种是他过录的余萧客、韩泰华校语和自己校明州刻本的校记，再有就是将各种字书材料过录在《集韵》上，其中五家校本更接近原校本，最为宝贵。

以前要看到宋本《集韵》，那是一件难事。顾广圻就因为明知有一部宋本在扬州某氏家，因无法看到而发出感叹。今天我们的条件比前人好得多，所知的三个宋本都已经影印出版，清内府藏南宋潭州本《集韵》已经编入《古逸丛书》三编，于20世纪末由中华书局影印出版；翁同龢家所藏南宋明州刻本《集韵》已经编入《常熟翁氏世藏古籍善本丛书》，1993年由文物出版社影印出版；最难见到藏于日本宫内厅的南宋淳熙金州刻本《集韵》，也于2001年编入《日本宫内厅书陵部藏宋元版汉籍影印丛书》出版，各大图书馆庋藏的清人批校本也可以借阅。这在前代是不可想象的。

笔者有心研究这部书是在20世纪50年代中期，当时我还是刚上讲台的青年教师，上级号召我们向科学进军，要大家拟订科研项目。我心想祖父的《广韵疏证》已经写成，我就照他研究的路子，把《集韵》作为研究对象，订了一个整理《集韵》的科研项目。那时教学任务比较重，除了应付日常的教学，所剩时间非常少。而那个时代，如果在教学任务之外搞科研，还会受到有些人的指责，说你在“搞私货”。但是我还坚持下来了。1964年起，先是下乡搞“四清”，回学校后，又参加了学校的“四清运动”，接着就是那个“史无前例”，十几年的光阴就这样白白浪费掉了。

整理《集韵》旧事重提是在1975年参加《汉语大字典》编纂工作，工作中接触到许多有关《集韵》的资料，就留心抄录。几年下来收集到的资料已经不少。于是利用《汉语大字典》的稿本制作了一套《集韵》的工作底本，将《集韵》分字剪贴在上面。把收集到的资料抄录在相关字头下。又把方成珪的《考正》和陆心源的《校集韵》也录下来。

1990年，《汉语大字典》编纂工作告一段落，我闲了下来，就和发妻鄢先觉外出访书，在北京、上海、杭州、宁波、南京等地的图书馆，由朋友的帮助，能够看到不少以前没有看到的资料。第二年就开始进行整理工作。采用前人编写长编的办法，将资料录入工作本。这里既有校勘的文字，也有词语的疏通证明。将近二十年，全部工作基本完成。然后把文字校勘材料汇总到一起，编成这个校本，希望能够为使用《集韵》的读者提供一个可以利用的本子。

校本以嘉庆十九年（1814）顾广圻重修本为底本，因为这个本子在曹本的基础上对一些错讹有所改正，20 世纪末中国书店又曾经影印过，流传较广，容易得到。将文字的衍讹缺倒注在有关字的书眉，并按韵标号，校记附在全书之末。

整理《集韵》是一项非常繁重的工作，论自己的学识和功力，还不敢说就做得很好，对清人的校语还有一些无缘看到，但是既然已经写成，还是想将它公之于世，希望得到读者的批评指正。

豪韵唇音字在日本古代汉字音中的读音

平山久雄　日本东京大学

关键词　切韵　豪韵　日本汉音　日本吴音　语音变体

一

董同龢（1948）把平声豪韵的反切下字分为两类，即（1）“刀”、“劳”、“高”、“曹”；（2）“毛”、“袍”、“褒”，并加按语说：

“按：这一韵的唇音字自成一类。《广韵》多一个滂母的‘橐’，可是也用唇音的‘袍’为反切下字，四个唇音仍不与其他的字系联。这恐怕是本韵的唇音字在音质上跟别的字有不同的缘故。陈澧《切韵考》并两类为一，虽然没有扰乱韵母系统，究竟抹杀掉一件小事实。”

在古代的日本汉字音中，豪韵唇音字与非唇音字反映不同，可以证明董同龢先生所说的“一件小事实”并非虚拟。

二

有坂秀世（1944）就各种日本古代文献广泛调查了对豪韵字（包括上声、去声）的假名注音，结果发现，无论是汉音还是吴音，豪韵非唇音字皆注为 a-u，唇音字则皆注为 o-u，构成明显的对比；肴韵字则不管是唇音还是非唇音，汉音都注为 a-u，吴音都注为 e-u 或 a-u。例如正仓院所藏以《蒙求》钞本为代表的七八百年前汉音读法的资料。里面的有关字音如表 1（“ - ”左右各代表一个假名字①）：

---

① 假名的罗马字写法据现代日语的发音。现代 h 是从古代的 p 经过双唇音擦音而变来的。日本古代文献里的假名往往省略浊音符号，因此在下面《蒙求》字音中“毛” ho-u 实代表 bo-u，他皆仿此。

表 1　　《蒙求》钞本豪、肴二韵字的日本汉音

豪韵	非唇音（举例）	好 ka-u、高 ka-u、曹 sa-u、草 sa-u、刀 ta-u、道 ta-u
	唇音	宝 ho-u、褒 ho-u、毛 ho-u
肴韵	非唇音	胶 ka-u、巧 ka-u、教 ka-u
	唇音	鲍 ha-u

心空《法华经音训》（成书于 1386 年）为代表当时吴音的资料，里面的有关字音如表 2。

表 2　　《法华经音训》豪、肴二韵字的日本吴音

豪韵	非唇音（举例）	好 ka-u、高 ka-u、造 za-u、草 sa-u、刀 ta-u、道 da-u
	唇音	保 ho-u、报 ho-u、宝 ho-u、毛 mo-u、暴 bo①
肴韵	非唇音（摘录）	胶 ke-u、巧 ge-u、教 ke-u、爪 sa-u、抄 se-u、铙 ne-u
	唇音	饱 ba-u、泡 ha-u、犛 me-u、貌 me-u

在 15 世纪以前的其他字音资料中，情况也都基本如此②。只有“抱”、“袍”两个豪韵唇音字多注 ha-u 为例外，这可理解为声符“包”（平声肴韵）的影响。

有坂氏据此认为：豪韵在中古汉语是 ɑu，和肴韵 au 对立，但在唇音之下，ɑu 受声母的影响而近似［ɔu］，而豪韵［ɑu］、［ɔu］之别在古代汉人的观念中是同一个韵母，在古代日本人听来则包含两个不同的主要元音，因此分别以 a-u 和 o-u 加以模拟了。他还在该文“追记”中举两个材料指出在唐末方音中豪韵唇音字变入模韵的现象，认为这是由与此同样的语音差距发展而来的：一为钱大昕（1804：117—118）卷五“声相近而讹”条云：“李匡乂《资暇集》：今人读‘帽’为‘慕’，‘保’为‘补’，‘褒’为‘逋’，‘暴’为‘步’，此由豪韵转入模韵也。”另一为许国霖（1937）所收《维摩诘所说经变文》的押韵，那里“宝”与“虑”、“虎”、“路”、“女”等字相押。

大约从 15 世纪以后，日本汉字音中豪韵字非唇音与唇音的区别开始混乱，唇音字也常写为 a-u 了。这是因为学者按《韵镜》和其他韵学著作对字音加以调整，又是因为在口语中 a-u、o-u 合并为一个长音 oː。

① “暴”作 bo 是一种例外读法。

② 亦可看沼本克明（1995）。

以上是有坂氏的考证结果。高本汉按照现代的读法把豪韵字一律记作oː，对其注云："汉音 oː 写作 a-u，吴音 oː 写作 o-u。"① 这是他根据日本某些"汉和字典"承袭了德川时代（1603—1867 年）学者对汉音、吴音强加区别的结果，没有足够的文献基础。

三

如果有人根据古代日本字音来拟测中古汉语的豪韵曾有过 ɑu（非唇音）和 ɔu（唇音）两个不同的韵母，那就是薛凤生先生所指摘的音质"构拟"②，会搞乱整个韵系的系统性。豪韵［ɑu］和［ɔu］不过就是一个韵母/ɑu/的不同语音变体罢了。在历时研究上需要区别音位和语音两个层次，这一认识的重要性在这里也可以得到一个例证。不过我相信，发掘以往的语音事实仍然不失为音韵学研究的一个任务，因此《切韵》系韵书平声豪韵唇音的反切下字自成一类和日本古代汉字音的情况相符，这还是足以让人感兴趣的。

一个音位的不同语音变体，是本地人一般难以认识到的，但也有时候能认出点不同来，例如北京话的韵母/uəŋ/在零声母之下是［wəŋ］，在其他声母之下都是［ʊŋ］，这个事实北京人大都会容易感觉到。《切韵》平声豪韵唇音字的反切下字自成封闭的系列，这应该反映了反切作者感觉到了唇音字的语音跟非唇音字有所不同。但在上声晧韵、去声号韵中，反切下字没有与此平行的分用。下面是《王三》③ 豪韵唇音小韵首字及其反切（滂母无小韵）：

	平声豪韵	上声晧韵	去声号韵
帮母	褒　博毛	宝　博抱	报　博秏
并母	袍　薄褒	抱　薄浩	暴　薄报
明母	毛　莫袍	蓩　武道	帽　莫报

平声豪韵"薄褒"，《切三》把"褒"误作"裒"；去声号韵"博秏"，《王一》、《唐韵》、《广韵》作"博耗"，"耗"为"秏"之俗字。

① 高本汉（1940：653）。
② 薛凤生（1996：47）。
③ 即宋濂跋本《刊谬补缺切韵》，反切据李荣（1952：44）所载。

在现存《切韵》系韵书中，豪韵反切的用字除此以外都没有异同，因此可以认为上列能代表原本《切韵》的情况。

皓韵唇音反切用“浩”、“道”，号韵唇音反切用“秏”，以此为媒介，“皓”、“号”二韵的反切下字各系联为一类，这就意味着豪韵有［au］（非唇音）和［ɔu］（唇音）的不同是限于平声的事情吗？也不见得如此。从古代日本汉音、吴音所共通的情况来看，这种语音差别当在中古汉语时期不论南北，也不论平上去声，都是广泛存在的，不过平声显得更明显一些，结果只在《切韵》平声的反切下字中得到了反映。

参考文献

董同龢：《全本王仁昫刊谬补缺切韵的反切下字》，《中央研究院历史语言研究所集刊》第十九本，1948 年，第 549—588 页。

高本汉：《中国音韵学研究》，赵元任、罗常培、李方桂合译，商务印书馆 1940 年版。

李荣：《切韵音系》，《语言学专刊》第四种，中国科学院 1952 年。

钱大昕：《十驾斋养新录》1804 年版，据上海书店 1983 年版铅印本。

许国霖（编）：《敦煌石室写经题记与敦煌杂录》，商务印书馆 1937 版。

薛凤生：《试论切韵音系的元音音位与重纽、重韵等现象》，《语言研究》1996 年第 1 期，第 46—56 页。

有坂秀世：《“帽子”等の假名遣について》（《关于“帽子”等词的假名拼法》），《国语音韵史の研究》，明世堂书店，东京，1944 年版，第 255—274 页。（原载于《文学》杂志，岩波书店，1942 年 7 月）。

沼本克明：《吴音・汉音分韵表》，载于筑岛裕编《日本汉字音史论辑》，汲古书院，东京，1995 年版，第 121—243 页。

汉语音韵史的研究有义务与现代汉语有系统地联系起来

——贺凤生先生八十华诞

侯精一　中国社会科学院语言研究所

凤生先生八十华诞，振生约我写篇文章，我很高兴地答应了！写点什么呢？找出凤生先生送我的《北京音系解析》，想找点感觉。几年前搬家，有些书找不到了，凤生先生的这本书一直妥为收藏，所幸完好无损。重读过后，想到现在这个题目。这是借用凤生先生在书的自序里说的话。凤生先生对于汉语音韵史，特别是《中原音韵》素有研究，强调历史语音的研究要密切联系现代语音，的确是金玉良言。

那是24年前的事了。1987年8月17日，凤生先生送给我他的新作《北京音系解析》。同年10月我到美国进行学术交流，有机会到凤生先生所在的俄亥俄州立大学讲学，并有幸到凤生先生的家里做客。那天是1987年10月27日。在座的有卞觉非教授、戴浩一教授和陈洁雯教授，相谈甚欢，是一个很愉快的晚上。同去的还有我的同事孟琮。依稀记得，凤生先生问起“琮”字的读音是zōng还是cóng。在俄亥俄州立大学有4—5天，凤生先生的热情、豪爽给我留下深刻的印象，至今难忘！2010年11月在太原参加中国音韵学研究会第十六届学术讨论会暨汉语音韵学第十一届国际学术研讨会，没有想到能看到多年不见的凤生先生，倍感亲切。岁月的风霜虽然看得出来，但他的豪爽、热情、健谈仍同多年以前一样。

前辈学者严学窘先生在凤生先生这本书的序中说：薛凤生教授长于近代汉语语音和现代汉语语音的综合研究。用现代流行语来说就是凤生先生重视近代汉语语音与现代汉语语音的比较研究。注重比较这个观点，凤生先生在这本书的自序中是这样说的：“对于我来说，一个完整的交代是完全必要的。我的研究重点是汉语音韵史，我对于这种研究的看法是，不管我们研究的是历史上的哪一个阶段，研究者都有义务把那个阶段与前后各阶段，尤其是现代汉语，尽可能地有系统地联系起来，绝不能满足于把那个阶段作为一个孤立的个体来处理。”凤生先生用的几个关键词“有义务”、“尽可能地”、“系统地”、“联系”值得关注。《北京音系解析》第七章北京音的历史性质就是研究《中原音韵》有系统地联系北京语音的很好例证。只有联系古今语音的比较研究，才得以通透语音的演变规律、探求语音演变的路径。

关于周德清《中原音韵》的入声字问题，是多年来学界热议问题。凤生先生主张《中原音韵》所代表的口语音韵系统没有入声，但在与《中原音韵》同时期的读书音系统里仍有以喉塞音为韵尾的入声字。在关于《中原音韵》入声字的研究中，凤生先生有一些值得注意的观点。例如，他说：一般人，包括周德清在内，常有一种错觉，即把所记入声看做一个整体而申论其有无，其实我们应该认识到，入声字有许多类别，因此在改读或消失时，可能有先有后，也可能遵循着不同的规律。凤生指出的入声的演变不是“整体”行动，是“遵循着不同的规律”的观点很有道理。现代晋方言有入声，不少地区还分阴阳入声。晋方言同时也存在入声舒化的问题，舒化的确“有先有后”、因“类别”而异、“不是整体行动”。这方面的例子很多。据邢向东等人近著《秦晋两省沿河方言比较研究》（中华书局即出）可以看出秦晋沿黄河地区入声舒化的大致规律。沿黄河两岸，入声地位比较稳定，两岸入声的演变大致同步，小有差异。沿黄河西侧（陕西一侧），舒化的程度略高于东侧（山西一侧）。以陕西神木与山西临县相比。神木古全清入字今读入声的占 87.40%，临县占 93.98%。古全浊字神木占 83.14%，临县占 88.05%。次浊字神木占 72.95%，临县占 84.30%。从演变路径上看，古清入字较为稳定。古全浊入字次之，古次浊入字稳定性略差。

上一个例子是以古系今，下面再举一个以今联古的例子。关于现代北京话破音字问题。

凤生先生指出：现代的北京话里有不少破音字。这种一字两读的现象通常叫做“读音”与“语音”的差异。如“色”sè / shǎi 、“落”luò/ lào，这种差异突出地表现在两类入声字的读法上。一类属梗曾两摄，《中原音韵》多出现在“皆来”、“齐微”。另一类属江宕两摄，《中原音韵》多出现在“萧豪”。

凤生先生对《中原音韵》有独到的研究。凤生先生 1975 年在荷兰海牙出版了 *Phonology of Old Mandarin*（《古官话音系》）。1990 年，北京语言学院出版社出版鲁国尧、侍建国的译本，书名为《中原音韵音位系统》)。“这本书运用严格的音位分析法，为《中原音韵》所代表的早期白话建立一套严密的音位体系，逻辑地系统地解释了《中原音韵》韵谱内各个同音字组显示的所有语音对立，制订合理而简约的规则，阐明了从中古汉语到早期官话，从早期官话到现代汉语的发展”，“将中国语言学的优良传统跟西方现代语言学的严密方法与理论融于一炉，是《中原音韵》研究中的独树一帜、风格别具的佳作。”（引自唐作藩先生主编《中国语言文字学大辞典》，中国大百科全书出版社 2007 年版）

在 *Phonology of Old Mandarin* 之后，风生先生在 1986 年出版的《北京音系解析》一书中的第五章专门讨论北京音系的音值律，补充丰富了前说。研究北京音系的音值律对于全面理解北京语音的音位系统是很重要的。用风生先生的话说就是“一个音位只能是一个比较抽象的符号，在不同的情况下，它的实际发音形式必然会有所不同，产生音位变体……这就使得音位与音值之间的关系显得不那么直接……在取得了正确的音位分析之后，再由音位结构的观点看发音方式，其间的关系就更显得脉络分明了”。风生先生提出北京音系有以下五条音值律：韵尾同化韵腹律、韵头同化韵腹律、韵腹的圆唇化规律、韵腹元音之松紧律、高元音的舌尖化。风生先生基于中西融合，注重古今联系，探究规律的学术理念值得借鉴！

在风生先生八十华诞之际，谨撰此文，祝愿风生先生健康长寿！

高名凯先生的治学精神和科学态度

——兼谈动词、形容词“名物化”问题

陆俭明　北京大学中国语言学研究中心/中文系

高名凯先生是我国杰出的才华横溢、富于雄辩的语言学家，他对我国语言学的发展，特别是对我国语法学和理论语言学的发展，作出了重要的贡献，是我国理论语言学的奠基者之一。高先生过早地离开了我们，这是我国语言学事业的重大损失。

在高先生的学术生涯中，留给学界印象最深的莫过于他关于汉语词类问题的观点。

大家都知道，20 世纪 50 年代开展了一场汉语词类问题的大讨论。这场讨论其实首先是由外国学者引发的。早期法国语言学家马伯乐、瑞典汉学家高本汉等学者认为，汉语无语法范畴和词类，因为没有形态。苏联汉学家康拉德（1952）在《论汉语》（*Окитайском языке*）中对此观点加以批评，康拉德认为，说汉语没有形态那是一种“错误的观念”；汉语有丰富的形态，因此汉语有语法范畴、有词类。高名凯先生于 1953 年 10 月在《中国语文》上发表《关于汉语的词类分别》一文，具体驳斥康拉德的观点，认为康拉德所说之汉语形态并非真正的形态；就一个个词来说，“汉语的词并没有词类的分别”。高先生在那篇文章里论证他观点所用的三段论是：

> 词类分别根据的是词的形态；
> 汉语实词没有足以分词类的形态；
> 所以汉语实词没有词类的分别。

高先生的文章引起了汉语学界对汉语词类问题的热烈讨论。高先生对康拉德的文章持否定意见，并不是因为自己是马伯乐的学生，得支持、维

护自己老师的观点，而是出于自己的汉语词类观。当时，完全支持高先生观点的居极少数，多数持反对或保留意见。但高先生在这场讨论中，可以说是舌战群儒，先后撰写发表了七篇文章，充分论述自己的观点，批驳“汉语有形态”、“汉语实词能分类”的观点，同时高先生也很注意吸取他人的合理意见。

我先前曾认为，高先生是在用印欧语的眼光来观察汉语，因而高先生得出了“汉语实词没有词类分别”的结论。现在回过头来冷静思考，应该说，高先生的上述观点是符合汉语的语言实际的。高先生在20世纪50年代呼吁：研究汉语语法，就不应仿效西洋的语法；研究汉语语法，必须依照汉语的特点，走上独立的创造的道路。（高名凯，1953）高先生的呼吁应成为我们研究汉语语法的指导原则！

高先生也不是没有认识汉语实词不需要和不能分类，他只是强调汉语没有印欧语那样的词类分别。要说高先生的整个论述有遗憾之处，我认为那就是三段论中的最后那句结论性的表述，应该明确修改为：“所以汉语实词没有印欧语那样的词类分别。”

属于屈折语的语言，可以依据词的形态来划分词类；汉语属于孤立语，不存在可以依据词的形态划分得到词类。可是，按照“没有分类就没有科学”这一最基本的道理，要研究汉语语法，不能不对汉语的词分类。那么在研究汉语语法时该怎么给汉语的词分类？这是不能回避的问题。当初高先生如果能向人们进一步说明划分汉语词类的出路，可能就不会引起众多学者对高先生观点的误解。不过我们今天不能这样来要求高先生。高先生没能进一步向人们指明划分汉语词类的出路，那是受当时整个语言学学科水平的限制所致。我们可喜地看到，半个多世纪后的今天，人们对汉语词类问题的认识，远比20世纪50年代深刻得多。2002年，郭锐《现代汉语词类研究》的出版，沈家煊先生近年来关于汉语“名词、状态词对立，名词、动词、形容词层层包含”的汉语词类观的提出，充分说明了这一点。我这样说绝无要大家认定郭锐或沈家煊先生的观点的完全合理性，我意在强调现在汉语学界对词类问题的讨论与认识比半个世纪之前要深入多了，也深刻多了。

20世纪50年代开展词类问题大讨论时的政治局面是：要求全国一边倒，倒向苏联；同时也正是不断批判所谓“资产阶级学术思想”的时代。高先生敢于对苏联汉学家的观点持反对意见，这在当时是要有点勇气的。高先生在当时所受压力之大，是可想而知的。但高先生并不退却。不仅对康拉德，而且接着对苏联汉学家穆德洛夫（1954）有关汉语词类的观点，撰文进行批评。在那段时间里，高先生先后撰写发表了7篇文章，来阐述自己的词类观点。在这场汉语词类大讨论中，从高先生的汉语词类观里，我们看到了一个正直的知识分子所应有的求真求实、不断探索和创新的治学精神和科学态度。汉语词类问题的研究与讨论，极大地推进了汉语语法研究；但汉语词类问题是一个“老大难”问题，至今没有一个大家公认的、比较一致的意见。我们作为高先生的后辈学子，一定要学习高先生的治学精神和科学态度，为解决汉语词类问题做进一步的探索。这里请允许我说说动词、形容词作主语的所谓“名物化”的问题。

“名物化”问题的争论开始于20世纪60年代初。最有影响的论文是朱德熙、卢甲文、马真（1961）合写的《关于动词形容词“名物化”的问题》，该文否定了“名物化”的说法。后来无形中在汉语语法学界形成了这样一种看法：动词、形容词作主语是汉语语法特点之一。如今我为什么又提出这个问题？这跟我给中文系留学生本科班讲授“现代汉语语法研究”课有关。

我在教学过程中，问过不同母语背景的外国留学生这样一个问题：汉语动词、形容词出现在主语位置上，你们喜欢接受下面哪一种说法：

（A）动词、形容词转成名词了；

（B）作主语的动词、形容词还是动词、形容词，这是汉语所具有的不同于西方语言的一个特点。

我出国访问时，也曾同样向不同背景的汉语教师问过上面这个问题。结果是，多数人回答说，愿意接受第一种说法，即（A）说法。这不能不引起我的深思。

说句实在话，从理论上来说，（A）、（B）两种观点都是允许的。这两种观点的本质差异是：按照（A）观点，意味着句法成分跟词类相对应——作主语的是名词性词语。这一来，句法规则相对来说简单了，但大量的词就要兼类；按照（B）观点，意味着句法成分跟词类不一一对应——作主语的不限于名词性词语，动词、形容词也能作主语。这样一来，词的兼类现象将大大减少，但句法规则相对来说会变得复杂些。取哪种观点好？

目前汉语语法学界大多采用（B）观点处理法。我过去也采用（B）观点处理法；之所以采用（B）观点，很重要的一个理由是，“兼类的词只能是少数”（朱德熙1982，3.3，第39页），不能占很大比例，而汉语里动词、形容词作主语少说也要占动词总数的46%、形容词总数的93%（郭锐，2002）；如果我们将“买是买了，放着没有用”、“好是好，就是太贵了”这种句子里的“买”、“好”也分析为主语，那么动词、形容词作主语的比例还要高。现在我在这个问题上，则有些新的想法，现在说出来求教于大家。

郭锐告诉我说，张敏（北大中文系毕业，朱德熙先生的博士生，现在在香港科技大学任教）曾对英语里的动名兼类现象作过考察，发现英语里零派生的动名兼类词是大量的，有标记的是少数。我就专门给张敏打电话询问此事，他说我只注意到零派生的动名兼类词都是英语里固有的词，而有标记的是来自拉丁语的，但没有统计过所占比例。他还说，他跟戴浩一曾合作就动名兼类问题写过一篇文章，后因觉得不够成熟，一直没有发表。这说明这个问题还是很复杂的。

对于出现在主语位置上的动词、形容词，现在我觉得不能简单地采用（A）观点，也不能简单地采用（B）观点。实际上还得细分为甲、乙两种情况：

情况甲：出现在主语位置上的动词、形容词名词化了。例如：

（1）游泳对身体有好处。
谦虚是一种美德。

这里的“游泳”实际上已经不是指游泳这一具体的动态的行为动作，而是指一种活动项目，指一种行为或一个事件的名称；这里的“谦虚”实际上也已经不是指某种性质，而是指一种人的美德。例（1）里的“游泳”、“谦虚”分别属于零派生的名词化。

情况乙：出现在主语位置上的动词、形容词还是动词、形容词。例如：

（2）你说吧，干有什么好处？不干有什么害处？
谦虚才能赢得人们的尊重。

例（2）这种情况从本质上说，实际是小句作主语，只是因为省略的缘故，在句子表面只剩下动词“干”、“不干”和形容词“谦虚”了。换句话说，例（2）作主语的“干”、“不干”和“谦虚”前都有一个潜主语，即例（2）可以看做是下面例（3）的一种省略形式：

(3) 你说吧，我们干有什么好处？我们不干有什么害处？
态度谦虚才能赢得人们的尊重。

实际上，有形态的英语也好，俄语也好，也是分两种情况：一种是动词名词化后作主语，这类似于汉语里的情况甲；另一种是小句作主语（动词为小句的谓语动词），这类似于汉语里的情况乙。只是跟汉语不同的是，西方语言动词性词语跑到主语位置上要在形式上加以处理，使之具有名词化的形式。具体说，类似情况甲的，在英语里要使之成为加 -ing 的动名词或动词不定式；而类似情况乙的，小句作主语是要通过关系代词使之名词化。

这样看来，动词、形容词跑到主语位置上不能看做是汉语的特点，而是个普遍现象。汉语的特点不表现在动词、形容词能作主语这一点上，而是表现在零派生和大量省略上。

学思胜录十五则

——祝贺薛凤生先生八秩寿辰

鲁国尧　杭州师范大学

弁　语

身处太平洋西岸的钱塘江口，遥望东岸之加州，笔者谨献此文以贺薛凤生先生八秩华诞。

当今西式论文几乎占领了整个学术出版物，而我中华先贤著述体式繁多，百花园中本有笔记/札记，但是近若干年成为濒危物种，可叹可哀。当今在全世界的范围内掀起了“抢救濒危物种”的热潮，不揣谫陋，企图存亡继绝，谨师《老学庵笔记》、《南村辍耕录》、《日知录》、《十驾斋养新录》的范式，就近年所学所思、所见所闻，记述若干则，以就正于凤生先生及诸同道。

一　汉字废不得：以两个“南辕北辙”的地名为例

几年前，我从南京坐动车北上天津，车厢门的上方有一长条形电子显示屏幕，不停地显示下站或下面几站的地名和预定的抵达时间，我抬头看见屏幕上显示出“Suzhou”，立刻反应：“这不是‘苏州’吗?，怎么下一站是苏州?”是啊，如果动车是开往上海，这“Suzhou”必是“苏州”无疑，可是我现在坐的是“北辙”的火车，绝非苏州！等到汉字出现时，啊，原来是“宿州”。

又，从杭州出发的火车线路，“南辕”有一站，是“Taizhou ”，“北辙”呢，也有一站，也写作“Taizhou ”。那不是“Taizhou”忽南忽北了?救驾的办法是，请汉字出山：前者是“台州”，后者是“泰州”。

如果像以前的说法，“要走拼音文字的道路”，那么这儿就要出现交通的混乱了。

还是不要人为地制造难题好。

二 背字典

梁实秋先生在其《约翰孙的字典》一文中说：“读字典是不足为训的读书方法，在从前或许不失为一种方法。”[①] 我曾经写过一篇文章，叫《说“读字典”》[②]，提倡读字典，也曾在教学中让一些博士生读《新华字典》，从头至尾读。

“读字典”的更高层次是“背字典”，我还没听说中国人背中文字典，中国人背外文词典的事例倒听得很多。我认为，少年、青年时代，记忆力好，背字典是可以提倡的好方法之一，“幼学如漆”，肯定有效果，这是千百年来人们读书实践的经验总结。即使步入老年，每天背背外文单词，也可延缓阿尔茨海默症的光临。近读《光明日报 》2011 年 3 月 17 日第 13 版《“活字典”蒋文生——用 ABC 苦写人生的农民》，知道著名科学家严济慈（1900—1996）就读于东阳中学时熟背《英汉小词典》。而蒋文生的事迹更动人，浙江东阳市农民蒋文生，因家庭出身不好而上不了大学，就极为刻苦地自学英语，他背熟了收录 55000 多词的《实用英汉词典》。掌握了 5 万多词，这连许多大学英语系教授也做不到。按，查了一下我的剪报“资料库”，在此前的《现代快报》2004 年 9 月 4 日也曾报道过，题目是《5 万英语单词农民倒背如流》。

三 黄永玉《杜甫诗意图》之小疵

有一则很出名的故事。南宋人岳珂《桯史》卷二：“元祐间，黄、秦诸君子在馆。暇日观画，山谷出李龙眠所作《贤已图》，博奕、樗蒱之俦咸列焉。博者六七人，方据一局，投迸盆中，五皆旋，而一犹旋转不已，一人俯盆疾呼，旁观皆变色起立，纤秾态度，曲尽其妙，相与叹赏，以为卓绝。适东坡从外来，睨之曰：‘李龙眠天下士，顾乃效闽人语耶！’众咸怪，请其故。东坡曰：‘四海语音言六皆合口，惟闽音则张口，今盆中

① 《梁实秋读书札记》，中国广播电视出版社 1990 年版，第 49 页。

② 《语文建设》2001 年第 1 期，第 9—10 页。

皆六，一犹未定，法当呼六，而疾呼者乃张口，何也?’龙眠闻之，亦笑而服。”（《桯史》，中华书局1981年版）

《光明日报》2011年4月23日第5版刊载一文《古人读书十二法》，其上配画一幅，乃当代大画家黄永玉先生的《杜甫诗意图》，画中杜甫狂喜，将书乱抛向空中，散布于四周。

杜诗《闻官军收河南河北》：“剑外忽传收蓟北，初闻涕泪满衣裳。却看妻子愁何在，漫卷诗书喜欲狂。白日放歌须纵酒，青春作伴好还乡。即从巴峡穿巫峡，便下襄阳向洛阳。”杜诗八句中，富有动感、宜于取材作画的不过三四句，尤以“漫卷诗书喜欲狂”为最，黄永玉先生取此句诗意，可谓中的。

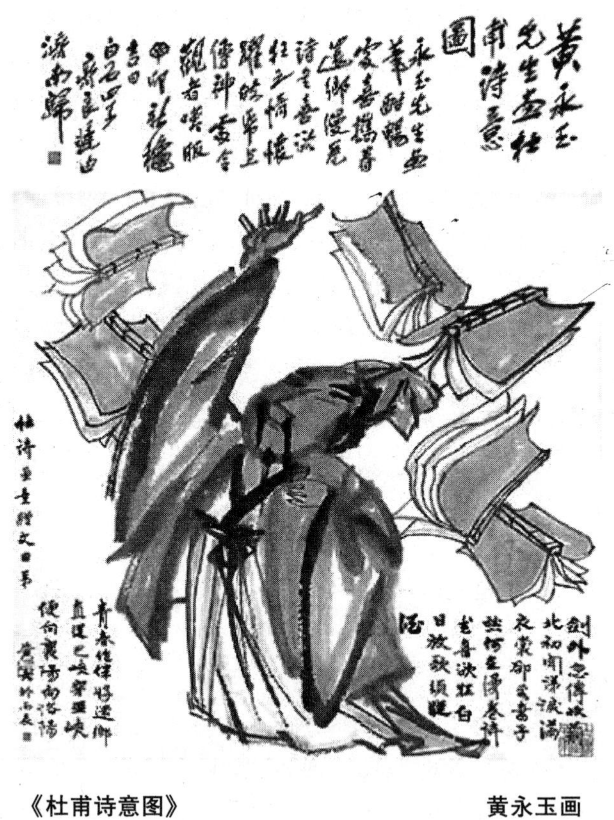

《杜甫诗意图》　　　　　　　　　　黄永玉画

遗憾的是，此画不无小疵。杜甫时代的书是卷轴装，将写好的纸或帛多张粘连成长幅，卷于木杆（富贵之家则用高级的材质）上，可以自一方朝相反一方卷成一较紧的圆柱状，以便保管收藏，阅读时则舒展开。宋明时代才有线装本的册页书。有一首名诗可作佐证，杜甫（712—770）后的韩愈（768—824）《送诸葛觉往随州读书》中有这几句：“邺侯家多书，插架三万轴。一一悬牙签，新若手未触。”

杜甫狂喜，“诗书”“漫卷”，形容其喜，曲尽其妙。但这“诗书”是乱抛不得的。

真希望黄先生重画一幅“漫卷”图。

四　赵瑞蕻先生谈闻一多·常州皆兵巷

赵瑞蕻先生（1915—1999），文学家、诗人、翻译家，著《诗的随想录》、《梅雨潭的新绿》，译弥尔顿《欢乐颂与沉思颂》、司汤达《红与黑》、马雅可夫斯基《列宁》，注译鲁迅《摩罗诗力说》。他是南京大学中文系教授，为人坦诚、怀赤子之心，是一位可亲的长者。

1976年，毛泽东主席逝世后不久，南京大学中文系的工宣队派一批学生去常州的工厂开门办学，接受工人阶级的再教育，几个教师一同去。其时在10月中旬，后来才知道“四人帮”已经被抓捕，但当时普通人，遑论“老九”，全然不知。到了常州某工厂，我和赵瑞蕻先生合住一间房，“三同”了约一个月，然后奉命返校。在常州，我跟赵先生朝夕相处，白天同到车间，晚饭后，在附近走走。赵先生绝对是个好人，毫无城府。他谈到他在西南联大求学时的一些见闻，我记得的是，闻一多先生晚上看书有了心得，第二天到系里，自己在黑板上写一则通知，定于某日某时在某处讲自己的学术新得，用现在的话说，就是作学术“报告”或“讲演”，可见闻一多先生于学术、于教育的赤忱，也可见西南联大的风气（按，介评西南联大的书，我以为，莫如何兆武先生的《上学记》，三联书店出版，特推荐）。今天的教授和今天的大学能如此？

有一次在住所附近的桥上，赵先生望着河水，凭栏轻轻地用温州话吟咏起来，真美啊。我提出请求，请他教我，他却说：“王气钟先生吟得好，你去跟他学，录他的音。”大概是1981年，我录了王气钟先生的《长恨歌》、《琵琶行》等。

“文化大革命”期间，常州长期“军管”，是解放军某个部队的驻军师长当常州市革委会主任。“文化大革命”期间刮起了一股强劲的改名风，我这里指的是地名，常州大街小巷都改了名，当时常州人告诉我们，连三轮车工人都弄不清新地名。这些地名都改得带有革命色彩，如“东风路”、“红旗巷”之类。有一次，赵先生看一个门牌，看了好一会儿，原来门牌是“皆兵巷”，赵先生喃喃自语：“全民皆兵。”我接过来说：“要是‘草木皆兵’呢？”我知道赵先生绝不会去揭发（现在叫“举报”）

的，所以放肆了些。

五 《十驾斋养新录》与《十驾斋养新余录》

钱大昕（1728—1804），清代江苏嘉定（1958年嘉定划归上海市）人。

钱大昕著作三百余卷，《十驾斋养新录》是中国札记类书籍中的翘楚，两百余年来，享有盛名。

现在学人常用的《十驾斋养新录》有两个版本：一是上海书店1983年根据商务印书馆1937年版复印的版本，一是江苏古籍出版社2000年的陈文和、孙显军校点本。这两个版本都收有《十驾斋养新录》二十卷和《十驾斋养新余录》三卷。

关于《十驾斋养新录》的定稿、校对、出版过程，钱大昕本人及其子孙有记载。

嘉庆四年（1799）《十驾斋养新录》书成，钱大昕曰："偶有咫闻，随笔记之，自惭萤爝之光，犹贤博簺之好。"（钱大昕《十驾斋养新录自序》）"《养新录》成书最后，甫脱稿，即为阮中丞芸台先生携去，醵金开雕。"（钱东塾《十驾斋养新余录识语》）

嘉庆八年（1803），"十二月，始刊养新录手定本，凡二十卷。"（钱庆曾《竹汀居士年谱续编》）

钱大昕曾亲自校对部分雕片，嘉庆九年（1804）"十月二十日晨起盥洗，展阅一编，饭后更衣薙发，校《养新录》刊本数叶。"（钱庆曾《竹汀居士年谱续编》）大概两小时左右后，即当日申正（下午4时）钱大昕猝死。

翌日为小雪日（公元1804年11月22日），阮元撰《十驾斋养新录序》成，较之《养新录》正文，这篇阮序的雕版时间必较迟。

至于《养新录》面世的时间，有两说：江苏古籍出版社的《十驾斋养新录》的"出版说明"云："是书初刊于嘉庆九年"，嘉庆九年为1804年。但《养新录》第二十卷之末尾有钱大昕之孙钱师康的跋："是书刻成于乙丑岁。"按，乙丑为嘉庆十年（1805）。

至于《十驾斋养新余录》三卷，本不与《十驾斋养新录》二十卷同时刊行。钱东塾《养新余录》识语叙述嘉庆四年《养新录》脱稿后即为阮元携去开雕。"以后续有所得，别记一编，名曰《养新余录》，逮甲子冬捐馆，共得若干条。"钱大昕去世后其子"爰取手稿缮录清本，分为三卷，以授梓人。"此"识语"写于嘉庆十一年十月，是年为公历1806年。观其各条，"半成品"、"原料"居不小的分量。

《养新录》二十卷，是钱大昕亲自定稿的，并且亲自校过部分雕片，质量显然得到保证。《养新余录》则是钱大昕继续札记的原始资料，未经本人加工删定，身后由儿子整理的，质量显然逊于《养新录》，如最后一条“赛仁孝”：“刘整号‘赛仁孝’，见《元史》。”不像《养新录》，纵是短条，却有按语。

看来，这带有普遍性，子女、学生整理的往往不够理想，如若因害怕触犯时忌而有所删改，更是如此了。我在坊间看到若干“整理本”，尤其是那些近人的日记时，油然而生出这种“不恭”的想法。

六　唐太宗的外国同道：托勒密三世

王羲之（303—361）是中国最受尊崇的书法家之一，其《兰亭集序》是书法中的第一经典。据传阎立本《萧翼赚兰亭图》、何延之《兰亭记》及传说，唐太宗李世民（599—649）对王羲之书法甚为崇拜，藏王帖很多，唯缺《兰亭集序》，得悉《兰亭集序》为越州僧人辩才密藏，索之不得，于是派萧翼化装成书生，从京城到山阴，设法骗取辩才的信任，得睹真迹，然后“豪夺”（一说系偷走，则为“巧取”）。帝王为一己私欲，逞其淫威若此！

而西洋历史上亦有类似的事件。李枫、杨俊明《古希腊文化》（广东人民出版社2004年版）第25页：“托勒密王朝时期的各位国王都不遗余力地为亚历山大里亚图书馆收集图书。图书的来源通常是从雅典和罗德岛这两个最大的图书市场购买。但有时也采取一些不正当的手法获得。如古希腊著名的三大悲剧家埃斯库罗斯、索福克利斯、欧里庇得斯的原始手稿当时收藏在雅典国家档案馆里，不准外借。但托勒密三世说服雅典总督，允许他借出复制。并将高达15塔兰特的银币押在雅典，以保证归还。但最后国王将原件留下，将复制件送还，欣然交付罚金。”按，托勒密王国是希腊化时代的埃及古国，亚历山大大帝死后，其镇守埃及的大将托勒密所建立。始于公元前323年，公元前30年亡于罗马。托勒密一世建立了亚历山大里亚图书馆，最盛时藏书约70万卷。托勒密三世（公元前246年—公元前222年）时，国力强盛。

七　女人·汽车·转换语法理论

《现代语言学导论》，［美］J·艾奇逊著，方文惠、郭谷兮译注，福建人民出版社1986年版。

胡裕树先生为这个中译本写了篇很长很长的序，《中译本序》云："美国纽约大卫·麦凯公司（David Mckay Co.）1978年出版的简·艾奇逊（Jean Aitchison）编写的《语言学》（*Linguistics*），是一本较新的语言学入门书。"

这个中译本第135页："有一位著名的语言学家曾经感慨地说：'人生有三样东西不可追求：女人、汽车和转换语法的理论，因为它们时时刻刻在变。'"

八　阳春白雪

我的专业是汉语史，要习研汉语史，应该对西洋的发端于18世纪、大盛于19世纪、在20世纪摘去显学冠冕的"比较语言学"有所知晓。因此，尤其在"文化大革命"结束国门初敞之时，对海外海内的较多论及"历史比较语言学"的，或径直以之为题撰文的学人，油然而生崇敬之情。后来经多年观察，逐渐有所悟，要掌握这西洋的比较语言学，必须下过苦功夫，比如，西洋比较语言学的经典著作至少要读过一些，印欧语系的古语言要学过一些。打个比方，如果一个西洋学者要谈谈中国语言学的历史，他就应该掌握古汉语，纵使对佶屈聱牙的《书经》与《雅》、《颂》张口结舌，也应该能基本读懂魏晋、唐宋的古文。以近喻远，执此以察，我终于悟出，某些域外、境内的论述历史比较语言学的论著似乎"影响之谈"的成分不算少，请恕我不恭。

讲比较语言学的人，应该学点印欧古语言，这是我的看法。2009年春，我至北京大学作了两场学术演讲，此时获交于王超贤教授，此后我不时请教他，我校订郝尔格·裴特生的《十九世纪欧洲语言学史》钱译本时，裴特生是丹麦著名比较语言学家，书题当然是丹麦文，我不懂，请教王超贤教授。① 我研究汉语诗歌的特点之一"韵"时，从朱光潜先生《诗论》等书知道，古希腊语、拉丁语、梵语的诗歌都是利用长短律造成诗歌的音乐美，我虽然也买了这些古语言的书来读，但是没有受过基本训练，很难入门的，于是请教王超贤先生。我了解，王超贤先生在德国波恩大学留学13年，获比较语言学博士，他懂十几种印欧语古代语言、几种

① 《〈十九世纪欧洲语言学史〉述论》，见《十九世纪欧洲语言学史》，世界图书出版公司2010年版，第2页。

东方古语言，古希腊语、拉丁语、梵语、古波斯语、高德语、低德语、凯尔特语、古教会斯拉夫语、立陶宛语、亚美尼亚语、赫梯语、吐火罗语、古藏语、古日语等，所以我敬佩他是位“奇才”。

我的老师岑麒祥先生、袁家骅先生青年时在法国、英国学习比较语言学，他们必懂得多种印欧古语言，可惜我没有问过他们本人，因为那时我意识不到提这个问题。1983 年，李方桂先生和师母徐樱女士访问南京，朱德熙先生写信给我说，李先生的北京之行不太愉快，现在到南京故地重游，要我陪侍。三天里，我乘机向李先生提了许多问题请教。某日，游栖霞寺，师母在大雄宝殿里敬香，李先生则在殿前的“广场”（佛教寺庙建筑必有专门术语，可惜我不会，只得如此表达）东侧休息，我问他：“请问李先生，您学过多少种语言?”他侧头思索了一会儿回答：“四十多种。”几秒钟后，他笑着说：“不过，都忘了。”李、岑、袁三位先生典型已远，当今的中国又有何人懂印欧古语言? 如有，当为稀世奇珍。我以为，王超贤即是，像这样的专家，13 亿人中才有几个?

遗憾的是，当今中国语言学，八字可概括：于“学”，“贵远贱近”；于“远”，“贵今贱古”。“冯唐易老，李广难封”，王君已年过半百，我不禁太息。

九　卞觉非记吕叔湘先生语录

对薛凤生先生的好友卞觉非教授，我要写一则札记。

2009 年，薛先生的友人和学生愿为先生的八秩大寿出一个庆祝文集，卞觉非学长是一位积极的支持者，他率先写祝寿文章，每一稿成，都要用“e-mail”发给我，要我提意见，端在知己，我也就应命了。谁知，他一而再，再而三，竟先后发了四稿给我。他是何等认真啊!

2011 年元旦时，我们电话拜年，他在电话中说：“伙计，寒假回来细谈。”不料，10 日噩耗传至杭州，这么一个很有豪气、热情、敬业的学长竟因心肌梗塞而辞世了，不亦悲乎!

卞觉非教授，1933 年生于邗江县农家，1956—1961 年在南京大学求学（那时学苏联，本科五年制），是方光焘先生的高足，毕业后，分配至中国科学院语言研究所，师从吕叔湘先生。后调至南京大学方光焘先生的语法理论研究室做研究工作，此后一直在中文系和海外教育学院任教。曾任江苏省语言学会会长、世界汉语教学学会常务理事，曾至美国俄亥俄州立大学、印第安纳大学任教。卞觉非教授在汉语现代语法学、对外汉语教学法等方面均有较大建树与贡献。

寒假中整理书箧，竟然发现觉非学长的一篇未刊稿《吕叔湘：止于至善，一代宗师》，我将把它登在《南大语言学》第五编上。这篇文章中记录了一些吕叔湘先生的话，我摘抄一些，让读者有先睹为快之感。

1. “（吕先生）给我讲了读书的方法。他说：‘拿到一本书后，先看前言后记。最简便的办法是，请一位专家给你介绍书，介绍一部你看一部。当然没有时间从头看到尾，但是一定要从头到尾翻一下。然后挑一两处仔细读一读，然后就换一部。这是打底子的工夫，最实惠。做任何研究都是要首先熟悉材料，不熟悉材料，只要有“方法”就能有结果，我是不相信的。’”

2. “在七十年代初期，我到北京平安南里看他的时候，……他说‘我最近还系统地学习了高等数学和物理学’，我肃然起敬。他已经是高龄的老人了。”鲁按，看了觉非兄的这段记载，使我回忆起一件事。1986年，吕叔湘先生与师母到南京，住在秦淮河东水关的亲戚家，不见官方人士，如他的丹阳同乡、同龄人南大校长匡亚明。吕先生写了封信召见我，我去谈了许久，然后我提议，我们到中华门城堡上走走。南京城墙是世界上规模最大的古城，建于六百多年前，每块城砖都用“实名制”，故坚固至今。中华门城堡是世界最大的城堡，我保护着吕先生和师母攀登了上百个台阶到了城堡顶，找了个可以坐的地方让吕先生和师母休息。休息期间，吕先生告诉我：“我研究过音韵学。”我当时颇为惊讶，我面前的这位语法学大师，对音韵学也有造诣，真了不起！

3. 觉非兄的文章：“话间，我还主动谈到研究生的论文写作情况，他颇有感慨地说：‘现在有的论文就像隔两层板壁听人谈话，像在百米以外看戏。这样的文章无法公之于众。文章的好懂、难懂或懂不了，责任主要在写的人。不能有“我懂，你也应该懂”的想法。如有这种想法，必然导致“我写我的，不管你懂不懂”的做法。’停了一会儿，又说：‘有些文章我都看不懂，你写给谁看？’”

十　元代曲家“王小军”

2011年2月某日，友某来寒舍谈及，他的同事因为他对元曲有研究，就拿来一本书稿请他看，作者是北方某名校的教授。友某发现书稿中论及元代的一位曲家王小军。他感到奇怪，元人居然有21世纪的时髦名字？很不解。再看看书稿中引用的王小军的散曲，可以断定，原来这位曲家本名是王恽（1227—1304），元初的大臣、学者。友某很奇怪，“王恽”怎么错成“王小军”？上网一查，原来网上的确是“王小军”，书稿中引用的散曲错字不少，错得跟网上的一样。这位教授居然也未找隋树森的《全元散曲》核对一下，就直接下载了，就进入书稿了，就到了出版社了！要是编辑也是这号人，那就面世了。

追究错误之源，为什么在网上“王恽”成了“王小军”？当是网上那文章的打字者不识“恽”字，将一字分而析之。

谬种流传，一至于斯！

十一　薛正兴说“包工头”①

薛正兴（1942—2010），我的老友，江苏古籍出版社（自 2002 年起易名为“凤凰出版社”）的“老出版人”。他退休后仍每天上班，孜孜不倦地编书、校稿。他的“业绩”，荦荦大者：主编《汉语大词典》第 10 卷，著《王念孙王引之评传》，编《江苏地方文献丛书》，点校《范仲淹全集》、《高邮王氏遗书》、《刘熙载文集》。看了这几行，可见他对学术的贡献，不可谓不大。

2009 年的某日，我至湖南路的凤凰出版社买点书，也看望薛正兴和王华宝两位编审，他们都是我的老友。好长时间不见，但叙旧的内容主要是学术和出版，我辈“老九”不谈这些还谈什么？时隔两载，印象最深的是“薛正兴论‘包工头’”。我们谈及当前出的大书很多很多，动辄十几本，以至几十本。老薛用他那低沉而较重的江阴口音颇愤愤然地说：“现在的‘包工头’太多了。”处当今之世，对“包工头”一词我岂能不知？（按，我现在查了一下《现代汉语词典》第 5 版，释义为“包工一方的负责人”。）但是我们谈的主题不是造房子，怎么说起“包工头”？见我面现不解之色，老薛解释道：“现在出了那么多大书，其中有些主编就是包工头；现在冒出了许多大项目，其中有些主持人就是包工头！当前的‘奇景’：纳税人的钱化身作大量的大项目、大套书。主编或者项目主持人，他们多是什么长、什么主任，因而凭借这独特资源，就能承包到大书、大项目，一旦拿到手，就分解作若干子项目或者小项目，再分包给他人，就像某包工头承包了一栋大楼，然后逐层分包，最后竟然被许多个资质很差的农民施工队包了，所以豆腐渣工程屡屡被曝光，酿成大祸者也不

① 本节承王华宝编审赐阅修改。

在少数（上海世博会闭幕半月后的‘11·15’大楼被焚案即是一例）。在出版界、学术界，有的主编，将任务分给若干博士生、硕士生做，收齐了以后，看也不看，就交到了出版社（举其出版社的某获奖大书为例）。这样的主编获名（得国家图书奖）获利（稿费的大头），却全然不‘主’不‘编’，此种人并非个别，因为当今腐败的病毒已经蔓延到各行各业，所以得到实惠的挂名主编越来越多。豆腐渣的书也层出不穷。”

老薛2010年9月因突发心肌梗塞去世，对这位曾在出版、学术园地耕耘的老牛，表示敬悼，特记述这位直者的遗言，柳宗元《捕蛇者说》结句云：“故为之说，以俟乎观人风者得焉。”我希望撰写当今学术史、出版史以至社会史的专家或官员采录薛正兴的论“包工头”的名言。

十二　学人三弊

当今学术，颇遭訾议：浮躁、空乏甚嚣尘上，其下者则抄袭屡现。

鄙见，应一分为二：

当今学界济济多士，堪称佼佼者匪鲜。

然亦有一些学人，细察之，似有三弊。

一曰“以数量对质量”。这六字的出处，凡是在“文化大革命”中天天读的人都知道，不赘言。今日之论著数量大大超过前时，几乎所有高校都规定，硕士生在申请学位前必须发表至少一篇论文，而博士生必须发表2—3篇论文。中国大陆有语言学教师千人以上，也必须每年发表几篇论文。至于文学、哲学、社会学、政治学、经济学教师更是多产。

二曰“有专识而无常识”。就我的记忆，我第一次听到这七字，是在读本科时代，适逢1957年“反右”斗争轰轰烈烈地开展，历史系颇负盛名的X教授被划为“右派”分子，人人得而批之。批判会上，“左派”、“中左”、“中右”都必须发言围剿，D教授批判他“有专识而无常识”。过了五十多年，我还记得这一短语，借用来描写当今一些学人之弊。

三曰“急著先学”。此四字是从四十多年前的“急用先学”这四字格类推出的。以前的学者对于著述很严肃，他们是“学而优则著”，要读许多许多书，广而深，饱学，尚不敢下笔。章炳麟《黄季刚墓志铭》述黄侃，“然不肯轻著书。余数趣之，曰：‘人轻著书，妄也；子重著书，吝也。妄，不智；吝，不仁。’答曰：‘年五十当著纸笔矣。’”今之学人“轻著书”，当是史无前例的。

2009年7月1日，《中国社会科学报》创刊号登载了华中某名牌大学校长G君的文章，称该校年产300本书、3000篇论文，猗欤盛哉！

十三 敬畏先贤

请读如下诗与文。

杜甫《戏为六绝句》之一："庾信文章老更成，凌云健笔意纵横。今人嗤点流传赋，不觉前贤畏后生。"

周祖谟先生《论段玉裁〈说文解字注〉》："前人评论段注，每多似是而非之论，或如徐承庆之流，好为诋呵，专攻其短，而学识远不及段氏。"

嗤点、诋呵前贤的现象，于今为烈，试看当今学术界，不烦缕举。这种现象，可取？

后生应该对前贤存敬畏之心才是。"学而然后知不足"，愈学，愈觉自己的渺小；愈学，愈感前贤的高明。不学，则愈感自己的伟大；不学，愈觉前贤的渺小。

回忆我的"读书经历"。我读研究生的时候，为了写论文《〈孟子〉句法结构初探》，买了焦循《孟子正义》，时时读这本厚书，就时时对这位清代学者产生敬意。后来读了点中国哲学史的书，才知道他在易学上很有成就，著有《雕菰楼易学三书》。我在学习音韵学的时候买了一套《中国古典戏曲论著集成》，当时我只关心周德清的《中原音韵》，某日偶翻后面的几册，发现了焦循的《花部农谭》，初看时连题目都不懂，赶快读"解题"，于中知道这位学者对当时的戏曲很关心、很有研究，他这部《花部农谭》是中国戏曲史上的名著，我的崇敬之心油然而生。2011年1月，因为有文章说算盘在汉代就发明了，我想了解这个"算盘"发明史，于是找了好几本《中国数学史》、《中国算学史》来读，居然发现这些书对焦循的数学成就有颇高的评价。如果将易学和孟子学等算做一学即经学，那数学、戏曲学该是另二学了，这是距离很远很远的三门学问啊。至此我对焦循的敬意又提升了一个等级，请问当今的学人能至此吗？焦循生于清乾隆二十八年，卒于嘉庆二十五年，应该是"乾嘉学派"的一位名家。

但是在那群星灿烂的乾嘉时代，比焦循成就更辉煌的学者还大有人在。最近我读钱大昕的《十驾斋养新录》，也多翻阅了一些资料，益发敬佩"乾嘉诸老"的学问的渊与博。阮元《十驾斋养新录序》，以"九难"评论钱大昕的德、学、文，前二难论钱大昕的道德高尚，因为中国文化的传统思维是"道德文章"，"道德"向来居首。此下云："先生潜研经学，传注疏义，无不洞彻原委，此人所难能三也。先生于正史杂史，无不讨寻，订千年未正之讹，此人之所难能四也。先生精通天算，三统上下，无不推而明之，此人所难能五也。先生校正地志，于天下古今沿革分合，无不考而明之，出人之所难能六也。先生于六书音韵，观其会通，得古人声音文字之本，此人所难能七也。先生于金石，无不编录，于官制史事，考核尤精，此人所难能八也。”最后评其诗古文词。结语云：“合此九难，求之百载，归于嘉定，孰不云然？”王引之《詹事府少詹事钱先生神道碑铭》评论钱大昕：“自少至老，未尝一日去书。精研经训，尤笃好史籍，通六书、九数、天文、地理、氏族、金石，熟于历代典章制度、政治臧否、人物邪正，著书三十五种，合三百余卷。”用西洋的套语，钱大昕是百科全书式的巨人。

至于戴震、段玉裁、王念孙，他们也都是乾嘉学术的珠峰人物，其事迹、成就，当今的语言学人耳熟能详。我只引录梁启超在《清代学术概论》里引用的方东树的话，方东树是坚决抨击当时的所谓“汉学”的，作为反对派的中坚分子，他在其《汉学商兑》中也认可、颂扬王念孙的成就：“高邮王氏《经义述闻》，实足令郑朱俯首，汉唐以来，未有其比。”

当今的出版物中，有这样一类论著：言及先贤，动辄嗤点、讥呵。这种现象虽非主流，然而有一定的市场。

鄙见：先贤，不是不可以批评的，因为人世间，没有无缺点的事物；学术界，没有无缺点的论著。我们提倡的是，对那些为承继、提高中华民族的文化而作出贡献的前代学者，存敬爱之心，方能做到实事求是的批评。

常常见到当今论著上出现这样的词句，述及前人，“他们有历史局限性”。诚然，古代学者，没有或很少有一套一套的理论，也没有像今天这样的存储于电脑的大量数据库，等等。可是，人贵有自知之明，自恃生在科技昌明的今日，就没有“历史局限性”？我现在截取杜牧《阿房宫赋》中的最后一句“后人而复哀后人也”，今人的后人也会指着脊梁说：“他们有历史局限性。”我们的后人指点我们的“历史局限性”大概要大于我们指点前人的“历史局限性”。钱、戴、段、王的书，两百年来，一印再印，而今人的论著有几本能传下去？

十四　中国语言学的道义传统

我们语言学人常言，中国语言学有光辉的传统。但我所读的关于中国语言学历史的几十种论著，其中述及的只是中国语言学的学术传统。其实，中国语言学还有一个深层传统，即道义传统，《孟子·公孙丑上》："'敢问何谓浩然之气?' '曰："……其为气也，配义与道；无是，馁也。"'"学术传统是道义传统外化的一种形式，我国语言学优良的学术传统历数千年而不坠，端赖这道义传统。今天我们更应该凸显、表彰、弘扬这一道义传统，兹引述20世纪三位语言学家的文章或书信以见一斑。

请读魏建功先生（1901—1980）于民国三十七年为其所编《升罗悖语》撰写的序文：

《升罗悖语》

亡清伪满史料

大中华民国卅七年秋斥资印布

天行山鬼[①]

升罗悖语二种

津门疏稿　　升允[②]

辽海焚余稿　　罗振玉[③]

三十七年夏，余归自台湾，贾人持此倭人诚士纯抄本来。观其题识，知为士纯之父据罗振玉原本晒蓝存副，而士纯从而手录。罗文间有眉批，则倭人立场语，当为士纯或士纯父手笔。今也何时，罗家原本，其后人必自灭迹，决不敢如商龟周鼎汉简唐韵诸品传播之力；仅

---

① 魏建功先生（1900—1980），江苏海安县西场镇（原属如皋县）人，字天行，"山鬼"为其笔名之一。

② 升允（1858—1931），姓多罗特氏，清蒙古镶蓝旗人。晚清时历任山西按察使、布政使，陕西布政使、巡抚，江西巡抚，陕甘总督，坚决反对革命，罪恶累累。至民国，力谋复辟，1931年死于天津租界内。

③ 罗振玉（1866—1940），敦煌学家、文献学家、古文字学家。出生于江苏淮安，原籍浙江上虞。清宣统元年（1909）任补参事官兼京师大学堂（今北京大学）农科监督。1911年辛亥革命后，仍效忠清室，以遗老自居。1928年居于旅顺。"九·一八"事变后，参与策划成立伪满洲国，曾任伪满监察院院长等职，1940年5月卒于旅顺。

诚姓父子两本流传世间，今得见其子抄本，苟遭秘闭，虑不得昭炯戒，发憬悟；爰罄口粮，购而得之，谋印二百部，合名《升罗悖语》，以布天下。庶有董狐，振直策焉！

中华人民建国垂四十年，心吕伏患初不在党，推原往迹，实政体思想诸多牵就，因循相仍，坐致沉痼。即以亡清小朝廷问题而论，小不忍，乱大谋，驯致东北开国，为国际傀儡，祸端无尽日矣！

今披两书，如温旧景，升允、罗振玉与溥仪所议论，其事皆吾辈亲历身闻，念兹丧乱，不禁眦裂。

抑余侧闻清室宗族不乏明达，深晓共和大义，十三年前后，以迄倭关东军猖狂扶植“满洲国”，在在为溥仪及其族人忧；而升罗悖谬，慷人之慨，呶呶咻咻于“君臣大义”，乃为其一偏之私，不惜远引暴邻，类吴三桂之请兵：智愚贤不肖之别，何若斯之甚也！

明是非，辨清浊，人之所以贵乎有识，似又未可必得于绩学之徒，于升罗何责焉？

此余阅两人书，重感思想乖谬之足悲惧，惜逝忧来，阁笔太息而不能已也！

三十七年八月八日如皋魏建功题记于北平朝阳门大街独后来堂，十一年前倭军入城之日也。①

这是什么精神？爱国主义精神。

请读王力先生（1900—1986）写于1944年的文章《老》的末段：

“老去悲秋强自宽”，这种腐败思想应该不让它再存在革命民族的心里了罢。我们应该计划一百二十年的长寿，六十年只算一半的历程，四十岁更只是三分之一。既不知“老去”，就不必“悲秋”；既不“悲秋”，就无所谓“强自宽”了。老骥伏枥，志在千里。我以为志在千里的骏马决不自认为“老骥”，因为有了这“老”之一念就决不能志在千里。有一个六十岁的人自称为“老少年”，我以为这还不够：“少年”可矣，何必曰“老”！（1944年11月21日，昆明《中

① 《魏建功文集》第五卷第534、535页收有《升罗悖语识语》。本文笔者按，此处序文据原手稿录文，未尝增减一字，故当以此为定本。魏至师兄将天行先生手迹借我扫描，兹附于文后，供学人瞻仰。此乃文物也，亦可窥六十多年前的行文款式、标点符号等等。

央日报》增刊)①

这是什么精神？中华民族的自强不息的精神。

请读朱德熙先生（1920—1992）写于1991年的《致鲁国尧函》：

看到来信很高兴。这几年足下学业精进，于音韵学史的研究，俨然自成一家。不懈的钻研精神和踏实的学风尤其令我佩服。来信说今后拟重点学习理论及方法。我意此事不可强求。一个有成就的学者必有其所长，同时也难免有其所短。象②丁梧梓先生那样样样拿得起的学者可以说是全才了，但理论似亦非其所长。研究语音史，自然需要有一定的理论基础和方法。但历史比较语言学的根本道理还是那些，近年来虽不乏新著，但都不易读，而且其中如有新理论，亦未经时间和事实的考验，最后能不能成立还很难说。所以对足下来说，不如卑之无甚高论，细读：Bloomfield和Palmer二书中有关历史比较的部分以及皮特生的《十九世纪语言学史》（此书有袁家骅夫人的中译本，但最好能看原文，③ 这是最好的一本介绍历史比较方法的书）。我看主要精力和时间仍应放在语言事实的搜集和分析上。近年来，美国语言学有重理论轻事实的弊病，而且不独语言学，经济学甚至物理学亦有类似的情形。（附上李昂迪夫谈经济学的一则剪报，供参考。）

【纽约邮报讯】诺贝尔得主魏惜理·李昂迪夫批评其经济学家同侪使用太多的假设和太少的事实来玩他们的水晶球。

出生俄国的李昂迪夫在圣若望大学发表的“经济现状”一篇特别演讲中告三百名大学部的学生说：“我觉得目前经济学上的许多问题之一是许多理论、许多假设，和太少的事实。”

李昂迪夫说：“只要看看经济刊物上出现成千上万的方程式就知道今天经济专家的问题是极为明显的。”

他说：“列出方程式是不错的，但你必须把事实放进去才能说明——真正地解释眼前的情况。”

高龄八十四岁的李昂迪夫经常还在纽约大学教书。他于1973年

---

① 王力：《龙虫并雕斋琐语》，商务印书馆2003年版，第208、209页。

② 那时的简化字“像”作“象”。

③ 朱先生指中译本所据的英文本。

因发表投入产出分析法而获得诺贝尔奖。他用这种分析方法根据事实自经济的任何一项变化中预测波浪的因果。

他在哈佛大学教经济学时最先于1941年使用投入产出分析法帮助罗斯福总统预知在二次大战结束后可能发生的事。

他说："谁都知道钢铁工业将趋衰落，后经事实证明他的预言果然正确，战后因民间建筑业旺盛，出现了钢铁供应短少的现象。"

李昂迪夫说："当今经济专家过分依赖方程式的危险，好比一架飞机飞离跑道进入天空然后在空中来回穿梭，永不着陆，虽然情况不错，但又为我们解释了些什么呢？"

李昂迪夫说："亚当·史密斯借体验观察，然后试图解释。但现在的经济学家和那个时代的学者不同，他们宁借推理作为分析的基础而不顾事实。使用假设虽较为安全，你们知道，假设是廉价的东西。"

李昂迪夫发明的投入产出已为一百廿个国家采用，中共和日本的"庞大"作业也都被包括在内，挪威则根据投入产出制定其全部预算，石油工业巨擘菲利普斯使用这一方法研究它的作业。①

这是什么精神？不崇洋的精神。

十五　呼吁

这一束札记写毕，我诚恳地向老友们呼吁：大家都来写"笔记""札记"！我们都是"跨世纪"的人，我们经历的这两个世纪，如此的动荡、如此的复杂，多少事物、多少人物，"其兴也勃焉，其亡也忽焉"，堪称"亘古未有之大变局"。我们虽然垂垂老矣，但是我们的学术生命并没有衰老，应该延之长之，用我们的笔将所学所思、所见所闻记录下来，我们应该具有历史使命感，舍我其谁？鄙见，"笔记"和"札记"是最佳的形式，其所以佳，毋庸多言。继承我民族先贤的优良传统，使之延续，如有可能，则发扬光大之。老友们，不要老坐在电视机前，不要把时光消磨在小报上，拿起笔来，"直"抒胸臆吧，我们是中华民族历史上的一环、一节，这一环、一节，有其崇高的责任啊！

---

① 《语文研究》2002年第四期。

附书影两帧

升羅悖語

亡清偽滿史料

大中華民國卅七年秋斥貲印佈

天行山鬼

升羅悖語二種

津門疏稿　升允

遼海叢餘稿　羅振玉

三十七年友人余峰自台灣寄人持此係人誠士純鈔本來，觀其題識知
為士純之父據羅振玉原本略存副，而士純復而手錄，羅文間有
批，則係人立場謬背，為士純或士純父手筆。今此何時，羅家原本其後
人必自滅蹤，決不敢如商邑周鼎滿唐韻諳品付播之力，僅誠氏父子
兩本流傳世間，今得見其子鈔本，首遭秘閉，處不得昭烱，職發悖謬，還
口轉購而譯之，謀印二百部，合名升羅悖語，以布天下，庶有昔趣孩直
筆焉。
中華人民建國垂四十年，心召伏惡初不在黨，於原往縱實政對思想諸
多齊就因循相仍，至致沈痼。即以亡清小朝庭閣然而論，小不悉亂大
謀，制毀東北，聞國為國際傀儡，禍端無盡日矣。今據兩書，如溫宣升
允、羅振玉與溥儀所議論其事實互筆記曆身聞，念茲表亂，不禁
抑余側聞清室宗族不乏明達深曉共和大義，十三年前後以迄倭閩東
軍獨狂扶植滿洲國，在在為溥儀及其族人憂，而升羅悖謬懷人，也慨歎
咄咄咻咻於君臣大義，乃為其一偏之私，不惜遠引春鄰類吳三桂之請兵，
智愚賢不肖之別何若斯之甚也。　明是非，辨清濁，人之所以貴乎有識
似又未可必得於績學之後，於升羅何責焉？　此余閱兩人書，重感思想
乖謬之足悲，懼惜逝憂來，閉掌太息而不能已也。
三十七年八月八日如弟魏建功敬記於北平朝陽門大街獨後來堂，十
一年前倭軍入城之日也。

汉语多音多义字与英语双重音字的比较

——超音段音位的分化

陈重瑜

摘要 汉语多音多义字与英语双重音字颇有相似之处：同样由语音分化而形成，同样不稳定，同样都是音变的进行式，同样最终趋向合并。沙门（Sherman）认为英语双重音字有两种来源："后重音字→双重音字"与"前重音字→双重音字"；笔者认为只有一种来源："后重音字→双重音字→前重音字"。厘清双重音字来源才能看到超音段性（suprasegmental）音位在新旧音重叠阶段产生的音义对应分化；相对之下，音段性音位新旧音重叠没有产生此种大规模的音义分化。

关键词 多音多义字 破音字 英语双重音字 历史层次 音变 声调 重音 音义对应

1. 英语双重音字的演变——二源论"后重音→双重音，前重音→双重音"还是一源论"后重音→双重音→前重音"

双重音字[①]（diatone），更明确的名称是"双重音名动同形字"，指英语双音节的某一类字，同一字形有前后两种不同重音，分别代表名、动两种词性。例如：*'convict*（n.）- *con'vict*（v.）；*'progress*（n.）- *pro'gress*（v.）；*'insult*（n.）- *in'sult*（v.）等。沙门（Sherman，1975）[②] 提出现时英语名动同形字有950个前重音字（paroxytone），如*'surface*（n./v.）；215个后重音字（oxytone），如*sur'prise*（n./v.）；150个双重音字。他认为英语里的双重音字主要来自后重音字，只有少数来自前重音字；而前重音名动同形字没有经历过双重音的阶段。也就是说双重音名动同形字有两个来源：

---

① Diatone，"双重音字"是笔者自撰的翻译，或许也可译作"对比重音字"。

② 沙门的说法及笔者的分析将另作详细讨论。

“后重音字→双重音字，前重音字→双重音字”，双重音是音变的终点。

然而沙门（1975）的215个后重音名动同形字在三十多年后，已经有一些字变成了前重音字（如英国英语的'*surmise*,'*garage*,'*traveil*；美国英语的'*trephine*）；有一些字的名词变成了前重音，也就是该字变成了双重音字（如美语、英语的*replay*），有一些字的名词动词都出现了前重音，也就是变成前后重音皆可（如美国英语的*dislike*，*exchange*，*romance*）。沙门的150个双重音名动同形字中，有一些在美国英语与英国英语里都变成了前重音字（如'*exile*,'*prelude*,'*surcharge*）。

此种迹象显示后重音名动同形字逐渐移向双重音字，而双重音字又向前重音字迈进。表1比较现时美语与英语里名动同形字重音与词性（也就是语义）的对应；林林总总，各种组合都有（表中没有尽列，不过当然没有名词是后重音、动词是前重音的形式；这是因为古英语里已经有名词前重音、动词后重音的形式，虽然字形并非全然相同①）。此外，美国英语与英国英语之间也常有差异。表1的例子都是源自罗曼语（Romance）且带前缀（prefix）的字。

表1　　现时英语里罗曼语来源的双音节名动同形字读音举例

<table>
<tr><th rowspan="2">带前缀的字例</th><th rowspan="2">词性</th><th colspan="2">英语重音音节</th></tr>
<tr><th>美国</th><th>英国</th></tr>
<tr><td rowspan="2">comfort comment distance exile exit influence preface pressure preview process probate profile profit program promise proverb render rescue surcharge surface</td><td>n.</td><td colspan="2" rowspan="2">1</td></tr>
<tr><td>v.</td></tr>
<tr><td rowspan="2">convoy discount prospect</td><td>n.</td><td>1</td><td rowspan="12">1</td></tr>
<tr><td>v.</td><td>1，2</td></tr>
<tr><td rowspan="2">perfume</td><td>n.</td><td>1</td></tr>
<tr><td>v.</td><td>2，1</td></tr>
<tr><td rowspan="2">concrete</td><td>n.</td><td>1，2</td></tr>
<tr><td>v.</td><td>1，2</td></tr>
<tr><td rowspan="2">detail</td><td>n.</td><td>2，1</td></tr>
<tr><td>v.</td><td>2，1</td></tr>
<tr><td rowspan="2">surmise</td><td>n.</td><td>2，1</td></tr>
<tr><td>v.</td><td>2</td></tr>
</table>

① 举例见 Sherman（1975：47）：'*bīgenga* ‘inhabitant’（n.），*be'gān* ‘to occupy’（v.）。

续表

<table>
<tr><th rowspan="2">带前缀的字例</th><th rowspan="2">词性</th><th colspan="2">英语重音音节</th></tr>
<tr><th>美国</th><th>英国</th></tr>
<tr><td rowspan="2">conflict compound contract perfect</td><td>n.</td><td>1</td><td>1</td></tr>
<tr><td>v.</td><td>1，2</td><td>2</td></tr>
<tr><td rowspan="2">annex combat conduct contrast contest escort essay export extract import protest</td><td>n.</td><td>1</td><td>1</td></tr>
<tr><td>v.</td><td>2，1</td><td>2</td></tr>
<tr><td rowspan="2">affix compact compress concert content convert impact incline insert insult pervert present produce project rebel record refuse reject refill rehash replay</td><td>n.</td><td colspan="2">1</td></tr>
<tr><td>v.</td><td colspan="2">2</td></tr>
<tr><td rowspan="2">ally alloy decrease discourse exploit increase</td><td>n.</td><td>1，2</td><td>1</td></tr>
<tr><td>v.</td><td>2，1</td><td>2</td></tr>
<tr><td rowspan="2">impress permit recoil recount reprint retard</td><td>n.</td><td>1，2</td><td>1</td></tr>
<tr><td>v.</td><td>2</td><td>2</td></tr>
<tr><td rowspan="2">decline discharge indent relapse</td><td>n.</td><td>2，1</td><td>1</td></tr>
<tr><td>v.</td><td>2</td><td>2</td></tr>
<tr><td rowspan="2">address</td><td>n.</td><td>2，1</td><td>1</td></tr>
<tr><td>v.</td><td>2，1</td><td>2</td></tr>
<tr><td rowspan="2">dispute</td><td>n.</td><td colspan="2">2，1</td></tr>
<tr><td>v.</td><td colspan="2">2，1</td></tr>
<tr><td rowspan="2">research</td><td>n.</td><td>2，1</td><td>2，1</td></tr>
<tr><td>v.</td><td>2，1</td><td>2</td></tr>
<tr><td rowspan="2">discard</td><td>n.</td><td>1</td><td rowspan="6">2</td></tr>
<tr><td>v.</td><td>2，1</td></tr>
<tr><td rowspan="2">default dislike exchange</td><td>n.</td><td>2，1</td></tr>
<tr><td>v.</td><td>2，1</td></tr>
<tr><td rowspan="2">repeat retort redress</td><td>n.</td><td>2，1</td></tr>
<tr><td>v.</td><td>2</td></tr>
<tr><td rowspan="2">abuse account advance alarm amount appeal approach arrest attack attempt award command compare concern control debate decay defeat delay demand desire disgrace design display disguise despair escape esteem excuse express preserve rebuke recruit reform refrain regard regret release remark repair reply report repose reprieve reproach repulse reserve result retreat return review revoke revolve reward surprise surround</td><td>n.</td><td colspan="2" rowspan="2">2</td></tr>
<tr><td>v.</td></tr>
<tr><td colspan="4">美国英语来源：Merriam-Webster Online Dictionary
英国英语来源：Cambridge Advanced Learners' Dictionary Online</td></tr>
</table>

标注美国音的 *Merriam-Webster* 显然是描述性的字典，双重音阶段的各种形式记录得颇为详尽。标注英国音的 *Cambridge Advanced Learners' Dictionary Online* 则显然是规范性的字典，又读音登录得很少。

表 1 里看似琐碎的读音差异其实清楚显示了重音前移的步伐及现时二读音大致的主从之分。这些都是来自罗曼语的字，在罗曼语里此等以长元音或辅音结尾的字重音原本都在后音节。因此重音的变化只可能是由后移向前，不可能是由前移向后；沙门的“前重音字→双重音字”说法不合理。沙门的双重音字表附带了从 1570 年（最早标音的英语字典）到 1798 年间 33 本字典里所登录的记音，有一些字最早的记录是前重音。然而大多数的字在 1570 年之前的两三百年里就进入英语（自 1066 年的 *Norman Conquest* 之后到 14 世纪，法语成为上流社会的语言），在这两三百年间许多字由后重音转变为前重音的变化已然开始（沙门的 950 个前重音名动同形字则多数是变化已经完成）。一些在 1570 年之后由前重音转变为后重音的记录，未尝不是规范性字典从新旧音二读摇摆不定的变化里任意选择的结果，沙门也指出偶尔同一年出版的两本字典里会有不同的注音。

沙门举出几个由前重音变为双重音的字例，presage 是其中之一。表 2 罗列此字的古今读音记录。从现今读音的不稳定可以看出此字的读音恐怕从古至今都不曾稳定过。此字在 14 世纪进入英语，但最早的读音记录却是三百多年之后才有。在这三百多年之间，这个罗曼语的借词有足够的时间从罗曼语的后重音形式变向前重音。因此，1700 年至 1744 年的字典就规范了前重音；然而，后重音不曾消失，1735 年至 1786 年的字典就规范了旧音后重音；其后的双重音记录应当只是理想化的规范。现在趋势已逐渐明朗，前重音才是变化终点。（汉语“载”的音变历时 1400 余年尚未完成，见下文表 5。）

表 2　　英语 presage 读音古今记录

旧时读音（取自沙门 1975）		现时读音　重音音节			
旧字典记录	字典年份	字典		名	动
前重音　n. áa/v. áa	1700—1744	美语	*Merriam-Webster*	1 或 2	1 或 2
后重音　n. aá/v. aá	1735—1786	美语	*American Heritage*	1	2 或 1
双重音　n. áa/v. aá	1775—1791	英语	*Cambridge*	—	1 或 2
		英语	*Collins*	1	1 或 2

1962 年版的《汉语方音字汇》里的北京音是规范性的记录，1989 年

至2003年的版本则是描述性的记录。一些1962年版舍弃的又读音收录在后来的版本里，后人如果没认清不同版本性质上的差异，就会把这些再被收录的读音当作1962年之后新衍生出的音。又像比较北京音系声调的演变而以1324年的《中原音韵》作为起始点①，那就会把下文表3里1b部分的几个字当作是上声变向去声的结果。实际上《中原音韵》是规范性的字典，去声可能还是存在于当时的实际语音中，因而得以保存在北京音系里。因此，沙门从1570年开始的记录里看到的一些重音由前移向后的情况，当是不同的规范性字典对二读音做了不同的选择的结果，实际上可能一直有二读，或许有主从之分。

表3　　北京音系里去声变向上声的步伐与分合举例◆

<table>
<tr><th rowspan="2"></th><th rowspan="2">字例</th><th rowspan="2">中古音
601</th><th rowspan="2">中原
音韵
1324</th><th colspan="2">北京音系</th><th rowspan="2">注</th></tr>
<tr><th>1932</th><th>1963
1985</th></tr>
<tr><td>1a.</td><td>洒蒯统舫馆／忤</td><td rowspan="5">去</td><td rowspan="5">上</td><td colspan="2">3</td><td></td></tr>
<tr><td rowspan="5">1b.</td><td>央疚瞬翥</td><td colspan="2">4</td><td></td></tr>
<tr><td>稍</td><td>1♠，4</td><td>1</td><td>4声：又读</td></tr>
<tr><td>仅（僅）馑瑾</td><td rowspan="2">3，4＊</td><td>3</td><td rowspan="2">＊4声：又读</td></tr>
<tr><td>觐殣墐</td><td>4</td></tr>
<tr><td colspan="6">♠“稍”字的1声读是高频率口语词条阴平化的结果（陈，1988a）</td></tr>
<tr><td rowspan="3">2.</td><td>访</td><td rowspan="3">去</td><td rowspan="3">去，
上＊</td><td>3</td><td>3</td><td rowspan="3">＊中原音韵二读没有注明语义差异</td></tr>
<tr><td>啭</td><td>3</td><td>4</td></tr>
<tr><td>诧／衽</td><td>4</td><td>4</td></tr>
<tr><td>3a.</td><td>诅饷谴俵佐／屡咏咏
／靶哺哄</td><td rowspan="5">去</td><td rowspan="5">去</td><td>3</td><td>3</td><td></td></tr>
<tr><td rowspan="4">3b.</td><td>柄慨嘅导裥闯
／缆纬</td><td>3，4＊</td><td>3</td><td>＊其中一读为又音</td></tr>
<tr><td>惋／紊／蹈曙</td><td>4</td><td>3</td><td></td></tr>
<tr><td>署</td><td>3，4＊</td><td>3</td><td>＊3声：警～；
4：～名</td></tr>
<tr><td>诈</td><td>4，3＊</td><td>4</td><td>＊3声：
“拿话～我”</td></tr>
</table>

① 不论《中原音韵》代表何地的语音，它都是中原雅音的一环。雅音的传承不因政治、经济中心的转移而中断；例如，台湾的标准音基本上传承《标准国音》。

续表

	字例	中古音	中原音韵	北京音系		俗读音		北京：李（1985）♣ 台北：陈（1991）
				1932	1963 1985	北京	台北	
4a.	对	去	去	4，3＊	4	＊国语字典（1947）3声：~换♠		
	亚			4，3＊	4	3	3	＊1932，3声：又读
	诲			4		3	3	
	腕			4		—	3	
	悼			4		3	3＊,4	＊台北19.2%读3声
4b.	附			4		3	4	3:~近♠,~和♠,~耳
	创			4		3	4	3：~造♠，~业♠
	灿			4		3	4	3：~烂♠
	载~重			4		3	4	3：~重♠，~波

♦去声变向上声，声母不构成条件，表3不注明声母。去、上、阳平之间的对流是第二梯次的变化（陈，2001a）。

♣李（1985）的俗读音应当是在其他词条里还保留4声。

♠陈（1991）指出李（1985）罗列北京的3声俗读音大都出现在另一个4声字之前，是频繁的44连读逐渐转变成34的一种变化［配搭词条的频率见陈（1988b）］，不同于33→23的强制变调（sandhi）；而后逐渐在其他声调之前也发生变化（附耳，载波），此种变化尚未在台北出现。

为了对照罗曼语借词重音前移的步伐以及音义对应的分合，表3举出中古之后去声变向上声的一些例子。这些例子表现出：一、不同字步伐快慢的差距；二、表面的回归（reversal）变化，旧音可能未曾消失过（1b部分）；三、变化的偶然性（特别是1b部分“馑、觐”两类字）；四、声调语义对应的分化与再合并（2、3b部分的字）；五、正在进行中的变化（4a、4b部分的字）；六、一种可能的催化语境（44→34；4b部分的字及4a的“对换”）。

笔者认为罗曼语的借词先是从后重音逐渐移向日耳曼语（Germanic）的字干前重音（stem-initial stress），而后更进而为字首重音（word-initial stress）①。因此，罗曼语无前缀的名动同形字先产生字干前重音的变化

① 英语本土日耳曼来源的字也开始从‘stem-initial’的形式变向‘word-initial’的形式，例如：*'input*，*'outlaw*，*'upsweep*，*'upthrow* 等有前缀的字，名词、动词都是前重音。此外，这种重音的前移不只出现在名动同形字，也出现在其他类型的字（多音节名词、动词，双音节及多音节形容词、副词等）。名词 *hotel*，*idea* 是最近几十年内重音逐渐前移的字例，*Merriam-Webster* 里已经是前、后重音两可了。

（例如：'*ambush*，'*border*，'*color*，'*couple*，'*credit*，'*damage*，'*flower*，'*function*，'*honor*，'*labor*，'*level*，'*powder*，'*rally*，'*study*，'*tutor*，'*traffic*，'*value*，等等），而有前缀的字变化起步在后，结果就是现今音变正在进行中的双重音字。

笔者的看法是一源论的，双重音字的演变是“后重音→双重音→前重音”。双重音只是过渡时期的新旧音重叠；前后重音分别暂时依附名动两个词性，最终还是会全部到达新音，即前重音。而现今的前重音名动同形字必定是在1570年之前，经历过前后重音二读的阶段，完成了重音前移（虽然未必有音义的对应，就像表1里美国英语的 *concrete*，*detail*，*ally*…*increase*，*address*，*dispute*，*research*，*default*…*exchange* 等字，名词或动词都可二读）。当然很晚才借入的字也有可能直接进入已经相当普遍的新形式前重音，例如 '*taxi*（n.：c. 1907，v.：1911），'*picnic*（n.：1826，v.：1842）。

从名词或动词的又读音来看，表1美国英语里有十余个“名：1；动：1/2”重音形式的字例（*conflict*，*compound*，*contract*，*perfect*；*annex*，*combat*…*protest*），这些字移向前重音一读的时间应当不会太远。而“名：1/2；动：2”重音形式的三个字例（*decline*，*discharge*，*indent*）则是刚从后重音一读演变向双重音。表1里各种形式的二读音更是铺陈出“后重音→双重音→前重音”的路线。英语里此种重音前移，在中途二读阶段音义对应分化为二（即名动词不同重音），而后又逐渐合并为一（变成名动词同是前重音）的变化在汉语里也有类似的情况。

2. 汉语多音多义字的变化

表3的去声变向上声的例子主要是对照英语重音前移的情况，比较两个不同的超音段特征音变的进展步伐以及可能产生的音义对应；比较的重点是多音多义字音义对应的不稳定性①。

根据字典上的解说，汉语的多音字是“音读不同意义也不同”；也就是一个“形”背负不同的“音—义”，代表不同的“词（word）”或“词位（lexeme）”。笔者（陈，2006）经由历时及跨方言的比较指出，“多音”是同一个字的先后读音；“多义”则往往是表面的差异，底层语义是相关联的，而语音上的差异有可能又最终合并。因此，音变的研究应该以“字”为单位，也就是说，要把“多音多义”包括在内，如此才能看到音变的全豹。如果以表面的语义差异来分割一个字，结果只能看到该字音变

① 汉语多音多义字的讨论主要来自笔者旧作（陈，2006）。

的一斑（例如下文表 5 里"处、载"二字）。

2.1　现今实际的语音分歧，趋向形成多音多义的字例

表 4 举出现今实际语音分歧的字例［字例选自陈（2006）］，也就是多音多义字成形的进展状况。英语双重音字重音的变化只有前移一个方向（滞留或回归变化不在话下），而汉语多音多义字声调变化的方向却有其偶然性①。多音字音义的对应及分合在不同方言里没有定向，所谓"破音字"意义不大。多音多义字与英语的双重音字一样，不过是暂时的现象。

表 4　　多音多义字的成形示例

字	中古音		中原音韵	北京音系		词条	台北 60 人平均（陈，1991）	北京俗读		
	声调	声母		1932	1963 1985			《字汇》1962	《字汇》2003	李 1985
罕♠	上^{1}	x	上	3		稀～	2:　1.7 3:　25.8 4:　72.5	3	3 4♣	4
						～见	1:　1.7 2:　9.2 3:　61.7 4:　26.7			3
慨	去	kʻ	去	3 4	3	慷～	2:　1.7 3:　85.5 4:　12.5	3	3 4♥	—
						～叹	3:　17.5 4:　82.5			

① 跨方言的比较可以显现变化方向及音义对应的偶然性，例如：

	中古音《广韵》		《汉语方音字汇》2003	今日方言 济潮	西南	北	成	14 方言
处	上：居也、止也	ᶜtʂʻ	上：～理	去	上	上、去	上	上
	去：所也；又上，又音杵	ᶜtʂʻᵓ	去：～所			去	上、去	去

北京音系的声调变化有三个不同梯次（Chen，2001a）：a. 入声舒化——中古之前，趋势是变向去；之后是变向阳平；《中原音韵》之前是变向上（陈，1997）；入声从不直接变入阴平；入声舒化无关乎声母类别；b. 去、上、阳平三声间的对流；c. 高频率口语词条阴平化。三个梯次都在中古音之前已经开始。第一、第三两个梯次方向固定，入变舒，阳平、上、去变阴平；第二梯次是对流，方向不定。

续表

字	中古音		中原音韵	北京音系		词条	台北60人平均（陈，1991）	北京俗读		
								《字汇》		李
	声调	声母		1932	1963 1985			1962	2003	1985
符	平	b	阳平	2		~合	2：57.5 3：32.5 4：10.0	2		3
						不~	2：64.2 3：25.8 4：10.0			
						音~	2：91.7 3：6.7 4：1.7			2

♠“罕”字台北160人（2004，台湾师范大学华语文教学研究所8位学生调查）：“罕见”—85.3%作3声读；“稀罕”—91.5%作4声读；分歧较前更大。

♣《字汇》2003：“罕”单字3、4声二读。

♥《字汇》2003：“慨（~叹）”3、4声二读。

2.2 中古多音多义字趋向合并的字例

表5举出中古多音多义字逐渐合并的字例。A部分是现今实际语音中旧音移向新音的程序接近完成的例子，B部分是在《中原音韵》或者1932年标准国音里变化完成的例子［字例选自陈，（2006）］。

表5　　中古多音多义字逐渐合并的字例

A. 中古多音多义字现今趋向合并字例＊

a. 语音实况取样：“处”字

词条	中古音清声母		北京音系 1932 1963 1985	实际语音	中国发音人（20人×4）				新加坡发音人（20人×2）年龄层		120人读音平均
					北方人年龄层		南方人年龄层				
	声调	语义			20—30	40—50	20—30	40—50	20—30	40—50	
老~女	上	居也，止也，制也，留也，定也。	3	1 3 4	 25.0 75.0	 15.0 85.0	 5.0 95.0	 15.0 85.0	 100	7.5 20.0 72.5	1：1.3 3：13.3 4：85.4
~理				1 3 4	 62.5 37.5	5.0 17.5 77.5	 25.0 75.0	 55.0 45.0	 75.0 25.0	 50.0 50.0	1：0.8 3：47.5 4：51.7
~所	去，又上	~所也；又音杵。	4	1 3 4	 12.5 87.5	 10.0 90.0	 100	 20.0 80.0	 100	5.0 2.5 92.5	1：0.8 3：7.5 4：91.7

＊田野数据来自（王，2002），发音人是新加坡国立大学师生。

续表

b. 语音演变							
例字	《广韵》中古读音 音义注释			中原音韵	字典注释 1932—1963/85		实际语音% （田野数据来自王，2002）
处	°tś‘	居也，止也，制也，留也，定也。	°tś‘	上 去	3	办理（～理）；	处理－3：47.5 4：51.7 1：0.8
						居住（穴居野～）；～女。	老处女－4：85.4
	°tś‘°	～所也；又音杵［°tś‘］	°tś‘°		4	地方（～所；住～）。	处所－4：91.7
横＊	°γ	纵横也，又姓。	°γ	阳平 去	2	纵横。	横行2：97.9 4：2.1
	γ°	非理来，又音宏［°γ］	°γ°		4	粗暴，蛮～；不吉利的，～死，意外的，～财。	横祸2：93.75 4：6.25
假	°k	借也，非真也，至也。	°k	上 去	3	假借；真假。	假期－3：22.1 4：79.9
	k°	借也，至也，休假也。又古雅切［°k］	k°		4	假期。	
量	°l	量度，又力向切［°l］	°l°	阳平 去	2	测量	思量－4：77.5 量力－4：98.3
	l°	合斗斛。	l°		4	容量。	—
和	°γ	笙之小者谓之和。和，顺也，谐也。	°γ	阳平 去	2	和谐	—
	γ°	声相应，又音禾［°γ］	γ°		4	唱和。	附和－2：77.9 4：22.1

＊横：又［｡k］，长安门名；又户觥切［｡γ］。现已不传，此处不录。

c. 601年之前已开始，2003年尚未完成的语音演变：‘载’－［dz° → °ts］（陈，2006）						
载	中古音	台北		北京		
		1932	俗读＊	1985审音	字汇2003	俗读＊1985
年～	去 去 上 dz ts ts	上	上	上	上	上
刊～（乘也）	去 去 dz ts	去	去 上 阳平 52.5% 44.2% 3.3%		—	
～重（运也）	去 dz		去 上 88.3% 11.7%	去	上 去	

＊俗读音：台北（陈，1991），北京（李，1985）。《汉语方音字汇》（2003）："载重"。
"满载"北京皆注上去二读，"刊载"没有收录。

B. 中古多音多义字在中原音韵或北京音系全然合并字例

例字	中古音义对应		字音	中原音韵	北京音系 1932／1963—1985		注
回	°γ	还也。	°γ	阳平	2	轮回	中古音里已开始新旧音重叠，去声显然是旧音。
	γ°	曲也，又音回［°γ］。	°γ°			迂回	
潢	°γ	积水池也。	°γ	阳平	2	积水池	
	γ°	染书也，又音黄［°γ］。	°γ°			染纸	
围	°j	守也。	°j	阳平	2	围城，围炉	
	j°	绕也，又音韦［°j］。	°j°			围绕	
羽	°j	鸟长毛，又音芋［j°］。	°j°	上	3	羽化	二读阶段已过，中原音韵与北京音系里仅一读。
	j°	鸟翅也，又音禹［°j］。	°j°			羽毛	
走	ts°	疾趋曰走。	ts°	上	3	走马观花	
	°ts	趋也，又音奏［ts°］。	°ts°			走访	
骂	m°	恶言。	m°	—	4	咒骂	
	°m	骂詈，又去声［m°］。	°m°			骂詈	

表5里，Ab及Ac部分里的多音多义字不同读音的几个看似不同的语义，基本意义其实相通（见陈，2006）；大多数的多音多义字可能最终都趋向合并，但是在“多音多义”同时又有“异形”的情况下，二读各固定于一个形体，结果一个字就可能分化成两个字了（如：“未—末”二字其实同源）①。此外，笔者（陈，2002）曾指出北京音系的文白读不但是系统内新旧音的重叠（其他方言文读通常是外来的“雅音”），而且从声调与音节结构可以判定（陈，2001b），白读是新音（其他方言的白读通常是旧音）。这是北京音系文白读与其他方言不同之处，也是新旧音造成分化的结果。

根据美国 *Merriam-Webster* 与英国 *Collins English Dictionary*，英语里罗

---

① “未—末”两个字是历史的层次；在中古之前，入声舒化，分化之后旧音（“末”：中古入声，北京 mo4）、新音“未”（中古去声，北京 wei4）持续平行发展，其实就是多音多义字。《广韵》里“末（mo4）”是“木上也，无也，远也”。然而，“无也”不就是“未有”？“远也”不就是“未来”？因此，“未—末”底层的语义是一样的。又因为同时还有另外8个字语音、字形分化（语义却未必都有分化），形成了九对“双胞胎”（未—末，昧—昧，妹—妺，沬—沫，鮇—鮇，眛—眜，佅—佅，颒—颒，秣—秣）；两组字在《广韵》里出现在两个不同的谐声系统里（见陈，2001b，2001c）。

曼语借词‘*incense*’一字，“（烧）香”义的名词、动词都是前重音一读；后重音读则是引申义“激怒”。这个情况可说是近似汉语的多音多义字。

表 6　　英语里音义对应分化举例

	词性	出现时间	重音音节	语义
incense	n.	13 世纪	1	material used to produce a fragrant odor when burned
	v.			to apply or offer incense to; to perfume with incense
	v.	15 世纪	2	to infuriate

此处表面的音义对应分化的机制与汉语多音多义字相同，未来可能全都变为前重音，此字罗曼语重音就完全蜕变为日耳曼语重音。

3　结论

英语双重音字与汉语多音字有许多相似之处：产生的机制，不稳定性，长期的扩散的时间，所造成的音义对应的分化，以及最终可能的合并。这一点或许是超音段特征的共同点。音位变化时的二读阶段众所周知，然而音段性音位新旧音重叠的过渡阶段似乎不会产生音义对应的分化。英语里的一个换位变化（metathesis）的二读阶段就从上古英语（OE，450—1150A. D.），经过中古英语（MidE，1150—1500A. D.），直到现代英语（ModE）才完成变化①（例如 OE‘*thridda-thirdda*’ > MidE‘*thridde-thirdde*’ > ModE‘*third*’。此种长期二读有大量的字例：*brid-bird*，*frist-first*，*crud-curd*，*drit-dirt*，*filmsy-flimsy*，等等），但是没有分化成两个语义。例如，‘*whipser-whisper*’不同音，不同形，却没有分化成音义对应的名词与动词。

笔者认为沙门的二源分析误判了双重音字成形的演变。如果没有看到早期字典的规范性质及选择性记音，也没有想到罗曼语借词在有记音字典之前的几百年间可能发生的变化，也就看不到“超音段音位”与“音段音位”变化的不同之处；后者新旧音重叠不会产生大规模音义对应的分化。

---

① 这个换位变化尚有些许残余，例如‘*aks*’（for‘*ask*’）还存在于苏格兰英语里。此外，美国黑人英语（African American English）里也出现了此类的互换变化（如‘*aks*’ for‘*ask*’，‘*graps*’ for‘*grasp*’）。

参考资料

陈重瑜：《北京音系阴平字增加的趋势》，《中央研究院历史语言研究所集刊》第59本第1分，1988年，第173—209页。

——《1932到1963—1985声调转变的一些特征》，*Journal of the Chinese Language Teachers Association*，1988，23.3：69—106.（United States）

——《声调的转变与扩散：台北不同年龄层的取样》，*Journal of the Chinese Language Teachers Association*，1991，26.1：69—99.（United States）

——《中古音之前入声舒化的路线》，《中国语文四十周年纪念特刊》，1992年，第352—363页。

——《中古音之后的早期阶段入声的舒化》，《庆祝中国社会会科学院语言研究所建所45周年学术论文集》，1997年版，第53—60页。

——《中古入声字新旧音的重叠：北京音系的一字多读及三声读的衍生》，《语言研究》（二十周年纪念特刊），2001年，第46—72页。

——《〈广韵〉里的'未－末'谐声系统与其间九对'双胞胎'》，《语言研究》2001年第3期，第95—100页。

——《北京音系里文白异读的新旧层次》，《中国语文》（五十周年纪念特刊），2002年，第550—558页。

——《多音多义字：不同的词位还是历史的层次?》，《语言研究》2006年第1期，第40—53页。

李恺：《北京话俗读音调查录》，《第一届国际汉语教学讨论会论文集》，1985年版。

王妙恩：《多音字的实际读音调查》，新加坡国立大学荣誉学位论文，2002年。

CHEN，Chung-Yu（陈重瑜），2001a. *Tonal Evolution from Pre-Middle Chinese to Modern Pekinese：Three Tiers of Changes and Their Intricacies.* Journal of Chinese Linguistics Monograph Series No. 16，University of California at Berkeley.

Sherman，Donald. 1975. *Noun-Verb Stress Alternation：an Example of Lexical Diffusion of Sound Change in English. Linguistics*，159. 43—71.

“秦人去声似上”和玄应音、慧琳音的声调系统*

尉迟治平　华中科技大学中国语言研究所

一　“秦人去声似上”和玄应、慧琳音

隋唐以长安话为基础的汉语方言，被称为“秦音”。在中土文献中，关于“秦音”和其他方言间的声调关系，有两处明确的记载。一是隋陆法言《切韵序》：“秦陇去声为入”（见《广韵》卷首）；一是唐顾齐之《新收一切藏经音义序》：“秦人去声似上”（见慧琳《一切经音义》卷首）。

关于第一句话，罗常培先生（1956：60）引用劳乃宣《等韵一得》作过解释：“所谓‘秦陇去声为入，梁益平声似去’者，劳乃宣《等韵一得外篇》云：‘此盖以异方之人听之耳，使其本方人听之，必不尔也。彼方之去似此方之入，则彼必别有其入，且谓此方之入似其去；彼方之平似此方之去，则彼必别有其去，且谓此方之去似其平。以一方之音言之，必自成其一方之平上去入，无稍谬戾者。故四声之辨，可各以方音求之。其音不必强同，其理自无不同也。’此说精切，深得法言微旨。”而周祖谟先生在《切韵的性质和它的音系基础》（1966a：436）一文中却认为：“秦陇去声为入，除声调不同以外，韵尾一定也有不同。关于这一方面的例证不多，我们现在所发现的例子，都属于阴声韵字，而且主要是去声祭泰夬废和入声曷没黠辖屑薛之间的关系。例如晋赫连屈孑亦作屈丐，北周宇文泰，原名黑獭，狡狯唐关中言狡刮（此条见玄应《一切经音义》卷

* 谨以此文恭贺薛凤生先生八十华诞。

八，赵振铎同志从切韵序论切韵一文已引及）之类即是。”我在《周、隋长安方音再探》（1984）一文中曾经讨论过长安方音的声调系统，认为去声是低降半长调，调值是31，而施向东先生（1983：38—40）讨论过玄奘梵汉对音反映的唐初中原方音的声调系统，入声是一个中降短调，从文章列的四声调型图看，调值应该是42（施向东，1983：40），从玄奘耳朵听起来，长安方音正是“秦陇去声为入”。所以拙文倾向于罗先生的观点（尉迟治平，1984：112）。但现在我觉得罗、周二位先生各具慧眼，罗先生阐述的是方言间声调的系统对应，周先生指明的是方言间词语的不同读音，都能解释“秦陇去声为入”。

关于第二句“秦人去声似上”，丁锋先生进行过研究。他在《慧琳改订玄应反切反映的唐代长安声调状况》一文中，认为“玄应慧琳的共同语言基础都是唐都长安话”，并对慧琳《一切经音义》改订玄应《一切经音义》反切的情况全面进行整理和分析，指出其中全浊上声和去声相混，正与“去声似上”相合，体现了长安语音的演变（丁锋，2006：148）。本文提出另外一种解释，认为“秦人去声似上”与下面一句“吴人上声似去”结合起来，指的是慧琳（秦人）和玄应（吴人）两个方言声调的系统对应。本文和丁锋先生的观点，正如同上面说的罗先生和周先生的观点，观察问题的角度不同，不妨两存。

二　比声五五字析义

我们使用的语料是玄应和慧琳对梵文比声五五字的译音。玄应译音见《一切经音义》卷二《大般涅盘经》第八卷“文字品”（贞观末，649），慧琳译音见《一切经音义》卷第二十五《大般涅盘经音义》第八卷“次辩文字功德及出生次第”（贞元四年至元和五年，788—810），以下分别简称为玄应《文字品》音义和慧琳《文字次第》音义。

所谓“比声”和“五五字”，是悉昙学分析梵文辅音的术语。梵文辅音共三十三字，或说三十四字，前二十五字玄应《文字品》音义称为“比声”，后八字称为超声（流音）。所谓“比声”，日释安然《悉昙藏》卷五“母字翻音·定正翻”引飞鸟寺信行《涅盘经音义》云：“比声二十五字，亦名五五相随声。……音韵伦次名曰比声。”文中多处称“玄应师”，据此推测，信行这个解释可能得自玄应传授。慧琳《文字次第》音义对比声的“音韵伦次”作过分析：“称呼梵字亦五音伦次：喉、腭、断、齿、唇吻等声则迦（क k）、左（च c）、绖（ट ṭ）、亸（त t）、跛

（𑖢 p）。五声之下，又各有五音，即迦（𑖎 k）、佉（𑖏 kh）、诫（𑖐 g）、伽（𑖑 gh）、仰（𑖒 ṅ），乃至跛（𑖢 p）、颇（𑖣 ph）、麼①（𑖤 b）、謈（𑖥 bh）、莽（𑖦 m），皆从深向浅。亦如此国五音宫、商、角、徵、羽，五音之内，又以五行相参。”引文括号中梵文悉昙字和转写音标为笔者所加，下同。

慧琳所说“喉、腭、断、齿、唇吻”五声，指比声五处发音部位，依次是舌面后 k、舌面前 tɕ、舌尖后 ṭ、舌尖中 t、双唇 p，所以说“从深向浅”，玄应《文字品》音义分别称为“舌根声、舌齿声、上腭声、舌头声、唇吻声”；慧琳所说“五音”，指五声之下各有五个梵字，发音方法依次为清不送气、清送气、浊不送气、浊送气塞音或塞擦音，以及同部位的鼻音。“五声之下，又各有五音”，所以玄应称为“五五相随声”，即悉昙学所谓“五五字”。表 1 展示比声二十五字的结构化关系。

表 1　比声五五字

五声＼五音		一字	二字	三字	四字	五字
玄应	慧琳					
舌根声	喉	𑖎 k	𑖏 kh	𑖐 g	𑖑 gh	𑖒 ṅ
舌齿声	腭	𑖓 c	𑖔 ch	𑖕 j	𑖖 jh	𑖗 ñ
上腭声	断	𑖘 ṭ	𑖙 ṭh	𑖚 ḍ	𑖛 ḍh	𑖜 ṇ
舌头声	齿	𑖝 t	𑖞 th	𑖟 d	𑖠 dh	𑖡 n
唇吻声	唇吻	𑖢 p	𑖣 ph	𑖤 b	𑖥 bh	𑖦 m

表 1 从上到下，发音部位从内到外，排次有序，从左到右，发音方法清浊、送不送气、口鼻音品类完备，聚合关系性质明晰、系统整齐，非常适于进行音韵学的观察和研究。但是，如果仅对比玄应《文字品》音义和慧琳《文字次第》音义两段文字，很难看出玄应音或慧琳音的声调系统，必须透过梵文四十九根本字字母表“五五字”诵读的调子，才能观察到玄应音和慧琳音的声调，并进一步讨论二者之间的对应关系。

三　“五五字”诵读调子和慧琳音的声调

2006 年，我们曾发表《论梵文“五五字”译音和唐代汉语声调》一

① 麼，原作“麽”，据下文梵文 b 字译音校改。

文，根据梵文四十九根本字中“五五字”的译音，讨论过唐代汉语的声调。根据罗常培（1931：275页后插页1）和李荣（1956：164页后插页2）所列的《四十九根本字诸经译音异同表》，唐代汉文译音共九种，根据我们观察，其中义净《南海寄归内法传》实际上是日人高楠顺次郎英译本“叙论”所引“悉昙章”，应是从日释安然《悉昙藏》卷二“十二音”和卷五“定正翻”两节辑出，并非《寄归传》原本；还有《悉昙字母释义》作者为日释空海，两种都出自日本悉昙著作，所以没有采用。中土译经共七种：地婆诃罗《方广大庄严经·示书品》、善无畏共一行《大毘卢遮那成佛成变加持经·百字成就持诵品》、不空A《瑜伽金刚顶经·释字母品》、不空B《文殊问经·字母品》、智广《悉昙字记》，再加上玄应《文字品》音义和慧琳《文字次第》音义。从文字上看，罗、李二位先生的表应该是根据《大正新修大藏经》整理而成，本文所引根据中土佛藏进行过比校勘正。

根据我们的研究，唐代七种“五五字”译音分为三派，玄应自成一派；地婆诃罗和智广是一派，我们称作“智广派”；慧琳和善无畏共一行、不空是一派，我们2006年的文章称作“不空派”，本文改为“慧琳派”，以便指称，方便下文与玄应派比较时进行讨论。

在2006年的那篇文章中，我们对智广派和慧琳派的六种“五五字”译音进行过分析，由于版面的限制，文中只有讨论，没有列出译音材料，读者阅读不便。本文列出译音相关文本再展开讨论，内容并不与2006年文章简单重复，而阅读我们2006年文章的读者，倒可以反过来参考本文。六种译音的文字错讹，本文只对与声调相关的进行校正，无关的留待另文讨论。

诵读梵文字母表时，要在体文（辅音）后加上短a，犹如现代汉语拼音字母的呼读音。三派对音一般都用歌、戈、麻韵字，但声调不同。

智广派的“五五字”译音见表2（用译主指称。下同）。

归纳智广的对音条例①，第一、二、五字是“×下反，音近×可/我反”，第三字是“×下反，轻音”，第四字是“重音，音近×可/我反”，第三、四字对音用字相同，但有轻重之异。g“伽”原作“迦”，与第四字gh“伽”不同，不合条例。按：“迦”为见母，不应对译浊音g。《悉

① 对音条例，指译经师的译音条例或习惯，其目的是尽量消除梵汉两种语言对音的误差，用汉字还原梵文语音。关于对音条例的性质和作用，可以参见《对音还原法发凡》（尉迟治平，2002）一文。

昙字记》："迦（k）之声下十有二文，并用迦（k）为字体，以阿（a）、阿（ā）等韵呼之增其摩多（mātā，梵文元音符号。），合于声韵，各成形也。𑖏佉（kh）、𑖐伽（g）等声下例之，以成于一章。"又："如用迦（k）字之声，对阿（a）、伊（i）、瓯（u）等十二韵呼之，则生得下迦（ka）、机（ki）、钩（ku）等十二字；次用佉（kh）字之声，则生得佉（kha）、欺（khi）、丘（khu）等十二字；次生伽（ga）、其（gi）、求（gu）等十二字。已下例然。且先书短迦（ka）字一十二文，从第二字已下加其麽多，……佉（kh）、伽（g）已下至叉（kṣ）字例然。"其中三个 g 都用"伽"对译，可证 g"迦"为"伽"之误，当以据正。

表 2　　　　智广派"五五字"译音

	𑖎 k	𑖏 kh	𑖐 g	𑖑 gh	𑖒 ṅ	𑖓 c	𑖔 ch	𑖕 j	𑖖 jh	𑖗 ñ
地婆诃罗	迦	佉	伽	伽	哦	者	车	社	阇	壤
	上声		上声				上声			
智广	迦	佉	伽	伽	哦	者	车	社	社	若
	居下反音近姜可反	去下反音近去可反	渠下反轻音音近其下反余国有音疑可反	重音渠我反	鱼下反音近鱼可反余国有音鱼讲反	止下反音近作可反	昌下反音近仓可反	杓下反轻音音近作可反余国有音而下反	重音音近昨我反	而下反音近若我反余国有音壤
	𑖘 ṭ	𑖙 ṭh	𑖚 ḍ	𑖛 ḍh	𑖜 ṇ	𑖝 t	𑖞 th	𑖟 d	𑖠 dh	𑖡 n
地婆诃罗	吒	吒	荼	荼	拏	多	他	陀	陀	那
	上声		上声		上声	上声	上声	上声		上声
智广	吒	侘	荼	荼	拏	多	他	陀	陀	那
	卓下反音近卓我反	拆下反音近拆我反	宅下反轻音余国有音搦下反	重音音近幢我反	搦下反音近搦我反余国有音拏讲反	怛下反音近多可反	他下反音近他可反	大下反轻音余国有音陀可反	重音音近陀可反	捺下反音近那可反余国有音曩
	𑖢 p	𑖣 ph	𑖤 b	𑖥 bh	𑖦 m					
地婆诃罗	波	颇	婆	婆	摩					
	上声		上声		上声					
智广	波	颇	婆	婆	麼					
	盎下反音近波我反	破下反音近破我反	罢下反轻音余国有音麼	重音薄我反	莫下反音近莫可反余国有音莽					

智广派全用上声。对音一般用平声字，智广用反切下字"下"指明

应改读上声；第四字与第三字相同，则承前省反切，仅注“重音”以示区别。地婆诃罗与智广用字几乎全同，非上声字注“上声”，“佉哦阇咤”四字例外，疑脱注文“上声”，第四字与第三字相同，承前不注；“者社壤颇”是上声字故不再注“上声”；第四字不注“重音”则与智广不同。

慧琳派的“五五字”译音见表3。

表3　　慧琳派“五五字”译音

	k	kh	g	gh	ṅ	c	ch	j	jh	ñ
善无畏共一行	迦	佉	哦	伽	仰	遮	车	若	社	壤
不空A	迦	佉	诫	伽	仰	左	磋	惹	酇	孃
	上	上	上	去引	鼻呼		上	仁左切	去	上
不空B	迦	佉	诫	伽	仰	左	磋	惹	酇	孃
	上	上	上	去			上		才舸反	上
慧琳	迦	佉	诫	伽	仰	左	瑳	嵯	醝	孃
	居佉反又取上声	墟迦反佉字取上声音墟丘於反	鱼迦反迦字准上音	渠贺反伽字去声重	虚鞅反兼鼻音鞅音央两反	藏可反上声	仓可反上声	慈我反	嵯贺反引声重	女两反兼鼻音

	ṭ	ṭh	ḍ	ḍh	ṇ	t	th	d	dh	n
善无畏共一行	咤	咤	拏	荼	拏	多	他	娜	驮	曩
不空A	咤	咤	拏	荼	拏	多	他	娜	驮	曩
	上	上	上	去	尼爽反鼻呼	上	上	-	去	
不空B	咤	咤	拏	荼	拏	多	佗	娜	驮	曩
	上	上	上	去	鼻声呼	上	上			
慧琳	缪	姹	拏	橴	拏	亸	佗	榛	驮	曩
	陟贾反	坼贾反	絮雅反	茶夏反去声引	佇雅反兼鼻音	多可反	他可反佗字上声正体他字也	那我反	陀贺反重	乃朗反鼻音

	p	ph	b	bh	m
善无畏共一行	波	颇	摩	婆	莽
不空A	跛	颇	麽	婆	莽
				去重	
不空B	跛	颇	麽	婆	莽
				去	鼻声呼
慧琳	跛	颇	麽	𡁎	莽
	波下反	陂我反	莫我反无鼻音	婆贺反去声重	忙牓反鼻音

慧琳ṭ（陟贾反），原作“绔”，按：“绔”《广韵·十一暮》苦故切，声韵调俱不合，上文所引《文字次第》音义：“喉、腭、断、齿、唇吻等声则迦、左、缕、䍲、跛”，断声ṭ用“缕”对音，“缕”，《三十五马》竹下切，“竹下切”即陟贾反，故据正。ḍ拏（絮雅反），原作“絮（绀雅反）”，按：“绀”《五十三勘》古暗切，见纽，声母不合，狮古白莲社本作“絮（絮雅反）”，“绀”应为大正藏排版之误，当据正作“絮”，但被切字不得与反切上字同字，慧琳师事不空，《文字次第》用字与不空A、不空B几乎完全相同，“絮”应据不空译音作“拏”，故ḍ校正为“拏（絮雅反）”。th佗（他可反，佗字上声，正体他字也。），“佗字上声”原作“他字上声”，按：参比kh佉（佉字取上声）和gh伽（伽字去声重），对音条例是译音用平声字时，加注指明应改读其他声调，故此字应为gh的译音字“佗”，“佗”字也正好与下文“正体他字也”相应。d㨹（那我反），“㨹”原文右旁“多”作“口”，“口”下作“衣”，疑为“㨹”字之讹，《广韵·三十三哿》：“㨹，橠㨹，木盛皃。奴可切。”“奴可切”即“那我反”。m莽，原文作“麽”，按：ṅ仰、ñ孃、n曩译音俱用阳声韵字，又《文字次第》上文：“五声之下，又各有五音，即迦、佉、诫、伽、仰，乃至跛、颇、麽、䶔、莽”，m用“莽”，不空亦用“莽”，故据正。

慧琳派各家第四字用去声，其他字用上声。不空第四字注“去”，《文殊问经》“jh 鄭、dh 驮”虽未注，但《金刚顶经》此二字注“去”，两相参比，知不空B也应读去声；其他字注“上”，或用“爽”作下字指明上声，上声字“仰左惹娜曩跛颇麽莽”则不再注“上”。善无畏虽然没有注明声调，但用字与不空几乎全同，声调也应相同。慧琳第四字用注“去声”和用“贺夏”作反切下字两种办法指明去声；其他字用注“上声”和用“鞅可我两贾雅朗牓”作反切下字两种办法指明上声，k迦（又取上声），参比kh佉（佉字取上声），疑k迦字注文“又”应为“迦字”；g誐（迦字准上音），应指迦字准照“k迦”之音读上声。值得注意的是第四字去声不空A“bh婆”注“重”，慧琳除“ḍh 檫”外全注“重”；不空A“gh伽”注“去引”，慧琳“jh 醝”注“引声重”，“ḍh 檫”注“去声引”。

智广和慧琳两派“五五字”译音可以归纳为表4。

表 4　　　　智广和慧琳两派“五五字”译音异同表

	一字	二字	三字	四字	五字
智广	上声	上声	上声轻音	上声重音	上声
不空	上声	上声	上声	去声（重）	上声

善无畏、金刚智与不空合称“开元三大士”[①]，他们的译音被学术界称为“不空学派”（马伯乐，2003：12—13），不空学派将以前译音第四字的上声改为去声，这个现象我们在《“上声厉而举”解》中已经指出（尉迟治平，1994：257），又在《论梵文“五五字”译音和唐代汉语声调》一文中，根据日释明觉《悉昙要诀》卷一的记述进行过讨论，指出智广派属于八声家，第四字“轻音”指“上声轻”，为“初后俱昂”之音，第五字“重音”指“上声重”，为“初平后上”、“初低终昂”之音。慧琳派属于六声家，第四字上声为“初后俱昂”之音，第五字去声为“初平后上”、“初低后昂”之音（尉迟治平，2006）。

我们在《日本悉昙家所传古汉语调值》（尉迟治平，1986）一文中，曾根据日本悉昙家的记载，讨论过唐代汉语中四声、六声、汉音八声和吴音八声等八种不同的声调系统的调类和调值。根据这篇文章可以知道明觉所说八声家，指的是汉音八声；第四字“初低终昂”、“初平后上”是全升调，六声家是去声重，八声家是上声重；其他字“初后俱昂”是高平调，六声家是上声，八声家是上声轻。智广和慧琳两派虽然所注调类不同，但调值一样。将智广和慧琳两家所注调类转写成调值，整理成表 5，可以清楚地展现出唐代梵文“五五字”诵读的调子。

表 5　　　梵文“五五字”诵读调子和智广音、慧琳音声调表

<table>
<tr><td>五五字</td><td>一字</td><td>二字</td><td>三字</td><td>四字</td><td>五字</td><td colspan="2">汉语声调</td></tr>
<tr><td rowspan="2">调子</td><td>初后俱昂</td><td>初后俱昂</td><td>初后俱昂</td><td>初低终昂</td><td>初后俱昂</td><td colspan="2" rowspan="2">调值</td></tr>
<tr><td>˥55</td><td>˥55</td><td>˥55</td><td>˩˥15</td><td>˥55</td></tr>
<tr><td>智广</td><td>上声轻</td><td>上声轻</td><td>上声轻</td><td>上声重</td><td>上声轻</td><td rowspan="2">调类</td><td>汉音八声</td></tr>
<tr><td>慧琳</td><td>上声</td><td>上声</td><td>上声</td><td>去声重</td><td>上声</td><td>六声家</td></tr>
</table>

四　“五五字”诵读调子和玄应音的声调

我们在《梵文“五五字”译音和玄应音的声调》（尉迟治平，2011）

① 可参见宋赞宁《宋高僧传》卷一“唐京兆大兴善寺不空传”。

一文中讨论过玄应音的声调，指出《日本悉昙家所传古汉语调值》使用的材料是日本的悉昙著作，《论梵文“五五字”译音和唐代汉语声调》使用的是中国本土的汉译佛经，取材不同，但结论可以互相印证。而且智广和慧琳两派六种译音情况也各不相同（尉迟治平，2011：72 表 5），慧琳与善无畏、一行、不空虽然同属“不空学派”，但善无畏传习胎藏界密法，不空传习金刚界密法，二人宗派不同；一行参与善无畏译经，但并无师承关系；慧琳师事不空，但从《一切经音义》看，他在中华学术上有全面而精深的造诣，这绝非印度入唐僧众所能了解。他们译音有共同特点，恐怕主要是因为所依据的语音基础相同。

综上所述，可以得出如下推论：我们前后研究互相参证，说明六种译音反映出梵文“五五字”诵读有一定的规则，智广和慧琳两派译音选用的汉字调类不同但调值相同，因此各据方言依字诵读所得“五五字”的调子相同。玄应译音不应例外。因此我们可以由玄应译音归纳出用字的调类，再由“五五字”的调子确定这些字的调值，并由声调判断玄应音所属的方言。

玄应音义版本复杂，内容大异。我们（尉迟治平，2011）选用了十种本子进行比勘。十种本子可以分成音义本和悉昙本两个系统。音义本来自事汇部，包括日本金刚寺和七寺两种古写本，域外高丽藏本，汉土宋碛砂藏本、金藏广胜寺本，明永乐南、北藏本，清庄炘儒刻本；悉昙本来自悉昙部，采自日安然《悉昙藏》卷五“母字翻音·定正翻”和净严《悉昙三密钞》卷二“明对注者·初明五句字对注者”。我们比较了音义本和悉昙本两种文本，指出玄应原本应该近于悉昙本，音义本对一般僧众难以了解的辨析梵唐音韵的内容作了删节。详细讨论可以参看拙文（尉迟治平，2011：73），此不重述。

下面列出基于悉昙本，并参校音义本还原出来的玄应《文字品》“五五字”音义文本。

> 比声二十五字：迦、佉、伽（并平重音）、伽（去声）、俄（鱼贺反），已上舌根声。遮、车、阇（并平重音）、阇（去声）、若（耳夜反），已上舌齿声。咤、侘、荼（并平重音）、荼（去声）、拏（去声），已上上腭声。多、他、陀（并平重音）、陀（去声）、那（奴贺反），已上舌头声。波、颇、婆（并平重音）、婆（去声）、摩（莫个反），已上

唇吻声。每句五字中第四字与第三字同，轻重微异也。

玄应的对音条例是第一、二、三字是平声重，第四字与第三字相同，但声调是去声，第五字注反音，格式是“鼻去反”，上字用鼻声母字，下字用“贺夜个”等去声字。根据玄应音与汉音八声智广音的声调对应关系，参考我们在《日本悉昙家所传古汉语调值》中的研究，玄应音属于吴音八声（尉迟治平，2011：74）。表6将玄应译音与智广、慧琳两派进行比较。

表6　　玄应与智广、慧琳两派“五五字”译音比较表

	一字	二字	三字	四字	五字	
调子	˥55	˥55	˥55	˩˥15	˥55	汉语声调
玄应	平声重	平声重	平声重	去声轻	鼻去反（˩˥15/去声重˥˩51？）	吴音八声
智广	上声轻	上声轻	上声轻	上声重	上声轻	汉音八声
慧琳	上声	上声	上声	去声重	上声	六声家

日释了尊《悉昙轮略图抄》卷一“八声事”说：

吴汉音声互相摶①，平声重与上声轻，平声轻与去声重，上声重与去声轻，入声轻与同声重。

说的是唐代汉语吴音八声和汉音八声调值的对应，并且还配有图（见图1）形象地展示。“平声重与上声轻”和“上声重与去声轻”两句，正合玄应和智广的关系。

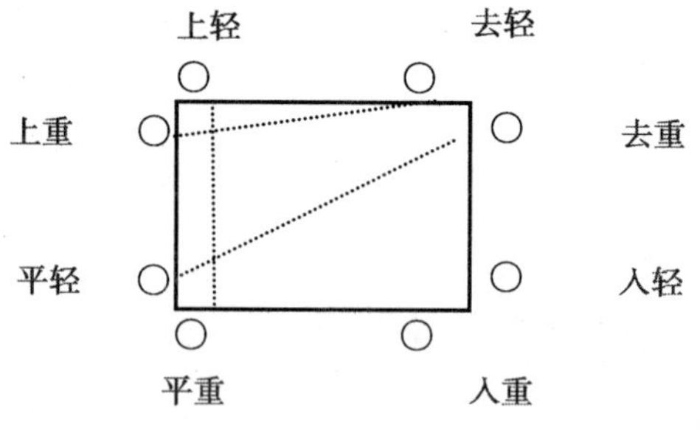

图1

① 摶，原文作“博”，疑为“摶”之讹。

玄应音诵读“五五字”的调子，第一、二、三、四字与智广、慧琳两派 相同，但第五字“鼻去反”情况不明。根据我们的研究（尉迟治平，1986），吴音八声次浊去声应该归去声轻，调值是˩˥ 15，如果归去声重，调值是˥˩ 51，那么玄应的“五五字”调子在每句五字结尾不同；也有可能玄应音鼻声母去声字调值是 ˥55，所以要特别注明“鼻去反”，强调与去声轻和去声重不同，那么玄应的“五五字”调子就与智广、慧琳两派完全相同。

五　玄应音和慧琳音的声调对应关系

根据我们对唐代各种声调系统的研究（尉迟治平，1986），可以将智广与慧琳、玄应三家的声调系统整理成表 7。

表 7　　智广与慧琳、玄应声调比较表

		慧琳	智广	玄应
		六声家	汉音八声	吴音八声
平	清	平轻 = 全降˥˩	平轻 = 全降˥˩	平轻 = 低降升˧˩˥
	次浊			
	全浊	平重 = 低平˩	平重 = 低平˩	平重 = 高平 ˥
上	清	上轻 = 高平 ˥	上轻 = 高平 ˥	上轻 = 低平˩
	次浊			
	全浊	并入去重 = 全升˩˥	上重 = 全升˩˥	上重 = 高降升˥˩˥
去	清	并入上轻 = 高平 ˥	去轻 = 高降升˥˩˥	去轻 = 全升˩˥
	次浊			
	全浊	去重 = 全升˩˥	去重 = 低降升˧˩˥	去重 = 全降˥˩
平	清	入轻 = 高平促 ˥	入轻 = 高平促 ˥	入轻 = 低平促˩
	次浊			
	全浊	入重 = 低平促˩	入重 = 低平促˩	入重 = 高平促 ˥

本文开头所说“秦人去声似上”，出自顾齐之《新收一切藏经音义序》，完整引用应该是：“音虽南北，义无差别。秦人去声似上，吴人上声似去，其间失于轻剽，伤于重浊，罕分鱼鲁之谬，多传豕亥之误。”玩味文意，顾齐之是从一种标准语的立场，批评秦人声调之重浊和吴人声调之轻剽。

唐景审《慧琳一切经音义序》曰：“近有元廷坚《韵英》及张戬《考声切韵》，今之所音，取则于此。”故学人俱以慧琳音为秦音，而根据本文上面的考订，玄应音属吴音。从表 7 观察，六声应该由汉音八声发展而来，其平轻、平重、上轻、上重、入轻、入重与汉音八声调值完全相同，去轻、去重两个曲折调消失，分别与上轻、上重合并。从汉音八声看，正是“秦人去声似上”。另一方面，吴音八声上重调值是˥˩˥ 515 调，而汉音八声去轻调值是˥˩˥ 515 调、去重调值是˨˩˥ 215 调，调型都是降升曲折调。所以从汉音八声看，也可以说是“吴人上声似去”。

汉音是当时正音。《续日本书记》“宝龟九年十二月”条记唐人袁晋卿于桓武天皇天平七年（唐玄宗开元二十三年，735）随遣唐使抵日本定居。袁氏精通《文选》、《尔雅》字音，赐姓清村宿祢，叙从五位上，充大学音博士，掌教音读，被誉为“诵两京之音韵，改三吴之讹响”，故日释净严《悉昙三密抄》卷上之上说“表信公（按即袁晋卿）来筑博多，传于汉音，是曰唐音”，“唐音”即指唐朝标准音，是当世人的称呼，与后世所称宋以后禅宗传入日本之“唐音”含义不同。此后日本朝廷根据遣唐使和音博士的主张，运用政令强制推行汉音。《日本纪略》卷九载“（桓武天皇）延历十一年（唐德宗贞元八年，792）闰十一月壬午朔辛丑敕：明经之徒不可习吴音……熟习汉音。”安然《悉昙藏》卷五也说：“吴似和音，汉如正音。汉士不能呼吴，吴士不能呼汉。”所以，“秦人去声似上，吴人上声似去”，是顾齐之从正音“汉音”观察秦音和吴音的声调的看法，而玄应音和慧琳音的声调对应关系，也要透过智广汉音的声调系统，才能得到正确的解读。

六　余论

唐人多斥《切韵》是吴音，周祖谟先生《切韵与吴音》（1966b）作过详细讨论，可以参看。从本文的研究看，唐人所谓“吴音”，不仅指《切韵》这种书面文献传承的音读，也有实际的方言对象，根据本文的研究，玄应音属于吴音八声，与唐人所说可以互相印证。

《切韵》取韵的标准是洛阳音和金陵音（尉迟治平，2003）。施向东指出玄奘是洛阳人，他的梵汉对音反映的是唐初中原方音（施向东，1983：27），这个语音系统与《切韵》音系在许多方面非常一致，是《切韵》音系重要的基础方言之一（施向东，1983：40—41）。玄应是玄奘的重要助手，他们的梵汉对音运用的语言应该是相同的，而且玄应音义的语音系统也确实与《切韵》音系高度一致。玄应音代表初唐的标准音（尉迟治平，2000），初唐语音与《切韵》相近（尉迟治平，2010），看来初唐洛阳音是《切韵》音的直接后裔，玄应音属于吴音应该不是游谈无根之说。

这些问题都是非常值得研究的课题，我们将另文专门讨论。

参考文献

丁锋：《慧琳改订玄应反切反映的唐代长安声调状况》，《汉语史学报》第6辑，上海教育出版社2006年，第143—153页。

李荣：《切韵音系》，科学出版社1956年版。

罗常培：《梵文腭音五母之藏汉对音研究》，《中央研究院历史语言研究所集刊》第3本第2分，1931年，第263—275页。

罗常培：《汉语音韵学导论》，中华书局1956年版。

马伯乐：《唐代长安方言考》，聂鸿音译，中华书局2003年版。

施向东：《玄奘译著中的梵汉对音和唐初中原方音》，《语言研究》1983年第1期，第27—48页。

尉迟治平：《周、隋长安方音再探》，《语言研究》1984年第2期，第105—111页。

尉迟治平：《日本悉昙家所传古汉语调值》，《语言研究》1986年第2期，第17—35页。

尉迟治平：《“上声厉而举”解》，《音韵学研究》第3辑，中华书局1994年，第252—264页。

尉迟治平：《时有古今　音有转移——论汉语标准语的历史演变》，《国际汉语教学学术研讨会论文集》，《语言研究》增刊，2000年，第311—315页。

尉迟治平：《对音还原法发凡》，《南阳师范学院学报（社会科学版）》2002年第1期，第10—15页。

尉迟治平：《欲赏知音　非广文路——〈切韵〉性质的新认识》，见《古今通塞：汉语的历史与发展．第三届国际汉学会议论文集　语言组》，“中研院”语言学研究所筹备处，2003年版，第157—185页。

尉迟治平：《论梵文“五五字”译音和唐代汉语声调》，《语言学探索——竺家宁先生六秩寿庆论文集》，台北国家图书馆2006年版，第1—4页。

尉迟治平、黄琼：《隋唐五代汉语诗文韵部史分期简论》，《语言研究》2010年第2期，第16—21页。

尉迟治平、朱炜：《梵文“五五字”译音和玄应音的声调》，《语言研究》2011年第2期，第70—75页。

周祖谟：《切韵的性质和它的音系基础》，《问学集》上册，中华书局1966年版，第434—473页。

周祖谟：《切韵与吴音》，《问学集》上册，中华书局1966年版，第474—481页。

立足系统性、社会性、人文性的汉语音韵史研究

——浅悟薛凤生先生的汉语音韵学研究

耿振生　北京大学中文系

汉语音韵学是薛凤生先生学术研究的重要领域，他从理论上和实践上在这个领域树立了一种崭新的典范模式，他的理论和成就是本学科的一笔宝贵财富。

薛先生治学十分重视汉语本身的规律性，并以适当的西方语言学理论与之结合，总结出切合实际的理论和研究原则。他以严格的音位学方法，对自《切韵》以来的主要音系和现代汉语标准音作了结构上的分析，精密地阐释了各音系之间的演变关系。笔者依据个人的粗浅体会，谈谈薛先生在汉语音韵学研究中的理论原则和音系解析的具体成果。关于历代音系部分，本文没有按照薛先生研究它们的时间先后论述，而是以历史时代为序，分别介绍薛先生所考订的中古音、近代音和现代音的系统。

一　汉语音韵史研究的理论原则

薛先生对于汉语音韵史研究的重大理论问题有系统的阐述，提出了许多重要的新观点。具体说来，我们认为以下几个方面是他的突出特点。

（一）主张音韵学的研究应该采用最严格的音位学分析方法，而不是琐碎的音值构拟

这一思想在多篇论著中有表述。如在《北京音系解析》中，薛先生说："对语音的极细微的分析，不是语言学的真正目标。音位对语音的物理分析，不论如何精微细致，仍不能表现出语音在实际语言中所担负的辨别意义的功能。这是因为在不同的语言或方言中，音值相同或极相近的语

音，不一定担负着相同的辨义功能。一个语音所担负的辨义功能，只能由它与跟它在同一个音韵系统中的其他语音所起的对比作用来决定。这种听觉上的对比，并不完全取决于客观上的音值差异，而更表现在说话者与听话者的主观认识上。语音实质尽管千变万化，但在个别语言或方言的应用里，却总是自成简约而整齐的体系。从语言学的观点说，音韵学研究的对象不是语言的物理现象，而是语音在语言中的应用方式，也就是语言中的音韵系统。"（薛凤生 1986，第 2 页）"要想正确地了解音韵学的历史文献，并从而了解汉语在历代的变迁，我们必须采用、也只能采用严格的音位结构说。"（同上书，第 8 页）

关于音位系统的归纳，薛先生认为，一种语言（或方言）应该只有一种最妥善的音位系统，并非几种归纳方式都能具有同等的科学价值。《等韵学之原理与内外转之含义》中说："有一些人认为音位处理法有各种程度上的宽窄不同，即所谓 broad transcripion 与 narrow transcripion；也有人认为这种处理法可以采用不同的方式而获得类似的效果，赵元任先生的 nonuniqueness 学说（Chao，1934）就代表这一想法。与这两种看法不同的则有以 Roman Jakobson 为代表的严格音位结构说（Jakobson，1951）。根据这一看法，在对任何语言作最严格的分析时，只能有一个最妥善的结论，这个结论就是该语言所独具的音位结构。笔者对于汉语音韵的研究是采用最严格的音位结构说的。而且笔者更进一步认为由严格分析而得出的独特音位结构，就是说某种语言（或方言）的人群所共有的语感的具体表现。"（薛凤生 1999，第 25 页）

（二）强调语音系统的语言个性，或曰民族性

有些语言学家过去总是把发音的"普遍性"作为目标，在音系研究上，忽略了不同语言的使用者对语音感知的差异。音位学的建立，意味着语言学家认识到不同语言里对音素的使用方式不同，但是在具体的操作中，他们也往往用本民族的语感代替其他民族的语感。薛先生指出："音位学说的最大特点是：音系是以个别民族语言的特性为基础的，而不是以'国际音标'式的音值标音为依据的。"（薛凤生 1999，第 9 页）"任何一个音位系统，必然与一个特定的语言（或方言）有关。也可以说，脱离了实际语言的所谓音位系统是不可能存在的。"（薛凤生 1999，第 26 页）

薛教授针对某些汉学家脱离汉语实际的倾向，特别提出要从以汉语为母语的人的听感和使用方式中归纳汉语的音位系统。《北京音系解析》将汉语的语感总结为以下四点：（a）汉语的音节分段模式，传统的字音分

析方法是把一个音节分成两个组成部分，韵母再分成韵头、韵腹和韵尾。这是符合说汉语的人的语感的。（b）传统音韵学对于音节的分类方法，包括“开合”两呼、“洪细”两音和以介音为标准的“开齐合撮”四分法。（c）押韵是最能表现语感的，可以押韵的音节必然有共同的“韵基”，即相同的主要元音和相同的元音后缀成分。民谣、民歌的自然押韵现象，代表着该地区的人们的直感。（d）双声现象。在另外一些文章中，薛先生把这些语感表述为“四个原则”：（1）音节分段的原则；（2）押韵的原则；（3）双声原则；（4）音节分类原则。（薛凤生 1999，第 60 页）

（三）充分肯定了中国传统音韵学研究方法的优点

20 世纪的音韵学界对传统的成果多有所继承，但对从前的研究方法则评价甚低，有时过分注意或夸大了其中不合乎科学的部分，轻视了其中有价值的部分。薛教授在运用音位学手段研治古音的过程中，发现古代的音韵学特别是等韵学的方法是合于音位学原则的。“中文不是拼音文字，有不少缺点，但也有一个好处，即每个字都直接代表音系中允许存在的一个音节，摆脱了细微发音差异的纠缠。这就严格地确立了这种资料的音位性（phonemic nature）。后来的韵书都采用反切标音，这种方法自然也只能是音位性的。另一方面，像《切韵》（或《广韵》）及《中原音韵》等韵书，都采用了分调、分韵及分隔小韵等分类方法，所根据的原则，也只能是音位性的对比（phonemic contrast）。等韵学家进一步归纳声类（三十六字母等），以五音、清浊等观念为之定性，并以开、合、等、摄等概念归纳界定各种音类。这些做法都是很了不起的成就。用这种方式，讨论或说明汉语声韵的形态、汉语史中的演变，以及汉语方言之间的差异，自然是合理、简洁而且有效的。……中国古代的声韵学家，比西方学者早好几个世纪就应用音位观念了，而且等韵学家所用的方法，与‘区别性特征’说，精神上亦暗合。”（薛凤生 1999，第 13 页）“中国传统音韵学的主旨是区别字音。起初实用的方法是分韵与标注反切，而不使用语音符号。到了等韵时代，更利用图表与文字来表达不同字音间的韵类与声类等关系，这种表达方法自然只能是音位上的对比，而不是细微的语音描述，其基本精神与西方晚期的音韵理论是不谋而合的。我们也可以说，西方新起的音韵理论其实在中国古代早已广泛应用了。”（薛凤生 1999，第 26 页）

薛先生对当代西方的语言学理论和方法分别择善而从，立足于汉语研究的实际需要而改造变通，不是机械套用。在音位分析的原则上，赞同雅可布逊（Roman Jakobson）派。在分析描述历史音变规律时，也采用了“生成语法”的一些方法。对于古音系统的拟测，不赞成西方汉学家仿照“重建”原始印欧语的方式进行“音值拟测”，而把研究重点放在对古代重要韵书、等韵图音系作音位学的诠释上。在语言事实与音变理论的关系上，薛先生注重两者的结合，但强调理论要以事实为基础。《中原音韵音位系统》前言中说：“我们经常发现，有些人竭力从‘理论’上说明何以某些语音发生了变化，后来却发现这些变化根本未发生或尚待证明。我的意思并非说理论解释不重要，而是说只有在确立事实以后才有可能作出理论解释。”

二　中古音位系统的考订

薛先生曾交代他研究汉语音韵史的两个原则：“其一，用最严密的推理发掘出最能代表语感的音系；其二，用最精确的方式标示出音系的演变与方言的异同。”（《中原音韵音位系统》“著者赠序”）又说过：“不管我们研究的是历史上哪一个阶段，研究者都有义务把那个阶段与其前后各阶段，尤其是现代汉语，尽可能地有系统地联系起来，绝不能满足于把那个阶段作为一个孤立的个体来处理。”（《北京音系解析》自序）他分别考订了《切韵》、等韵、《中原音韵》、《等韵图经》和现代汉语标准音的音位系统，并推论出一套按特定顺序排列的历史规律。对具体的一个著作的音系，主要通过音节对立、反切、图表等所反映的内在结构关系，确定它的音位系统；同时联系它前后不同时代的音系概括历史性的音位变化。

（1）《切韵》的音位系统及相关问题

对于《切韵》音系，薛先生的关注点在于主要元音，对于以往的拟音有重要的修正。以往的拟音中元音的数量都比较多，通常都有十多个。薛先生认为这并不符合《切韵》的系统。他说：“《切韵》所表达的是‘音位对比’，而‘构拟派’学者所孜孜以求的却是‘音值’（phonetic value），每个‘构拟’的人，都使用了许多正反颠倒穿靴戴帽的音标符号，而各人使用这些符号时，又不一定都赋予相同的音值；观念上自诩为审定‘音值’，但又常采用一些连自己都不知道如何发音的符号，来区别《切韵》中的韵类。这不是自相矛盾吗？他们都把各自‘构拟’的结果叫做‘音系’，但看到那些繁琐的符号及其散乱的分布，我们实难了解其‘系’何在。”（薛凤生 1999，第 47 页）

薛先生把《切韵》的元音简化为七个。《切韵音系的元音音位与重纽、重韵等现象》一文，从严格的音位观点出发确定《切韵》音系的元音，以分韵多、现象复杂的止摄和蟹摄（都属于收-y 的）作为解剖对象，确定出七个元音音位。

	前	央	后
高		ɨ	
中	e	ə	o
低	ɛ	a	ɔ

这个元音系统到等韵时代的变化，就是中元音分别变成高元音和低元音，从而构成了等韵音系的四元音系统（见下）。

薛先生构拟的《切韵》韵尾系统及介音系统和等韵音系的拟音相同。韵尾较诸家多一类，即为梗摄、曾摄构拟了舌面鼻音 -ɲ 和塞音 -k̂。介音有Ø（一二四等开口）、y（三等开口）、w（一二四等合口）、yw（三等合口）四类。通用的介音符号 i、u，薛先生改用 y、w，以显示它们与主要元音的功能差异。四等韵类在《切韵》音系和等韵早期都没有 y 介音。通用的韵尾符号 i、u，薛先生也改用 y、w，

这个系统在诸家拟音中最为简明，系统性很强，结合稍晚些时候的“等韵”音系而解释历史音变时尤其顺理成章。

对于《切韵》音系中的“重纽”、“重韵”，薛先生从历时差异上予以解释。他认为，重纽是《切韵》中反映的较早时期的语音现象，重韵是到了等韵时代主要元音合并以后韵图作者还要把已经不存在的差别强行分开所致。

重纽是《切韵》中所保留的更古老的韵母类别，而且它们本来的语音差别并非都属相同的性质，有些韵内的重纽可能是原先具有不同的主要元音，有些韵内的重纽可能是原先有不同的韵尾。以止摄、蟹摄为例，祭韵重纽两类原来应分别为/＊y（w）ay/和/＊y（w）ɛy/，是央低元音与前低元音的差异，后来合而为一，是由 a→ɛ/y（w）—y（由介音 y 和韵尾 y 的影响使得央低元音前移）这样的音变造成的；支、脂两韵系中的重纽，原先可能是有韵尾与无韵尾的差别（即有一类有 y 韵尾，有一类无韵尾），后来产生 y 韵尾，音变条件是非低、非高、非后的三等无尾韵，用公式表示为Ø→y/y（w）［V. -lo，-hi，-bk］—y。

关于重韵，实际上是韵图作者为了同时表现出《切韵》和“时音”两种系统而人为造成的。在《切韵》系统中韵母不同而到了时音系统中

韵母相同的韵类，韵图作者要同时反映两种系统，把时音中同韵母的韵类安排为同摄、同等、同开合，这是反映时音；但同时还要把《切韵》的不同类别区分出来，就分列在不同的图表上，于是成为重韵。例如，止摄的支/ey/、脂/əy/、之/ɨy/、微/oy/四韵本来韵母不同，到等韵时代由于三个中元音升为同一个高元音/ɨ/，四韵的韵母相同了，等韵图上就形成止摄三等重韵。再如蟹摄的佳/ay/、皆/ɛy/两韵由于前低元音/ɛ/变为央低元音/a/而形成等韵的二等重韵，祭/yɛy/、废/yɔy /两韵由于前后低元音变为央低元音/a/而形成三等重韵，泰/ɔy/、代（队）/oy/两韵由于中元音下降而与相对应的低元音合并形成一等重韵；等等。

（2）“等韵”时代的音韵系统

“所谓等韵的语音系统，指的是早期的韵图《韵镜》《七音略》的语音系统”。（薛凤生 1999，第 61 页）曾有学者认为《韵镜》、《七音略》是为图解《切韵》系韵书而作的，薛先生认为它们有自己的独立音系，“我认为等韵本身代表一个独立的音系，它是根据一个特定的语言设计的，这个特定语言大概是唐代的‘普通话’。等韵作者是在制成图表以后才根据《切韵》一类的韵书填字的，由于早期韵书的音系和唐代的‘普通话’的音系并不一样，而韵图的作者想把它们调和起来，即把《切韵》音系所有而等韵音系所无的音韵现象也想方设法地安排到韵图中去，因此就造成了韵图上的许多矛盾现象，出现了重纽、重韵等问题”。（薛凤生 1999，第 61 页）宋辽时代的《切韵指掌图》与《四声等子》源自早期韵图，“等韵图由最初的雏形（大概是中晚唐时期吧），变为较整齐的《韵镜》与《七音略》，再变为《四声等子》与《切韵指掌图》等”，（薛凤生 1999，第 27 页）十六摄等内容也是反映中晚唐音系的。薛先生由摄、等、开合的条件考订了等韵音系。

他根据韵摄的区分条件，构拟的韵尾如下：

（1）遇、果、假三摄收“直音”，即无韵尾；

（2）止、蟹二摄，“收噫”，即以/y/作韵尾；

（3）流、效二摄，“收呜”，即以/w/作韵尾；

（4）深、咸二摄，“收双唇音”，即阳声韵收-m，入声韵收-p；

（5）臻、山二摄，“收舌尖音”，即阳声韵收-n，入声韵收-t；

（6）梗、曾二摄，“收舌面音”，即阳声韵收-ɲ，入声韵收-k̂；

（7）通、江、宕三摄，“收舌根音”，即阳声韵收-ŋ，入声韵收-k。

这个韵尾系统的突出特点之一是止摄都有/y/韵尾。这是体现“同韵摄必有相同韵尾”的原则。以往学者给止摄的四个韵系构拟的韵尾不一致，有的有 i 韵尾，有的是零韵尾，那样显然与归纳韵摄的原理是不吻合的。薛先生的构拟改正了这个缺陷。特点之二是给梗、曾二摄构拟了舌面音韵尾，这一点是采纳日本学者桥本万太郎的主张。以往的构拟都给这两摄构拟舌根音韵尾，和通江宕摄相同，不仅让舌根音韵尾的摄太多，跟其他韵尾相比分布太不平衡，而且需要较多的主要元音，超出合理的范围。给梗、曾两摄构拟舌面音韵尾，几种韵尾的分布范围就均匀一些，主要元音的构拟也简约许多。

根据四等区分的格局，薛先生认为分“等”就是以一个四音位的元音音系为基础而形成的。

	甲式（内转）	乙式（外转）
一等	-（w）ɨ（（E）	-（w）ɔ（（E）
二等	……	-（w）a（E）
三等	-y（w）ɨ（E）	-y（w）a（E）
四等	……	-（w）e（E）

甲式图中各韵摄的韵腹都是高元音；乙式图中各摄的韵腹都是属于低元音而分前、央、后三度。三等韵都有腭化音，一、二、四等韵都不是腭化音。

如前文所述，薛先生认为重纽在《切韵》时代陆法言的音系里已经没有区别，重韵在《切韵》以后就合并了，所以“重韵”在等韵音系就是同韵。由此，将主要元音与各摄的韵尾结合，就得出等韵音系的韵母系统。

内转 A 式各韵：

等\摄	通	止	遇	流	深
一等	-wɨ｛ŋ，k｝	……	－wɨØ	－ɨw	……
二等	—	—	—	—	—
三等	－ywɨ｛ŋ，k｝	-y（w）ɨy	-ywɨØ	-yɨw	-yɨ｛m，p｝
四等	—	—	—	—	—

内转 B 式各摄：

等\摄	果	曾	宕
一等	－（w）ɔØ	－（w）ɔ{ɲ，k̂}	－（w）ɔ{ŋ，k}
二等	—	—	—
三等	－y（w）ɔØ	－y（w）ɔ{ɲ，k̂}	－y（w）ɔ{ŋ，k}
四等	—	—	—

外转 A 式各摄：

等\摄	梗	江	蟹	效	山	咸	假
一等	……	……	-(w)ɔy	-ɔw	-(w)ɔ{n,t}	-ɔ{m,p}	……
二等	-(w)a{ɲ,k̂}	-a{ŋ,k}	-(w)ay	-aw	-(w)a{n,t}	-a{m,p}	-(w)aØ
三等	-y(w)a{ɲ,k̂}	……	-y(w)ay	-yaw	-y(w)a{n,t}	-ya{m,p}	-y(w)aØ
四等	-(w)e{ɲ,k̂}	……	-(w)ey	-ew	-(w)e{n,t}	-e{m,p}	……

外转 B 式臻摄：

一等	-（w）ɨ{n，t}
二等	[-ə{n，t}]?
三等	-y（w）ɨ{n，t}
四等	—

我们从唐代诗歌押韵等文献材料，可以知道薛先生的考订是符合历史事实的。

在等韵学上，薛先生的又一个重要贡献是解释了“内外转”的意义。古代的等韵学著作里用唇舌牙喉音有没有二等字来区分内外转（唇舌牙喉音有二等的摄为外转，仅齿音有二等字的为内转），罗常培先生用元音高低来区分内外转（有高元音的是内转，有低元音的是外转）。薛先生从历史演变的角度重新审视内外转，作出了更合理的解释。在等韵图的音系结构中，后元音/ɔ/和前元音/e/都不与腭化介音相配，这是汉语从《切韵》音系演变到等韵音系后的现象。在《切韵》时代，这一元音分布的限制并不存在。也就是说，那时一定有很多腭化韵母是以后元音为韵腹的，后来腭化韵母中的后元音由于受到介音中/y/的同化，逐次前移而变为央低元音/a/。但是这个过程是渐进的、漫长的，到等韵初期还有一些残留痕迹，如内转中的果、宕、曾三摄，到等韵初期它们的韵母还是以后低元音/ɔ/作韵腹的，因此不能跟与它们相对的假、江、梗三摄合为一个完整的外转韵摄，后者也就没有一等。就韵母的元音性质说，内转分两类，即上列表的“内转 A”和“内转 B”，这两类韵摄的图式完全一样（属于前边表中的甲式），归字找字的方式也就一致，所以就同属于内转。到后来果、曾的元音前化到/a/，江摄的元音受韵尾的影响后移到/ɔ/，它们遂分别与假、梗、宕摄合并。臻摄之所以归于外转，是由于臻、栉韵的二等字，在《切韵》时代或更早的时代元音与臻摄其他韵有区别，“韵图的作者是极其关心《切韵》的，他们因此把臻摄标为外转，以标明臻、栉两韵与同图的三等韵原无反切上的关系。”（薛凤生 1999，第 40 页）上面臻摄表的音标加了个问号，表明其元音未确定。

薛先生关于“内外转”的解释受到学术界的高度称赞，王力先生在 20 世纪 80 年代的一次报告中说：“关于内外转的问题，罗常培先生写过文章，我看了不满意。我也写过这方面的文章，觉得也没有解决问题。两年前看到美国的汉学家的文章，我认为他解决了问题。”（《我的治学经验》，《王力文集》第 20 卷，第 544 页）

三　《中原音韵》和近代其他音系

《中原音韵音位系统》是薛先生早期的重要著作。薛先生概括地说明了他对《中原音韵》所代表的早期官话的研究内容：（a）根据传统的研究和现代学者的探索，勾画出《中原音韵》的音韵背景，即中古音和韵图时期语音的轮廓。（b）对《中原音韵》作严格的音位重建，所重建的体系必须足以说明该书中所显现的全部对立。（c）通过一套演变规则显示早期官话与韵图时期语音的紧密关系。（d）讨论《中原音韵》到现代北京音之间的演变。

书中对于构拟《中原音韵》音位的程序，是优先考虑该书自身内部的语音对立，再根据现代方音修正假定的音位系统。“绝大多数学者仍遵循这样一个老方法：使用现代方言及其它韵书中发现的证据，给该书作一个假想的语言构拟。我的方法有些不同。我感到在我们的研究中，这个程序必须颠倒过来。我们必须首先努力推论出一个大致的音位系统，然后再推测这些相当抽象的音位的音值。”（薛凤生 1990，第 13 页）拟音的同时，讨论了从中古音以来发生的主要变化。在声母构拟部分，分别讨论浊音清化、唇音轻化、知庄章三组合并的过程、牙喉音二等开口 y 介音的产生、疑母的存在与否，精确地分析了音变的条件并用公式表示，辨析了几个疑难问题。他认为知组、庄组、章组合并成了一组音位：/cr/、/crh/、/sr/、/r/，即“照穿审日”四母。对于疑母与其他声母形成对立的七组小韵，分别语音条件，作出不同的解释，结论是在残留的一等韵主元音的前面还保留声母 ŋ。

构拟《中原音韵》的元音时，立下两条原则作为推论的依据：(a) 每一韵只许有一个主元音，但在特殊情况下，为了合理地解释所有的对立音组，可以破例允许有两个或更多主元音；(b) 韵尾相同的几个韵一定具有不同的主元音。书中以收 n 韵尾的四个韵部的对立，确定四个元音：ɨ、e、a、o。再根据各韵部的关系，推定出所有韵母：

1. 东钟			woŋ	ywoŋ
2. 江阳	aŋ	yaŋ	waŋ	
3. 支思	ɨ			
4. 齐微	ɨy	yɨy	wɨy	
5. 鱼模			wɨ	ywɨ
6. 皆来	ay	yay	way	
7. 真文	ɨn	yɨn	yɨn	ywɨn
8. 寒山	an	yan	wan	
9. 桓欢			won	
10. 先天		yen		ywen
11. 萧豪	aw		waw	
	ow		wow	
		yew		
12. 歌戈	o		wo	
13. 家麻	a	ya	wa	
14. 车遮		ye		ywe
15. 庚青	eŋ	yeŋ	weŋ	yweŋ
16. 尤侯	ɨw	yɨw	wɨw	
17. 侵寻	ɨm	yɨm		
18. 监咸	am	yam		
19. 廉纤		yem		

对萧豪韵，用 e、a、o 三个主元音来解释唇音、牙喉音的一些小韵的对立。鱼模韵的韵母是 wɨ、ywɨ，支思韵的韵母是 ɨ，齐微韵的韵母是 yɨy、wɨy、ɨy。齐微韵的韵母跟其他各家研究者的拟音形式都不同，最能体现薛先生的音位学思想。

在《从等韵到中原音韵》一文中，薛先生又把等韵音系到《中原音韵》音系的重要演变简化为 14 条规律（主要是韵母的演变），清晰展示了音变的条理性。（斜线前是音变项，斜线后是音变条件，后边的文字说明公式的含义。）

（1）y→Ø/f—	轻唇音字变读为洪音
（2）Ø→y/—e	四等韵字变读为细音
（3）a→e/y—	三等韵字变入四等
（4）Ø→y/G—a	二等开口牙喉音字变读为细音
（5）k→w/V—	舌根韵尾入声字改读收呜
（6）k̂→y/V—	舌面韵尾入声字改读收噫
（7）ɔ→a/C—E	带尾韵一等开口字变入二等
E≠w、ŋ	但效摄宕摄一等开口字除外
（8）ŋ→Ø/#—X	疑母在一般情况下消失
X≠ɔw）	但尚保留在果摄一等开口韵母之前
（9）a→ɔ/—ŋ	江宕合韵
（10）{ɔ、a} →e/—ɲ	梗曾由混等进而合韵
（11）y→Ø/S—ɨy	止摄齿音开口字变读为洪音
（12）y→Ø/Cɨ—	原止摄齿音开口字变洪音后又失掉韵尾形成支思韵
（13）{ɔ、e} →ɨ/—y	蟹摄一等合口及三四等字，包括由梗曾摄变来的入声字，变入齐微韵
（14）w→Ø/wɨ—	由通摄变入流摄的入声字以及原流摄的唇音字，变入鱼模韵

在《中原音韵》以外，薛先生还拟定了明代徐孝《重订司马温公等韵图经》的音位系统，对于陆志韦的拟音有很多修正。薛先生很赞赏徐孝把重唇音洪音字都归为合口，“在结构的意义上，这是一种最严格的规律”。这正是立足于音系结构的表现。他还结合一些官话方言音系的分析，讨论北方话语音演变的时间次序问题。

四　现代汉语标准音的音系结构

《北京音系解析》（又名《国语音系解析》）是从历史来源和音系结构分析汉语普通话音系的。书中对于北京音系的分析有很多独到的特色。

把声母定为 19 个，通常被看做单独声母的［tɕ］、［tɕ‘］、［ɕ］，该书看做是舌根音的变体。

声调音位有 5 个，把轻声看做独立的调位。

韵母方面，主要元音有［ɨ］、［ə］、［a］3 个。

在具体的发音中，音位有不同的条件变体。每个音位的变体，是由一定规律支配的。音位与变体之间的关系是按照一定的规律而“生成”的关系。书中把各种主要变体的规律总结为若干公式，主要是元音的变体规则。

第一条是“韵尾同化韵腹律”，它的含义是：后元音出现在带尾韵母中时，若韵尾为前音/y/、/n/，则韵腹被同化为相应的前元音。

第二条是“韵头同化韵腹律”，它的含义是：在无尾的细音韵母中，韵腹元音受韵头中腭化音的影响而变为前元音。

第三条是“韵腹的圆唇化规律”，它的含义是：韵腹受唇化的后半元音/w/的影响，变成各自相对应的圆唇元音。

第四条是“韵腹元音松紧律”，它的含义是：在带尾的洪音韵母里，高元音都由紧性的［i］、［ü］、［ï］、［u］分别变成松性的［ɪ］、［ü］、［ï］、［ʊ］。

第五条是“高元音的舌尖化”，它的含义是：高元音在单独作韵母时，由于出现在不同的声母之后而显出不同的音色，在［ts］、［ts‘］、［s］之后是舌尖前元音［ɿ］，在卷舌音［tʂ］、［tʂ‘］、［ʂ］、［ʐ］之后是舌尖后元音［ʅ］。

书中由现代音上溯北京音系的来源时，也谈到近代官话的性质、沿革等问题。第八章“官话的特性”总结了汉语发展史中十个重要的音变：

（甲）全浊上声字变为去声；

（乙）全浊声母变成清声母；

（丙）开口二等韵喉牙音腭化；

（丁）梗曾摄阳声韵合韵；

（戊）支思韵形成；

（己）闭口韵变成抵颚；

（庚）入声变读与消失；

（辛）儿化韵出现；

（壬）卷舌音声母后腭化介音消失；

（癸）尖团音混合。

在这十条中，有六条可作为区别官话方言与非官话方言的标准，即从甲到已的六条。“只有在完全符合了这几条规律之后，一个方言才可以算作一种官话方言”。（《北京音系解析》，第 109 页）

* * *

薛先生的音韵史研究，得到学界的广泛赞誉。严学宭先生为《北京音系解析》所作序言说："薛凤生教授是一位造诣很深、独树特色的美国华人汉语历史语言学家，长于近代汉语语音和现代汉语语音的综合研究，能对现代汉语的历史来源、本质特点和发展趋向等一系列问题作出科学的回答。"鲁国尧先生在评价《中原音韵音位系统》时说："薛凤生先生为《中原音韵》所代表的早期官话，建立了一套严密的音位体系，逻辑地、系统地解释了《中原音韵》韵谱内各个同音字组显示的所有语音对立，制定了合理而简约的规则，阐明了从中古汉语到早期官话、从早期官话到现代汉语的发展。他将中国语言学的优良传统与西方现代语言学的严密的理论与方法'融于一炉'，写成了这本独树新帜、别具风格的专著。"这些前辈的评价，不止适用于所述两种书，也适用于薛先生对其他历史音韵的研究。

参考文献

薛凤生:《北京音系解析》，北京语言学院出版社 1986 年版。

薛凤生:《中原音韵音位系统》，北京语言学院出版社 1990 年版。

薛凤生:《汉语音韵史十讲》，华语教学出版社 1999 年版。

《说文》“从×”的部首法意义

陈　燕　天津师范大学文学院

摘要　《说文》“从×”几乎出现在每个汉字的说解之中，一般认为是分析汉字结构的普通用语。我们发现“从×”还承载着组织排序汉字的功能。本文着重从部首法角度探讨“从×”外在表现形式和分布情况，分析其内在组织规则和相互关系，进而揭示《说文》部首法的本质特征。

关键词　《说文》“从×”　表义部首法　转注　早期字序法特征

一

《说文》“从×”几乎在每个字头下都可以看到，出现的频率很高。一般认为是分析汉字结构的普通用语，仅此而已。若从部首法角度观察，我们发现“从×”还承载着组织汉字的功能，与部首法紧密相连。《说文》“从×”主要出现在两个地方：某些部首的训释，部首属字的训释。两者所用“从×”表述不尽相同。《说文》部首法组织排序了全部的汉字字头，使近万个汉字有序地展现在书中，其排序呈现出一定的规则。本文侧重于从部首法角度探讨“从×”的外在表现形式，分析其内在组织规则，进而深入揭示《说文》部首法的本质特征。

二

《说文》部首既有独体字，又有合体字。在进行汉字结构分析时，由象形字充当的部首一般不用“从×”表述格式，如：

口，人所以言食也。象形。

刀，兵也。象形。

水，准也，北方之行，象众水并流，中有微阳之气也。

根据我们统计，由象形字充当的部首约有220个。如：

一丄王玉珏屮丨气八釆牛十口凵止彳牙册丩革鬲爪丮斗又臣目自隹乌冓幺予冎肉刀刃竹丌工巫乃丂皿丶丹井皀缶冂夊久来之出生乇桼囗贝月囧卤齐克彔米臼凶朩韭吕疒巿衣毛尸舟方面丏首彡文卮卩勹包甶厶山广厂石勿冄而豕豸易象入角瓜宀人川午马犬鼠火囪大囟心水永仌雨鱼燕飞西户耳手女丿也氏戈亅乚瓦匸曲卂巜等。

象形部首是独体字，分析不出偏旁，因此不用“从×”的表述格式。实践证明，因为象形字作部首简单、清楚，统领性强，所以最适宜作部首。

某些由合体字充当的部首不单用“从×”，还用“从××”或“从×从×”的表述形式，如：壴，从中从豆；旦，从日见；晶，从三日等。《说文》中有相当数量的合体字充当部首，如：熊裘覞毳稽尾履冥能鼓鼻蓐瓠豚蠢毇瀕鱻瞿箕弦習明舜黹異彝辡思危垚奢宫嵬等。一般来说，合体字充当部首，虽然在训释中使用“从××”或“从×从×”的表述形式分析部首的字形结构，但是一般不与属字发生意义上的直接关系。请看：

部首：“嵬，高不平也。从山鬼声。凡嵬之属皆从嵬。”

属字：“巍，高也。从嵬委声。”

（文一）

部首：“熊，兽似豕，山居冬蛰。从能炎省声。凡熊之属皆从熊。”

属字：“羆，如熊黄白文。从熊罷省声。”

（文二）

由上例可知：“嵬”的属字“巍”从本部部首“高”义，不与部首所从的“山”发生意义上的直接关系；“熊”的属字“羆”从本部部首意义，不与部首所从的“能”发生意义上的直接关系。

从逻辑上说，属字“巍”和“羆”若能直接与部首“嵬”和“熊”所从的偏旁意义发生关系，就没有必要建立这两个部首；设立这两个部首是因为可以独立成为意义部类。由合体字充当的部首，其表义偏旁另有意义所属。如上例部首“嵬”所从义是“山”，强调高山有石，这个意义是属字“巍”所没有的；部首“熊”所从义是“能”，虽然也有属“熊”的意义，但是它被赋予了“能兽坚中，故称贤能而强壮称能杰也”的抽象含义，这个意义是属字“羆”所没有的。

在《说文》部首系统中，与属字发生直接意义关系的是部首，如上例：作为“嵬”的属字“巍”，拥有部首“高”义，而不是石山的意义；“羆”也同样，与部首都表示“熊”的意义，而没有“能”的抽象含义。由此可知，某些部首中出现“从×”、“从××”或“从×从×”的表述，只是指出部首意义的字形依据，而作为部首则显得过于冗赘，不利于体现部首的统领性。因此，就所承当的部首功能来说，合体字不如独体字；合体字部首所用的“从×”表述对于汉字排序法研究没有太大的意义。

三

部首属字出现的“从×”表述，不仅指出属字意义的字形依据，而且以此表现属字与部首之间靠意义维系的汉字组织规则；《说文》部首系统以意义组织汉字的表现形式无处不在，几乎每个属字之下都有“从×”，它不仅是一种表述格式，而且还是支撑《说文》部首系统的重要基础之一。《说文》部首系统主要是组织排序汉字的，我们以为部首属字中所出现的“从×”最能够体现部首法的意义。

《说文》每个部首的解说都毫无例外地包含这样的内容“凡×之属皆从×”，提示该字作为部首的统领作用。如：

1. 一、惟初太始，道立于一，造分天地，化成万物。凡一之属皆从一。

2. 匚、受物之器，象形。凡匚之属皆从匚。

上例“凡×之属皆从×”的“从×”出现在部首的训释之中，我们称之为“从$\times_1$”；还有出现在部首属字的训释之中的“从×”，为了相区别，我们称之为“从$\times_2$”。

怎么解释“凡×之属皆从×”这句话呢?《说文》训“从，相听也”。用在此可以解释为听从、类从之义。“凡×之属皆从×”从字面解释凡是×部首的属字都类从×。值得分辨的是“从$\times_1$”是从形，还是兼从形义呢?我们认为应当是后者，请看以上两个部首部分属字的训释:

1. 元，始也。从一从兀。

   天，颠也，至高无上。从一大。

   丕，大也。从一大。

2. 匠，木工也。从匚从斤，斤所以作器也。

   匜，似羹魁柄，中有道可以注水。从匚也声。

   匣，匮也。从匚甲声。

以上属字指出字义后，接着分析字形结构。先指出单字充当部首的那个偏旁或部件，其意义与部首意义相关，如:属字“天”的含义为“颠也，至高无上”，字形分析作“从一大”，指出所从部首“一”。不难看出，它与部首“一”所表示的“惟初太始，道立于一，造分天地，化成万物”的含义紧密相关。属字“匣”，字形分析为“从匚甲声”，字义训作“匮也”，与部首“匚、受物之器”的意义紧密相关;另一属字“匜”，从匚也声，训作“似羹魁柄，中有道可以注水”，也与部首“匚”的意义紧密相关。

综上，我们以为“从$\times_1$”不仅提示该字作为部首的统领作用，还指出了属字与部首之间的意义从属关系，即属字与部首不仅是形属，而且还有义属的关系。《说文》每个部首的解说都毫无例外地包含这样的内容“凡×之属皆从×”，对这句话的合理解释应当是凡是属于×部首的字全都类从×部首的意义，表明每个部首属字都与部首有着意义上的从属关系，同部字具有共同的意义，表现出最大的意义共同性，体现出《说文》部首法的表意特征。

那么《说文》部首与属字的意义关系是否都如前面举例，带着这个问题，我们逐部逐字地考察了部首与属字的关系。发现一般情况下部首与属字的关系基本如前例所示，属于同义或意义相关，可以称作关系密切或较为密切，这种情况于《说文》占绝大多数;只有少数字部首与属字意义关系较为特殊，主要有以下两种情况:

一是部首与属字是反义或反形关系，有9例。有的意义相反，如:部首“丄”与属字“丅”;部首“玨”表示“两玉相合为一玨”之义，属字“班”，义为“分瑞玉”，意义一合一分；部首“乚”义为“匿也”，其属字“直”，义为“正见也”，意义一隐一现；部首“蓐”义为“陈艸复生也”，属字“薅”，义为“拔去田艸也”，意义一生一灭。有的属字与部首字形相反而属，如正部属字“乏”，为“反正”；部首“丂”表示“气欲舒出”之义，属字“㔾”“从反丂”；夊部首表示“从后至也”之义，其属字“干”表示“跨步也，从反夊”；邑部的属字“𨛜”为“从反邑”；部首“予”义为“推予也”，属字“幻”字形“从反予”，表示“相诈惑也”之义等。综上分析，即使是反义关系一般也有共同指向，在这点上具有共同意义，如：“丄”和“丅”都有指示意义；“珏”和“班”都与玉有关；“蓐”和“薅”都与田艸有关；“夊”和“干”都与行走有关；“乚”和“直”，都与视觉有关。至于“邑”和“𨛜”、“正”和“乏”、“丂”和“㔾”，《说文》只是指出属字与部首的反形关系，而没有训释意义，不便作出判断；只有“予”和“幻”之间的关系隐匿费解。

二是部首与属字意义关系较远，大致出现在39个部首，涉及到63个属字。其中有的属字与部首意义关系隐晦，如：部首“见”训作“视也”，属字“亲（親）”释作“至也”；部首“句”训作“曲也”，属字“拘”释作“止也”。还有的部首意义具体，而属字意义抽象，较难看出其中的联系，如：部首“寸”释作“十分也，人手卻一寸动脉谓之寸”，属字有“将、尃、专、导”；部首“八”训作“别也”，属字“尒”训作“词之必然也”、“曾”训作“词之舒也”、“詹”训作“多言也”等。还有一些虚词、数词意义关系不清，如：部首“白”，义为“鼻也”，属字皆训作“俱词也”、“鲁”训作“钝词也”、“者”训作“别事词也”、“百”训作“十十也”；部首“矢”训作“弓弩发于身而中于远也”，属字“知”训作“词也”、“矣”训作“语已词也”。还有“欠”部的属字“次”和“期”，“二”部属字“亟”和“凡”等，若据义归属比较牵强。

我们考察了《说文》全部字的部首与属字意义的关系后，再来分析《说文》部首属字字形训释中“从×$_2$”的表现。承前所述，“从×$_2$”也是“从×之义”的意思。这个“×”不仅是该字的偏旁或部件，以及进入该部的标识，更重要的还是该部的部首，它指出属字偏旁与部首的意义具有从属性，确定了两者的从属意义关系。

“从×$_2$”的形式在不同结构字中的功能不尽相同：在形声字中，既指出汉字的形旁，因为形旁与部首完全相同，所以又提示该字的意义来自形旁或者说部首，具有较强的示意功能。在非形声字中，表示该字的意义由包括部首在内的几个偏旁共同构成。在这种情况下，部首表义非常明显的不必再行解释，如上述例字“元”、“天”、“丕”；有的字表义不清的，需要特别解释与部首相关偏旁的意义关系，如上述例字“匠”，为什么要“从匚从斤”呢？因为“斤所以作器也”，所以其字义为“木工也”，即用斤（古代指锛一类的手工制作工具）制造木质器物就是“匠”。它不仅解释了“匚”和“斤”在制造过程中的关系，还提示该字“从匚”，“匚”是盛物之器，是该字的偏旁和部首，“匠”的意义从属于部首“匚”的意义。

处于属字位置的“从$\times_2$”，与部首位置“凡×之属皆从×”的“从$\times_1$”正好相合，两者遥相呼应，皆指类从该部首的字义。显然将“凡×之属皆从×”解释为“凡从属于×部首的字皆从×”，部首与属字之间仅是字形上的联系，不合逻辑。既然前面已经说“凡与×（部首）同部的字”，那么后面就没有必要还说“皆从×（部首）”。合理的解释应当是“凡与×（部首）同部的字皆从×（部首）的意义”。分词组解释：“凡×之属”指同部字的形，强调部首的统领同部属字的作用；“皆从×”无一例外地强调属字与部首的意义相类，指明了属字意义类从部首所表现的意义。

属字与部首的意义关系仅是同类，而不完全相同；按照完全同义的标准建立部类是不可能的。如：“耋耄耆耇寿考孝”等9个字都有与“老”相同的偏旁（含省形），而属于同类的字。它们虽然都类从于部首“老”的意义，但是又有一定的差异：“耋”是年八十，“耄”是年九十，“耇”指老人面容若垢状，“孝”指善事父母（涉及年老义）者。诸字都围绕着部首“老”的意义产生了若近或若远的意义关系，因此每个字下都有“从老”或“从老省”，表现其字形和意义的关联。“从老省”建立在“老”的形义概念的基础上，从建立部首系统的需要出发，必须用说明的方式补出所省的那一部分。

四

540个部首都有“凡×之属皆从×”的提示语句，“从$\times_1$”要求属字与部首要保持相类的意义，属字基本都有“从$\times_2$”的固定的格式与之相呼应。这无疑突出了每一部类之中的部首与属字的意义关联。试想如果用括号删除上述格式会怎样呢？请看：

部首：匚，受物之器，象形。(凡匚之属皆从匚。)
属字：匠，木工也。(从匚从斤，) 斤所以作器也。
匜，似羹魁柄，中有道可以注水。(从匚也声。)
匣，匵也。(从匚甲声。)

不难看出"从$\times_2$"属于部首法专用，兼用于字形结构分析，地位重要，不能删去；若将"凡×之属皆从×"删除之后，从形式上削弱了《说文》部首的标识和表意功能，造成与属字主次不分的状况。无疑"凡×之属皆从×"是隶属于《说文》部首系统的专门用语，它体现了《说文》部首系统周密的组织规则。

是否每个属字与部首之间都能够如此相呼应呢？经过穷尽性的考察，发现部首专用语"凡×之属皆从×"无一例缺失；而在属字中约有 49 例没有使用"从$\times_2$"，主要情况如下：

1. 象形字（7 例）

木部："乐（樂）、五声八音总名，象鼓鞞。木、虡也。"
注：王筠定为象形字。
乀部："也，女阴也。象形。"
爪部："为（爲），母猴也。其为禽好爪……下腹为母猴形……"
注：王筠定为象形字。
鬯部："爵，礼器也。象爵之形中有鬯酒……"
艸部："芻，刈草也。象包束艸之形。"
烏部：舄，鹊也。象形。
焉，焉鸟黄色，出于江淮。象形。

2. 指事字（2 例）

衣部："卒，隶人给事者衣为卒。卒，衣有题识者。"
注：王筠定为指事字。
上部："丅，底也。指事。"

3. 会意字（6 例）

力部：劫，人欲去以力胁止曰劫。或曰以力止去曰劫。

勺部：与，赐予也。一勺为与。此与舆同。

雔部：靃，飞声也。雨而双飞者，其声靃然。

戈部：武，楚庄王曰：夫武，定功戢兵。古文止戈为武。

亡部：匄，气也。逯安说亡人为匄。

十部：廿，二十并也。古文省。

4. 变体字（3 例）

正部：乏，春秋传曰：反正为乏。

彳部：亍，步止也。从反彳。

乀部：左戾也。从反丿。

5. 阙如、避讳（9 例）

舟部：朕，我也、阙。

耳部：聆，国语曰：回禄信于聆遂，阙。

又部：叚，借也。阙。

豖部：豩，二豖也。豳从此。阙。

此部：呰，窳也。阙。

肉部：䏍，或曰兽名。象形。阙。

艹部：芇，相当也。阙。

禾部：秀，上讳。

戈部：肇，上讳。

对以上各条分析如下：

第 5 条囿于客观条件，许慎无法根据字形指出与部首相关的意义，由此造成“从 $\times_2$”的空缺。就“阙如”的字而言，许慎不知道字形与字义之间的意义关联而勉强归部，属于不得已而为之；因为《说文》的单字都有部首归属，否则无法排序。另一方面，我们可以从单字所隶属的部首看出许慎的推测，如“朕”字义与“舟”有关，“叚”字义与“又”有关，“豩”字义与“豖”有关等。在避讳字中，部首与属字的意义关系可能会非常明确，如：“秀”字义与“禾”有关，“肇”与“戈”的意义相关。综上，在阙如、避讳字中，部首兼有排序和提示字义两种功能。

第 4 条变体字，用“反正为乏”的俗语，说明该字与部首“正”的意义关系。“彳”部的“亍、从反彳”，“丿”部的“乀、从反丿”，这类字抓住了一些特殊字形的特点，紧扣部首的意义训释。

第2条和第3条，虽然没有拘泥于“从 $\times_2$”的格式，但是大多都有强调和说明部首的说解：会意字多在训释中指明部首的意义，如“卒”的意义强调有题识的隶人衣服为卒，因此以“衣”为部首；“与”字，“一”和“勺”两形合起来就是与字，“一勺”段玉裁说“推而与之”，与字下从“勺”，因此以“勺”为部首；“武”字，用“古文止戈为武”的古俗语，指明部首“戈”在该字中的意义；“廿”字，用合并二个十的说解将该字与部首“十”联系起来；“靃”，用“雨而双飞”的说解分析字形，强调“双飞”而以“雔”为部首等，皆紧扣了部首意义。

第1条如前所说，因为象形字以整体字形表示概念，所以《说文》一般不作字形上的拆分。但是大概基于提炼部首的需要，有时也对某些象形的部首属字作拆分，一般抓住事物的性质或特征拆分出某一部件作为归部的依据，《说文》对此都有比较明确的说明。如：“樂”拆分出“木”而归到木部，特别指出“木、虡也”；“爲”拆分出“爪”而归到爪部，特别指出“其为禽好爪”等；否则就要为这些字单立部首。

除上述5条，还有以下两种情况需要特殊说明：

一是有少量属字没有“从 $\times_2$”的说解，是由于脱文引起，纯属偶然。如：

辛部：辭，讼也。从𤔔，𤔔犹理辜也。𤔔，理也。

注：慧琳《一切经音义》卷十五引作：辭，《说文》解讼也，从𤔔从辛，𤔔辛犹理罪也。

夕部：外，远也。卜尚平旦，今夕卜，于事外矣。

注：胡吉宣《玉篇校释》第五册引作：《说文》外，远也。从夕从卜。卜尚平旦，今夕卜，于事外矣。

辭在辛部，外在夕部，没有与部首相关的训释，这与前面的一般训释规律不合。按照其他书中的引文，上述字原来是有“从 $\times_2$”说解的，后来大概脱落了。

二是某些属字所从的部首含在字形说解之中，有“从 $\times_2$”却从非部首，体现《说文》字形训释不拘一格，具有一定的灵活性，如：

茻部：葬，藏也。从死在茻中……易曰：古之葬者厚衣之以薪。

几部：凥，处也。从尸得几而止……

匸部：區，踦區藏匿也。从品在匸中，品，众也。

或在部件重叠构形的字中，训释强调其所重复部件的数量，成为“从 + 数量 + $\times_2$”的格式。如：

又部：“友，从二又，相交友也。”

言部：“誩，从三言。”

这类属字都是会意字，会意字的各部件难辨主次，不能像形声字那样直接说明所从部首。但是承担部首的那个部件一般要重点训释，如“葬”，“从死在茻中”，强调埋葬的地点，所以归在“茻”部。“凥”，“从尸得几而止”，强调“几”的重要，因此以“几”为部首。那些部件重叠构形的字，抓住部件重复的数量训释，起到提纲挈领的作用。

不论是象形字、指事字、会意字或是变体字，都属于表意字。以上分析可以发现两个问题：一是《说文》没有“从 $\times_2$”训释的多是表意字；二是而形声字没有缺失“从 $\times_2$”的。根据朱骏声《说文通训定声》统计，形声字有 7697 字，象形字、指事字和会意字有 1656 字。其中没有“从 $\times_2$”和有“从 $\times_2$”而非从部首的属字不足 1%，这些字一般在说解中可以体会出“从 $\times_2$”的部首意义。如前所说，这表现出《说文》字形训释的灵活性。

《说文》单字排序始终以部首意义贯穿，这不仅体现出部首法以意义统领和组织汉字的功能，而且有助于单字的释义。尤其当我们遇到阙如、避讳字时，可以根据所隶属的部首判断其大概的字义。

五

研究《说文》的“从 ×”，可以通过属字类从部首意义的密切程度，揭示其依据部首的意义组织汉字的实质。“从 ×”的表述格式，体现《说文》部首法的组织规则如下：

部首

（标识：位于部之首；有“凡 × 之属皆从 ×”说明。统领同部字的形和义）

↓

部首属字

（标识：位于部首之后；有“从×”与部首呼应。从形和义上隶属于部首。）

其组织规则表现了部首与属字之间的关系，即每个部首属字下几乎都有“从×”的训释，这不是多余的重复，它指出相同部类字的意义都类从部首的意义。为什么称作类从？因为同部类字具有共同的意义，这个共同意义是它们类聚的基础。如“耋耄耆耇寿考孝”等9个字的共有意义就是“老”，因此每个字都有“从老”或“从老省”的解释。重要的是部类的共有意义由部首体现，同部类字都要依从部首的意义，所以称作“类从”。“从×”是类从的标识，所类从的是部首的意义，而部首的意义是部类共同意义的代表，据此部首可以训释同部属字，仅仅是大致的注释。《说文》就是依据这样的部首意义的主线排序组织汉字，过去的研究者谈到《说文》的排序时似乎没有注意到这一点。

《说文》的“从×”与转注密切相关，并且表现出转注的内涵。《说文》转注定义为“建类一首，同意相受，考老是也”，其含义为在类聚汉字的基础上建立部首，并以部首意义贯通同部首的属字，“考老”的关系就属于这种情况。请看：“考”的部首是“老”，“考”字下就有“从老”的字形描述，属于“从$\times_2$”类型；“考”可以分析为“从老省”，但是“老”不说“从考省”，这是部首统领性的表现；属字“考”在意义上隶属于部首“老”，“老”的其他属字亦如此，同部类字就拥有了共通的部首意义；部首作为转注的施与者，以部首的意义可以转相为属字注释，部首意义皆体现在属字之中。因此，转注抽象地强调了部首与属字之间的意义联系，而“从×”则具体地描述了部首与属字之间在意义上的密切关系。

《说文》训释“老，考也”，“考，老也”，似乎可以互训，因而地位等同，如此解释却与定义不合。从逻辑上说，“考老”作为转注的例字，应当是对“建类一首，同意相受”的进一步说明。如前所说，“考”作为“老”的属字，在意义上受到部首所具有的部类共通意义的统领。部首的统领性还表现在部首皆有“凡×之属皆从×”的标识，而属字没有；属字仅有“从×”，标明与部首密切的意义隶属关系。综上，在部首法中“考老”的地位不同。关于《说文》转注，我们在其他文章中有专门的论述。

《说文》“从×”表述格式的本质是强调了部首意义在汉字部首法中的重要性，而以汉字的意义排序是早期汉字字序法的重要特征。关于早期汉字字序法，我们另有文章论述。

参考文献

许慎：《说文解字》，中华书局 1977 年版。

段玉裁：《说文解字注》，上海古籍出版社 1981 年版。

王筠：《文字蒙求》，中华书局 1983 年版。

朱骏声：《说文通训定声》，武汉市古籍书店 1983 年版。

胡吉宣：《玉篇校释》，上海古籍出版社 1989 年版。

以"难"为例谈如何确定原始词和滋生词以及词义发展线索

——庆祝薛凤生先生八十华诞

孙玉文　北京大学中文系

王力先生《汉语滋生词的语法分析》指出："汉语滋生词，多数是容易辨认的。如'咽'滋生为'嚥'。有些是从古音才能辨认出来的，如'背'＊puək滋生为'负'＊biuə；'结'＊kyet滋生为'髻'＊kyet。另有一些则是从古义才能辨认出来的，如'右'的本义是右手，滋生为'佑'，'佑'的古义是助（以手助人）；'擐'的本义是'贯'，滋生为'关'，'关'的本义是门闩，门闩是贯穿在门内的……由于汉语滋生词不是原始词加后缀，有时候颇难辨认哪个是原始词，哪个是滋生词。例如'帚'和'扫'，人们可以说'扫'是原始词，'帚'是滋生词。但是，在大多数情况下，从词义的引申看，原始词和滋生词的区别还是可以辨认的。例如'背'滋生为'负'，'肩'滋生为'掮'，是无可争议的。"《汉语词汇史》第三章《滋生词》中也说："在汉语里，初词和滋生词的关系不是处处都很清楚的。例如：'帚'和'扫'的关系，到底先有'帚'，而后派生为'扫'呢，还是先有'扫'，而后派生为'帚'呢？又如'崖'和'涯'的关系，到底先有'崖'而后派生为'涯'呢，还是先有'涯'而后派生为'崖'呢？这种情况是不容易断定的。但是，在大多数的情况下，派生词是可以肯定的。例如'取'和'娶'、'包'和'胞'、'咽'和'嚥'、'陈'和'阵'，等等，其派生的关系是很清楚的。"这些话非常有道理。就音变构词的情况来说，配对词的原始词和滋生词在音和义以及音义结合方面有自己的规律；绝大多数是容易辨认的。

但是也有复杂的情况。在研究音变构词的过程中，有时候会遇到某些有异读的字，其字形结构反映出来的词义跟原始词的词义没有关系，因而原始词的词义难以确定。这样的字如果记录的词义较多，这些词义之间是否有关系；如果有关系，那么词义之间引申发展的脉络如何；如果该字有异读，又会带来新的问题：这不同的词义，其间的音义配合情况如何。这是在研究过程中需要考虑的问题。“难”就是这样一个字。

《说文》鸟部：“𪂹，鸟也。从鸟，堇声。难，𪂹或从隹。”徐本引《唐韵》：“那干切。”此与“困难，不容易”和“灾难”等意义无关。《说文》的本义常常是原始词，但是这里没有给我们提供“难”的原始词和滋生词的信息。要确定“难”的原始词和滋生词，探讨音义发展源流，必须另想办法。本文就是我的一点尝试，现在将它写下来，一则欣逢薛凤生先生八十华诞，谨以此文为先生祝寿；二则借此就教于学术界。

一　既往的研究

“难”的变调构词，张守节、贾昌朝、周祖谟、王力、唐纳、周法高、唐作藩均有著录。其著录反映出诸家对何者为原始词、何者为滋生词的看法。他们的研究成果在判定“难”的平去别义中是首先必须参考的。《史记正义·发字例》：“难，乃丹反，艰也。乃旦反，危也。”《群经音辨·辨字音清浊》：“难，艰也，乃干切。动而有所艰曰难，乃旦切。”为各家所本。周祖谟《四声别义释例》一《四声别义之所始》：“难，《广韵》那干切，在寒韵，艰也，不易称也。又奴案切，在翰韵，患也。按经典相承，难以之难，与问难，难却，患难之难，音有不同。难易之难为形容词，读平声；问难之难为动词，读去声。患难之难为名词，亦读去声。”王力《汉语诗律学》第一章《近体诗》中，认为“难”属于“平声所表示的意思和仄声不同者”一类：“难，平声，不易也，形容词。杜甫《王竟携酒高亦同过》：‘卧病荒郊远，通行小径难。’仄声（去），灾难，名词。杜甫《村夜》：‘胡羯何多难？渔樵寄此生！’”唐纳把“难”的变调构词归入“原始词是动词性的，滋生词是名词性的”一类，并释原始词词义为“to be difficult”（困难），滋生词词义为“difficulty，hardship”（患难，祸乱）。周法高《中国古代语法·构词编》认为原始词是形容词，滋生词是名词，其释义是采用贾昌朝和唐纳二家之说。以上诸家都将“难”的平声读法摆在前面，去声读法摆在后面，反映了他们对何者为原始词、何者为滋生词的看法。

《马氏文通·实字》卷之二：“‘难’字：去读，名也。《礼·曲礼上》‘临难毋苟免。’患难也。又诘辩之解，则动字矣，平读。‘难易’之解，亦平读。”按，诘辩之字当读去声。《马氏文通》只对“难”的平去二读加以区别，重点不在确定原始词和滋生词。《玉篇》隹部：“难，奴丹切，不易之称也。”未收去声音义。但是可以通过《玉篇》对“难”的音义的收与不收，知道平声音义中古是常见用法。《广韵》那干切：“难，艰也，不易称也。”奴案切：“难，患也。”《集韵》那肝切：“难，《说文》：鸟也。一曰：艰也。”乃旦切：“难，阻也。”这都反映了原始词和滋生词的词义区别，却不能告诉我们何者为原始词，何者为滋生词。

综合以上的材料及分析可见，“难”，不容易，困难，读平声，使遇到困难，阻碍，阻止，读去声。下文进一步说明，“难”，原始词，义为不容易，困难，形容词，那干切（平声，＊꜀nan/꜀ɑnn）。滋生词，义为使遇到困难，阻碍，阻止，动词，奴案切（去声，＊nan꜄/nɑn꜄）。能否将“使遇到困难，阻碍，阻止”处理为原始词，“不容易，困难”为滋生词呢？从词义引申的角度说，似乎也可以。但是，在变调构词中，往往是平声读法为原始词，其他声调的读法为滋生词。此其一。毫无疑问，“不容易，困难”词义很常见，“使遇到困难，阻碍，阻止”远没有“不容易，困难”常见。现代汉语中，“难”的“使遇到困难，阻碍，阻止”一义消失了，“不容易，困难”一义仍保留了下来，就是明证。可见“不容易，困难”一义更具有滋生新词的使用条件。此其二。

平行的例证。“困”有“艰难，窘迫”的意思，《书·盘庚中》：“汝不忧朕之攸困，乃咸大不宣乃心。”引申为使处于艰难窘迫或无法摆脱的境地，围困，《左传·襄公二十二年》：“子三困我于朝，吾惧，不敢不见。”“苦”有“艰苦，痛苦，困苦”的意思，《礼记·礼运》：“死亡贫苦，人之大恶存焉。”引申为使痛苦，困辱，《庄子·庚桑楚》：“吞舟之鱼，砀而失水，则蚁能苦之。”《礼记·乐记》：“知者诈愚，勇者苦怯。”孔颖达疏：“谓困苦怯者。”“戹”有“狭隘，险要”的意思，《说文》：“戹，隘也。”引申为困苦，灾难，《楚辞·九思·遭戹》：“悼屈子兮遭戹。”还引申为使处于艰难窘迫或无法摆脱的境地，围困，《孟子·尽心下》：“君子之戹于陈蔡之间，无上下之交也。”“阨（隘）”有“狭小，狭隘”的意思。去声。《左传·昭公元年》：“彼徒我车，所遇又阨，以什共车，必克。”《释文》：“又阨，本又作隘，於懈反。”引申为贫困，艰危，《左传·成公六年》：“易覯则民愁，民愁则垫隘。”注：“垫隘，羸困也。”《释文》：“隘，於卖反。”又引申为阻塞，《史记·律书》：“南越朝鲜自全秦时内属为臣子，后且用兵阻阸。”裴骃集解：“阸音戹卖反。”“隐”有“穷困”的意思，《左传·昭公二十五年》：“政自之出久矣，隐民多取食焉。”杜预注：“隐约穷困。”又有“忧伤，病痛”的意思，《诗·邶风·柏舟》：“耿耿不寐，如有隐忧。”毛传：“隐，痛也。”还有“堵塞”的意思，《诗·小雅·鱼丽》“鱼丽于罶，鲿鲨。”毛传：“士不隐塞。”因此说“难”由“不容易，困难”义发展出“使遇到困难，阻碍，阻止”义完全可通。

“难”读去声，还有“担心遇到障碍，畏惧，担心”一义。这里的问题是：如果认为“难”的去声读法是其平声读法辗转引申发展而来，那么其去声读法的“使遇到困难，阻碍，阻止”一义和“担心遇到障碍，畏惧，担心”一义，到底哪一个词义是由“不容易，困难”一义直接发展来的？我的意见是：“使遇到困难，阻碍，阻止”义由“不容易，困难”义直接发展而来，“担心遇到障碍，畏惧，担心”义由“使遇到困难，阻碍，阻止”义进一步引申而来。

我们注意到，具有“担心遇到障碍，畏惧，担心”一义的词都没有发展出“使遇到困难，阻碍，阻止”义。例如“畏、惮、恐、惧、怖、惶、悸、怕”和“忧、虑、患”等词都没有“使遇到困难，阻碍，阻止”的意思。另一方面，具有“使遇到困难，阻碍，阻止”意义的词，有的具有“担心遇到障碍，畏惧，担心”义。例如“阻”有“阻止”的意思，《左传·僖公二十二年》：“勍敌之人，隘而不列，天助我也。阻而鼓之，不亦可乎？”也有“忧虑，担心”的意思，《书·舜典》：“黎民阻饥，汝后稷，播是百谷。”旧题孔安国传：“阻，难。”《诗·邶风·雄雉》：“我之怀矣，自诒伊阻。”毛传：“阻，难也。”郑玄笺：“此自遗以是患难。”

二　音注材料的“难”的音义配合及其音义发展线索

“难”平去二读词义的不同，从下面几个证据中看得很清楚：一，《经典释文》注“协韵”。《诗·周颂·访落》：“维予小子，未堪家多难。”郑玄笺：“我小子耳，未任统理国家难成之事。”《释文》：“多难，如字，协韵乃旦反。”这说明，“难”作“困难”讲应该读平声。只是上下文中“难”跟“艾，涣”押韵，才读去声。二，上下文中，相邻的“难”词义不同，读音不同。《易·屯》：“彖曰：屯，刚柔始交而难生。”王弼注：“始于险难，至于大亨。”《释文》：“而难，乃旦反。卦内除六二，注‘难可’，余并同。贾逵注：‘《周语》云：畏惮也。’”这是说，“六二之难，乘刚也”，注释中“涉远而行，难可以进”的“难”不能读去声，要读平声，是取“不容易，困难”义。而“而难”、“险难”的“难”意思是“阻碍，障碍”，读去声。三，陆德明明确地说，艰难的“难”平声，畏难的“难”去声。《庄子·说剑》：“吾王所见剑士皆蓬头突鬓垂冠，曼胡之缨，短后之衣，瞋目而语难，王乃说之。”《释文》：“语难，如字，艰难也，勇士愤气积于心胸，言不流利也。又乃旦反，既怒而语为人所畏难。司马云：说相击也。”可知“难”作“不容易，困难”讲时读平声，作“使遇到困难，阻碍，阻止”和“畏惮”讲时读去声。

《经典释文》中“难”的这种音义配合的解说具有一贯性。其他的例子，“难”，困难，艰难，不容易。平声。《书·舜典》：“历试诸难。”旧题孔安国传：“试以治民之难事。”《释文》：“难，乃丹反。”《左传·昭公二十五年》：“公果自言，公以告臧孙。臧孙以难，告郈孙。”杜预注：“言难逐。”《释文》：“臧孙以难，如字。注同。”《史记·十二诸侯年表》：“谱牒独记世谥，其辞略，欲一观诸要难。”司马贞索隐：“下奴丹反。”《老子韩非列传》：“《说难》曰……”司马贞索隐：“说音税。南音奴干反。言游说之道为难，故曰《说难》。”《刺客列传》：“向使政诚知其姊无濡忍之志，不重暴骸之难，必绝险千里以列其名。”司马贞索隐：“重难并如字。重犹惜也，言不惜暴骸之为难也。”此音义习见，古人注古书，一般不注音。

“难”，使遇到困难，阻碍，阻止。去声。《左传·哀公十二年》：“今吴不行礼于卫，而藩其舍以难之。”杜预注：“难，苦困也。”《释文》：“以难，乃旦反。注同。”《论语·子张》：“致远恐泥。”何晏集解：“包曰：泥难不通。”《释文》：“泥难，乃旦反。”将此义作为滋生词的本义最合适：一方面，滋生词的本义要跟原始词的词义联系起来；另一方面，滋生词的本义要能合理地解释清楚整个读去声的“难”的词义引申脉络。《群经音辨·辨字音清浊》将“动而有所艰曰难”作为“难”的去声读法跟平声读法相对的一个词义，很有参考价值。有人将“难”的“祸乱，乱事，灾难，祸患”义作为跟平声读法相对的一个词义，容易使人产生误会，以为“祸乱，乱事，灾难，祸患”义是由平声读法直接发展出来的，这是忽视了“难”读去声，除了此义，还有其他词义。由“祸乱，乱事，灾难，祸患”义无法直接引申出“拒斥，排斥，拒绝”和“担心遇到障碍，畏惧，担心”等意义。

引申为：（一）拒斥，排斥，拒绝。《书·舜典》：“柔远能迩，惇德允元，而难壬人。”旧题孔安国传：“难，拒也。佞人斥远之，则忠信昭于四夷。”《释文》：“而难，乃旦反。”（按，《十三经注疏》本“旦”讹作“且”）《左传·襄公二十七年》：“如楚，楚亦许之。如齐，齐人难之。”《释文》：“难之，乃旦反。下‘惧难’同。”《昭公元年》：“能为人则者，不为人下矣。吾不能是难。”《释文》：“是难，乃旦反。下注并同。”《论语·先进》：“以吾一日长乎尔，毋吾以也。”何晏集解：“孔曰：言我问女，女无以我长故难对。”《释文》：“难对，乃旦反。”

由此引申为：（1）特指驱逐疫鬼。《周礼·春官·占梦》：“乃舍萌于四方，以赠恶梦，遂令始难殴疫。”郑玄注：“难谓执兵以有所难却也……故书难或为傩。杜子春难读为难问之难，其字当作难。《月令》季春之月‘命国难，九门磔禳，以毕春气’；仲秋之月‘天子乃难，以达秋气’；季冬之月‘命有司大难，旁磔，出土牛以送寒气’。”《释文》：“始难，戚乃多反，刘依杜乃旦反。注以意求之。傩字亦同。”

（2）特指心理上互相排斥，仇恨。《周礼·地官·调人》：“调人掌万民之难而谐和之。”郑玄注：“难，相与为仇雠。”《释文》：“之难，乃旦反。注及下同。”《春官·典瑞》：“谷圭以和难，以聘女。”郑玄注：“谷圭，亦王使之瑞节。谷，善也。其饰若粟文然。难，仇雠。和之者，若《春秋》宣公及齐侯平莒及郯，晋侯使瑕嘉平戎于王。”《释文》：“和难，乃旦反。注同。”

（3）特指用言语来排斥别人的观点，争辩，诘问，反驳，责难。《诗·大雅·公刘》毛传：“直言曰言，论难曰语。”《释文》：“论难，鲁困反，下乃旦反。”孔颖达疏：“直言曰言，谓一人自言。答难曰语，谓二人相对。”论难，状中结构，以论来争辩。《礼记·学记》：“今之教者，呻其占毕，多其讯。”郑玄注：“言今之师，自不晓经之义，但吟诵其所视简之文，多其难问也。”《释文》：“其难，乃旦反。”《左传·隐公元年》：“不言出奔，难之也。”杜预注：“明郑伯之志在于杀，难言其奔。”《释文》：“难之，乃旦反。注同。”《公羊传·桓公十四年》：“何讥尔？讥尝也。曰：犹尝乎？御廪灾，不如勿尝而已矣。”何休注：“难曰：四时之祭不可废，则无犹尝乎？”《释文》：“难曰，乃旦反。”《僖公十年》：“曷为不以讨贼之辞言之？惠公之大夫也。然则孰立惠公？里克也。”何休注：“欲难杀之意。”《释文》：“欲难，乃旦反。”词义构词，辩驳所持的观点，论点。名词。《礼记·学记》：“记问之学，不足以为人师。”郑玄注：“记问，谓豫诵杂难，杂说，至讲时为学者论之。此或是师不心解，或学者所未能问。”《释文》：“杂难，乃旦反。”《史记·五帝本纪》：“顺天地之纪，幽明之占，死生之说，存亡之难。”司马贞索隐：“难犹说也。凡事是非未尽，假以往来之辞，则曰难。”张守节正义：“难音乃惮反。存亡犹死生也……万民故免存亡之难。”

“难”由“使遇到困难，阻碍，阻止”一义词义构词：（1）遇到的阻碍，遇到的障碍。名词。也用于抽象的意义。《诗·邶风·雄雉》：“我之怀矣，自诒伊阻。”毛传：“阻，难也。”《释文》：“阻难，乃旦反。下同。”《卫风·氓》郑玄笺：“我乃渡深水，至渐车童容，犹冒此难而往。”《释文》：“此难，乃旦反。”《郑风·东门之墠》郑玄笺：“墠边有阪，茅搜生焉。茅搜之为难浅矣。”《释文》：“为难，乃旦反。”孔颖达疏：“其为禁难浅矣，言其易越而出。”《豳风·狼跋》毛传：“老狼有胡，进则躐其胡，退则跲其尾，进退有难，然而不失其猛。”《释文》：“有难，乃旦反。”《仪礼·聘礼》郑玄注：“道路以险阻为难，是以委土为山。”《释文》：“为难，乃旦反。”《尔雅·释地》：“即有难，邛邛岠虚负而走。”《释文》：“难，奴旦反。”

（2）用手往下按住。动词。字作“摊”。《广雅·释诂》：“摊，按也。”曹宪《博雅音》：“摊，乃旦。”即音乃旦切。王念孙疏证：“摊，《玉篇》音奴旦切。《广韵》云：按摊也。凡抑之使不得起曰摊。《尧典》‘惇德允元，而难任人。’‘难’犹抑也，谓进君子而退小人也。”按，《尧典》（今传《十三经注疏》分出《舜典》，此例属《舜典》）此例当解释为拒斥，排斥，拒绝。

（二）担心遇到障碍，畏惧，担心。《诗·邶风·匏有苦叶》毛传：“深水，人之所难也。”《释文》：“所难，乃旦反。下同。”《小雅·绵蛮》：“岂敢惮行？畏不能趋。”郑玄笺：“惮，难也。我罢劳，车又败，岂敢难徒行乎？”《释文》：“难也，乃旦反。下同。”《大雅·云汉》郑玄笺：“王心又畏难此热气，如灼烂于火。”《释文》：“畏难，乃旦反。”《礼记·檀弓上》郑玄注：“言皆所以为深邃，难人发见之也。”《释文》：“难人，乃旦反。”《檀弓下》郑玄注：“敬叔有怨于懿伯，难惠伯也。”《释文》：“难惠，乃旦反。”疏：“今至滕郊，为有懿伯之怨，故畏难惠伯。”《内则》郑玄注：“谓难其妨己也。”《释文》：“谓难，乃旦反。”《中庸》：“小人而无忌惮也。”郑玄注：“小人又以无畏难为常行。”《释文》：“畏难，乃旦反。”《左传·隐公六年》：“宋卫实难，郑何能为？”杜预注：“可畏难也。”《释文》：“实难，乃旦反。注同。”《僖公七年》：“心则不竞，何惮于病？”杜预注：“惮，难也。”《释文》：“难也，乃旦反。此年及八年经传并同。”《定公四年》：“安，求其事，难而逃之，将何所入？”《释文》：“难而，乃旦反。”《公羊传·庄公三十一年》何休

注："为齐所忌难，见轻侮也。"《释文》："忌难，乃旦反。"《论语·学而》："过则勿惮改。"何晏集解："郑曰……惮，难也。"《释文》："难，乃旦反。"《宪问》："修己以安百姓，尧舜其犹病诸?"何休集解："孔曰：病犹难也。"《释文》："病犹难，乃旦反。"《老子》七十三章："天之所恶，孰知其故？是以圣人犹难之。"王弼注："夫圣人之明犹难于勇敢，况无圣人之明而欲行之也?"《释文》："犹难，乃旦反。"《庄子·寓言》郭象注："人将畏难而疏远。"《释文》："畏难，乃旦反。"《方言》卷六："謇，展，难也。齐晋曰謇，山之东西凡难貌曰展，荆吴之人相难谓之展，若秦晋之言相惮矣。"钱绎笺疏："《广雅》：蹇，展，惮，难也。《说文》：惮，忌难也。一曰：难也。《屯·释文》引贾逵《周语注》云：难，畏惮也。《学而篇》'过则勿惮改'郑注：惮，难也。《楚词·离骚》'岂余身之惮殃兮'王逸注同。"词义构词，义为使畏惧，使害怕，震慑。动词。上引《方言》钱绎笺疏接着说："荆吴之人相难谓之展，若秦晋言相惮者，此又一义也。难，当读如患难之难，即《说文》'惮，一曰：难也'之义也。《昭十三年左氏传》云：惮之以威。《鲁语》云：帅大雠以惮小国。韦曜注：惮，难也。"按，这是解释"惮"的使动义，但也说明"难"有"使畏惧，使害怕，震慑"的意思。

词义构词，义为祸乱，乱事，灾难，祸患。名词。平行的例证如，"患"，本义忧虑，担心。《论语·学而》："不患人之不己知，患不知人也。"引申为祸害，灾难。《易·既济》："君子以思患而豫防之。""忧"，忧虑，担心。《论语·卫灵公》："君子忧道不忧贫。"引申为祸患。《国语·晋语六》："且唯圣人能无外患，又无内忧。"《易·大过》王弼注："以此救难，难乃济也。"《释文》："救难难乃，并乃旦反。上六注同。"《书·微子》旧题孔安国传："子今若不出逃难，我殷家宗庙乃陨坠无主。"《释文》："逃难，乃旦反。"《诗·小雅·出车》："王事多难，维其棘矣。"《释文》："多难，乃旦反。注及下皆同。"《周礼·秋官·小司寇》郑玄注："国危，谓有兵寇之难。"《释文》："之难，乃旦反。"《礼记·曾子问》郑玄注："有徐戎作难。丧卒，哭而征之。"《释文》："作难，乃旦反。"《左传·文公十三年》："随会在秦，贾季在狄，难日至矣。"《释文》："难日，乃旦反，下人实反。"《公羊传·成公十六年》："言甚易也，舍是无难矣。"何休注："舍此所从还，无危难矣。"《释文》："无难，乃旦反。注同。"《穀梁传·桓公十一年》："死君难，臣道也。"《释文》："君难，乃旦反。"《论语·雍也》何晏集解："孔曰：宰我以仁者必济人于患难。"《释文》："于患难，乃旦反。"《老子》六十七章王弼注："相憋而不避于难，故胜也。"《释文》："于难，乃旦反。"《庄子·逍遥游》："越有难，吴王使之将。"《释文》："有难，乃旦反。"《史记·礼书》："孝敬用其计，而六国畔逆，以错首名，天子诛错以解难。"正义："下乃惮反。"《经律异相》卷十一"先给四仙人后生为国王"，"邻国闻之，将所嗤笑，以致寇难。"旧注："寇难，上苦候反，贼寇也。下去声。"用作动词，招致灾祸。《左传·昭公二十二年》："牺者实用人，人牺实难，己牺何害？"杜预注："言设使宠人如宠牺，则不宜假人以招祸乱。"音义："实难，乃旦反。"也可理解为名词。

三 "难"在上下文中平去兼注的原因分析

同一上下文中，"难"注异读不能证明它平去二读不别义，相反能进一步证明它是平去别义的。平去兼注反映出前人对上下文中"难"到底作什么讲有不同的看法。

《易·大有》王弼注："既公且信，何难何备？不言而教行，何为而不威。"《释文》："何难，依《象》宜如字，一音乃旦反。"按，"象曰……威如之吉，易而无备也"，可见"何难"读如字，"难"原始词用作意动，看做困难；读乃旦反，"难"意思是拒斥。《大壮》王弼注："能丧壮于易，不于险难，故得无悔。"《释文》："险难，如字，亦乃旦反。"读如字，困难，艰难；乃旦反，乱事，祸患。《书·大诰》旧题孔安国传："四国作大难于京师。"《释文》："大难，乃旦反。下同。如字。"读如字，困难的事情；乃旦反，祸患。《诗·邶风·谷风》："既阻我德，贾用不售。"毛传："阻，难。"郑玄笺："既难却我，隐蔽我之善。"《释文》："阻难，乃旦反。下'难却'同。一音如字。"乃旦反，拒斥；一音如字，不包括"难却"，指毛传中"阻，难"，有困难。说"一音"，清楚地显示"难"在这里读平声不妥，也说明"难"平去不同。《小雅·常棣》："脊令在原，兄弟急难。"毛传："急难，言兄弟之相救于急难。"郑玄笺："犹兄弟之于急难。"《释文》："急难，如字，又乃旦反。注同。"《左传·昭公七年》："《诗》曰：'鹡鸰在原，兄弟急难。'"杜预注："言兄弟相救于急难，不可自舍。"《释文》："急难，如字，又乃旦反。注同。"以上"难"，如字，困难，艰难；乃旦反，祸乱，乱事。《礼记·月令》："门闾毋闭，关市毋索。"郑玄注："顺阳敷纵不难物。"《释文》："不难，乃旦反，又如字。"乃旦反，拒斥；如字，认为困难。《左传·文公十六年》杜预注："濮，夷，无屯聚，见难则散归。"《释文》："见难，乃旦反，一音如字。”乃旦反，乱事，祸乱；如字，困难，艰难。《襄公十三年》：“新军无帅，晋侯难其人。”《释文》：“难其，乃旦反，或如字。”《襄公二十四年》：“侨闻君子长国家者，非无贿之患，而无令名之难。”《释文》：“之难，如字，又乃旦反。”《昭公十六年》：“侨闻君子非无贿之难，立而无令名之患。”《释文》：“之难，乃旦反，又如字。”以上“难”如字，认为困难；乃旦反，担心，忧虑。《公羊传·隐公八年》：“庚寅，我入邴。其言入何？难也。”注：“入者，非已至之文，难辞也。”《释文》：“难也，乃旦反，一音如字。”乃旦反，责难；如字，困难，艰难。《论语·宪问》：“子曰：‘果哉！末之难也。’”何晏集解：“末，无也。无难者，以其不解己之道。”《释文》：“末之难，如字，或乃旦反。”如字，认为难；乃旦反，责备，责难。《尧曰》：“犹之与人也，出纳之吝谓之有司。”何晏集解：“孔曰：谓财物俱当与人，而吝啬于出纳，惜难之，此有司之任耳，非人君之道。”《释文》：“难，乃旦反，又如字。”乃旦反，担心，忧虑；如字，认为困难，也就是舍不得出手。《尔雅·释诂》：“阻，艰，难也。”郭璞注：“皆险难。”《释文》：“难，奴旦反。注同。一音如字。”奴旦反，阻碍，障碍；如字，困难。以上“一音”、“或音”，本身说明“难”有异读，上下文中不能随意理解。

上文所引《小雅·常棣》“兄弟急难”。《释文》：“急难，如字，又乃旦反。注同。”因为“难”有平去二读，所以诗人“急难”的“难”有人读平声。钱大昕《十驾斋养新录》卷四“难”字条：“《诗》‘兄弟急难’，《释文》：‘难如字，又乃旦反。’庾子山‘本无情于急难’，杜子美诗‘为问彭州牧，何时救急难’，王介甫诗‘急难兄弟想君愁’，‘功名常见急难时’，陈后山诗‘犹未贫贱别，更觉急难情’，皆读平声。”

四 “难”变调构词的历程

“难”的变调构词来自上古。周祖谟先生在《四声别义释例》中，已经根据《周礼·春官·占梦》郑玄注引杜子春“南音难问之难”，《淮南子·时则》高诱注“傩音躁难之难”，证明自东汉初年以来，“难”属平去构词，甚是。从韵文材料看，“难”平去构词周秦已然，详拙作《上古汉语四声别义例证》“难”字条（载《古汉语研究》1993年第1期）。两汉韵文中，“难”入韵22次，叶平声14次，作“困难，艰难”讲12次，刘彻《瓠子歌》叶“湲，难（‘北渡回兮迅流难’）”，司马迁《史记·自叙》叶“焉，难（‘又与之脱难’）”，扬雄《交州箴》叶“难（‘亡国多逸豫，而存国多难’)，干，宪”，边让《章华台赋》叶“单，盘，叹，难（‘悟稼穑之艰难’)，桓，欢”，无名氏《古诗》叶“言，难（‘道远会见难’)，间，欢，还”，《善哉行》叶“难，干（‘来日大难，口燥唇干’)，欢，山，翫，丸，寒，宣，干，餐”，《君子行》叶“然，闲，冠，肩，难（‘劳谦得其柄，和光甚独难’)，餐，贤”，《董逃行》叶“山，难（‘山头危险道路难’)，端，璘，纷，烟，端，攀，前，传，言，端，丸，栟，仙”，王褒《九怀·尊嘉》叶“门，欣，难（‘怀恨兮艰难’)”，蔡邕《陈君阁道碑》叶“难（‘险阻危难’)，缘，颠，民，君，仁，神，骞，言，民，烦，便，患，勤，宣，孙”，《杨孟文石门颂》叶“秦，焉，难（‘蓥路歮难’)，艰，年，们，残，颠，渊”，严忌《哀时命》叶“难（‘路幽昧而甚难’)，叹”。例外2次，“乱事，祸乱”义叶平声，《史记·自叙》叶“端，难（‘天下之端，自涉发难’)”，蔡琰《悲愤诗》叶“患，单，关，蛮，漫，叹，安，餐，干，难（‘薄志节兮念死难’)，严”。叶去声8次，意思都是祸乱，乱事，灾难，患难，《史记·自叙》叶“难（‘楚人发难’)，乱，嬗”，刘向《九叹·怨思》叶“怨，难（‘躬获愆而结难’)”，扬雄《长杨赋》叶“畔，乱，难（‘中国蒙被其难’)”，傅毅《洛阳赋》叶“乱，赞，难（‘拂宇宙之残难’)，馆”，崔瑗《遗葛龚佩铭》叶“乱，难（‘韩魏致难’)”，阙名《张公神碑》叶“建，畔，难（‘亭长阊□□扞难兮’)，烂，见，徧，万”，《易林·恒之巽》叶“难（‘偏心作难’)，乱”，《姤之明夷》叶“难（‘陈子发难’)，乱”。

魏晋时代，“难”叶平声的例证极多，此处不举。叶去声8次，意思是障碍，阻碍；祸乱，乱事，灾难。杨戏《赞黄汉升》叶“难（‘将军敦壮，摧锋登难’)，干”，嵇康《大师箴》叶“叛，难（‘晋厉残虐’，栾书作难)”，薛莹《献诗》叶“汉，观，难（‘遭时之难’)，乱”，陆云《南征赋》叶“乱，旦，观，难（‘肃有征而省难’)”，《祖考颂》叶“焕，汉，难（‘王于出征，而公斯难’)，判，晏”，郭遐叔《赠嵇康》之三叶“乱，畔，难（‘封疆划界，事利任难’)，贯，算，馆，旦，怨”，孙楚《韩信赞》叶“贱，战，汉，奋，难（‘擒项平难’)，面，叛”，陆云《九愍·感逝》叶“散，宴，旦，难（‘逢此世之多难’)”。

“难”的变调构词一直沿用至今。唐代，元结《漫酬贾沔州》叶“难（‘往年壮心在，常欲济时难’)，叛，乱，案，旦，懦，赟，患，散，慢，漫，惮，唤，晏，算，叹，半，冠，涧”，都是去声。它的滋生词发展出来的一些意思，今天已经消失了，因此后人对这些已经消失的词义及其读音有误解，影响了对古书上下文的理解，这是应该注意的。

五　上下文中“难”的几则训诂

《左传·成公二年》：“郄子曰：‘人不难以死免其君，我戮之不祥。’”有的人把这个“难”看成是“困难”的“难”用作意动，解释为“把……看做难事”的意思。这个解释不合于古。这个“难”杜预没有作注。《释文》：“不难，乃旦反。”可见陆德明是读去声。“难”作“困难”讲是读平声，可见这里的“难”在陆德明那里不是作“困难”讲，因而也就不是形容词用作意动。根据陆德明的注音，他显然是把这个“难”理解为“畏惧，害怕”，“不难以死免其君”意思是不害怕拿死来使其国君免于被俘。

《礼记·儒行》：“儒有居处齐难。”郑玄注：“齐难，齐庄可畏难。”《释文》：“难，乃旦反。注同。可畏难也。”这里“畏难”就是“敬畏”的意思。王引之《经义述闻》卷十六《礼记下》“居处齐难”条：“《儒行》：‘儒有居处齐难，其坐起恭敬。’郑注曰：‘齐难，齐庄可畏难也。’引之谨案：难读为戁，《说文》：戁，敬也。徐锴传曰：今《诗》作熯。《小雅·楚茨篇》：‘我孔熯矣。’毛传曰：熯，敬也。《尔雅》同。熯戁难声相近，故字相通。齐难与恭敬，义亦相近也。郑曰齐庄可畏难，殆失之迂矣。”王引之认为郑玄注是“增字解经”，卷三十二“增字解经”条，举出《儒行》“居处齐难”，指出“与熯同，敬也，而解者曰‘齐庄可畏难’（郑注），则于‘难’上增‘可畏’字矣”。言下之意是，根据郑玄的解释，“难”本身没有“敬畏”的意思，大概取“困难”的意思，“畏难”就是害怕困难；但是上下文有“敬畏”的意思，于是郑玄“增字解经”。事实上，郑玄这里不是“增字解经”，而是用“畏难”去解释“难”，意思是敬畏。他的理解跟王引之没什么两样。至于郑玄添加了“可”字，这是由上下文的文意决定的，也不属“增字解经”。

后来，大约是因为“难”读去声，兼职过多，人们又把作“畏惧，害怕”讲的“难”的读音加以改变，声调由去声变为上声，韵母由一等变为二等，造成一个新词；反映在文字上，就写成了“戁”字。《说文》心部：“戁，敬也。从心，难声。”大徐本引《唐韵》：“女版切。”段玉裁注：“敬者，肃也。《商颂》：不戁不竦。传曰：戁，恐。竦，惧也。敬则必恐惧，故传说其引申之义。若《小雅》：我恐熯矣。传曰：熯，敬也。此谓《诗》叚熯为戁。”按，从词义滋生源流说，“戁”的本义处理为“畏惧，害怕”为妥，“敬畏”是其引申义。

白居易《琵琶行》：“大弦嘈嘈如急雨，小弦切切如私语。嘈嘈切切错杂弹，大珠小珠落玉盘。间关莺语花底滑，幽咽泉流冰下难。冰泉冷涩弦凝绝，凝绝不通声暂歇。”其中“冰下难”校勘和释义多有歧说，这里是采用段玉裁之说。“冰”的异文作“水”，“难”的异文作“滩”。从理论上说，“冰下难”三字的组合，如果把异文考虑进来，就有四种可能：(1) 作“水下难”；(2) 作“水下滩”；(3) 作“冰下难”；(4) 作“冰下滩”。

段玉裁、陈寅恪取第（3）。段玉裁《经韵楼集》卷八《与阮芸台书》：“‘泉流水下滩’不成语，且何以与上句属对？昔年曾谓当作‘泉流冰下难’，故下文接以‘冰泉冷涩’。‘难’与‘滑’对，难者，滑之反。‘莺语花底’，‘泉流冰下’，形容涩滑二境，可谓工绝。”陈寅恪《元白诗笺证稿》从之，并引元稹《琵琶歌》“冰泉呜咽流莺涩”，以为此句为白居易诗“间关莺语花底滑，幽咽泉流冰下难”之所从来。

蒋礼鸿、郭在贻和徐复、景凯旋取（4）。蒋礼鸿《〈琵琶行〉的音乐描写》（载《蒋礼鸿集》第四卷）则以为“幽咽泉流冰下难”当作“幽咽泉流冰下滩”，“滩”作“流动”讲，“花底”和“冰下”都是处所词，处所词必然要和动词联系在一起，这两句里可以作动词的只有“滑”和“滩”字。郭在贻《关于文言文中某些疑难词语的解释问题》（《郭在贻文集》第一卷）也认为“幽咽泉流冰下难”当作“幽咽泉流冰下滩”，“滩”是“气力尽”的意思，本字当作“瘆”，又写作“瘅”。上句的“滑”字，状莺语花底之流丽婉转；下句的‘滩’字，写泉流冰下之涩滞濡缓，对仗既工整，文理亦畅达。徐复、景凯旋《白居易〈琵琶行〉“冰下滩”正解》（《中国语文》2006 年第 5 期）也认为“幽咽泉流冰下难”当作“幽咽泉流冰下滩”，“滩”训水奔，当是“湍”的假借，“滩”“湍”一声之转。这几家都对“幽咽泉流冰下滩”下功夫，取得了一些共识，足见这句的训释值得玩味。

段玉裁的说法值得采纳。“滑”和“难”都是形容词，而且意义也是相对的。“滑”古时指使菜肴柔滑的作料；引申为光滑，滑溜，指鸟叫声，有“流利，婉转”的意思，所以郭锡良主持编写的《古代汉语》把《琵琶行》的这个“滑”解释为“轻快流畅”。“滑”很晚才由“光滑，滑溜”引申出“滑动”的意思，《汉语大词典》所引“滑动”义的例子是鲁迅《准风月谈·喝茶》、茅盾《子夜》、周立波《山乡巨变》。所以“间关莺语花底滑”的“滑”，不应当理解为“滑动”，应当理解为“轻快流畅”。相应的，“幽咽泉流冰下难”的“难”不应当理解为“流动”或“水奔”，而应当理解为“艰难”，上下文中指窒碍难通。

“滑”的反义词一般是“涩”，这里不用“涩”而用“难”，可以这样来理解：是上下文中为了押韵的需要；说“滑”跟“难”相对，这有证据。“难”跟“涩”义近，有双音词“艰涩”、“苦涩”、“艰难”、“苦难”、“艰苦”，可见“艰”、“苦”、“涩”、“难”意义是相通的。这个“难”跟“弹，盘”押韵，读平声。如果把“难”改作“滩”，才可以理解为“流动”。可是《广韵》奴案切：“滩，水奔。”《集韵》乃旦切：“滩，水奔流皃。”可见把“滩”理解为“流动”，就要读去声，跟“弹，盘”押韵声调不合。说“滩”通“瘫”，本无不可，但是“滩”作“气力尽”讲，毕竟是个僻义，而且“气力尽”也带有动词性，所以徐复和景凯旋没有采用此说。但是徐、景以为“滩”通“湍”，也会带来新的麻烦：“滩”通“湍”，难以找到其他例证，因而有孤证之嫌；理解为“水奔”，那是把“滑”理解为“流动”，而在中古，“滑”一般作形容词用；而且古人通假，开口字跟合口字相通的例子非常罕见。按照段玉裁的意见，这些问题都可以解决。徐、景二位先生说，如果采用段说，“虽与上句句法相同，接以下文‘水泉冷涩弦凝绝’，却又属同说一端，语义重复”。我则认为把“难”理解为“艰难，窒碍难通”，不一定语义重复，上下文联系得更紧密了，所以段氏说“‘泉流冰下难’，故下文接以‘冰泉冷涩’”。下文“水泉冷涩弦凝绝，凝绝不通声暂歇”也有这样的表达效果。

王安石《答司马谏议书》：“辟邪说，难壬人，不为拒谏。”不少人把“难”理解为责难，批驳，驳斥。这是不准确的。王安石是北宋著名的经学家，博学多识，于诸经都有著述。曾主持著述《书义》十三卷，《诗义》二十卷，《周官经》二十二卷，是为“三经新义”，熙宁八年颁行于国子监。《答司马谏议书》的“难壬人”，显然是暗用《尚书·舜典》的典，他对“难壬人”的“难”的理解必定会采用《书》旧题孔传及孔疏的训释；作为博学多才的司马光也必定会依照《书》旧题孔传及孔疏的训释来理解。《书·舜典》：“柔远能迩，惇德允元，而难壬人，蛮夷率服。”旧题孔安国传：“任，佞；难，拒也。佞人斥远之，则忠信昭于四夷，皆相率而来服。”疏：“而难拒佞人斥远之，使不干朝政。”又说：“《论语》说为邦之法云：‘远佞人。’佞人殆，故以难拒佞人为斥远之，令不干朝政。朝无佞人，则忠信昭于四夷。”《舜典》的“难任人”，《史记·五帝本纪》改作"远佞人"，"远"也有"斥远"义。《广雅》卷三："摊，按也。"王念孙疏证："摊，《玉篇》奴旦切，《广韵》云：'按摊也。'凡抑之使不得起曰摊。《尧典》（按，也就是《十三经注疏》的《舜典》，王氏这里采用了前人对《尚书》所作的辨旧题学的成果）：'惇德允元，而难任人。'难犹抑也，为进君子而退小人也。"

从王安石和司马光的争论情况来看，司马光绝不仅仅是对王安石批驳"壬人"表示不满，而是对王安石排斥异己不满。《温国文正公文集》卷六十就显示了司马氏对王氏用人政策的不满，他说，王氏同宾客僚属论事，"则唯希意迎合曲从如流者亲而礼之；或所见小异，微言新令之不便者，介甫辄怫然加怒，或诟骂以辱之，或言于上而逐之，不待其辞之毕也"。可见司马光争论的焦点之一，不只是王氏批驳或责难异己，还包括王氏把异己排斥出朝廷的问题。这一层意思，从《宋史》中也可以得到印证。卷三百二十七《王安石传》："安石与光素厚，光援朋友责善之义，三诒书反复劝之，安石不乐。帝用光副枢密，光辞未拜而安石出，命遂寝。公着虽为所引，亦以请罢新法出颍州。御史刘述，刘琦，钱觊，孙昌龄，王子韶，和颢，张戬，陈襄，陈荐，谢景温，杨绘，刘挚，谏官范纯仁，李常，孙觉，胡宗愈皆不得其言，相继去。骤用秀州推官李定为御史，知制诰宋敏求，李大临，苏颂封还词头，御史林旦，薛昌朝，范育定论不孝，皆罢逐。翰林学士范镇三疏言青苗，夺职致仕。"卷三百三十六《司马光传》也有类似的记载。可见王安石在位，大量排斥异己。因此，《答司马谏议书》中"难壬人"的"难"要理解为排除，拒斥。

如何判断配对词的原始词和滋生词，以及如何判断原始词或滋生词内部的词义构词或词义引申的脉络，这是很值得研究的问题，其中有规律可循。我们应该将微观研究和宏观研究结合起来，在具体的研究实践中不断深化认识，探求规律。本文对"难"的原始词和滋生词的确定以及词义发展的线索所做的研究，就是著者在前人相关研究的基础上所做的一点思考。不当之处，敬请海内外博雅正之。

参考文献

班固：《汉书》，颜师古注，中华书局1962年版。

丁度等：《集韵》，上海古籍出版社据上海图书馆藏述古堂影宋钞本影印，1985年版；《宋刻集韵》，中华书局据北京图书馆藏宋本影印1989年版。

丁邦新:《魏晋音韵研究》,“中研院”历史语言研究所专刊(台北)之六十五,1975年。

段玉裁:《说文解字注》,上海古籍出版社据经韵楼原刻本影印1981年版。

范晔:《后汉书》,李贤注,中华书局1965年版。

顾野王:《玉篇》,中国书店据张氏泽存堂本影印1983年版。

郭锡良:《汉字古音手册》(增订本),商务印书馆。

郭在贻:《关于文言文中某些疑难词语的解释问题》,《郭在贻文集》第一卷,中华书局。

国学整理社:《诸子集成》,上海书店影印1986年版。

《汉语大字典》编辑委员会:《汉语大字典》,湖北辞书出版社,四川辞书出版社。

《汉语大辞典》编辑委员会、《汉语大词典》编纂处:《汉语大词典》(缩印本),上海辞书出版社1997年版。

黄坤尧、邓仕梁:《新校索引经典释文》,学海出版社(台北)1988年版。

贾昌朝:《群经音辨》,四部丛刊续编本,商务印书馆1934年版。

蒋礼鸿:《〈琵琶行〉的音乐描写》,《蒋礼鸿集》第四卷,浙江教育出版社2001年版。

李波等:《十三经新索引》,中国广播电视出版社1997年版。

廉载雄:《汉语“浊上变去”研究》,博士学位论文,北京大学,2010年。

刘熙:《释名》,清毕沅疏证,王先谦补,中华书局2008年版。

陆德明:《经典释文》,中华书局据通志堂本影印,黄焯汇校,1983年版。

逯钦立:《先秦汉魏晋南北朝诗》,中华书局1983年版。

罗常培、周祖谟:《汉魏晋南北朝韵部演变研究》(第一分册),科学出版社1958年版。

马建忠:《马氏文通》,汉语语法丛书本,商务印书馆1983年版。

司马迁:《史记》,裴骃集解,司马贞索隐,张守节正义,中华书局1959年版。

孙玉文:《上古汉语四声别义例证》,《古汉语研究》,1993年第1期。

唐作藩:《破读音的处理问题》,《辞书研究》,1979年第2辑。

无名氏:《十三经注疏》,阮元校勘本,中华书局据原世界书局本影印1980年版。

徐复、景凯旋:《白居易〈琵琶引〉“冰下滩”正解》,《中国语文》2006年第5期。

许慎:《说文解字》,中华书局据陈昌治刻本为底本影印1985年版。

严可均:《全上古三代秦汉三国六朝文》,中华书局1958年版。

张揖:《广雅》,王念孙《广雅疏证》本,上海古籍出版社据上海图书馆藏清嘉庆本影印1983年版。

中国社会科学院语言研究所词典编辑室:《现代汉语词典》(第五版),商务印书馆2009年版。

周法高:《中国古代语法》(构词编),“中研院”历史语言研究所专刊(台北)之三十九,1962 年。

周祖谟:《问学集》,中华书局 1966 年版。

Downer, *Derivation by Tone-change in Classical Chinese*, Bulletin of the School of Oriental and African Studies, No. 22, 1959, London.

江宕二摄的合流与历史演变*

金荣晚　韩国培材大学

摘要　本文构拟江宕摄的早期官话和中期官话中的韵母，探讨江宕摄合流的原因及过程，从而说明后期中古汉语到现代北京话的变化过程中，江宕摄韵母发生的历时性音韵变化。为此，本文将根据归类于江宕摄（即《洪武正韵》的“阳”韵部和《中原音韵》的“江阳”韵）汉字的训民正音注音资料对江宕摄字音的韵母进行音韵标注。

关键词　等韵图　内外混等　官话　江摄　宕摄　正音　俗音　今俗音

一　引言

根据等韵图中反映的音韵系统，“摄”就是韵尾相同、主要元音相同或类似（也就是说，按照音韵对立关系分类的话，具有相同的韵基）的若干韵合并所形成的韵的单位。其中入声韵的“摄”，有发音部位相同的阳声韵尾和入声韵尾两种。虽然“摄”这个用语最早出现在《四声等子》中，考虑到《四声等子》中的16“摄”与《韵镜》及《七音略》中的43“转”韵目的分类和排列顺序相呼应，可以推断“摄”这个概念出现的时间应该更早些。

北宋时期的等韵图《韵镜》和《七音略》把《广韵》中的206韵分

---

* 本论文是作者2007—2008年在徐州师范大学语言学研究所访问研究期间所作的，在此向该研究所的诸位教授表示由衷的感谢。原文以韩文载于《中国文化研究》第13期（2008年12月），中国文化研究学会，首尔。经由培材大学中国语言学专业于冬梅教授译成中文，作者加以补正。在此向于冬梅教授致以真挚的谢意。

成43“转”，每转由43张韵图构成。43“转”分为“内转”和“外传”。南宋时期的等韵图《四声等子》中把43“转”分为16“摄”，加以分为“内转”与“外转”两类[①]。《四声等子》中16“摄”的韵图按照通摄、效摄、宕摄、江摄、遇摄、流摄、蟹摄、止摄、臻摄、山摄、效摄、果摄、假摄、效摄、曾摄、梗摄、咸摄、深摄的顺序排列。由于《四声等子》中把江摄并到宕摄，把假摄并到果摄，把梗摄并到曾摄，而且宕摄、蟹摄、止摄、臻摄、山摄、果摄、曾摄各自有开口呼和合口呼两张韵图，所以实际韵图数为20张。

元代刘鉴编撰的《经史正音切韵指南》（1336）的附录《捡韵十六摄》中16摄的名称和排列顺序为通摄、江摄、止摄、遇摄、蟹摄、臻摄、山摄、效摄、果摄、假摄、宕摄、曾摄、梗摄、流摄、深摄、咸摄，并按照内转和外转分类如下[②]：

内转：通 止 遇 果 宕 曾 流 深

外转：江 蟹 臻 山 效 假 梗 咸

《四声等子》中，江摄并入宕摄，假摄并入果摄，梗摄并入曾摄，分别体现在1张韵图中，标记为“内外混等”[③]。可以推断这一过程反映的正是韵母的音韵变迁。相信通过研究江、宕摄，果、假摄，曾、梗摄这三对摄，各自的形成原因及过程，可以作为由后期中古音到现代北京语音的过程中，记述标准汉语主要元音的音韵变化的重要证据。

《洪武正韵》（1375）中记录了76个韵目。这76个韵可分为平、上、去声各22个，入声10个；也可分为22个韵部[④]。《洪武正韵》的“东”韵部，即“东董送屋”韵，属于通摄，“通”摄是《广韵》中“东冬钟、

---

① 《四声等子》的序言中有很多例子，根据其中的“辨内外转例”，内转的第二等中不存在声母为唇、舌、牙、喉音这四个音的汉字，只有声母为齿音的汉字；外转中声母为唇、舌、牙、齿、喉的汉字在第一、第二、第三、第四等中都有出现。

② 《经史正音切韵指南》（1336）以《四声等子》为蓝本，参照《五音集韵》（1208，1212）编写而成。《经史正音切韵指南》与《四声等子》相比，增添江摄韵图、梗摄韵图2张，咸摄里的严、凡两韵的韵图1张，共计韵图24张。参见濮之珍（2002：278，345—348），林焘、耿振生（2004：159—161）。

③ 《切韵指掌图》的江宕摄、果假摄、曾梗摄，每对摄也都分别记载在同一韵图之中。

④ 依据韵书，同一个韵具有相同的韵基，也就是韵腹与韵尾相同。传统韵书中的收录字先按照声调分类。因为在同一声调内分韵，所以属于同一韵的字当然具有相同的声调。“韵部”是指声调不同但具有相同韵基的韵。另外，包含入声韵的摄有发音部位相同的两种韵尾，即阳声韵尾和入声韵尾。

屋沃烛”韵合并而来。《洪武正韵》的“阳”韵部，即“阳养漾药”韵，属于江宕摄，江宕摄是《广韵》中“唐江阳、铎觉药”韵合并而来。《中原音韵》（1324）的“东钟”韵属于通摄，“江阳”韵属于江宕摄。

属于通、江、宕摄字音的韵尾都是由舌根音组成，即阳声韵韵尾由舌根鼻音/－ŋ/构成，入声韵韵尾由舌根塞音/－k/构成。现存的研究成果表明通摄的韵基由/－ɨŋ，－ɨk/构成，有关通摄的通时性音韵变化现存的研究已经取得了比较大的成果。所以本文将探讨江摄、宕摄的合流原因及过程，进而阐明江宕摄的音韵变化。

本文的研究目的是构拟江宕摄的早期官话和中期官话中的韵母，探讨江摄宕摄合流的原因及过程，从而说明后期中古汉语到现代北京话的变化过程中江宕摄韵母发生的历时性音韵变化。为了达成以上目的，本文将根据归类于江宕摄（即《洪武正韵》的“阳”韵部和《中原音韵》的“江阳”韵）的汉字的训民正音注音资料，对江宕摄字音的韵母进行音韵标注。

二　江、宕摄字音的韵母构拟

为了有助于对本文的理解，首先简单介绍一下早期官话的元音系统，早期等韵图里的江摄和宕摄的韵母系统，15 世纪韩国语的元音系统，以及近代汉语的训民正音注音方法①。

利用训民正音，对汉字的近代汉语读音加以注音的方式有“正音”、“俗音”、“今俗音”三种。“正音”是指《洪武正韵释训》（1455）中记载的用训民正音标注的《洪武正韵》中汉字的发音，另外在崔世珍（1478？—1543）编撰的《四声通解》（1517）中也有记载②。“俗音”是用训民正音标注的15 世纪中叶北方官话音，《洪武正韵译训》和《四声通解》中收录的一部分汉字是用“正音”和“俗音”共同标注的。“今俗音”是中宗时期崔世珍标记的16 世纪初当时北方官话音。《四声通解》中，平声和入声小韵代表字的前面记载了“正音”，一部分收录字的字释中记载了“俗音”和“今俗音”。崔世珍把汉语教科书《老乞大》和《朴通事》的原文翻译成韩国语，在原文中的所有汉字左下角标记俗音，

① 有关近代汉语音的训民正音注音方法，参照金荣晚（1998：31—33）。

② 有关《洪武正韵译训》、《四声通》、《四声通解》的编撰经纬和体裁，参照姜信沆（1973：26，35）。

右下角标记今俗音，编写了《翻译老乞大》和《翻译朴通事》①。

表 1　　早期官话元音系统②

	前舌	中舌	后舌
高		ɨ	
低	e	a	ɔ

表 2　　江、宕摄韵母早期等韵图音位系统③

	江摄	宕摄
一等		-（w）ɔŋ/k
二等	-aŋ/k	
三等		-y（w）ɔŋ/k
四等		

表 3　　15 世纪韩国语元音系统④

	前舌	中舌	后舌
高	ㅣi	ㅡɨ	ㅜu
中		ㅓə	ㅗo
低		ㅏa	ㆍʌ

表 4　　训民正音注音中使用的元音字母与音值⑤

ㅣi	ㅡɨ	ㅜu	ㅓ（ə）ɔ	ㆍʌ	ㅗo	ㅏa
		ㅠju	ㅕ（jə）je			ㅑja

---

① 这两本书的题目原本也为《老乞大》和《朴通事》。南广祐（1972）为了把这两本谚解本与其他谚解本区分开来，建议依照崔世珍《翻译老乞大朴通事凡例》这个题目，将这两本书名叫做《翻译老乞大》和《翻译朴通事》。之后就这样延续下来。参照康寔镇（1985：29）。

② 参见 Hsueh（1975：54），薛凤生（1986：93）。

③ 表 2 是薛凤生（1999：40—42）从等韵图 16 摄的音韵体系的构成图中摘录的通、江、宕摄韵母部分。

④ 表 3 引自李基文（1977：111）。

⑤ 表 4 中各项的左边字母是注音使用的字母，右边字母是该字母对应的国际音声记号（IPA）。用 IPA 代替注音字母与现代汉语分节音的音声表记不同，（）中出现的是前者。

续表

			ㅝ wə			ㅘ wa
	ㅢ ɨj	ㅟ uj				ㅐ aj
						ㅙ waj
		ㆌ juj	ㅖ（jəj）jej			ㅒ jaj
		ㆋ（jujə）jwe				

表 5　　　　　训民正音注音中使用的终声字母与音值①

ㅂ p	ㅁ m	ㅸ，ㅱ w
ㄷ t	ㄴ n	△（/ɨ/）∅
ㄱ k	ㆁ ŋ	
ㆆ ʔ		

（一）阳韵部字音的标注

本小节将对归属于江宕摄汉字的早期等韵图的读音与这些汉字在《洪武正韵》中的读音进行构拟和音位标注。此外，对相同的字音用国际音标分别代替正音、俗音、今俗音，对早期官话音和中期官话音进行音值标注。

表 6　　　　　“阳”韵部字音的标注②

早期韵图	刚 /kɔŋ/	当 /tɔŋ/	忘 /mywɔŋ/	壮 /tʃyɔŋ/	光 /kwɔŋ/
《洪武正韵》	刚 /kɔŋ/	当 /tɔŋ/	忘 /vwɔŋ/	壮 /tʃyɔŋ/	光 /kwɔŋ/

---

① 表 5 中各项的左边字母是注音使用的字母，右边的字母是标记汉语分节音的 IPA。①《洪武正韵译训》中，“正音”“ㅂ”［p］，“ㄷ”［t］，“ㄱ”［k］标记入声韵尾。“俗音”中只有“药”韵用“ㅸ”［w］标记，其他的入声韵尾都用‘ㆆ’［ʔ］标注。②“ㅱ”［w］在“正音”中用来标记萧韵、爻韵、尤韵韵尾。③‘△’（ɨ）∅在俗音中用来标记支韵的零韵尾。(/ɨ/）∅的主要元音是高元音/ɨ/，∅用于标注韵尾没有音的情况。

② 表 6 ① 早期等韵图一栏中标注了早期等韵图汉语音的音位。参照薛凤生（1985：47—48）。②《洪武正韵译训》一栏整理标注了该书中的汉语音，参照 Chou（1989：207）。③正音一栏依照《洪武正韵译训》的记载，俗音和今俗音一栏则依照《翻译老乞大》和《翻译朴通事》的记载。④ 正音、俗音、今俗音表记的右半部分分别用 IPA 代替注音表记来标注音值。参照表 4 和表 5。⑤正音和俗音的表记中一部分由于文字输入法的制约，初声在中声之左、终声在中声之右分开来输入，但其实无论初声还是终声都可与中声结合形成单音节。

续表

正音	가ㅇ［kaŋ］	다ㅇ［taŋ］	ᄝㅏㅇ［vaŋ］	ᅎㅏㅇ［tʂaŋ］	과ㅇ/kwaŋ/
俗音	"	"	"	ᅎㅘㅇ［tʂwaŋ］	"
今俗音	"	"	와ㅇ［waŋ］	좌ㅇ［tʂwaŋ］	"

早期等韵图	江 /kaŋ/	章 /tʃjɔŋ/	托 /thɔk/	朴 /phak/	鹤 /ɣɔk/
《洪武正韵》	江 /kjɔŋ	章 /tʃjɔŋ/	托 /thɔk/	朴 /phɔk/	鹤 /χHɔk/
正音	갸ㅇ［kjaŋ］	ᅐㅑㅇ［tʃjaŋ］	탁탁［thak］	팍［phak］	ㆅㅓ［χHak］
俗音	"	"	타ㅸ［thaw］	파ㅸ［phaw］	ㆅㅏㅸ［χHaw］
今俗音	"	"	토［tho］	포［pho］	허［χə］

早期等韵图	各 /kɔk/	捉 /tʂak/	学 /ɣak/	药 /jɔk/	却 /kjɔk/
《洪武正韵》	各 /kɔk/	捉 /tʂɔk/	学 /ɣɔk/	药［jɔk］	却 /kjɔk/
正音	각［kak］	ᅎㅘㄱ［tʂwak］	ㆅㅑ［ɣjak］	약［jak］	캭［khjak］
俗音	거ㆆ［kəʔ］	ᅎㅘㅸ［tʂwaw］	ㆅㅑㅸ［ɣjaw］	야ㅸ［jaw］	커ㆆ［khəʔ］
今俗音	거［kə］	조［tʂo］	효［χjo］	요［jo］	커［kə］

（二）阳声韵韵母

下面探讨属于《洪武正韵》中“阳”韵部的阳声韵，即“阳养漾”韵母的正音、俗音、今俗音的标注。

1. “ㅏㅇ”［－aŋ］（正音、俗音、今俗音）

宕摄一等开口呼/－ɔŋ/中“刚当仓”等字的韵母在正音、俗音、今俗音中都用“ㅏㅇ”［－aŋ］标注。中期官话以后阳声韵音节出现的主要元音的中低元音只有一个即/a/。所以这些汉字的早期官话音是［－ɑŋ］/－ɔŋ/，中期官话音为［－ɑŋ］/-aŋ/。

江摄二等开口呼[①]/－aŋ/中声母为唇音的汉字“邦棒”的正音、俗音、今俗音的韵母也都统一用“ㅏㅇ”［－aŋ］标注。这个现象可以证明，由后期中古音到早期官话音形成期间，江摄二等开口呼/－aŋ，k/是声母为唇音字的主要元音/－a－/在舌根音韵尾/－ŋ，k/前逆行同化，变成/－ɔ－/之后与宕摄一等开口呼/－ɔŋ，k/的字音合并形成的。这个变化可以用下面的公式表示。

① 江摄第二等只有开口呼音节，没有合口呼音节。

a→ɔ/____ ŋ，k　（1）

2. “ㅏㅇ”［-aŋ］（正音、俗音）→“ㅘㅇ”［-waŋ］（今俗音）

宕摄三等合口呼/-jwɔŋ/的“微”母字“亡忘网”等字的韵母用正音和俗音标注为“ㅱㅏㅇ”［vaŋ］，今俗音则标注为“왕”［waŋ］。这个音由于在早期官话中唇齿音/v-/作声母的时候，唇音介音/-w-/发音非常轻弱，所以在正音和俗音中用［vaŋ］来标注[①]；而在唇齿音声母/v-/消失之后，唇音介音/-w-/的发音变得清晰分明，所以在今俗音中用［wɑŋ］来标注。因此这些汉字的早期官话音构拟为［vɑŋ］/vɔŋ/，中期官话音构拟为［wɑŋ］/waŋ/。

3. “ㅏㅇ”［-aŋ］（正音）→“ㅘㅇ”［-waŋ］（俗音、今俗音）

宕摄三等开口呼/-jɔŋ/中“庄初崇生俟”的母字“壮床霜”等字，与江摄二等开口呼/-aŋ/中“庄”组的母字“窗双”等字，这些字的韵母都是用“ㅏㅇ［-aŋ］（［-ɑŋ］/-ɔŋ/）”来标注的。这证明了这两种字音在早期官话之前是以下面的方式合并的：前者/-jɔŋ/由于腭化介音/-j-/消失变为/-ɔŋ/，后者/-aŋ/由于元音后移变成/-ɔŋ/（规则（1））。中期官话之前，卷舌音声母之后出现了唇音介音/-w-/，于是这个韵母在俗音和今俗音中标注为“ㅘㅇ”［waŋ］（［wɑŋ］/waŋ/）。所以这些字音的韵母早期官话音构拟为［-ɑŋ］/-ɔŋ/，中期官话音构拟为［-wɑŋ］/-waŋ/。

j→∅/ r ____　　（2）

∅→w / r ____ ɔŋ，k（3）

4. “ㅘㅇ”［-waŋ］（正音、俗音、今俗音）

宕摄一等合口呼/-wɔŋ/具有喉牙音声母的“光荒黄”等字，与宕摄三等合口呼/-jwɔŋ/具有喉牙音声母的“筐枉王”等字，这些字的韵母在正音、俗音、今俗音中都用“ㅘㅇ”［-waŋ］标注。后者/-jwɔŋ/由于介音/-j-/脱落，从而与前者/-wɔŋ/并到一处。

j →∅ / G ____ wɔŋ，k　（4）

这些汉字在《中原音韵》和现代北京话中的读音也是一致的。官话的主要元音体系的变化，导致中期官话的后低元音音位中，只有/-a-/能在非零韵尾结束的音节中以主要元音形式出现。所以这些汉字的韵母早期官话音构拟为［-wɑŋ］/-wɔŋ/，中期官话音构拟为

---

① 虽然唇齿音声母之后唇音介音/-w-/发音非常弱，但是在音位层次上它是存在的。

[-wɑŋ] / -waŋ/。

5. ‘ㅑㅇ’ [-jaŋ]（正音、俗音、今俗音）

宕摄三等开口呼/ -jɔŋ/中“强章央羊”等字，与江摄二等开口呼/ -aŋ/具有喉牙音声母的“江腔巷”等字，这些字的韵母在正音、俗音、今俗音中都标注为“ㅑㅇ” [-jaŋ]。通过这一合并现象可以推知后者/ -aŋ/韵母的形成过程是：首先喉音声母和主要元音/ -a -/之间语中音添加（epenthesis）了腭化介音/ -j -/，之后主要元音/ -a -/在软腭音韵尾/ -ŋ/前进行逆行同化变为/ -ɔ -/。

∅→ j / G ____ a (5)

a →ɔ/ G ____ ŋ，k (1)

这个变化中，/ - a -/充当了规则（5）的语音条件，所以规则（5）发生在规则（1）之前。这个韵母的早期官话读音构拟为 [-jɑŋ] /-jɔŋ/，中期官话读音构拟为 [-jɑŋ] / -jaŋ/。

宕摄三等开后呼/-jɔŋ/中以“章昌船书禅”字母为声母的“章昌商”等字的字音，在正音、俗音、今俗音中都保留了腭化介音 [-j -]。另一方面，以“庄初崇生俟”字母为声母的“壮床霜”等字在三种注音方法中都没有出现介音 [-j -]。通过这个现象，可以推知具有“庄初崇生俟”字母声母的字在《洪武正韵》之前所有的腭化介音 [-j -] 已经脱落，声母变为卷舌音 [tʂ-，tʂh -， ʂ-]。

（三）入声韵韵母

下面探讨一下属于《洪武正韵》的“阳”韵部的入声韵，即“药”韵字韵母的正音、俗音、今俗音标注。

正音中把“药”韵字音的韵尾按照“读书音”① 一律用舌根塞音“ㄱ” [k] 来标注。俗音中把“药”韵字音的韵尾大部分是按照“口语音”用半元音“ㅸ” [w] 来标注的，而它们当中仍有一些字是用喉塞音韵尾“ㆆ” [ʔ] 来标注的。前者如“学ㆅㅑㅸ [ɣjaw]，药야ㅸ [jaw]”

① 近代汉语里把中古汉语中属于入声韵的字音的发音以“读书音”和“口语音”两种方式分类其音韵变化过程。“口语音”是由北方官话而来，“读书音”则是由下江官话而来。这两种发音方式在音韵论角度没有什么区别。“口语音”在早期官话时期之前入声韵尾消失，而“读书音”中入声韵尾一直保留到中期官话时期。《洪武正韵》遵守的是读书音。《中原音韵》虽然采用了很多读书音的发音，但大体上还是遵守口语音。参见 Hsueh（1975）、薛凤生（1978）。

等，后者如“各거ㅎ [kəʔ]，却커ㅎ [khəʔ]”等。

1. “ㅏ” [-ak]（正音）→“ㅏ병” [-aw]（俗音）→“ㅗ” [-o]（今俗音）

宕摄一等开口呼/ -ɔk/中“铎”韵字里“托博莫落”等的韵母在正音中用“ㅏ” [-ak] 来标注，俗音中用“ㅏ병” [-aw] 来标注，今俗音中用“ㅗ” [-o] 来标注。构拟这个韵母的早期官话读书音为 [-ɑk] / -ɔk/，口语音为 [-ɑw] / -ɔw/，中期官话读书音为 [-o] / -ɔ/。

2. “ㅏ” [-ak]（正音）→“ㅏ병” [-aw]（俗音）→“ㅓ” [-ə]（今俗音）

宕摄一等开口呼/ -ɔk/中“铎”韵字里“鹤”字的韵母在正音中用“ㅏ” [-ak] 来标注，俗音中用“ㅏ병” [-aw] 标注，今俗音则用“ㅓ” [-ə] 来标注。构拟这个韵母的早期官话读书音为 [-ɑk] / -ɔk/，口语音为 [-ɑw] / -ɔw/，中期官话读书音为 [-ɤ] / -ɔ/。

3. “ㅏ” [-ak]（正音）→“ㅓㅎ” [-əʔ]（俗音）→“ㅓ” [-ə]（今俗音）

宕摄一等开口呼/ -ɔk/中“铎”韵字里“各”字的韵母在正音中标注为“ㅏ” [-ak]，俗音中标注为“ㅓㅎ” [-əʔ]，今俗音标注为“ㅓ” [-ə]。三种标注音都是用读书音标注的这个字音。构拟这个韵母的早期官话读书音从 [-ɑk] / -ɔk/转变为 [-ɔʔ] / -ɔʔ/，中期官话读书音为 [-ɤ] / -ɔ/。

4. “ㅘ” [-wak]（正音）→“ㅘ병” [-waw]（俗音）→“ㅗ” [-o]（今俗音）

江摄二等开口呼/ -ak/中“觉”韵字里“捉朔”两个字的韵母在正音中标注为“ㅘ” [-wak]，俗音中标注为“ㅘ병” [-waw]，在今俗音中标注为“ㅗ” [-o]。“捉朔”的字音卷舌音声母后添加唇音介音/ -w -/变为合口呼（规则（3））[①]。构拟这个韵母的早期官话读书音为 [-wɑk] / -wɔk/，口语音为 [-wɑw] / -wɔw/，中期官话读书音为 [-o] / -ɔ/。

5. “ㅑ” [-jak]（正音）→“ㅑ병” [-jaw]（俗音）→“ㅛ” [-

① 《切韵指掌图》中，江摄二等“觉”字和“朔”字标注为合口呼。《经史正音切韵指南》中，“觉”字标注为开口呼，“捉朔”标注为合口呼。

jo］（今俗音）

宕摄三等开口呼/－jɔk/中“药”韵字里“雀着药”字，和江摄二等开口呼江摄二等开口呼/－ak/中“觉”韵字里声母为喉牙音的“角学”字，这些字的韵母发生了合并（规则（5），规则（1））。这个韵母在正音中标注为“ㅑ”［－jak］，俗音中标注为“ㅑㅸ”［－jaw］，今俗音中标记为“ㅛ”［－jo］。构拟此韵母的早期官话读书音为［－jɑk］/－jɔk/，口语音为［－jɑw］/－jɔw/，中期官话读书音为［－jo］/－jɔ/。

6.“ㅑ”［－jak］（正音）→“ㅓㆆ”［－əʔ］（俗音）→“ㅓ”［－ə］（今俗音）

宕摄三等开口呼/－jɔk/中“药”韵字里“却”字，在正音中标注为“ㅑ”［－jak］，俗音中标注为“ㅓㆆ”［－əʔ］，今俗音中标注为“ㅓ”［－ə］，三种注音都是用读书音标注的这个字音。构拟此韵母的早期官话读书音从［－jɑk］/－jɔk/转变为［－ɔʔ］/－ɔʔ/，中期官话读书音为［－ɣ］/－ɔ/。

（四）韵母再构要约

以上我们根据江宕摄字音的训民正音标注法，对近代汉语音韵母进行了构拟。阳声韵韵尾标注为［－ŋ］，入声韵韵尾正音中标注为［－k］，俗音中标注为［－ʔ］和/－w/，今俗音中则标注为零韵尾，这给我们展现了入声韵尾的消失过程。在以上研究基础上，对江宕摄韵母的早期等韵图音、早期官话音和中期官话音以及现代北京语音进行音值表示和音位表示。具体如下：

表7　　江宕摄韵母构拟要约①

阳声韵				
正音	［－aŋ］	［－waŋ］	［－jaŋ］	
俗音	［－aŋ］	［－waŋ］	［－jaŋ］	
今俗音	［－aŋ］	［－waŋ］	［－jaŋ］	
入声韵				
正音	［－ak］	［－wak］	［－jak］	
俗音	［－aw］	［－waw］	［－jaw］	［－əʔ］
今俗音	［－o］［－ə］［－jo］			

① 入声韵韵尾在《洪武正韵译训》中的正音里标注为［－k］，而在《四声通解》的正音里并未标注。

表 8　　江宕摄韵母音韵表示①

阳声韵				
早期等韵图音	/-aŋ/, /-ɔŋ/	/-wɔŋ/	/-jɔŋ/	
早期官话音	[-ɑŋ] /-ɔŋ/	[-wɑŋ] /-wɔŋ/	[-jɑŋ] /-jɔŋ/	
中期官话音	[-ɑŋ] /-aŋ/	[-wɑŋ] /-waŋ/	[-jɑŋ] /-jaŋ/	
现代北京语音	[-ɑŋ] /-aŋ/	[-wɑŋ] /-waŋ/	[-jɑŋ] /-jaŋ/	
入声韵				
后期中古音	/-ak/, /-ɔk/	/-wɔk/	/-jɔk/	
早期官话音	[-ɑk] /-ɔk/ [-ɑw] /-ɔw/	[-wɑk] /-wɔk/ [-wɑw] /-wɔw/	[-jɑk] /-jɔk/ [-jɑw] /-jɔw/	[-əʔ] /-ɔʔ/
中期官话音	[-ɑw] /-aw/	[-wɑw] [-waw]	[-jɑw] /-jaw/	[-o] /-ɔ/ [-ə] /-ɔ/
现代北京语音	[-ɑɷ] /-aw/	[-wɔ] /-wə/	[ɥe] /jwə/ [jɑɷ] /-jaw/	[-ɤ] /-ə/

三　江宕摄韵母的音韵变化

在前面章节里，依据训民正音注音构拟了江摄和宕摄合流形成的《洪武正韵》“阳”韵部（“阳养漾药”韵）韵母的早期官话音和中期官话音。下面将把这些构拟的“阳养漾药”韵母的音值和音位，与之前的后期中古音和之后的现代北京语音进行比较，进而说明江宕摄韵母的音韵变化过程。

《洪武正韵译训》记载的正音所标注的汉语音韵体系中，唐江阳韵的阳声音韵尾是/-ŋ/，入声韵韵尾是舌根塞音/-k/。在后期中古音到早期官话音期间，早期等韵图的江摄二等“江讲绛觉”韵（/-aŋ，k/）、宕摄一等“唐荡宕铎”韵（/-（w）ɔŋ，k/）以及宕摄三等“阳养漾药”韵（/-y（w）ɔŋ，k/），经过了下面的过程之后实现了合流。

江摄二等开口呼的主要元音中，低中舌元音/a/在软腭音韵尾/-ŋ，k/前，逆行同化为低后舌元音/ɔ/，与宕摄一等开口呼的主要元音/ɔ/合并。

a →ɔ/ ____ ŋ，k　　　（1）

宕摄三等开口呼/-jɔŋ/“庄”组字的韵母在腭化介音/-j-/在卷舌音声母后时消失，变为/-ɔŋ/。

① 早期等韵图音没有语音标注资料，所以只作音位表示。

j →∅ / r ____　　　　　　(2)

江摄二等开口呼/ - aŋ，k/“庄”组字的韵母的主要元音在韵尾/ - ŋ，k/前发生逆行同化变为/ - ɔŋ/（规则（1））。如此一来，宕摄三等开口呼和江摄二等开口呼的“庄”组母字都变成了/ - ɔŋ，k/。韵母/ - ɔŋ，k/在卷舌音声母“庄”组之后，添加了唇音介音/ - w -/，变成/ - wɔŋ，k/。

∅→ w / r ____ ɔŋ，k　　　　(3)

宕摄三等合口呼/ - jwɔŋ，k/具有喉牙音声母的字音，在早期官话里介音/ - j -/脱落，与宕摄一等合口呼/ - wɔŋ，k/合并。

j→∅ / G ____ wɔŋ，k　　　(4)

江摄二等开口呼/ - aŋ，k/在喉牙音声母和主要元音/ - a -/之间，添加了腭化介音/ - j -/，之后主要元音/ - a -/在韵尾/ - ŋ/作用下发生逆行同化变为/ - ɔ -/。经过这个变化过程，江摄二等开口呼/ - aŋ，k/就变为/ - jɔŋ，k/，与宕摄三等开口呼/ - jɔŋ/合流。

∅→ j / G ____ a　　　　　(5)

a →ɔ / G ____ ɔŋ，k　　　(1)

如上所述，后期中古音时期江摄主要元音/a/在韵尾/ - ŋ，k/前已经逆行同化变为/ɔ/，与宕摄的主要元音合流。此时期前后江宕摄韵母中，添加唇音介音/ - w -/，腭化介音/ - j -/或者添加、或者消失。

经过了这个过程之后，江摄和宕摄在早期官话时期实现了合流。江摄和宕摄合流之后，《四声等子》和《切韵指掌图》中把属于这两个摄的韵都记载在同一张韵图之上①。至早期官话时期，江宕摄的阳声韵形成了《中原音韵》的江阳韵（/ - ɔŋ/），江宕摄入声韵的韵尾/ - p，- t，- k/消失，演变成平上去三声。江宕摄阳声韵形成了《洪武正韵》的“阳”韵部的“阳养漾”韵，江宕摄的入声韵形成了“阳”韵部的“药”韵（/ - ɔk/）。中期官话和现代北京话里，江宕摄阳声韵字的韵基均为/ - aŋ/，形成了“十三辙”② 的“江阳”辙/ - aŋ/。

① 江摄和宕摄在《四声等子》里共同记载在第三图和第四图，标记为“内外混等”；在《切韵指掌图》中共同记载在第十三图和第十四图。

② “十三辙”是指明末清初后官话地区的戏曲等通俗文学用于押韵的13种韵部/韵目。

四　结论

江宕摄的阳声部韵尾舌根鼻音/-ŋ/从上古音一直保存到现代北京语音。中期官话和现代北京话中，属于江宕摄阳声韵字的韵基变为/-aŋ/，还形成了“十三辙”的“江阳”辙/-aŋ/。早期官话的三个低元音音位/e，a，ɔ/在中期官话非零声母音节里合流为一个低元音音位，即/a/①。所以江宕摄阳声韵字的韵基在早期官话里标注为［-ɑŋ］/-ɔŋ/，中期官话和现代北京话里标注为［-ɑŋ］/-aŋ/。早期官话的韵基［-ɑŋ］/-ɔŋ/变为中期官话的［-ɑŋ］/-aŋ/是语音的音位变化（phonemic sound change）②。

江宕摄的入声韵尾从上古音到后期中古音时期，构拟为舌根塞音/-k/。入声韵尾/-k/虽然在后期中古音到早期官话时期从北京官话里消失了，但是大约在中期官话时期，在南京官话中以喉塞音/-ʔ/或与其近似的辅音形式有所残存。前者的发音方式称为“口语音”，后者的发音方式称为“读书音”。这两种发音方式遵守同一音位系统。但“读书音”形式一直到中期官话时期前后还保留着入声喉塞音韵尾，“口语音”形式在早期官话时期入声喉塞音韵尾已经消失。《洪武正韵》遵守的是读书音方式，《中原音韵》虽然采用了很多读书音的发音，但大体上还是遵守口语音的方式③。

《洪武正韵译训》在正音中把入声韵“药”韵的韵尾标注为“ㄱ”［-k］，这可以作为早期官话时期“南京官话”中“药”韵的韵尾发［-k］音。《四声通解》在正音中只用“ㅸ”［-w］标注了“药”韵韵尾，没有标注其余的入声韵尾。由此推断早期官话时期北方官话的入声韵尾/-k/已经消失，只有“药”韵韵尾以［-w］或与［-w］近似的音保存着。

《洪武正韵译训》的俗音中，只有“药”韵的入声韵尾标注为“ㅸ”

---

① 《中原音韵》的韵部寒山/-an，-wan，-yan/，桓欢/-won/，先前/-en/合并形成“十三辙”的“言前”辙/-an/，参见薛凤生（1999：102）。

② 早期官话的四元音体系（即高元音一个/ɨ/，低元音三个/e，a，ɔ/）变为现代北京话的三元音体系（即高、中、低元音各一个/ɨ，ə，a/）。处于这个变化过渡期的中期官话，零韵尾音节出现的元音有四个，即/ɨ，e，a，ɔ/，非零韵尾音节的元音有两个，即/ɨ，a/。表1，参见拙著（1989：230，1994）。

③ 参见Hsueh（1975）、薛凤生（1978）。

[w]，其余的入声韵尾用“ㆆ”[ʔ] 标注。《四声通解》里的俗音中，入声韵尾一律标注为“ㆆ”[ʔ]。《翻译老乞大》和《翻译朴通事》的俗音中，“药”韵字大部分韵尾都遵循“口语音”标注为“ㅸ”[w]，而喉塞音韵尾则标注为“ㆆ”[ʔ]。前者如“学 ㆅㅑㅸ [ɣjaw]，药 야ㅸ [jaw]”等，后者如“各 거ㆆ [kəʔ]，却 커ㆆ [khəʔ]”等。但是今俗音中，包括“药”韵字在内的入声韵尾反而都遵循“读书音”标注为“ㅗ”[－o#] 和“ㅓ”[－ə#]。

这说明15世纪由于北方官话采用了南京官话，“读书音”在入声字音中流行起来，但“药”韵字音仍然遵循“口语音”。像“药”韵韵尾这样，由读书音变为口语音，又有口语音变回读书音，这种转换的现象表明了16世纪初北方官话的入声字主要遵循“读书音”方式①。

本文探讨了江摄和宕摄的合流过程、音韵变化及其原因，得出的主要结论如下。

后期中古音到早期官话形成期间，江摄和宕摄的主要元音/a/和主要元音/ɔ/合并，这两摄的介音/－j－/或添加或脱落，介音/－w－/添加，《四声等子》中合流为江宕摄。江宕摄在早期官话时期构成了《洪武正韵》的“阳”韵部以及《中原音韵》的“江阳”韵部。通过低元音音位的整合，江宕摄阳声韵的韵基变为/－aŋ/，形成了“十三辙”的“江阳”辙/－aŋ/。

现存的研究表明中期官话零韵尾音节出现里的主要元音音位有四个，即/ɨ，e，a，ɔ/；非零韵尾音节里的元音音位有两个，即/ɨ，a/。本文证实了后期中古音软腭韵尾/ŋ，k/前低元音音位/a/与/ɔ/发生合并，可以推知中期官话时期是早期官话的四元音系统（/ɨ，e，a，ɔ/）变为现代北京话的三元音系统（/ɨ，ə，a/）的过渡。

江宕摄的入声韵尾/－k/在“读书音”中先是变为/－ʔ/之后脱落，在“口语音”先变为/－ʔ/之后变为唇音半元音/－w/或者直接变为/－w/。今俗音中“药”韵字音遵循“读书音”变为零韵尾音节，其主要元音变为[o，ɔ，ə]。主要元音的这三种形式渐渐成了中后舌元音[ɣ]或

① 对此作者做了如下推测。14世纪北方官话吸收了读书音，之后北方官话出现了口语音与读书音并存的现象，从15世纪后期开始，读书音渐渐占优势。这个变化应该与明朝建立（1368）和迁都北京（1421）所引发的人口移动以及政治、社会、文化的变动有关。虽然现代北京话的口语音和读书音并存，但读书音多少还是占一定的优势。

与［ɣ］近似的音，因此，可以推测中元音音位/ə/在中期官话之后形成。“药”韵的“口语音”以/-k/的反射形式（reflex）/-w/保留，韵基变为/-aw/，归到“十三辙”的“遥条”辙/-aw/（如“角乐”）；“药”韵的“读书音”韵基变为/-ə/，分别属于“梭坡”辙/-（w）ə/（如“各托”）和“乜斜”辙/-j（w）ə/（如“觉却”）。

参考文献

《等韵五种》，艺文印书馆复印1981年版。

崔世珍《四声通解》（影印本）。

——《翻译老乞大》《翻译朴通事》（影印本）。

姜信沆：《四声通解研究》，首尔：新雅社1973年版。

——《翻译老乞大·朴通事의音系》，《震檀学报》第38辑，1974年，第123—150页。

权赫埈：《古今韵会举要音韵体系研究》，高丽大学校博士学位论文，1995年。

金荣晚：《现代北京语音韵体系研究》，《中语中文学》第15、16合辑，1994年，第379—406页。

——《曾梗摄의音韵变化》，《中国语文论义》第14辑，1998年，第27—47页。

南广祐：《新发现인崔世珍著翻译老乞大卷上》，《国语国文学》第56、57合辑，1972年。

文璇奎：《江摄韵母论》，《韩国言语文学》第7辑，1970年，第29—36页。

俞昌均：《蒙古韵略과四声通考의研究》，首尔：萤雪出版社1974年版。

基文：《国语音韵史研究》（国语学丛书3），首尔：塔出版社1977年版。

李基文、金镇宇、李相亿：《国语音韵论》，首尔：学研社1984年版。

李在敦：《现代北京语文白异读现象研究》，《中国文学》第30集，1998年，第475—492页。

崔玲爱：《洪武正韵译训研究》，台湾大学博士学位论文，1975年。

董同和：《汉语音韵学》，台北：广文书局1968年版；又《汉语音韵学》，台北：学生书局1974再版。

冯蒸：《音韵学论集》，学苑出版社2006年版。

耿振生主编：《近代官话语音研究》，语文出版社1997年版。

郭锡良：《汉字古音手册》，北京大学出版社1986年版。

康寔镇：《老乞大朴通事研究》，台湾师范大学博士学位论文，1985年。

李新魁：《汉语等韵学》，中华书局1983年版，又《李新魁语言学论集》，中华书局1994年版。

林焘、耿振生：《音韵学概要》，商务印书馆1983年版。

陆志韦：《释中原音韵》，《燕京学报》31 期，1946 年，第 1—36 页。

濮之珍：《中国语言学史》，上海古籍出版社 2002 年版。

王力：《汉语史稿》（上册），科学出版社 1958 年版；又《汉语史稿》（修订版），中华书局 1980 年版。

薛凤生：《论入声字之演化规律》，《屈万里先生七秩荣庆论文集》，台北：联经出版社 1978 年版，第 407—433 页。

——《北京音系解析》，北京语言学院出版社 1986 年版。

——《中原音韵音位系统》（鲁国尧、侍建国译），北京语言学院出版社 1990 年版。

——《汉语音韵史十讲》（耿振生、杨亦鸣编），华语教学出版社 1999 年版。

杨耐思：《中原音韵音系》，中国社会科学出版社 1981 年版。

——《近代汉语音论》，商务印书馆 1997 年版。

Chou, Shi-zhen. 1989. *Hong-wu zheng-yun: Its relation to the Nanjing dialect and its impact on Standard Mandarin.* Ph. D. dissertation, The Ohio State University.

Hsueh, F. S. 1975. *Phonology of Old Mandarin.* The Hague: Mouton.

Kim, Kwangjo. 1991. *A phonological study of Middle Mandarin: Reflected in Korean sources of the mid-15th and early 16th centuries.* Ph. D. dissertation, University of Washington.

Kim, Youngman. 1989. *Middle Mandarin Phonology: A study based on Korean data.* Ph. D. dissertation, The Ohio State University.

重读《汉语音韵史十讲》

赵芳艺　美国马里兰大学

提要　薛凤生教授所提倡的以绝对音位理论来研究汉语音韵，对汉语音韵史的研究有极大的贡献。本文就《汉语音韵史十讲》一书内容，归纳薛教授治学的特点及其对汉语音韵史研究的启示。

关键词　音位　音位学　音韵学史　音韵学理论

一　前言

笔者在美国俄亥俄州立大学攻读博士学位时，在薛教授的耐心指导下完成了以音位学观点阐释《切韵》音系的博士论文。当时对于薛教授的音韵学的看法，虽然时有耳濡目染，但却不能全部掌握。今日重读薛教授的《汉语音韵史十讲》，有所心得，现整理出来与众人分享。

二　《汉语音韵史十讲》

《汉语音韵史十讲》是 1999 年由耿振生教授与杨亦鸣教授共同编集的薛教授最重要的汉语语音史的论文十篇，它们包括《也谈几个汉语音韵史的理论问题》、《传统声韵学与现代音韵学理论》、《等韵学之原理与内外转之含义》、《〈切韵〉音系的元音音位与重纽、重韵等现象》、《从等韵到〈中原音韵〉》、《论支思韵的形成与演进》、《论音变与音位结构的关系》、《方音重迭与标准汉语文白异读之形成》、《徐孝的〈重订韵图〉：一次大胆的革新》、《音韵史与方言研究：平度话中的几个例子》等十篇正文，加上《从语言学角度看七百年来中国诗歌的押韵》和《唐诗声律之本质》两篇附录。内容从方言到《切韵》音系，从音韵学理论到唐诗的声律，充分展现出薛教授对汉语音韵史兴趣之广泛、对问题切入角度之独特。

耿、杨二位教授在《汉语音韵史十讲》的前言里，除了说明薛教授治学的特色以外，还对各篇论文作了简要的介绍。其中关于薛教授治学的特色，他们归纳了四点：一、主张音韵学的研究应该采用严格的音位学分析方法；二、强调语音系统的语言个性；三、充分肯定传统音韵学研究方法的优点；四、对当代西方的语言学理论和方法分别去取，择善而从。除了以上四点，薛教授对汉语音韵史的研究还有许多值得学习的地方，本文增加以下四点，说明它们对于汉语音韵史研究的意义。

三　对汉语音韵史研究的启示

在《汉语音韵史十讲》出版之后，薛教授还陆续发表了《中国音韵学的性质与目的》、《构拟与诠释——汉语音韵史研究的两种对立观点》、《音韵学二题》等音韵学的文章。这些后发表的文章，讨论的理论和方法与《汉语音韵史十讲》的各篇是一致的。薛教授研究汉语音韵史在方法上与许多学者不同，有他独到的见解和成就。从薛教授的研究中，我们可以得到以下几点启示。

（1）研究音韵学应该目标明确，恪遵音位学原则

音位学理论早在 20 世纪 30 年代就由赵元任介绍给中国的语言学界，但是当时并没有引起中国语言学家的注意。到了 50 年代为了汉语拼音方案，音位的概念才慢慢被接受。但是把音位学理论运用在汉语音韵史的研究，是更晚的事了。在研究汉语音韵史的学者中，薛教授应该是提倡音位学方法的最主要的推手。薛教授明确地指出其研究的目标是“汉语史以及汉语与中国文化之间的关系”，而不是了解抽象的“语言机能”，因此他的研究偏重于汉语音系的分析，而不在于音值的构拟。订立这样的目标，不止是研究对象清楚，而且研究方法也明白地宣示出来。在研究方法上，薛教授提出七项研究汉语语音史的原则，其中除了音位理论的基本原则以外，还照顾到汉语语音的特色，例如音节分段的原则、押韵的原则、音节分类的原则等。这些原则不只是薛教授音韵学研究中一直遵循的圭臬，也是他教授音韵学的指标。薛教授的音韵学研究目标明确，能将其理论应用在语言材料的分析上。更重要的是，他能择善固执，坚持自己的信念，因此在国内追求“构拟”和在西方寻求语言共性的两股风潮中，他的汉语音韵学研究能独树一帜。

（2）研究音韵学应该具有动态的历史眼光

语言是历史文化的产物，现今的语言都是前期语言演变的结果，因此有些在共时研究时看似难以解决的问题，放到动态的历时上，问题就能迎刃而解。以动态历时的观点研究汉语史，是薛教授治学的特色之一。《汉语音韵史十讲》除了前两讲讨论研究汉语音韵史的理论与方法以外，其他八讲都是把共时的音系放到历时上做异时的比较。例如，在讨论内外转的问题时，薛教授把等韵音系和《切韵》音系区分为两个不同时期的音系，这在了解中古音的演变上是非常重要的处置；但早期的中古音研究却忽略了这一点。薛教授提出，早期韵图是作者根据实际语言所设计的，再依据《切韵》系韵书填字，因此韵图除了反映作者自己语言的音系，还呈现出为容纳《切韵》音系的例外。薛教授所得出的结论是：内转包含两类，A 类韵摄有高元音，B 类韵摄有低元音；外转则以低元音为主。而有高元音的臻摄放在外转，则是韵图作者为求保留《切韵》分韵所采取的变通手法。对于《切韵》的重韵、重纽现象，薛教授从历时的角度提出这两种现象是不同时期的音变结果：重纽是《切韵》以前遗留下来的现象，重韵则是《切韵》之后、等韵之前产生的音变结果。其他诸如《重订韵图》中唇音字的问题以及官话文白异读等问题，他都是从历时的角度提出新颖而有说服力的解释。薛教授的研究把平面的语言现象放到动态的历时上来解释，跟用单一原则解释单一系统的研究比起来，结果自然大为不同。

（3）拟定的音系必须简要且具有系统性

自从高本汉以后，汉语音韵史的研究一直以音值“构拟”为主流，不少学者把注意力都放在音值的推敲上。这种做法不仅不能有效地解释语音系统，有时还把所谓的“系统”构筑得非常复杂而最终失去了语音史研究的本意。薛教授明确提出历史比较语言学的构拟法本质上无法达到研究汉语音韵史的目的，因此弃之不取。他以音位理论分析汉语语音史的方法，在于他坚信古代的韵书和韵图等历史材料虽然会糅合一些方言分歧或者历史陈迹，但总体上反映了作者自己的语言，应该属于单一音系。而音系必须通过音位分析才有意义，音值的构拟是无法呈现完整的音系的。所以在音位的拟定上，薛教授相信一个语言应该只有一种最妥善的音位系统。此外，在音系分析上，他除了恪守自己提出的原则以外，还考虑到语言的系统性。在分析不同时期的音系时，由于使用同一种方法，遵守同一套原则，所以拟定的音系简要而具有系统性。比如，从《切韵》的七元音音系，到韵图的四元音音系，再到官话的三元音音系，韵母的主要变化都可用公式一一表示出来。这种能够说明7世纪以后不同时期的音变关系的规则，是在“知其然”的基础上“知其所以然”，这才是真正体现出对音韵“史”的研究。

薛教授还把他在汉语音韵史研究中得出的结论运用于解释诗歌的押韵，他的《从语言学角度看七百年来中国诗歌的押韵》对了解诗歌的押韵史有极大的帮助。如果没有一套有系统的韵母研究，是没有办法把七百年的押韵史串联在一起的。

（4）推理分析必须具有逻辑性

薛教授的研究另一个特点就是科学化，这主要表现在他具有逻辑性的推理与使用公式符号表达音变关系这两个方面。使用公式符号表达音变的关系，能把汉语语音演变的历史清楚地、简要地呈现出来，是符合科学化的经济原理，也是薛教授的论文在表达上与多数传统学者的不同。至于逻辑推理方面，由于音变是规则的，而音变规则又表现在音系上，所以根据音位学观念以逻辑的推理加上音变规律的表达，这成为语音史研究的一个重要方面。薛教授不仅以最少的音变规律表达最重要的音变现象，而且还详细地推演音变发生的先后次序，解释因不同的音变次序所衍生的不同的语音现象。例如，他对于现代北方方言研究的结论是：平度话和北京话的差异在于音变发生的次序不同；至于国语标准音的三个来源，即中原地区的汴洛方言、南京地区的江淮方言和北京地区的幽燕方言，也是因为音变的不同以及音变历时先后的不同而造成的。类似的逻辑推演，在薛教授的文章里处处可见。笔者认为，薛教授文章最精彩也是最重要的地方，就在于他对音变的逻辑推理。

四　结语

汉语语音史给人的印象是深奥和难懂。之所以形成这样的看法，除了传统音韵学术语和历史材料的隐晦不明以外，还在于缺乏一个条理清晰、以汉语特质为出发点的分析方法。早期延续历史比较学的音值构拟，似乎未能把汉语语音史变得简单而明确，有时候反倒把问题弄得更复杂。薛教授提倡以严格的音位学观念研究汉语音韵史，以解释汉语的特质为目标，因此他的研究被认为“标志着汉语音韵学的研究在‘现代化’的道路上又前进了一大步”，成为“当前的研究方向”。相信这个新方向将会为汉语史带来更丰硕、更科学化的研究成果。今日重读薛教授的《汉语音韵史十讲》，忆起教授谆谆之教诲，对教授倍加感念。

参考文献

薛凤生:《北京音系解析》,北京语言学院出版社 1986 年版。

薛凤生:《中原音韵音位系统》,鲁国尧、侍建国译,北京语言学院出版社 1990 年版。

薛凤生:《汉语音韵史十讲》,华语教学出版社 1999 年版。

薛凤生:《中国音韵学的性质与目的》,《古汉语研究》2003 年第 2 期。

薛凤生:《构拟与诠释——汉语音韵史研究的两种对立观点》,《古汉语研究》2003 年第 5 期。

薛凤生:《音韵学二题》,《语言科学》2009 年第 4 期。

Branner, David (ed). *The Chinese Rhyme Tables: Linguistic Philosophy and Historical-comparative Phonology*. Amsterdam/Philadelphia: John Benjamins Publishing Company. 2006.

Duanmu, San. *The Phonology of Standard Chinese* (2nd Edition). Oxford: Oxford University Press. 2007.

深臻梗曾四摄入声字在清代南北官话的文白异读

黄灵燕　马来西亚博特拉大学

摘要　本文结合中土文献、清代西方人士所著的官话罗马字著作及现有的方言调查材料，探讨深臻梗曾四摄入声字在清代南北官话的文白异读的形成和来源。这四摄入声字与当时传教士记录的北京话存有异读。本文推测在北京官话中，梗曾摄入声字的韵母白读先并入“－ai”，古德韵字在《中原音韵》变读为“－ei”是受中原官话的影响。在19世纪末的南京官话中，深臻梗曾四摄入声字均读“－ai”，据何美龄所说读［－ai］是南京知识分子所讲的官话音，这读音层是从北音借入的。在北京官话中，这四摄入声字的声母均属知庄组，声母也分文白异读，白读声母为［tʂ－］组，文读声母有两类，一读［tʂ－］组，一读［ts］组，读［tʂ－］组的文读先产生。在南京官话中，与［－ai］拼的知庄组声母均为［ts－］组。在北京官话中，这四摄入声字文读音来源与中原官话有关；在南京官话中，这四摄入声字的文读音来源则与北京官话有关，明清两代优势方言的语音相互影响，可以在南北官话这四摄入声字的文白异读中得到反映。

关键词　北京官话　南京官话　中原官话　白读音　文读音　深臻梗曾摄　入声字

前　言

何美龄（K. Hemeling，1878—?）的《南京官话》（*The Nanking Kuan Hua*，1902）中深臻梗曾四摄入声字韵母文读均为“－ai”。对比同时期记载的北京官话，如艾约瑟（Joseph Edkins，1823—1905）的《官话口语语法》（*A Grammar of the Chinese Colloquial Language Commonly Called the Mandarin Dialect*, 1864），威妥玛（Thomas Francis Wade, 1818—1895）的《寻津录》（*The Hsin Chin Lu, or Book of Experiments*, 1859）、《语言自迩集》（*A Progressive Course Designed to Assist the Student of Colloquial Chinese*, 1867）及富善（Chauncey Goodrich, 1836—1925）的《官话萃珍》（1898）所记的北京官话，这四摄入声字有文白异读，韵母白读为"-ai"，韵母文读为"-e"，对于古德韵字如"北黑德得特贼墨"韵母读"-ei"是北京话原有的读音还是受外来语音的影响，留待后文论述。庄组臻深摄入声字如"瑟涩"有两种不同时间形成的文读音，这两种文读区别在于声母不同，第一种文读声母为［ʂ-］，第二种文读声母为［s-］。这类字在19世纪中期和末期南北官话的读音如表1所示：

表1　深臻梗曾四摄-k尾入声字在19世纪中末期的南北官话的读音

		《南京官话》何美龄	《官话口语语法》艾约瑟	《寻津录》威妥玛	《语言自迩集》威妥玛	《官话萃珍》富善
臻摄山母栉韵开三	瑟	sai^{5}	she^{4}, se^{4} shai^{4}	shê^{1}	she^{1}, sê^{2,4}	sê^{4}
深摄山母缉韵开三	涩	sai^{5}	she^{4}, se^{4} shai^{4}	shê^{4}, sê^{4}	σshê^{4}, sê^{4}	sê^{4}
曾摄山母职韵开三	色	sai^{5}	she^{4}, se^{4}shai^{4}	shê^{4}, sê^{4}shai^{3}	shê^{4}, sê^{4} shai^{4}	se^{4}
	啬	sai^{5}	she^{4}, se^{4}shai^{4}	—	se^{4}	se^{4}
曾摄初母职韵开三	恻	ts‘ai^{5}	t‘se^{4}	ts‘ê^{4}	ts‘ê^{4}	ts‘ê^{4}
曾摄庄母职韵开三	侧	ts‘ai^{5}	—	chai^{13}	ts‘ê^{4}	ts‘ê^{4}
曾摄庄母职韵开三	仄	tsai^{5}	tse^{4}	chai^{3}	tsê^{4}	chai^{3}tsê^{4}
曾摄心母德韵开一	塞	sai^{5}	sai^{14}	sai^{4}	sai^{4}	sai^{1}
曾摄精母德韵开一	则	tsai^{5}	tse^{2}	tsê^{2}	tsê^{2}	tsê^{2}
曾摄明母德韵开一	墨	mai^{5}	mo^{4}	mo^{4}, mei^{4}	mo^{4}, mei^{4}	mo^{4}
曾摄明母德韵开一	默	mai^{5}	mo^{4}	—	mo^{4}	mo^{4}
曾摄帮母德韵开一	北	pai^{5}	pei^{3}	pei^{3}	pei^{3}	pei^{3}
曾摄从母德韵开一	贼	tsai^{5}	tse^{2}	tsei^{2}	tsei^{2} tsê^{2}	tsei^{2}

续表

		《南京官话》何美龄	《官话口语语法》艾约瑟	《寻津录》威妥玛	《语言自迩集》威妥玛	《官话萃珍》富善
曾摄端母德韵开一	德	tai^{5}	tê^{2}，tei^{3}	tê^{2}	tê^{2}	tê^{2}
曾摄端母德韵开一	得	tai^{5}	tê^{2}，tei^{3}	tê^{2}，tei^{3}	tê^{2}，tei^{3}	tê^{2}，tei^{3}
曾摄定母德韵开一	特	t‘ai^{5}	t‘ê^{2}	t‘ê^{4}	t‘ê^{4}	t‘ê^{4}
曾摄透母德韵开一	忒	t‘ai^{5}	t‘ê^{2}	—	t‘ê^{4}	—
曾摄来母德韵开一	勒	lai^{5}	lei^{14}	lei^{1}	lei^{1}	lei^{1}
梗摄明母麦韵开二	脉	mai^{5}	mo^{4}	mai^{4}	mai^{4}	mo^{4}
梗摄明母麦韵开二	麦	mai^{5}	mai^{4}	mai^{4}	mai^{4}	mai^{4}
梗摄初母麦韵开二	册	ts‘ai^{5}	t‘se^{4}	ch‘ai^{3} ts‘ê^{4}	ch‘ai^{3} ts‘ê^{4}	ch‘ai^{3} ts‘ê^{4}
梗摄初母麦韵开二	策	ts‘ai^{5}	t‘se^{4}	ts‘ê^{4}	ts‘ê^{4}	ts‘ê^{4}
梗摄知母麦韵开二	摘	tsai^{5}	chai^{1}	chai^{1}	chai^{1} -	chai^{1}
梗摄庄母麦韵开二	责	tsai^{5}	t‘se^{2}	chai^{2}	chai^{2} tsê^{2}	tsê^{2}
梗摄明母陌韵开二	貊	mai^{5}	mo^{4}	—	mai^{4}	—
梗摄帮母陌韵开二	百	pai^{5}	pai^{1}，po^{4}	pai^{3}	pai^{3}，po^{2}	pai^{3}
梗摄帮母陌韵开二	柏	pai^{5}	pai^{1}，po^{4}	pai^{3}	pai^{3}，po^{4}	pai^{3}
梗摄帮母陌韵开二	伯	pai^{5}	—	pai^{3}	pai^{3}，po^{4}	pai^{3}
梗摄并母陌韵开二	白	pai^{5}	pai^{4}	pai^{2}	pai^{2}，po^{1,2}	pai^{2}
梗摄并母陌韵开二	帛	pai^{5}	—	pai^{4}	pai^{4}	pai^{2}
梗摄滂母陌韵开二	拍	p‘ai^{5}	p‘ai^{1}	p‘ai^{1}	p‘ai^{4}	—
梗摄帮母陌韵开二	迫	p‘ai^{5}	p‘ai^{4}	—	po^{4}	—
梗摄澄母陌韵开二	宅	tsai^{5}	chai^{2}	chai^{2}	chai^{2} tsê^{2}	chai^{1}
梗摄澄母陌韵开二	择	tsai^{5}	tse^{2}chai^{1}	chai^{2}	chai^{2} tsê^{2}	chai^{1} tsê^{2}
梗摄庄母陌韵开二	窄	tsai^{5}	chai^{3}	chai^{3}	chai^{3}tsê^{4}	chai^{1}
梗摄彻母陌韵开二	拆	ts‘ai^{5}	—	ch‘ai^{1}	ch‘ai^{1} ts‘ê^{4}	ch‘ai^{1}

由表 1 中各官话罗马字著作对这四摄入声字的记音来看，本文得出以下这些可供讨论的问题：第一，在艾约瑟记的北京官话这四摄入声字的韵母白读有两类，古德韵开一字如“贼德特勒墨”韵母白读“-ei”，深臻和古职陌麦入声字韵母白读为“-ai”，而读“-ei”是否为北京话原有的读音层，还是受外来语音影响后才产生的音变？这个问题有待深究。第二，深臻梗曾四摄入声字在北京官话韵母文读为“-ê、-o”，这是声母条件不同产生的音变，读“-o”韵如“白百墨默脉”都是唇音声母字，这四摄入声字在北京官话中的异读是何时产生的？而这异读的来源是否与南京官话有关？第三，在何美龄记的南京官话中，这四摄入声字均读“-ai”，“-ai”的来源是否与北京官话有关，这文读音是什么时候产生的？笔者认为理清这些问题有助于我们了解南北官话这四摄入声字的演变。以下笔者尝试综合古今中外的材料作初步的讨论。

一　深臻梗曾四摄入声字文读音在南北官话的来源和形成的时间

此节讨论的问题包括两方面，一是这四摄入声字文读音在南北官话的来源；二是这文读音在南北官话形成的时间。

深臻梗曾四摄入声字在何美龄记的南京官话中读“-ai”，这读音层不是本地固有的，而是外来的读音层。赵元任于 1929 年发表的《南京音系》一文[①]，文中的《南京单字音全表》所收的梗曾摄入声字共有 13 个，即“白拍墨得特勒格客黑窄测色额”，均读“-e”，“窄测色”的声母分别为“tz-，ts，-s-”，属“ts-”组。该表读“-e”的例字无来自深臻摄的入声字。由此来看，梗曾摄入声字读“-e”是南京话固有的读音，曾摄德韵合一字如“国或”读“-ue”，这也是南京话固有的读音。

据刘丹青的调查，[②] 这四摄入声字如“虱涩北拍麦得特择测啬摘拆隔客黑额”在今南京方言中均读［-əʔ］，“或”读［-uəʔ］，足见这类字的开合口读［-əʔ］、［-uəʔ］是南京方言当地固有的读音。

马礼逊的《五车韵府》（1820），他声称自己在该字典中所记的是南

① 赵元任：《南京音系》，《科学》第 13 卷第 8 期，1929 年，第 1005—1036 页。

② 李荣主编，刘丹青编纂：《南京方言词典》第三版，南京：江苏教育出版社 2000 年版。

京官话,① 这四摄的入声字均读"ĭh",② 如表2所示:

表2　　深臻梗曾四摄入声字在《五车韵府》的读音

臻摄开三	虱	sĭh
	瑟	sĭh
深摄开三	涩	sĭh
曾摄开三	色	sĭh
	啬	sĭh
	恻	tsĭh
	测	tsĭh
	仄	tsĭh
曾摄开一	则	tsĭh
	贼	tsĭh
	北	pĭh
	墨	mĭh
	勒	lĭh
	黑	hĭh

① 据笔者的研究,马礼逊的《五车韵府》所记的并非是纯粹的南京话,该字典的读音受南方方言的影响很大,这跟作者长期生活在广州、肇庆有关,所以该字典某些读音有粤方言的语音色彩。艾约瑟的官话著作"A Grammae of the Chinese Colloquial Language Commonly Called the Mandarin Dialect"(1894)指出马礼逊和其他的一些作者曾声称他们编纂的字典所记的是南京音,但在艾约瑟来看,他们拼写的读音却是受字典所束缚,如字典的读音不接受"n-、l-"两母相混,-n、-ŋ前后鼻音尾相混。马礼逊的《五车韵府》中这两个声母、韵母的特点都不相混,所以与南京话语音特点不同。艾约瑟此话的原文如下(1864:8):"The confusion of the finals n and ng is not authorized by dictionaries, and should be marked as a defect to be avoided. Morrison and other writers, though professedly following the Nanking pronunciation, have been guided by the dictionaries, and the Peking dialect, where natives of Nanking are faulty, as in this instance and in confounding the initial n with l."

② Robert Morrison, *Dictionary in the Chinese Language*(《五车韵府》), Macao: Printed at the Honorable East India Company's Press, 1820。马礼逊的《五车韵府》不分送气和不送气声母,如"册责"均写作"tsĭh",实际上是分的,马礼逊在序中说"c"符号用来表示送气("c" This added to the preceding, denotes that they are aspirated, or are pronounced with a forcible breathing, supposed to resemble the Spiritus Asper of the Greeks),但在该字典中大部分送气声母字没有标上这个符号,不晓得是否是校对的工作没有做好的原因,还是别的因素。

续表

梗摄开二	册	tsĭh
	策	tsĭh
	摘	tsĭh
	责	tsĭh
	宅	tsĭh
	择	tsĭh
	窄	tsĭh
	拆	tsĭh
	白	pĭh
	百	pĭh
	伯	pĭh
	拍	pĭh
	陌	mĭh
	脉	mĭh

艾约瑟说“白百”两字马礼逊拼作“pĭh”，在其他的官话方言中“白百”两字拼作“peh”。[①] 由此可知，马礼逊的“-ĭh”是对应其他官话的“-eh”。

从19世纪至今的南京话中，这四摄的入声字在南京话中读“-e”[-eʔ]，这读音是当地固有的读音层，而何美龄记的19世纪末的南京官话读“-ai”，应是外来的读音。据何美龄在序中所说，他当时所记的是当地知识分子所说的南京官话，把当地的土话排除在外。言下之意，这四摄入声字读“-ê”为当地的土话，故何氏没有记载；而读“-ai”是南京当地读书人所说的较高雅的读音，故何氏记载了这读音。在讨论南京官话文读音的来源及其形成的时间以前，本文先讨论这四摄入声字在北京官话中的文白异读、文读音的来源及其形成的时间。

深臻摄入声字在元代《中原音韵》中没有异读，但梗曾摄少数字有异读。深臻摄入声字归支思韵，古德韵开合口字归齐微韵，古职陌麦韵字归皆来韵，梗摄陌韵开口二等字“客额嚇”在车遮韵重出，如表3所示：

① 艾约瑟此话的原文如下（1864：53）：“The final eh as in 白，百 peh，spelt by French writers pe，and by Morrison pĭh，varies in sound in the Mandarin dialect.”

表 3　　深臻梗曾四摄入声字在《中原音韵》的韵母读音

支思	-ï	涩瑟
齐微	-ei	贼德得勒黑
	-uei	北国墨
皆来	-ai	伯百柏迫拍麦陌麦宅泽择则责摘侧窄仄策册测色
	-iai	隔格刻客吓额
车遮	-iɛ	客额吓

＊表 3 的拟音根据杨耐思《中原音韵音系》。①

深臻梗曾四摄的入声字韵母在《中原音韵》中主要元音不同，“涩瑟”的主要元音是［-ï］，“贼德国”的主要元音是前半高元音［-e］，“色摘宅刻额”的主要元音是前低元音［-a］。除了“客额吓”三字在车遮韵（杨耐思拟作［-iɛ］）重出以外，表 3 中其他的字无在其他的韵重出，说明这四摄入声字在《中原音韵》中大致还没有形成系统的文白对立，只有某些入声字有异读。对于古德韵开合口入声字归齐微韵［-ei/-uei］，其来源是否为北音原有的读音层很值得怀疑。

耿振生认为梗曾摄入声字是明代形成的。② 高晓虹指出深臻梗曾四摄入声字在明代徐孝《合并字学集韵》（后文简称《合韵》）中才出现文白异读，③ 也就是说，这四摄入声字的文读音是在明代才产生的，其文白异读如表 4 所示：

表 4　　深臻梗曾摄入声字在《合并字学集韵》中的读音

		白读	文读
止摄白/拙摄文	虱	ʂʅ^{1}	ʂɛ^{4}
	瑟	—	ʂɛ^{4}
	涩	ʂʅ^{1}	ʂɛ^{4}
蟹摄白/拙摄文	塞	sai^{1}	sɛ^{4}
	色	ʂai^{3}	ʂɛ^{4}
	侧	tʂai^{3}	tʂɛ^{4}

① 杨耐思：《中原音韵音系》，北京：中国社会科学出版社 1981 年版。

② 耿振生：《北京话文白异读的形成》，《语言学论丛》第 27 辑，北京：商务印书馆 2003 年版，第 61 页。

③ 高晓虹：《北京话入声字文白异读的历史层次》，《语文研究》第 2 期，2001 年，第 44 页。

续表

		白读	文读
垒摄^{白}/拙摄^{文}	窄	tʂai^{3}	tʂɛ^{4}
	册	tʂ'ai^{3}	tʂ'ɛ^{4}
	百	pai^{1}	puɛ^{4}
	拍	p'ai^{1}	p'uɛ^{4}
	北	pei^{3}	puɛ^{4}
	德得	tei^{3}	tɛ^{4}
	黑	xei^{1}	xɛ^{4}
	国	kuei	kuɛ^{4}

＊表4的拟音根据郭力的《合并字学集韵》字谱。①

深臻梗曾四摄入声字在《合并字学集韵》的韵母白读维持《中原音韵》的读音，这四摄入声字的主要元音有别，古深臻摄入声字读止摄［-ʅ］，古职陌麦韵字读蟹摄［-ai］，古德韵字读［-ei］；这四摄入声字文读音均读拙摄［-ɛ］，古帮见组字读［-uɛ］。梗曾摄知庄组字如“侧窄册色”声母文读［tʂ-］组。

本文引用的19世纪中西方人所著的官话罗马字著作：艾约瑟的《官话方言》，威妥玛的《寻津录》和《语言自迩集》及富善的《官话萃珍》，深臻梗曾四摄入声字的韵母白读为“-ai”，除了古德韵字读“-ei”，知庄组字白读声母为［tʂ-］组。深臻摄入声字“虱涩”在《官话方言》中韵母白读为“-ai”，与《合韵》韵母白读［-ʅ］不同，这两个韵母白读哪个是先产生的？也是个值得深思的问题。《中原音韵》反映的基础音系，各家有不同的看法。有的认为该书反映的音系是早期北方方言的口语音，有的认为它反映的是元代大都音，所以它的音系并不一定直接反映当时的北京话。深臻摄入声字在19世纪西方人士记录的北京话中读［-ai］或［-ei］，读［-ai］韵说明深臻梗曾摄入声字在某个历史时间曾合并为［-ai］；而读［-ei］说明深臻摄曾与古德韵字合并为［-ei］，这可能是外来引进的读音层。对于这个问题，详见本文第二节。在北京官话中，这四摄入声字的韵母文读均为“-ê”，庄组深臻摄入声字有两类文读声母，即［tʂ-］组和［ts-］

① 郭力：《古清入字在〈合并字学集韵〉中的归调——兼论明代以后北京话中古清入字的归调变化》，北京大学中文系《语言学论丛》编委会编《语言学论丛》，第19辑，北京：商务印书馆1997年版，第75—83页。

组，知庄组梗曾摄入声字的文读声母读［ts－］组。

耿振生（2003：61）认为梗曾摄入声字的文读音来源可能跟明代的南京官话有关。[①] 高晓虹（2000：76）则认为深臻梗曾四摄的文读音都来自明代的南京官话。[②] 高氏的理由有两点：一是这四摄入声字文读音的音值与南京话相近，二是他认为南京话在明初成为新的标准语，明代北京官话的读书音向这新的标准语靠近是合理的。[③] 耿氏（2003：65）指出明代南京话算是一种强势方言，[④] 但他不认为这是明代产生的新标准语。耿氏（1998：122）曾说明清两代的官话音，所谓“标准音”的系统未曾存在过。[⑤] 王洪君（2007：56）认为汉语的文白异读是叠置式音变的反映，这音变反映土语与权威方言的关系，与社会因素相关。[⑥] 王氏（2007：59）又说社会变化，朝代更迭，政治经济文化中心的转移，可能使权威方言更迭。[⑦] 高氏说南京话在明初成为新标准语，也就是说明代以前有其他的优势方言成为各方言的标准语，明初开国皇帝建都南京，政治经济文化中心的转移，使南京话成为中华帝国通行的新标准语。由此高氏得出他的推论，北京话深臻梗曾四摄入声字异读既然在明代才形成，其文读音必然向当时新的权威方言靠拢，因此明代北京话这四摄入声字的文读音借入南京话的读音是在情理之中。薛凤生（1999：122—123）也持有相同的看法，他认为南京在明初是新王朝的首都，南部官话自然就成为新标准语，南京话是南部官话的代表方言，因此“南部官话的大量读音能够顺利融入北部官话”。[⑧]

对于薛、高的看法，笔者参见清代西方人对北京官话的记音，认为他俩的看法有必要重新商榷。李新魁（1980：47）认为明清两代社会流行

---

① 耿振生，2003年，第61页。

② 高晓虹：《北京话入声字的历史层次和方言接触》，博士学位论文，北京大学中文系，2000年，第76页。

③ 高晓虹，2000年，第66页。

④ 耿振生，2003年，第65页。

⑤ 耿振生：《明清等韵学通论》，北京：语文出版社1998年版，第122页。

⑥ 王洪君：《文白异读与叠置式音变》，丁邦新主编，《历时层次与方言研究》，上海：上海教育出版社2007年版，第56页。

⑦ 王洪君，2007年，第59页。

⑧ 薛凤生：《方音重叠与标准汉语文白异读之形成》，耿振生、杨亦鸣选编，《汉语音韵史十讲》，北京：华语教学出版社1999年版，第122—123页。

的共同语，还是以中州音为正音。[①] 根据张竹梅（2007：186，196）的研究，他翻阅近五百部明人的文集和史料笔记，并未发现有关何种地方音为明代官话或官话基础方言的确切记录。[②] 张氏从明初的政治局势、社会因素、明帝幕僚文士籍贯等角度考察，得出当时的南京话不具备成熟的社会条件成为明代官话的基础方言。笔者认为李、张的看法值得我们深思明代官话是否以南京话为标准语的问题。薛凤生（1999：115）说洛阳、开封地区的中原官话具有大部分读书音的特征，并在一段时间内保存原为臻深通山咸江宕诸摄入声字的入声韵，只有梗曾摄入声字在宋末变成收/y/韵尾的音节。[③] 对于中原官话梗曾摄入声字的演变，侍建国（1998：408）认为梗曾摄入声字在中原官话中大致有两条演变途径：一是保存元音韵尾；二是元音韵尾脱落。带韵尾的是较早的形式，不带韵尾的是后起的形式，而不带韵尾的形式影响了《中原音韵》中北方官话的读书音。[④] 前文所述，"客额嚇"三字在《中原音韵》中同时归在皆来韵与车遮韵，前者带元音韵尾，后者不带韵尾。梗摄入声字读零韵尾在《中原音韵》前已形成，只是这异读还处在初始形成的阶段，还没有扩展为大量词汇成系统的文白对立。

然而侍建国（1998：414）又说梗曾摄入声字的文读音来源与江淮官话有关。江淮官话梗曾摄带喉塞音韵尾形式，先进入中原官话的文读音，进而融合于口语音，然后再影响北方官话。[⑤] 薛凤生（1999：115）认为官话的主要语音变化大部分先在中原官话发生再扩散到其他地区。曾梗摄入声字的舌面音韵尾/k/在中原官话变成/y/，薛氏说这是受北部官话的影响，[⑥] 既然是先受北部官话的影响，就不可能如侍氏所言又与江淮官话曾梗摄喉塞音韵尾形式有关。文白异读是语言接触的产物，与迁都及移民等社会因素没有直接和必然的关系。陈忠敏说严格意义上的文读音就是跟口语音不同的读书音，这种读书音有两种来源：一是用《切韵》一系韵书、

① 李新魁：《论近代汉语共同语的标准音》，《语文研究》第1期，1980年，第47页。

② 张竹梅：《试论明代前期南京话的语言地位》，耿振生主编《近代官话语音研究》，北京：语文出版社2007年版，第186、196页。

③ 薛凤生，1999年，第115页。

④ 侍建国：《官话语音的地域层次及其历史因素》，《中央研究院历史语言研究所集刊》第69本第2份，1998年，第408页。

⑤ 侍建国，1998年，第414页。

⑥ 薛凤生，1999年，第115页。

字典的注音、反切折合出来的当地的读书音；二是用一个地区的权威方言的读音作为土语的读书音。[①] 第一种读书音有两种传播的途径，一是靠文教传习，陈氏认为这是旧时学堂师授的读书“正音”；二是通过地方戏曲的巡回演出使得读书音在民间流传。至于第二种读书音，就是权威方言对土语的影响，这种语言与语言的接触必须与移民的语言对当地土语形成的影响区别来看。对于第一种读书音，李新魁从明清的语言和历史事实证明，汴洛一带的中州音还是明清一代读书人的正音；对于第二种读书音，与权威方言转移有关，张竹梅的研究已指出南京话不具备成为明代官话的基础方言的社会条件，耿振生（1998：121—122）也说明清两代各地通行的官话未曾有人对其语音定过“标准”，有入声的是官话，无入声的也未始不是官话。[②] 综合各家的看法，深臻梗曾四摄入声字的文读音来源，笔者认为与明代的南京话无关。

明太祖朱元璋敕令翰林侍讲学士乐韶凤等人编撰《洪武正韵》（后文称《正韵》），据叶宝奎（2002：28）所说，该书反映了14世纪书面语的读书音。[③] 梗曾摄开合入声字根据叶氏的拟音还保留 -k 尾，如“北得则刻黑白泽脉责”读［-ək］，“国或惑获”读［-uək］，[④] 可见这种读书音并非是北京官话梗曾摄入声字引入的读书音。薛凤生（1999：123）说《洪武正韵》记的音系是官定的标准。[⑤] 耿氏（1998：120）说官定韵书只对书面语的“正音”起作用，明清两王朝都不曾对官话规定过标准，[⑥] 所以也不存在明初的南京话成为新标准语的语言事实。艾约瑟（1864：82）说14世纪在南京朝廷所说的官话不能视做和现代官话是相同的方言。[⑦] 也就是说，明代朝廷所通行的官话仅限于朝廷官员使用，而各地读书人所说的官话并不一定以南京朝廷通行的官话为准。

---

① 陈忠敏：《重论文白异读与语音层次》，《语言研究》第3期，2003年，第44—45页。

② 耿振生，1998年，第121—122页。

③ 叶宝奎：《明清官话音系》第二版，福建：厦门大学出版社，2002年，第28页。

④ 叶宝奎，2002年，第39页。

⑤ 薛凤生，1999年，第123页。

⑥ 耿振生，1998年，第120页。

⑦ 艾约瑟此话的原文如下（1864：82）：“The pronunciation therefore in the court at Nanking in the fourteenth century cannot be regarded as the same dialect with modern mandarin.”

高晓虹说北京话白读音应属于入声韵韵尾失落较早的一系方言。① 笔者认为明代北京话要借入其他优势或权威方言的读书音，以区别自身的土音，也应与它音值相近的优势方言匹配才行。徐通锵说："文读则是以本方言的音系所许可的范围吸收某一标准语的成分，从而在语音上向这一标准语靠拢。"② 方言之间的音值相似匹配，明代的北京话口语音已无入声，与它音值匹配的照理应该不会是保留入声特征的南京话。以此类推，明代北京话深臻梗曾四摄入声字文读音来源于南京话的看法就存有疑问。笔者初步推测这四摄入声字的文读音极有可能来源于中原官话的读音层。下文笔者尝试结合中土文献、罗马字官话著作的记音和现代方言材料来阐明笔者的推测。

从现有的方言调查材料来看，深臻梗曾摄入声字在今北方方言如哈尔滨、北京、玉田及顺平有文白异读，文读音韵母为［-ɤ］，知庄组声母文读为［ts-］组，声母白读为［tʂ-］组，这四摄入声字韵母白读和《中原音韵》所记的北音大致相同，深臻摄入声字白读韵母为［-ʅ］和［-ei］，读［-ʅ］与《中原音韵》所记的北音同，读［-ei］的是后起的白读音，说明深摄字如"涩"白读音曾与古德韵开口一等字的韵母［-ei］叠置，古职陌麦韵入声字韵母白读为［-ai］，如表5所示：

表5　深臻梗曾摄入声字在今东北、河北和河南地区方言的读音

	例字	哈尔滨	北京	玉田	顺平③	商丘	开封	洛阳④	郑州⑤
深臻摄开三	瑟	—	sɤ^{4}	—	—	ʂɛ^{1}	ʂɛ^{1}	sæ^{1}	ʂɛ^{1}
	涩	sɤ^{4}文 se^{1}白	sɤ^{4} ʂʅ^{1}	sɤ^{4}	sɤ^{4}	sei^{1}	sɛ^{1}	sæ^{1}	ʂɛ^{1}
	虱	—	ʂʅ^{1}	ʂʅ^{1}	ʂʅ^{3}	—	ʂɛ^{1}	sæ^{1}	sɛ^{1}
职韵开三	侧	ts'ɤ^{4} tsai^{1}	ts'ɤ^{4}白 tʂai^{1}文	ts'ɤ^{4} tʂ'ai^{3}	ts'ɤ^{3}	ts'ei^{1}	tʂ'ɛ^{1}	tsæ^{1} tsæ^{1}	ts'ɛ^{1}
	测		ts'ɤ^{4}	ts'ɤ^{4}	ts'ɤ^{3}	ts'ei^{1}	tʂ'ɛ^{1}	ts'æ^{1}	ts'æ^{1}

① 高晓虹，2000年，第59页。

② 徐通锵：《历史语言学》，北京：商务印书馆2001年版，第384页。

③ 玉田和顺平方言字音引自刘淑学《中古入声字在河北方言中的读音研究》，保定：河北大学出版社2000年版，第182—190页。

④ 洛阳方言的字音引自贺巍《洛阳方言研究》，北京：社会科学文献出版社1993年版，第47、51页。

⑤ 商丘、开封、郑州方言的字音引自张启焕、陈天福、程仪《河南方言研究》，开封：河南大学出版社1993年版，第66、67、74、97、105、136、137、138页。

续表

	例字	哈尔滨	北京	玉田	顺平①	商丘	开封	洛阳②	郑州③
	色	sai^{3}	sɤ^{4文} ʂai^{3白}	sɤ^{4文} ʂai^{3白}	sɤ^{4文} ʂai^{3白}	ʂei^{1}	ʂɛ^{1}	ʂæ^{1}	ʂɛ^{1}
德韵开一	黑	xei^{1}	xei^{1,3}	xei^{1}	xei^{3}	xei^{1}	xɛ^{1}	xɯ^{1}	xɛ^{1}
	勒	lɤ^{3} lei^{1}	lɤ^{4文} lɤ^{1白}	lɤ^{1} lei^{1}	lɤ^{1} lei^{1}	lei^{1}	lɛ^{1}	—	lɛ^{1}
	德	tɤ^{2}	tɤ^{2}	tɤ^{3}	tuo^{3} tei^{3}	tei^{1}	tɛ^{1}	tæ^{1}	tɛ^{1}
	得	tɤ^{3} tei^{3}	tɤ^{2文} tei^{3白}	tɤ^{3} tei^{3}	tuo^{3} tei^{3}	tei^{1}	tɛ^{1}	tæ^{1}	tɛ^{1}
	贼	tsei^{2}	tsei^{1}	tsei^{2}	tsi^{2}	tsei^{2}	tsuei^{2}	tsei^{2}	tsei^{2}
	北	pei^{3}	pei^{3}	pei^{3}	pei^{3}	pei^{1}	pei^{1}	pei^{2}	pei^{1}
	刻		kʻɤ^{4}	kʻɤ^{4}	kʻɤ^{4} kʻei^{3}	kʻei^{1}	kʻɛ^{1}	kʻɛ^{1}	kɛ^{1}
	墨	mɤ^{2}	mo^{4}	mi^{4}	mei^{4}	mei^{1}	mei^{1}	mei^{1}	mei^{1}
	塞	sai^{2} sei^{1}	sɤ^{4文} sai^{1白}	sai^{1} sei^{1}	sai^{3} sei^{3}	—	sɛ^{1}	sæ^{1}	sɛ^{1}
麦韵开二	责	tsɤ^{2}	tsɤ^{2}	tsɤ^{2文} tʂai^{2白}	tsɤ^{3文} tʂʅ^{3白}	tʂei^{1}	tʂɛ^{2}	tsæ^{2}	tʂɛ^{2}
	册		tsʻɤ^{4}	tsʻɤ^{4文} tʂʻai^{3白}	tsʻɤ^{4文} tʂʻai^{3白}	tsʻei^{1}	tʂʻɛ^{1}	tsʻæ^{1}	tʂʻɛ^{1}
	摘	tʂʻɤ^{4} tʂai^{2}	tʂai^{1}	tʂai^{1}	tʂai^{3}	—	tʂɛ^{1}	tsæ^{1}	tʂɛ^{1}
	策		tsʻɤ^{4}	tsʻɤ^{4文} tʂʻai^{2白}	tsʻɤ^{4文} tʂʻai^{3白}	tsʻei^{1}	tʂʻɛ^{1}	tsʻæ^{1}	tʂʻɛ^{1}
	核	xɤ^{2}	xɤ^{2}	xɤ^{2}	xɤ^{2文} xai^{2白}	xae^{1}	xɛ^{2}	xæ^{2}	xɛ^{2}
	麦	mai^{4}	mai^{4}	mai^{4}	mai^{4}	mei^{1}	mɛ^{1}	mæ^{1}	mɛ^{1}
	脉	mai^{4}	mo^{4文} mai^{4白}	mai^{4}	mai^{4}	mei^{1}	mɛ^{1}	mæ^{1}	mɛ^{1}

---

① 玉田和顺平方言字音引自刘淑学《中古入声字在河北方言中的读音研究》，保定：河北大学出版社2000年版，第182—190页。

② 洛阳方言的字音引自贺巍《洛阳方言研究》，北京：社会科学文献出版社1993年版，第47、51页。

③ 商丘、开封、郑州方言的字音引自张启焕、陈天福、程仪《河南方言研究》，开封：河南大学出版社1993年版，第66、67、74、97、105、136、137、138页。

续表

	例字	哈尔滨	北京	玉田	顺平①	商丘	开封	洛阳②	郑州③
陌韵开二	择	tsai^{2}	tsɤ^{2文} tʂai^{2白}	tsɤ^{2文} tʂai^{2白}	tsɤ^{2文} tʂai^{2白}	tsei^{2}	tʂɛ^{2}	tsæ^{2}	tʂɛ^{2}
	拆	tsʻai^{1}	tʂʻai^{1}	tʂʻai^{1}	tʂʻai^{3}	tʂʻae^{1}	tʂʻɛ^{1}	tsʻæ^{1}	—
	宅	tsai^{2}	tʂai^{2}	tʂai^{2}	tʂai^{2}	—	tʂɛ^{1}	tsæ^{2}	—
	窄	tsai^{2}	tʂʻai^{1}	tʂai^{3}	tʂai^{3}	—	ttʂɛ^{1}	sæ^{1}	—
	白	pai^{2}	pai^{2}	pai^{2}	pai^{2}	pei^{1}	—	pæ^{2}	pɛ^{1}
	百	pai^{3}	pai^{3}	pai^{3}	pai^{3}	pei^{1}	pɛ^{1}	pæ^{1}	pɛ^{1}
	拍	pai^{1}	pʻai^{1}	pʻai^{1}	pʻai^{3}	—	pʻɛ^{1}	pʻæ^{1}	pʻɛ^{1}
	格		kɤ^{2}	kɤ^{1}	kɤ^{3}	kei^{1}	kɛ^{1}	kæ^{1}	kɛ^{1}
	客	kʻɤ^{4} tɕʻie^{3白}	kʻɤ^{4文} tɕʻie^{3白}	kʻɤ^{4文} tɕʻie^{3白}	kʻɤ^{4文} tɕʻie^{3白}	kʻei^{1}	kʻɛ^{1}	kʻæ^{1}	kʻɛ^{1}
	吓		xɤ^{4文} ɕia^{4白}	—	—	xae^{1}	—	xæ^{1}	—

据薛氏所说，梗曾摄在宋末的中原官话中已合并为［-ey］，④ 后来深臻摄也并入此韵，今商丘方言“涩瑟”两字读［ʂei^{1}］可证。这四摄入声字在今开封、郑州、洛阳方言丢失元音韵尾［-i］，前两者读［-ɛ］，后者读［-æ］。从土语与权威方言音值近似匹配的角度来说，深臻梗曾四摄入声字在北京官话韵母文读音的来源应与开封、郑州一带的读音有关。

要改变读书人心目中根深蒂固的“正音”地位并非易事，这种读书音的“正音”并不一定非受政治因素和时局所影响。耿振生说“正音”

---

① 玉田和顺平方言字音引自刘淑学《中古入声字在河北方言中的读音研究》，保定：河北大学出版社 2000 年版，第 182—190 页。

② 洛阳方言的字音引自贺巍《洛阳方言研究》，北京：社会科学文献出版社 1993 年版，第 47、51 页。

③ 商丘、开封、郑州方言的字音引自周庆生、陈天福、程仪《河南方言研究》，开封：河南大学出版社 1993 年版，第 66、67、74、97、105、136、137、138 页。

④ 薛凤生，1999 年，第 107 页。

是文人学士心目中的标准音，“正音”的观念在读书人的心目中普遍存在。[①] 正如张竹梅所言，明初的南京话并不是明代官话的基础方言，只能算是明代江淮官话的优势方言，既然权威方言没有发生转移，李氏认为中原官话在明清两代还是读书人所推崇的“正音”，正如薛氏所言中原官话具有大部分读书音的特点，因此笔者认为明代北京官话要借入深臻梗曾四摄入声字的读书音，中原官话的读书音还是首要考虑借入的对象。

何美龄于 19 世纪末记的南京官话，深臻梗曾四摄入声字均读［-ai］。前文已述，赵元任和刘丹青记的南京话，曾梗摄入声字读［-e］赵氏/［-eʔ］刘氏，[②] 可见读［-e］是南京当地固有的读音，读［-ai］是外来的语音。这四摄入声字在河南商丘方言读［-ei］，可见南京话读［-ai］，非来源于中原官话，［-ai］的读音只出现于今东北、河北地区，如表 5 所示。今东北、河北地区的方言，古德韵字与古职陌麦韵字的主要元音不同，前者读前半高元音［-e］，后者读前低元音［-a］。南京话的深臻梗曾四摄入声字借入北京官话的读音，不区分前高低元音，一律读［-ai］。笔者推测这四摄字可能曾经在某个历史時期合流为［-ai］，对于这个问题后文第二节再作讨论。深臻梗曾四摄入声字在《南京官话》中读［-ai］，何美龄（1902：5）解释说：“入声只出现在元音收尾或-eh 构成的字，某些音节的韵母显然非常短促，造成它们的实际音值几乎是不明确的。这特点的最好例子就是 lai，tai，kuai 等音节的韵母［-ai］，那是发短促的入声-收缩成一种语音介于英语 shut 的 u 和 short 的 o。”[③] 由此说明两个问题，一、北京本地原有的读音被借入南京话，尽管在北京话中［-ai］不读入声，但在保留入声特征的南京话中［-ai］是保留入声特征的，如何美龄所说读短元音的韵母，保留读短调的入声特征。二、北京话不是如薛氏（1999：107，123）所言是鄙陋不雅，只有

---

① 耿振生：《明清等韵学通论》第二版，北京：语文出版社 1998 年版，第 126 页。

② 赵元任调查南京话的入声字，他（1929：1010）说：“平常入声字不过短就是了，并没有喉部关闭作用。”

③ K. Hemeling, *The Nanking Kuan Hua*, Shanghai: Printed at the German Printing and Publishing House, 1902, p. 5. 何美龄此话的原文如下（1902：5）：“The ju shêng only appears in words ending with a vowel or with eh, and is remarkable for so shortening the finals of some syllables as to make their proper value almost unrecognizable. The best example of this peculiarity is the final ai, as in lai, tai, kuai, etc., which is the ju shêng that is shortly ejaculated - contract into a sound standing between the u of the English shut and short o.”

南方官话传来的读音才是高雅的、斯文的，19 世纪末的南京官话深臻梗曾四摄入声字就借入了北京话原有的读音［－ai］，可见读音的高雅与否，不是个人的主观意识和喜好所能判断的，而是本地音许可的范围内能吸收什么音值的外来音成为读书音所决定的。

总之，在北京官话深臻梗曾四摄入声字的文读音“－ê”的来源可能与中原官话有关，形成的时间大约是明代；而南京官话这四摄入声字的文读音读“－ai”的来源与北京官话有关，这异读形成的确实时间有待更多材料的考证。从马礼逊《五车韵府》所记的 19 世纪初的南部官话，这四摄入声字均读“－ĭh”，不过艾约瑟（1864：9）曾批评《五车韵府》所记根本不是官话音，而是一种过时的语音。① 艾约瑟（1864：68—69）记的南京官话，曾梗摄入声字均读“－eh”，如“贼”tseh，“白百”peh，“麦”meh，“得”teh，“色塞瑟”seh，“国”kweh，② 该表未收深臻摄的入声字读音，可见在该表所列的南京官话字音中，梗曾摄入声字无异读。到了 19 世纪末何美龄的《南京官话》，这四摄入声字才出现读［－ai］的文读音，笔者初步推测，这四摄入声字是 19 世纪中叶以后才形成的。这读音层的形成有两种可能：一、在北京官话深臻梗曾四摄入声字很可能在某个历史时期曾合并为“－ai”，艾约瑟记的北京官话就显示了这合并的读音层，而古德韵字读“－ei”是后来的音变，这音变可能与中原官话有关。19 世纪末南京官话这四摄入声字读“－ai”来源于北京话“－ai”。至于这时间是指何时，下节论述。二、南京官话的这四摄入声字借入北京官话的口语音时，稍微调整了这四摄主要元音的读法，可能为了拼写经济的因素，将古德韵字的前半高元音“－e”调为前低元音“－a”，一律拼作“－ai”，这也是有可能的。然而比较这两者，哪种可能性比较大，下节论述。

二　在南京官话深臻梗曾四摄的文读音中找到北京话原有的读音层

这节所讨论的是否反映一个可能存在的语言事实，以下笔者将依据清

① 艾约瑟此话的原文如下（1864：9）：“Morrison in preparing is very useful syllabic dictionary from the native work Wu *Che Yun Fu*（《五车韵府》）was not aware that the sounds he followed were not Mandarin at all，but an obsolete pronunciation.”

② 南京官话字音取自艾约瑟《官话方言》，1864 年版，第 67—69 页。

代西方人的记音和现今方言材料阐述自己的推测，提出这个设想，以期各方学者不吝赐教。薛凤生（1999：123）说讲老北京话的“旗人”，很少将“国 guó，策 cè”读作 guǐ，chǎi。① “国策”两字在《官话方言》、《寻津录》、《语言自迩集》、《官话萃珍》中文读音均读 kuo^2 和 ts ‘e^4，说明在北京官话中这两字的白读音已被文读音取代，如果依照音变的规律还原这两字在北京官话中的白读音应是 $kuai^2$，ch ‘ai^4。清代西方人所记的北京话，“国策”两字均无读 $kuai^2$，ch‘ai^4 的。然而 $kuai^5$，ch ‘ai^5 的读音却在何美龄的《南京官话》中出现，如表 6 所示：

表 6

	《南京官话》	《五车韵府》	《官话口语语法》	《寻津录》	《语言自迩集》	《官话萃珍》
策	ts ‘ai^5	tsĭh	ts ‘e^4	ts ‘$ê^4$	ts ‘$ê^4$	$tsê^4$
国	$kuai^5$	kwŏ	kwo^2	kuo^2	kuo^2	kuo^2

文白竞争到最后的阶段，往往是文读占上风，白读被排挤，“策国”两字在 19 世纪中期至末期出版的官话罗马字著作读“ – ê”，“ – uo”，说明在北京官话中这两字的白读音已被文读音取代。

艾约瑟（1864：68，69）记的济南话，“国或”两字读“$kwei^1$”，“$hwei^2$”，说明在 19 世纪中的北方官话中确实存在“国”类字读“ – wei”的读音层，以此类推，“策”类字也应存在读“ – ai”的读音层。这读音层可能在 19 世纪中期以前还存在，否则就没有办法说明何美龄 19 世纪末记的南京话深臻梗曾四摄入声字的文读音是从北京话借入的。

曾摄德韵开口一等字“塞”和深摄缉韵开口三等字“涩”在《汉语方音字汇》（1989：18，19）② 中所记的北京话有文白异读，如表 7 所示：

表 7

	文读	白读
塞闭~	$sɤ^4$	sai^1
涩	$sɤ^4$	sei^1

不仅《汉语方音字汇》中“塞”字读［ – ai］，连《官话口语语法》、

① 薛凤生，1999 年，第 123 页。

② 北京大学中国语言文学系语言学教研室编：《汉语方音字汇》第二版，北京：文字改革出版社 1989 年版，第 18—19 页。

《寻津录》、《语言自迩集》、《官话萃珍》中所记的“塞”字也读“-ai”。这些反映北京官话音系的罗马字著作，其他的古德韵开口一等字如“得贼北黑勒”韵母白读均为“-ei”。为什么同属古德韵的入声字，有“-ai”、“-ei”的区别？“塞”字读“-ai”，而其他的德韵字读“-ei”？

这个现象可能说明古德韵字在音变发生的开始阶段与古职陌麦韵字先合流为“-ai”，这音变的产生比《中原音韵》创作的时间还要早，因为古德韵字在《中原音韵》中读“-ei”。笔者推测深臻摄入声字也可能发生过类似的音变，先和梗臻摄合流为“-ai”，后来又与古德韵字合流为“-ei”，今北京话深摄入声字“涩”有［sei¹］的异读就是最好的明证。至于读“-ei”的音变是否受中原官话的影响也是有可能的，因为深臻梗曾四摄入声字的韵母在今河南商丘方言中多读“-ei”。依此往下推测，深臻梗曾四摄入声字读音在中原官话中读“-ei”，丢失塞音韵尾而变成元音，这种音变据薛氏所言在宋末已完成，是受北方官话的影响，在宋末这四摄入声字在北京官话中可能先合并为“-ai”，也就是说，中原和北京官话的不同是前者这四摄入声字读前半高元音的“-ei”，后者读前低元音的“-ai”，两者的差异是主要元音不同。《中原音韵》所记的音系不是元代北京话的直接反映，也就不奇怪为什么深臻摄入声字和古德韵字在《中原音韵》中有与“-ai”不同的口语音记载。古德韵字在《中原音韵》中读“-ei”应该不是北音固有的读音层，极可能是受中原官话的影响，属深摄的“涩”字读“-ei”，也是同理，也就是说，深摄入声字和古德韵字后来并入“-ei”是受中原官话的影响，因为这四摄入声字在今河南商丘方言中均读“-ei”。

南京官话深臻梗曾四摄入声字文读音读“-ai/uai”是借入今北京官话原有的读音层，而北京话原有的读音层多被文读音所取代，如“责”字今北京话读［tse²］，不读［chai²］；“瑟”字今北京话读［sɤ⁴］，不读［shai⁴］，“获”字今北京话读［xuo⁴］，不读［huai²］，而在西方人所记的北京官话中还有这读音层，这说明薛氏所言的“策国”在老旗人所说的北京话不读［ch‘ai⁴］和［kwei²/kwai²］，实是文白竞争导致白读音被排挤，而实际上北京话是存在过“策国”读［ch‘ai⁴］和［kwei²/kwai²］的读音，而深臻梗曾四摄入声字在北京话原有的读音层正好保留在何美龄记的南京官话里。

总之，深臻梗曾四摄入声字在南京官话的韵母文读是由北京话借入的，在北京话中这四摄入声字的韵母在宋以前就已合并为“-ai”，后来深臻摄入声字与古德韵字读“-ei”是受中原官话的影响。《中原音韵》未反映深臻摄入声字读“-ai”或“-ei”的读音，说明该书所记的音系并非是直接反映元代北京话的音系。艾约瑟（1864：61）的《官话口语语法》明确地记载深臻摄入声字"涩瑟"读［shai[4]］，曾摄德韵合口一等的"塞"字读"sai[1,4]"，说明古深臻摄和曾摄德韵字在北京话中曾合并为"－ai"，这是这三摄入声字古音的残留。在《汉语方音词汇》（1989：18）"涩"字在北京话的白读音读［sei[1]］，据此又说明一个可能的推测，深摄的入声字曾与梗摄德韵字合并为"－ei"。笔者进一步推测，这四摄入声字在北京话的白读音读［－ai］是先产生的，而部分入声韵后来并入［－ei］在宋末就已形成，这借入的读音是与中原官话有关的。

结　语

综合以上所述，深臻梗曾四摄入声字在北京话中形成的异读大致可以说是在明代才发展起来的。这四摄入声字的白读音在《中原音韵》中所记的北音有不同的韵母，主要元音不同，这说明该韵书所记的并非是元代的北京话。深臻摄与古职陌麦韵入声字白读韵母在艾约瑟记的《官话方言》中均读"－ai"，古德韵开口一等字则读"－ei"，这说明在北京话中深臻摄和古职陌麦韵入声字的韵母是相同，而与古德韵字韵母"－ei"不同，本文推测读"－ei"是受中原官话的影响，不是北京话原有的读音层。何美龄记的19世纪末南京官话深臻梗曾四摄入声字文读音均读"－ai"，本文推测这读音层是借入北京官话的读音。何美龄（1902）在序中说他所记的是知识分子所讲的南京话，该书的记音把土话排除在外。① 这四摄入声字在南京当地的土话中读"－ε"，有赵元任和刘丹青的南京话记音为证。总之，北京话深臻梗曾四摄入声字文读音的来源，笔者认为与中原官话的关系比较大，理由有二：1. 从社会因素来看，明初的南京话并不具有成为明代官话的基础方言的社会条件。明帝建都南京的57年，并没有发生权威方言的转移，汴洛一带的中州音因具有大部分读书音的特点，在读书人心目中的正音地位不易动摇。明太祖敕令编撰的《洪武正韵》也是以中原雅音的读书音为正。张竹梅考察明代大量的文献，也无记载明代的官话以南京话为新标准语或南京话成为当时中华帝国最具权威

① K. Hemeling，Preface，*The Nanking Kuan Hua*，Shanghai：Printed at the German Printing and Publishing House，1902. 何美龄此话的原文如下："The Nankingese dealt with is that spoken by the educated classes；the t'u hua has been left out of account，its range not extending far beyond the city walls."

的方言的记载。据艾约瑟所说，14 世纪在南京朝廷通行的官话与现代官话不是同一方言，说明当时中国各地通行不同地域性的官话；2. 从语音音值配置的关系来看土语和权威方言的关系，北京话的白读是最早丢失入声塞音韵尾的方言之一，在本地原有读音的许可范围内吸收外来语音或权威方言的语音为读书音，笔者认为明代的北京话这四摄入声字其音值应和中原官话读零韵尾式的音值较接近，而不与尚保留入声特征的南京话音值近，因此这四摄入声字在北京官话中的文读音来源应和中原官话有关。

南京官话深臻梗曾四摄入声字读“ -ai/-uai”是借入北京官话的读音层，本文推测这四摄入声字读“ -ai/-uai”是北京话原有的读音层，清代西方人所著的官话罗马字著作的记音可证。目前只有艾约瑟的《官话口语语法》反映这四摄入声字读音并入“ -ai”，至于这读音是何时影响南京官话的读书音则有待考证。马礼逊的《五车韵府》这四摄入声字没有“ -ai”的异读，直到 19 世纪末何美龄的《南京官话》这四摄入声字才出现“ -ai”的读音，而且是南京的读书人所讲的官话。不过有一点必须在此文结束以前交代的，19 世纪中北京朝廷和顺天府城区通行的是北京官话，虽然艾约瑟（1864：10）说这官话还不是当时中华帝国通行的唯一标准音，[①] 但它作为朝廷的方言（the language of imperial court）或官方的口语（the oral language of government）[②] 对中华帝国其他官话的影响自然是在情理之中。

参考文献

中文著作

北京大学中国语言文学系语言学教研室编，《汉语方音字汇》，文字改革出版社 1989 年版。

陈忠敏：《重论文白异读与语音层次》，《语言研究》2003 年第 3 期。

---

① 艾约瑟此话的原文如下（1864：10）：“The Peking dialect must be studied by those who would speak the language of the imperial court, and what is, when purified of its localism, the accredited kuan hwa of the empire. It has not been selected as the only standard of spelling in the present instance, because it is too far removed from the analogies of the dialects in the southern half of the country.”

② 威妥玛说“官话”一词准确的翻译就是官方的口语。此话原文如下（1867：v）：“This is the kuan hua; properly translated, the oral language of government.”

[美] 富善：《官话萃珍》，上海：美华书馆铅版 1916 年版。

高晓虹：《北京话入声字的历史层次和方言接触》，北京大学中文系博士论文 2000 年。

高晓虹：《北京话入声字文白异读的历史层次》，《语文研究》2001 年第 2 期。

耿振生：《明清等韵学通论》，语文出版社 1998 年版。

耿振生：《北京话文白异读的形成》，《语言学论丛》第 27 辑，商务印书馆 2003 年。

郭力：《古清入字在〈合并字学集韵〉中的归调——兼论明代以后北京话中古清入字的归调变化》，《语言学论丛》第 19 辑，商务印书馆 1997 年。

贺巍：《洛阳方言研究》，社会科学文献出版社 1993 年版。

李荣主编，刘丹青编纂：《南京方言词典》第 3 版，江苏教育出版社 2000 年版。

李新魁：《论近代汉语共同语的标准音》，《语文研究》1980 年第 1 期。

刘淑学：《中古入声字在河北方言中的读音研究》，河北大学出版社 2000 年版。

侍建国：《官话语音的地域层次及其历史因素》，《中央研究院历史语言研究所集刊》第 69 本，第 2 分，1998 年。

王洪君：《文白异读与叠置式音变》，见丁邦新主编《历时层次与方言研究》，上海教育出版社 2007 年版。

徐通锵：《历史语言学》，商务印书馆 2001 年版。

薛凤生：《方音叠置与标准汉语文白异读之形成》，见耿振生、杨亦鸣选编《汉语音韵史十讲》，华语教学出版社 1999 年版。

叶宝奎：《明清官话音系》第二版，厦门大学出版社 2002 年版。

张竹梅：《试论明代前期南京话的语言地位》，见耿振生主编《近代官话语音研究》，语文出版社 2007 年版。

赵元任：《南京音系》，《科学》13 卷第 8 期，1929 年。

张启焕、陈天福、程仪：《河南方言研究》，河南大学出版社 1993 年版。

杨耐思：《中原音韵音系》，中国社会科学出版社 1981 年版。

英文著作

Joseph Edkins 1864. *A Grammar of the Chinese Colloquial Language Commonly Called the Mandarin Dialect*. Shanghai：Presbyterian Mission Press.

K. Hemeling 1902. *The Nanking Kuan Hua*. Shanghai：the German Printing and Publishing House.

Robert Morrison 1820. *Dictionary in the Chinese Language*. Macao：Printed at the Honorable East India Company's Press.

Thomas Francis Wade 1859. *The Hsin Ching Lu*，（*Book of Experiments*）. *Hongkong*：MDDCCCLIX.

Thomas Francis Wade 1867. *A Progressive Course Designed to Assist the Student of Colloquial Chinese*. London：Trübner & Co.，60，Paternoster Row.

试论《硃注正音咀华》的声调系统

彭　静　云南师范大学国际汉语教育学院

提要　通过对清代后期官话课本《硃注正音咀华》的研究，本文发现它有两套声调系统，一套是列于课本表面的作者观念上的五声调系统，另一套是反映官话实际读音的四声调系统。在此基础上本文认为《硃注正音咀华》中“正音”和“北音”的差别是北京话中文白异读的差别，原因在于文读音可以支持作者观念上的五声调系统。

关键词　《正音咀华》　五声调系统　四声调系统　正北音异

《硃注正音咀华》（以下简称《咀华》），清莎彝尊撰，成书于咸丰三年（1853），是教当时广东人学习官话的正音课本。全书共分四卷，正文三卷和续编一卷。卷一是语音部分，主体是千字文同音汇注，作者在千字文的每一个字上标明反切和发音方法，字下注上同音字。卷二是会话部分，卷三是词汇部分，词条中的关键字都列在最上头，并注明正音反切，这些注音可以作为千字文同音汇注的旁证和补充，续编是用官话解读的《论语》、《孟子》中的部分章节以及用官话写成的审案记录。在卷一“土同正异”部分、卷二、卷三及续篇的绝大多数字旁边都有用红笔标注的粤语或官话读音，这就是“硃注”。根据卷一语音部分、卷三的反切注音及“硃注”，可以整理出《咀华》的音韵系统。但是，我们从中可以整理出的音韵系统不是一套，而是两套：莎氏观念上的正音系统和他所教的官话的实际语音系统。《咀华》的声母系统、韵母系统、声调系统都有两套。本文介绍《咀华》的两套声调系统。

一 《咀华》的两套声调系统

（一）《咀华》表面的声调系统

表面上看来，《咀华》是有入声的。

在第一卷“土音同正音异”部分，莎氏列举了许多“广城土音”同音而官话异音的字，其中包括“上平”、“下平”、“上声”、“去声”、“入声”和“开合”六个部分，在“入声”部分亦列出“族俗、笔不、各角、核辖、撤设、骨橘、腊立、谷菊、瑟失、克黑、宅掷、哭曲、密物、杂集、佛乏”共十五组入声字。从卷一“千字文同音汇注”部分的反切注音来看，《咀华》中也是有入声的。如“衣”组字是“呀基切”，“一”组字是“阿吉切”；“巴”组字是“波阿切”，“八”组字是“波哈切”；“加”组字是“基呀切”，“甲”组字是“基鸭切”；“西”组字是“萨衣切”，“夕”组字是“西益切”；“居”组字是“基于切”，“局”组字是“基玉切”。总之，作者给入声字注音时一律用入声字作反切下字。《正音切韵指掌》[①]（以下简称《指掌》）也明确地把声调分为“上平”、“下平”、“上声”、“去声”、“入声”五类。

因此，研究过《咀华》或《指掌》的学者如李新魁（1994）、岩田宪幸（1994）、冯蒸（1997）、耿振生（1998）、叶宝奎（2001）都认为莎氏的正音系统是含有入声的五声调系统。

（二）《咀华》的另外一套声调系统

但是，在表面的五声调系统掩盖之下，还有另外一套没有入声的四声调系统，这套系统是通过注音的方式表现出来的。

1. “音注”部分的入声字

莎彝尊给出的字音八十字是《咀华》正音系统的基础，作者为这八十字全部注了音，我们看一下他对其中入声字的注音（参看“音注”插图）：戛读作家，喀磕丫切，哈读作蝦，搭打平声，纳拿上平，拉罅平声，髯而鸦切，帀兹鸦切，擦雌鸦切，萨思鸦切，发读作花，袜读作哗，德搭婀切，忒他婀切，诺纳婀切，勒罅婀切，热而婀切，侧渣婀切，测叉

① 这是莎氏的另外一本书，成书于1860年，研究过该书和《咀华》的学者都认为二者的音韵系统是一致的。

婀切，色沙婀切，则帀婀切，摵擦婀切，塞萨婀切，佛读作科，蒦读作窝……由以上这些注音可以看出，《咀华》中的这些入声字都不再读成入声韵或入声调，而是读成阴声韵或平上去声调。

凡讀作家蝦等字俱用廣城土音卽是戛哈等字正音

正音咀華 音註

戛讀作家 喀磕丫切 哈讀作蝦 阿讀作鴉 搭打平聲 他土音同 納拏上平 巴土音同 葩怕平聲 麻讀作孖 拉鎨平聲 臂而鴉切 渣土音同 叉土音同 沙土音同 帀茲鴉切 擦雌鴉切 薩思鴉切 發讀作花 襪讀作嶂

歌家婀切 珂卡婀切 訶蝦婀切 婀鴉哥切 德搭婀切 忒他婀切 諾納婀切 波土音同 婆土音同 麽土音同 勒鎨婀切 熱而婀切 側渣婀切 測叉婀切 色沙婀切 則帀婀切 摵擦婀切 塞薩婀切 佛讀作科 蒦讀作窩

基讀作知 欺讀作痴 希讀作詩 衣義平聲 低搭衣切 梯他衣切 呢納衣切 篦讀作卑 披土音同 彌眉上平 離土平聲 兒土平聲 知渣衣切 癡叉衣切 詩沙衣切 賫卽衣切 妻戚衣切 西息衣切 [illegible]土音同 [illegible]土音同

姑土音同 軲磕烏切 呼讀作蒿 烏土音同 都土音[illegible] 瑹讀作叨 奴土平聲 逋土音同 鋪土音同 模土音同 盧羅烏切 儒也烏切 朱渣烏切 初叉烏切 書沙烏切 租土音同 粗土音同 蘇土音同 夫土音同 無讀作烏

佒讀作罌 鞥讀作鶯 翁甕平聲 安晏平聲 [illegible]鴉根切 汪橫上平 央衣鯉切 淵於彎切 𪇆讀作淵 烟大開口 因讀作烟 唉讀作挨 餕阿鷄切 厓衣皆切 爊讀作坳 天大開口 幽兒招切 呀也上平 喲魚哥切 肥魚靴切

2. “硃注”部分的入声字

对于“硃注”，莎氏解释说：“以上四声字，旁注有‘官’字者是用官话读，旁注有‘土’字者是用土话读，旁注有两个字者是用合切读，旁注有‘开’字者是用开口读。旁注有‘合’字者是用合唇读，旁注有一个字者是与土音同读。”

莎氏在“土音同正音异”部分给出的粤语或官话注音说明《咀华》中已没有入声了。下面是这些入声字及其注音：

族（糟） 俗（苏） 笔（卑） 不（逋） 各（哥） 核（诃）
辖（赊丫）撤（车） 设（射） 骨（姑） 橘（朱） 腊（罅）
立（利） 谷（姑） 菊（朱） 瑟（射）
失（尸） 克（磕） 黑（诃） 宅（遮） 掷（之） 哭（箍）
曲（处） 密（味）
物（芋） 杂（官咱）集（之） 佛（科） 乏（花）

下面是其他地方的例字

合（苛） 割（官哥） 竹（官朱） 玉（遇）
石（尸） 及（之） 益（衣） 日（二）

从括号中的“硃注”可以看出，这些字都不再读入声了，特别值得注意的是旁有“官”字的三个字“杂官咱”、“割官哥”、“竹官朱”，意思是“杂”字官话读“咱”，“割”字官话读“哥”，“竹”字官话读“朱”，这些读音说明莎氏教广东人学习的官话中是没有入声的。

3. 卷一“千字文同音汇注”和卷三部分入声字的反切注音

《咀华》卷一“千字文同音汇注”和卷三中一些入声字的注音也可以说明该书中已没有入声了。如“叔率孰术……”组字，卷一注“色屋切”、“赊屋切”，卷三注“赊吾切”；“木目牧……”组字，卷一注“麻屋切”，卷三注“麻悟切”；“密觅宓蜜谧幂”组字注音是“麻异切”；卷三里“黑：哈핫切”，“媳：西宜切”，“削：读作修”，“脚：基咬切”，“雀：妻咬切/妻约切”，“疙：戛额切或戛婀切”（和“哥：戛婀切”读音相同）“咧：波阿切”，“磕：咯婀切”，“掐：欺牙切”，从注音可以看出这些入声字已归入相应的阴声韵中。

4. 入声调现象

莎氏在卷一把入声字都派入到平、上、去三声。兹抄录如下：

入声作平声

戛喀哈搭拉鬌帀擦萨发袜德诺勒侧测则塞佛给刷豁卓确学约署若酌芍鹊削结歇迭帖捏别擎灭折徹舌接切屑角却割剥朴莫雀诀缺血曰劣拙雪鸽黑饽秃凸出粥押鸭压噎掖纳锡

入声作上声

塔法发戟笔劈尺北鹄谷薛铁

入声作去声

末腊辣掣特恶赫涩嫱屐亦易役域郁玉逆璧蜜日斥赤客葡脈麦墨默册悦

粤力栗立设色穑陆禄辱勿物唬蔑妾药跃月狱育沃肉灪叶怯

莎氏所选的所有作为入声字切语下字的字都在其中，那么，被这些字切出来的所有字都已不再读入声，这说明在莎氏的正音系统中已没有入声调了。

以上例证表明，《咀华》还有一套声调系统，即包括“阴平、阳平、上声、去声”的四声调系统。

二　两套声调系统的讨论

以上材料很明显地反映出，五声调系统只是莎氏列于表面的一套系统，并非他要教广东人说的官话的声调的实际发音系统。那么，作者为什么要在《咀华》和《指掌》中都明白地列上“阴平”、“阳平”、“上声”、“去声”和“入声”五个声调呢？我们认为这是由于文人传统的正音观念所致，在莎氏的心目中一定要有入声的存在。蒋绍愚（2005：109）曾对西方传教士的五声调的材料提出自己的看法，对此也有很强的解释力，他说：“利马窦说汉语有五个声调，第一是因为这些西方传教士多数在南方活动，他们接触的是官话的南支——以南京话为基础的官话。第二，更重要的是，‘五个声调’在当时是一种根深蒂固的传统观念。不但在南方活动的外国传教士认为有五个声调，就是生活在北京的中国人也只有少数人认识到入声已不复存在，多数人尽管自己嘴里已经没有入声了，但观念上却未必意识到这一点，或者在观念上还坚持入声的存在。”因此，虽然莎氏嘴里已经没有入声了，但观念上对入声的坚持使得他在课本的一开始就标明正音的五声调系统。这种做法非常具有迷惑性，以上提到的研究过《咀华》和《指掌》的学者认为莎氏时代的正音中还有入声的存在都是由此而引起的，叶宝奎（2001：239）更进一步认为：“《正音咀华》音系不但存在入声，而且存在一套入声韵，这正是官话音与北京音的重要区别所在。”我们认为，这种说法是值得商榷的，观念上的入声不是当时官话的实际发音，不能作为区别官话音与北京音的证据。

从莎氏的很多注音中可以看出，他嘴里所说的官话是没有入声的四声调系统。在解释“硃注”时，他说“旁注‘官’字者是用官话读”，“杂官咱”、“割官哥”、“竹官朱”的现象说明他嘴里的官话应该是没有入声的，这一点在音注中充分体现了出来。观念上的入声并不能改变官话的实际发音，因此，四声调系统才是当时官话音真正的声调系统。

三　从"正北音异"看莎氏观念上的入声

《正音咀华·十问》中莎氏自问自答地为"正音"和"北音"下了定义，他说："何为正音？答曰：遵依钦定《字典》、《音韵阐微》之字音即正音也。""何为北音？答曰：今在北燕建都，即以北京城话为北音。"

《咀华》是一部正音课本，是教当时广东人学习正音的，它反映出来的是一套具体的音韵系统，莎氏说《康熙字典》、《音韵阐微》的音就是"正音"，这明显是拿钦定书来标榜自己的课本，而莎氏心目中"正音"与"北音"的唯一区别是在北京话中有文白异读的一批字的读音的区别，这一点可以从《咀华》的"正北音异"部分得到证明。

莎氏的"正北音异"部分一共列出45字，兹抄录如下：

北	正音巴额切	北音巴每切	百	正音巴额切	北音巴矮切
白	正音巴额切	北音巴孩切	薄	正音巴额切	北音巴敖切
肋	正音拉额切	北音拉贺切	勒	正音拉额切	北音拉非切
塞	正音萨额切	北音萨孩切	贼	正音币额切	北音币微切
黑	正音萨额切	北音萨孩切	择	正音渣额切	北音渣孩切
摘	正音渣额切	北音渣孩切	宅	正音渣额切	北音渣孩切
翟	正音渣额切	北音渣孩切	窄	正音渣额切	北音渣矮切
拆	正音叉额切	北音叉矮切	角	正音居哟切	北音基咬切
觉	正音居哟切	北音基咬切	脚	正音基哟切	北音基咬切
学	正音虚哟切	北音希尧切	鹤	正音希哟切	北音哈敖切
药	正音于觉切	北音衣教切	钥	正音于角切	北音衣教切
雀	正音赍哟切	北音妻咬切	嚼	正音赍哟切	北音赍尧切
略	正音驴哟切	北音离要切	削	正音须哟切	北音西幽切
粥	正音渣屋切	北音渣欧切	绿	正音罗屋切	北音离遇切
续	正音萨屋切	北音西遇切	熟	正音赊屋切	北音沙侯切
着	正音朱活切	北音渣敖切	凿	正音租活切	北音租敖切
落	正音卢或切	北音拉傲切	累	正音卢会切	北音拉位切
泪	正音卢会切	北音拉位切	类	正音卢会切	北音拉位切
瑞	正音书会切	北音如会切	雷	正音卢回切	北音拉微切
谁	正音书回切	北音沙微切	薛	正音西掖切	北音西也切
色	正音沙额切	北音沙矮切	血	正音虚曰切	北音希也切
更	正音戛鞥切	北音基英切	硬	正音阿正切	北音衣径切

给　正音戞益切　北音戞尾切

可以看出，这45字全是北京话中有文白异读的字，其中有38个是梗、曾摄和通、江、宕摄入声字。

耿振生先生在《北京话文白异读的形成》中介绍的北京话文白异读的字主要有：“宕江摄入声药铎觉韵字：读书音为ə、o、uo、ye，白话音为au、iau；通摄入声屋韵字：读书音韵母为u、y，白话音韵母为ou、iou；梗摄入声陌麦韵二等字和曾摄职韵庄组字，读书音为ə，白话音为ai；曾摄入声德韵字，读书音为ə，白话音为ei。”

从“音注”部分莎氏对入声字的注音来看，上面所有的切下字“额”都可以换成“婀”，即这些入声字都已读成平声字，韵母为［ə］。同理，其他入声字也都已读为平声字。对比耿先生的例字，我们发现，莎氏列举的这些入声字所谓的“正音”都是文读音，而“北音”都是白读音。另外7个非入声字“泪”、“谁”、“雷”、“累”、“类”、“更”、“硬”也都是北京话中文白异读的字，这些字可以证实我们的想法：莎氏“正音”与“北音”的区别乃是北京话中文白异读的区别。

如果莎氏的正音系统真的像《正音咀华》表面上所显示的那样，那么，正音和北音的差别还是不小的，“正北音异”的字就不会只限于这些文白异读的字。因此，我们认为，莎氏“正音”和“北音”的差别是自己观念上的差别，因为文读音一般用于官场上或读书人交际的场合，是文人心目中共同认定的正音，如果读书人在交际中使用白读音，那一定会被认为是不雅的语言。莎氏心目中的官话音就是文人交际时使用的这种“正音”，他所说的“北音”应该是当时北京老百姓使用的一种语言。因为文读音字多数读得还像有入声的样子，这一点可以支持他观念上入声的存在，于是他就把这些字作为“正音”和“北音”有区别的有力证据。因此，我们认为，莎氏所认定的“正音”和“北音”的区别实际上是他观念上的正音与北京音的区别，并非实际的官话音与北京音的区别。

四　结语

综上所述，《咀华》声调系统实际上有两套，一套是他观念上的五声调系统，因为他认为正音应该有入声，因此也就出现了他课本中表面上的五声调系统；另一套是反映当时官话真正发音的四声调系统，因为他要教人学习官话的发音，所以他就对自己嘴里的官话音作了忠实的记录。莎氏是因为在实际发音中找不到他观念上的正音才会说“遵依钦定《字典》、

《音韵阐微》之字音即正音也”。实际上，莎氏所教的官话音应该是当时的北京音。

参考文献

冯蒸：《汉语音韵学论文集》，首都师范大学出版社 1997 年版。

耿振生：《北京话文白异读的形成》，《语言学论丛》（第二十七辑），商务印书馆 2004 年。

耿振生：《明清等韵学通论》，语文出版社 1998 年版。

蒋绍愚：《近代汉语研究概要》，北京大学出版社 2005 年版。

李新魁：《汉语等韵学》，中华书局 1983 年版。

莎彝尊：《珠注正音咀华》，麈谈轩校订，1853 年版，原板在天平街维经堂发兑。

莎彝尊：《正音切韵指掌》，（《续修四库全书》258），上海古籍出版社 1995 年版。

［日］岩田宪幸：《清代后期的官话音》，日本京都大学人文科学研究所研究报告《中国语史的资料和方法》，1994 年版。

杨亦鸣：《〈李氏音鉴〉音系研究》，陕西人民教育出版社 1992 年版。

叶宝奎：《明清官话音系》，厦门大学出版社 2001 年版。

汾西方言音系及其历时演变*

王为民　山西大学语言科学研究所

摘要　经过严格的音位分析之后，我们认为汾西方言在音位结构上是6元音音位的方言。与山西其他方言相比，汾西方言最显著的特征就是多出3个辅音化韵母即ʑ̍、β、v̩，这三个韵母是高元音继续高化和擦化的结果。经过对汾西方言进行严格的音位分析之后，认为高元音的继续高化和擦化是受低元音高化推动，音系重新调整的结果，这一过程大致发生在《中原音韵》到“十三辙”之间。

关键词　汾西方言　音位结构　元音高化　擦化

一　引言

1. 汾西县位于山西省南部，东临霍州，南接洪洞，西靠蒲县，北连灵石，西北角通隰县、交口。在语言上汾西方言处于中原官话和晋语的交界地带，因此汾西方言既有中原官话的特点，又有晋语的特征。

2. 本文假定山西诸方言历史上来源于同一个祖语，这一祖语经历了不同的历史演变形成现代山西各方言。这一祖语和官话的祖语在早期是一致的，但在某个阶段之后与官话的祖语步调不一，形成了自己的特色。因此官话祖语的演变模式可以作为山西诸方言祖语演变模式的参考。

3. 比较两种方言，主要是比较音系的差别。本文采用严格的音位结构的分析方法，先描述汾西方言音系，将汾西方言音系和北京音系比较，

---

* 本文写作得到国家哲学社会科学基金重点项目“晋方言语音百年来的演变研究”（07AYY002）和山西省高等学校中青年拔尖创新人才支持计划（TYMIT）的资助，特此致谢！

然后对它的特点作历时的分析。在作分析和比较时，以薛凤生（1990，1986，1999）对“等韵”、《中原音韵》和北京音系的分析作为参考。

二　汾西方言的韵母

（一）汾西方言有39个韵母

1）	ʑ̍　比提基	β　捕菩肚	ɣ　福如务	
2）	ɿ　支纸四	i　冰羊清		y　虚遇醉
3）	ɯ　播多饿	iɯ　娘		
4）	u　桌王窝	iu　觉略业		
5）	ɪ　伯设隔	iɪ　线燕铁	uɪ　或拙划	yɪ　决雪缺
6）	əʔ　北肉只	iəʔ 逼乙敌	uəʔ　秃出说	yəʔ 六足局
7）	ei　悲味贼		uei　灰嘴规	
8）	ou 斗走狗	iou 丢牛羞		
9）	əŋ 灯根人	iəŋ 兵兴阴	uəŋ　冬村温	yəŋ 训军用
10）	ər 而儿二			
11）	ɑ　八车下	iɑ　家夜写	uɑ　抓画瓦	yɑ　瘸攫
12）	ɑi　摆买菜		uɑi　块外怪	
13）	ɑo 包到高	iɑo 标庙条		
14）	ɑ̃　帮搬当	i ɑ̃　边面江	u ɑ̃　端软王	y ɑ̃　宣冤全

（二）汾西方言韵母的共时音位分析

第1行的3个韵母无论是与洪洞话、太原话比，还是与北京话比都是非常特殊的。但若着眼于全国方言，这3个韵母又是比较多见的。根据朱晓农（2004）的研究，ʑ̍和β、ɣ其实是元音“高顶出位”摩擦化的结果。从ʑ̍和β、ɣ的来源来看，ʑ̍是i摩擦化的结果，β和ɣ是u摩擦化的结果。从分布来看，β、ɣ是互补的，β来自非f、v后的u，而ɣ来自f、v后的u。根据乔全生（1990）《汾西方言志》对汾西方言语音的描写，β、ɣ在零声母音节上存在对立，但是从来源可以看出β的零声母字来自原来零声母的u韵母字，而ɣ的零声母字来自原来的v声母u韵母字。朱晓农（2004）认为“vu其实就是成音节的ɣ”。从这个角度说，β和ɣ可以合并为一个音位。

为了方便，将第2、3、4行韵母一起讨论，它们的主要元音都是高元音。第2行的3个韵母和北京话没有区别，它们相当于“十三辙”的“一七辙”。这3个韵母在北京话里和u相配形成开齐合撮四呼。对这4个韵母的音位化向来有不同的看法。郑锦全（1973）将ɿ和i合并为一个音位，将u和y分别看做一个音位。赵元任（1968）将u立为一个音位，将y看做是i和u的合体。哈特门（1944）和薛凤生（1986）将ɿ、i、u、y分析为共有一个高元音音位/ɨ/而具有不同的介音：/ɨ、jɨ、wɨ、jwɨ/。然而上述这些分析都不适合汾西方言，因为由于元音高化，汾西方言的高元音出现了新的成员ɯ。由于ɯ是u的不圆唇元音，且u不和ɿ、i、y押韵，因此我们认为汾西方言的高元音不能分析为一个高元音音位/ɨ/而具有不同的介音。如果按照上述分析，将无法区别y和iu这两个不同的韵母。从音位学角度来看，将ɿ、i、y分析为一个音位/ɨ/而具有不同的介音没有任何阻碍。但由于y是i的圆唇元音，而不是ɿ的圆唇元音，因此在音位上还必须把它们分析为/ɨ、jɨ、jwɨ/。而ɯ和u我们可以分析为一个高元音/ɯ/而具有不同的介音，这样ɯ、iɯ、u、iu 4个韵母可以分析为/ɯ、jɯ、wɯ、jwɯ/。

第5行韵母都含有相同的元音ɪ，这是个比较高的元音，但在音位上它不能是高元音/ɨ/和/ɯ/中的任何一个，因为它们是对立的。排除是高元音的可能后，它只能是中元音。我们假定它是/ə/。那么它出现的环境就是没有韵尾。则其语音公式是：

（1）ə > ɪ/____Ø

第6、9、10行各韵母都含有相同的中元音ə。我们可以假定中元音ə在韵尾ʔ、ŋ、r前保持不变：

（2）$ə > ə/\_\_\_\_\_\_ \begin{Bmatrix} ʔ \\ ŋ \\ r \end{Bmatrix}$

第7、8行韵母也都含有中元音音位，只不过第7行韵母的中元音出现在j韵尾前面而舌位前移，而第8行韵母的中元音出现在w韵尾前面而舌位后移罢了。其语音公式为：

（3）ə > e/____j

（4）ə > o/____w

第11、12、13行各韵母的主元音都是低元音，它们出现的环境互补，可以合并为一个音位/ɑ/。

第14行韵母的主元音是鼻化韵母，它是由ɑ鼻化而成。这个现象可以用下面一组鼻化规则来表示：

汾西方言音系的鼻化规则　v > ṽ/____ ŋ

ŋ > Ø/ṽ________#

这组规则由两个公式构成，第一个公式意思是元音在 ŋ 前变成鼻化元音，第二个公式意思是 ŋ 在鼻化元音后丢失。第二个公式总是运用在第一个之后。这两个公式的含义有两个方面：其一，在严格的音位化后，用这样的公式表示实际发音。其二，在确定某一方言点早期形态后，用这公式表达其音变的条件及过程。

（三）汾西方言所有可作韵腹的音素可以按照下列方式排列

	舌面前	双唇	唇齿	舌尖	前	央	后
出位	ʑ̍	β	ɣ̩				
高				ɿ	i/y		ɯ/u
次高					ɪ		
中					e	ə	o
低							ɑ

根据韵头、韵尾的分配及音色的异同，这些元音在汾西方言里可以归成 6 个音位，以出位、高、中、低 4 层排列如下：

出位	ʑ̍		β
高	ɨ		ɯ
中		ə	
低		ɑ	

下面是音位化以后汾西方言的韵母表：

韵腹	ʑ̍	β	ɨ	ɯ	ə						ɑ			
韵头＼韵尾	Ø	Ø	Ø	Ø	Ø	j	w	ŋ	ʔ	r	Ø	j	w	ŋ
Ø	ʑ̍	β	ɨ	ɯ	ə	əj	əw	əŋ	əʔ	ər	ɑ	ɑj	ɑw	ɑŋ
j			jɨ	jɯ	jə		jəw	jəŋ	jəʔ		jɑ		jɑw	jɑŋ
w				wɯ	wə	wəj		wəŋ	wəʔ		wɑ	wɑj		wɑŋ
jw			jwɨ	jwɯ	jwə			jwəŋ	jwəʔ		jwɑ			jwɑŋ

三　汾西方言的声母

汾西方言有 21 个声母

唇音	p 北标	p^h 怕病	m 米马	f 发说	v 袜肉
舌尖中音	t 刀见	t^h 土道	n 哪眼		l 拉列
舌尖前音	ts 走争	ts^h 车醋		s 丝生	z 惹日
舌根音	k 歌工	k^h 空可	ŋ 熬我	x 花夏	
舌面音	tɕ 家镜	$tɕ^h$ 齐墙		ɕ 秀心	
	Ø二样				

四　汾西方言有 7 个声调

调类	调值	例字
阴平	11	帮灯青多遭
阳平	35	爬藏提俘堂
上声	33	把果体李许
阴去	55	过吓屁布炕
阳去	53	是大祸造用
阴入	1	北墨德尺木
阳入	3	白铎侄敌夺

五　汾西方言音系的若干演变过程

与北京音系相比，除入声音节外，汾西方言音系有如下几个特点：

第一，卷舌声母 tʂ、$tʂ^h$、ʂ并入了舌尖前声母 ts、ts^h、s。

第二，北京话元音分高、中、低 3 层，汾西方言分出位、高、中、低 4 层。

1. 汾西方言中古知庄章三组字与精组洪音字合流今读舌尖前音。从现状来看，知庄章三组字都没有发生腭化，这说明汾西方言知庄章三组字是在《中原音韵》之后合流，其腭化介音 j 丢失后才与精组字合流的，否则如果知庄章组字在 j 未丢失前就转精组字，那么它们也必然和精组细音字一起发生腭化变成舌面音，但事实上这并没有发生。这说明卷舌声母转入舌尖前音是在《中原音韵》之后才发生的。

我们用 tj 代表知组声母，用 cr 表示庄组声母，cj 表示章组声母，c 表示精组声母，其中 j 同时表示声母腭化的特征和腭化介音，r 表示卷舌，t 表示塞音。那么汾西方言经历了：

庄章合并

（5）j > Ø/cr ____（庄$_三$的腭化介音丢失）

（6）j > r

知照合并

（7）t > c/____ r

知照精合并

（8）j > Ø/cr ____ V（E）（原知$_三$章组声母的腭化介音丢失）

（9）r > Ø/c ____ V（E）

精系细音腭化

（10）c > tɕ/____ j

四个过程。这 6 个公式的次序不能颠倒。

2. 我们假设汾西方言早期形态和官话祖语等韵时代的音位结构相同，都是 1 高 3 低的 4 元音音位结构。由此我们会发现，汾西方言经历了如下的高元音高化出位的过程：

（11）ɨ > ʐ̩/j ____#

（12）ɨ > β/Cw ____#（C ≠ f、v）

（13）ɨ > ɣ̩/Cw ____#（C = f、v）

我们先假定（12）和（13）是同时发生的，那么现在的任务是要判断（11）、（12）是什么时候发生的，它们发生的相对年代和时间大致是在什么时候。

我们先看（12）发生的相对年代。

在汾西方言中，今读 ts、ts^h、s 声母的 β 韵母字都来自中古的知$_三$章组字，而庄精系字则都转入了 əw 韵母。这说明（12）一定发生在精系声母 wɨ 韵母变成 əw 之后。我们用公式（14）代表精系声母 wɨ 韵母的转变：

（14）wɨ > əw/c ____#

由于庄组字和精组字都发生了（14）所代表的演变，这说明知照精的合流不是同时完成的，至少经历了庄精合流和知章精合流两个阶段。这应该说明，腭化介音 j 的存在是决定卷舌声母是否与舌尖前声母合流的关键因素。这样我们也可以说知庄章精合流的过程是知$_二$庄先与精组声母合流，然后是知三章声母丢失腭化介音与精组声母合流。由此可以说公式（9）所代表的音变在汾西方言音系演变过程中发生了两次，而且第一次一定发生在公式（5）和（6）之间，否则就会影响章组声母的演变。公式（14）一定发生在公式（9）第一次发生之后、第二次发生之前。公式（12）则一定发生在公式（14）之后。

以上是从声母的角度所做的分析，下面我们再从韵母的角度进行分析。汾西方言高元音的高化出位擦化是由于低元音高化而产生推链作用的结果。从等韵到《中原音韵》，占据高元音位置的主要是止摄开口字和遇摄字，而现在它们的主元音在汾西方言中已经高顶出位而擦化了。现在占据高元音位置的主要是四组字：第一组是曾梗摄三等非知庄章字开口白读及四等开口白读、假摄开口三等文读、蟹摄开口二等、宕摄开口三等非知庄章组字白读；第二组是果摄字、宕摄舒声白读、江宕摄入声字；第三组是止摄开口知庄章精组字；第四组是遇摄泥来母、见精组细音字和零声母字。第三组和第四组没有什么特别之处，但由此我们可以确定一个相当重要的信息，即汾西方言止摄开口非知庄章精组字元音的高化必然是在《中原音韵》的"支思韵"形成之后，甚至是在"齐微韵"的知组字转入"支思韵"之后。因为《中原音韵》"齐微韵"的知组字如"知蜘痴池迟"等的韵母并没有高化，还是读高元音。由于元音高化出位的基本条件是该音节含有 j 介音或 w 介音，因此这时止摄开口非知庄章精组字元音高化一定发生在知庄章精组字 j 介音丢失之后。由于庄章组的"支思韵"字在"齐微韵"的知组字进入"支思韵"之前就已经丢失了 j 介音，因此高元音高化出位应该在"齐微韵"的知组字丢失 j 介音之后，即：

（15）j > Ø/cr ____ ɨj

经此演变后，中古知庄章精组在汾西方言新的"支思韵"里就完全合并了，因此今天汾西方言"支思韵"读舌尖前元音。这是一个时间的上限，我们还必须找出时间的下限。第一组字给我们提供了这一信息。

第一组字包括曾梗摄三等非知庄章字开口白读及四等字开口白读、假摄开口三等文读、蟹摄开口二等、宕摄开口三等非知庄章组字白读等。曾梗摄在《中原音韵》之前已经合并，它们在《中原音韵》里是低元音 /e/，丢失韵尾之后其形态就变成：

（16）ŋ > Ø/je ____#

其后元音高化变成高元音 ɨ，

（17）e > ɨ/j ____#（无尾韵的前低元音高化成高元音）

假摄开口三等早在《增修互注礼部韵略》时代就与二等分离，到

《中原音韵》进入“车辙韵”，即已经经历了公式（18）：

（18） a > e/j ____#

公式（18）在公式（17）之前已经发生。

同时我们看到汾西方言的宕摄开口三等非知庄章组字白读也读高元音，因此宕摄开口三等丢失 ŋ 韵尾一定发生在公式（18）之前，即

（19） ŋ > Ø/ɔ ____#

（20） ɔ > a/j ____#

然而我们可以看到公式（18）并没有影响宕摄开口庄章组字，这说明宕摄知庄章三组早已丢失 j 介音，其主元音与歌韵的 ɔ 合流了。这就是说宕摄后鼻韵尾丢失之后，有 j 的音节元音与麻韵的低元音 a 合流，没有 j 音节的元音与果摄合流。为了使表达清晰，我们把知庄章三组字合流 j 介音丢失的音变用公式（21）来表示：

（21） j > Ø/cr ____ aŋ

公式（21）必然发生在公式（19）之前，至于公式（19）与公式（18）的时间先后，则无从判断，也无关紧要。

这是一组元音的高化，由于这一组元音高化后形成的都是齐齿呼韵母，正好填补了高元音的空缺。另一组元音的高化是果摄主元音的高化。在汾西方言中，果摄开合口一直保持区别。宕摄开口知庄章三组白读和宕摄合口白读分别与果摄开口与合口合并。正是由于果摄开合口在汾西方言中一直保持区别，因此当果摄的元音高化之后，便与原有的高元音产生了冲突。因为这一组元音高化后自然形成开合两种韵母，原有的高元音仅剩下合口的空缺，于是音系不得不重新调整，由原来的 1 个高元音调整为 2 个高元音。于是就出现了公式（22）：

（22） ɔ > ɯ/____#

在“十三辙”时代，“乜斜辙”依然与“梭坡辙”有别，之后到现代北京话中，“乜斜辙”与“梭坡辙”合并成一个中元音，但这个音变在汾西方言中没有发生。也就是说，如果用公式（23）表示“乜斜辙”与“梭坡辙”的合辙，那么公式（23）在汾西方言中就没有发生，即低元音的高化都发生在公式（23）之前。

（23） $\left\{\begin{matrix} e \\ ɔ \end{matrix}\right\}$ > ə/____#

从汾西方言的现状来看，读中元音的无尾韵基本上是原来的入声韵，与它们相对应的因韵尾脱落而形成舒声无尾韵的主元音早已高化为高元音。即便是这些入声韵，舒化早的早已高化为高元音，舒化晚的还在高化

的过程当中，保留入声喉塞尾的则都为中元音。如江宕摄舒声白读很早就丢失鼻音韵尾，所以这些白读的主元音已经高化为高元音。就是江宕摄的入声舒化时间也很早，因为它们的主元音也已经高化为高元音了。山咸深臻曾梗通摄入声舒化则相对较晚，其失去喉塞韵尾的舒化形式元音大多比保留喉塞音的入声的元音要高。

3. 由上述分析可以看出，现代汾西方言音位结构的形成大致是在《中原音韵》到“十三辙”之间，它由早期的1高3低的元音音位结构演变成2出位2高1中1低的音位结构，其原因是早期前后两个低元音高化导致高元音高化出位所致。表面上看起来汾西方言舌面元音1中1低的音位结构和北京话近似，实际上差别很大。“乜斜辙”和“梭坡辙”在北京话中已经合并，而在汾西方言中则没有合并，这两辙的主元音都高化为高元音。这是汾西方言音位结构形成的根本原因。

参考文献

侯精一、温端政：《山西方言调查研究报告》，山西高校联合出版社1993年版。

乔全生：《汾西方言志》，山西高校联合出版社1990年版。

乔全生：《山西汾西方言的归属》，《方言》，1990年第2期。

乔全生：《洪洞方言研究》，中央文献出版社1999年版。

侍建国：《沭阳音系及其历史演变》，《语言研究》1992年第2期。

薛凤生：《国语音系解析》，台湾学生书局1986年版。

薛凤生：《中原音韵音位系统》，北京语言学院出版社1990年版。

薛凤生：《汉语音韵史十讲》，华语教学出版社1999年版。

朱晓农：《汉语元音的高顶出位》，《中国语文》2004年第5期。

也探《切韵指玄论》

娄　育　中央民族大学文学与新闻传播学院

若要考查宋元时期《切韵指掌图》、《四声等子》、《切韵指南》等韵图的发展渊源，就一定会追溯至《切韵指玄论》。

何为《切韵指玄论》？它与《解释歌义》中提到的智公建立的“指玄论”又是什么关系？智公是谁？《切韵指玄论》究竟成于谁人之手？

对于以上疑题，潘重规、聂鸿音等先生曾做过一些解答。潘重规先生认为：“《指玄论图》、《五音图式》、《四声等子》同为一图[①]，均出自智公（光）之手，智公生活时代约在五代宋初。”聂鸿音、孙伯君二位先生进一步考证出：智公当为智邦，撰写了“指玄论”；《切韵指玄论》出自僧人王宗彦之手，王宗彦许就是王忍公，生活时代在北宋初年。[②]并怀疑“指玄论”也许就是《切韵指玄论》的简称。[③]

拙文通过爬梳文献，借用几则小材料，再看《切韵指玄论》的作者及成书问题。

一　王宗道其人

（一）著录材料中，作为《切韵指玄论》作者的“王宗道”绝非

---

① 洪艺芳：《潘重规先生在敦煌音韵整理研究上的贡献》，《敦煌学》第二十五辑，敦煌学会编，台北：乐学书局 2004 年版，第 237—239 页。

② 聂鸿音：《黑水城出土音韵学文献研究》，北京：文物出版社 2006 年版，第 114—117 页。

③ 聂鸿音：《智公、忍公和等韵门法的创立》，《中国语文》2005 年第 2 期，第 181 页。

"嘉定进士"，这一点赵荫棠先生已阐明。[①] 鲁国尧先生也赞同这一点。[②] 此王宗道当为贾昌朝（998—1065 年）的同僚，共同生活在北宋时期。史料记载如下：

仁宗皇帝……［甲戌］景佑元年春正月，振京东饥，禁闭籴，振淮南饥。置崇政殿说书，以贾昌朝赵希言王宗道杨安国为之，日俾二人入侍讲说。初上问孙奭谁可代讲说者，以昌朝为对……（宋·陈均《宋九朝编年备要·皇朝编年备要卷第十·凡六年》）[③]

……［丁丑］景佑四年春二月葬庄惠皇后袝永安陵，神主袝奉慈庙，三月置天章阁侍讲，寻以崇政殿说书贾昌朝王宗道赵希言杨安国等兼之……（同上，第 255 页。）

［太宗清心殿图籍，宝元编资善堂书籍］太宗于后苑建清心殿，藏图籍，以资游观。尝于此读《御览》，致飞鹊之异。或云淳化元年正月作，而《御览》成于兴国八年，当考。熙宁三年冬，命李清臣刘挚等校观文殿御览书籍。宝元二年三月癸丑，命贾昌朝王宗道编排资善堂书籍，四月癸未罢之。（宋·王应麟《玉海·卷五十二艺文·唐十三代史目》，清文渊阁《四库全书》第 944 册，子部 250 类书类，第 408 页。）

乙未以王宗道杨中和为睦新宅讲书，张揆为诸王府侍讲，十二月戊午诏宗道中和兼赴北宅讲书……（同上，第 946 册，《卷一百三十·官制》，第 453 页。）

甲子命崇政殿说书贾昌朝、王宗道同编次，太宗尹京日押字时，范仲淹权知开封府，上太宗所羊案牍，故令昌朝等编次。四年十一月，昌朝编次成书，凡七百一十卷。（宋·李焘《续资治通鉴长编·卷一百十八》，清文渊阁《四库全书》第 315 册，史部七三编年类，第 813 页。）

由以上可知，王宗道的职务为太常博士、崇文院检讨等，从"甲子"

---

① 赵荫棠：《等韵源流》，台北：文史哲出版社 1974 年版，第 76—77 页。另，（清）陈昌图《南屏山房集·卷二十》也载有："宋王宗道，《宁波府志》，宗道，字与文，奉化人，嘉定元年进士，为江东提刑司干官。"

② 《黑水城出土音韵学文献研究》，第 116 页。

③ 参见《影印文渊阁四库全书》第 328 册，史部八十六编年类，第 240 页。

和“乙未”两个时间段来估计，他的活动时代至少应在1024—1055年期间。

（二）王宗道有可能是“王宗彦”么？聂鸿音等二位先生，通过参考“袁本《郡斋读书志》”的著录[①]，认为《切韵指玄论》、《四声等第图》均出自一个叫“王宗彦”的僧人之手。并认为王宗彦有可能就是《解释歌义》中提到的“王忍公”。此说颇值得商榷：

首先说，“衢本”《郡斋读书志》著录为“王宗道”[②]，因此，“袁本”著录失误的可能性较大。[③] 因为，历代著录中常见“《切韵指玄论》，王宗道撰”、“《四声等第图》，僧宗彦撰”，如：

> 三十六字母图一卷，僧守温，四声等第图一卷，僧宗彦，切韵指玄论三卷，王宗道。（《玉海·卷四十五艺文》，宋·王应麟，清文渊阁四库全书本。）

但偶有交替相混的情形，如：

> 王宗道，易说指图十卷，书说六卷，……切韵指元三卷，四声等第图一卷文献通考，晁公武曰：切韵之学，切韵者上字为切下字为韵，其学本出西域，今其法类本韵字各归于母，帮滂并明非敷奉微唇音也，端透定泥，知彻澄娘齿音也，晓匣影喻牙音也，来日半齿半舌也，凡三十六，分为五音，天下之声总于是矣。切归本母，韵归本等者，谓之音和，常也；本等等声尽，泛入别等者，谓之类隔，变也，中国自齐梁以前此学未传至，沈约以后始以之为文章，至于近时，始有专门者矣。（清·钱维乔《（乾隆）鄞县志·卷廿一》，清乾隆五十三年刻本，第493页。）
>
> 切韵指元论三卷，四声等第图一卷，鼌氏曰：皇朝王宗道撰。（元·马端临《文献通考·卷一百九十·经籍考十七》，清文渊阁《四库全书》第614册，史部三七二政书类，第250页。）

仔细观察，我们会发现，这种著者与著作相混是有规律的，均与

---

① 《黑水城出土音韵学文献研究》，第115—116页。

② 同上书，第114页。

③ 按：此本笔者未见，此处仅依聂说。

《文献通考》有关，而且这里出现的“王宗道”的爵系通常被著录为“嘉定进士”——即刚刚已被我们否定的身份。类似的例子还有：

> 四声等第图一卷，见马氏通考，宋王宗道撰。（清·陈昌图《南屏山房集·卷二十》，清《四库未收书辑刊》，拾辑第24本，第438页，小学类。）

又是“见马氏通考”，可见此条的失查与混乱，不是人们理不清王宗道与《切韵指玄论》、僧宗彦与《四声等第图》的对应关系，而是受了《文献通考》的干扰。

类似将“王宗道”、“僧宗彦”讹录成“王宗彦”的错误在著录文献中是不少见的，比如，还有将“王宗道”录作“王宗论”①，等等，兹不赘举。

因此说，不能将“袁本”的失误，当成一个“可靠”的依据。况且，对于僧宗彦，还有两条史料能够较有力地证明“他的存在”，第一条：王宗道作《切韵指玄论》，僧宗彦以笔名“僧钟言”作《切韵指元疏》②，而其《四声等第图》署名仍为“僧宗彦”。这一现象在古代写作者身上是较为普遍的。比如，明代吴继仕，字公信，号苍舒，撰《音声纪元》以吴继仕之名，撰《六经始末源流》或其他著作，间或会用“吴苍舒”、“苍舒子”等等，其理一也。第二条：在清代陶澍《陶文毅公全集·卷三十六·文集》中，有这样一段记载：“胡学山韵学序……今古地歧南朔，重唇轻唇正齿半齿，而孰为之筦摄，于是等韵之书以出，溯自鱼山四十二契，别为三千余声，至僧宗彦，而衍为六千，其备九州岛之音乎？……”③“四十二契”相传是南北朝时期释慧忍所制。④与僧宗彦的时代并不矛盾，而且说明僧宗彦懂得音学之理，因此，宗彦的存在不值得

---

① （明）焦竑《国史经籍志·卷二经类》，明徐象樗刻本，《中国基本古籍库》，第43页：“切韵指玄论三卷，王宗论……”

② 同上：“切韵指元疏五卷，僧钟言。四声等第图一卷，僧宗彦。”另外，也有将“僧钟言”讹录成“僧鉴言”的，如（宋）郑樵《通志·卷六十四艺文略·第二》：“切韵指元论三卷，切韵指元疏五卷，僧鉴言。”，清文渊阁《四库全书》本，第374册，史部一三二别史类，第334页。

③ 清道光刻本，《中国基本古籍库》，第471页。

④ （梁）释慧皎：《高僧传》，汤用彤校注，汤一玄整理，北京：中华书局1992年版，第505页。

怀疑。

（三）王宗道的职位背景决定其有能力完成《切韵指玄论》这样的作品，也有机会接触各式图书，上文中提到：仁宗宝元二年三月癸丑，王宗道及贾昌朝受命编排资善堂书籍，等等。

（四）王宗道究竟有没有可能就是王忍公？忍公的身份又是怎样的？聂先生在文章中为我们提供了“智公是《指玄论》的作者”及“王忍公”这样一个“主人公”的材料①，对于长期苦索“关键之设肇自智公”的学者们来讲，无疑是非常宝贵、及时的信息。

这里的“智公是《指玄论》的作者”，较令人信服。不仅有《四声等子序》中“关键之设肇自智公”一句，而且《解释歌义》中关于《指玄论》原文的记录部分，也提到了智公，如“平声十六智家收”。②

但是，“智公”确为“智邦”？恐怕不敢轻易定论。因为，对“邦”的注解，均是出自《解释歌义》撰者——“□髓”的理解，他对《指玄论》的了解程度如何？无人知晓。不过，《解释歌义》的撰述时代约在金代③，从这一背景来考察，注解《指玄论》的行为又是合理的、可解释的。因此，在未有新材料出现之前，可暂从“智邦”说。

对《解释歌义》作者“□髓”的水平及注解可信度要保持怀疑，在“王忍公”处体现得更明显些。第一，是否确有“王忍公”其人？因为在《解释歌义》所录《指玄论》原文部分均未直提“王忍公”，仅出现“入韵八行王氏语”一处④，可知阐释智公门法精义的人为“王氏”。“忍公或王忍公”的称谓，仅可在注释中见到。第二，这个“王氏”就一定是僧人么？如上所述，说“王氏”是僧人，也仅是《解释歌义》作者的“一面之词”。其理由有“忍公，是出家之人，故云公，表是释迦家弟子”，还有“王氏者，其人姓王名氏，字忍公”等。对于第二条，连聂鸿音先生本人都觉得奇怪、不足信，认为“注者的这条解释显然不大符合人们的起名惯例，正常的说法好像应该是‘王氏，号忍公’”⑤；而对于第

---

① 聂鸿音：《智公、忍公和等韵门法的创立》，《中国语文》2005年第2期。

② 《黑水城出土音韵学文献研究》，第157页，图A·6—36。

③ 可参见《黑水城出土音韵学文献研究》，第108—109页；宁忌浮《金代汉语语言学述评》。

④ 《黑水城出土音韵学文献研究》，第156页，图A·6—35。

⑤ 《智公、忍公与等韵门法》，《中国语文》2005年第2期，第182页。

一条呢，“云公”就是“出家之人”？恐怕也不尽然吧。毕竟“公”还有对“老年人”的尊称等含义。①

如果“王氏”不是“僧人”，那么这个“王氏”便是王宗道的可能性就又增加了一层。

假若“忍公”真是对王宗道的称呼，即便不从僧人的角度，也是可以解释它的来源的，如下则材料：

> 景佑中有轻薄子以古人二十字诗，益成二十八字嘲谑云：仲昌故国三千里，宗道深宫二十年，殿院一声河满子，龙图双泪落君前。龙图者，王博文也，尝更大藩镇开封知府三司使任使，一日对上前，因叙易历之久，不觉泪下。殿院者萧定基也，为殿中侍御史，与韩魏公、吴春卿、王君贶同过。宗道者，王宗道也，为诸宫教授及讲书，凡二十余年，辄于上前自诉，在宗藩二十余年，求进用……（宋·范镇《东斋记事·卷三》，清文渊阁《四库全书》1036 册，子部三四二小说家类，第 596 页。）

对于“轻薄子”二十八字诗的来源，在《东轩笔录》② 中予以解释：“唐张祜宫词云：故国三千里，深宫二十年，一声河满子，双泪落君前。天圣中，章仲昌坐讼科场，其叔郇公，奏乞押归本乡建州。时，王宗道为王邸教授最久。而殿中侍御萧定基发解为举人，作《河满子》，以嘲龙图阁直学士。王博文为三司使，自以久次泣愬于上前，遂除为枢密副使。时人增改祜诗，以志其事，曰：仲昌故国三千里，宗道深宫二十年，殿院一声河满子，龙国双泪落君前。”

史料为我们提供了两个信息，一为，景佑年间，王宗道已居“深宫”教授很多年了，“二十年”虽然可能是个概数，但也有参考价值；二为，反映了王宗道的性格特征，即“温稳”、“容忍”，甚至有些“逆来顺受”，这与“忍公”名讳的来源会不会有些联系呢？

---

① 汉语大字典编辑委员会：《汉语大字典》，成都：四川辞书出版社 1990 年版，第 242 页，“公”字第 10 条。

② （宋）魏泰：《东轩笔录·卷十五》，文渊阁《四库全书》第 1037 册，子部三四三小说家类，第 501—502 页。

二　关于《切韵指玄论》与《切韵指元论》

改“玄”为“元”是宋书避讳中的通例①，由此可断定《切韵指玄论》的产生时代在宋代，应该没有问题。查宋时著录，作“玄”字，仅《郡斋读书志》、《玉海·艺文》等两处。《郡斋读书志》为私藏目录，《玉海》是类书②，而且两书时代均已入南宋，上距先祖较远。其他如《通志》、《文献通考》等，均著录为《切韵指元论》。③

再结合上文对王宗道生活时代的判断，可以考虑将《切韵指玄论》的最终成书时间划在北宋仁宗时期（1023—1063年）。

从现有的材料来看，《切韵指玄论》不仅有“图”，还有门法阐释、歌诀等内容。根据《解释歌义》中“智公建立指玄论”及《四声等子·序》里提到的“关键之设，肇自智公”，我们可大致推测《指玄论图》及门法当由僧智邦所作，成书时段应在唐末五代至宋初。歌诀部分由王宗道后增，并连同智公所创的“指玄论”及门法，合并编为《切韵指玄论》，时间约在宋初至宋仁宗年间。

---

① 陈垣：《史讳举例》，《中国现代学术经典·陈垣卷》，石家庄：河北教育出版社1996年版，第299页：“宋讳例始祖玄朗，‘玄’改为‘元’，或为‘真’……”

② 乔衍：《宋代书目考》，台北：文史哲出版社2008年版，第73、123页。

③ 以《切韵指玄》著录还可见于（明）莫旦《大明一统赋·卷中·字书》，四库禁毁书丛刊史部21，第45页。以《切韵指元》著录还可见于（清）钱维乔《（乾隆）鄞县志》，清乾隆五十三年刻本，《中国古籍基本库》，第493页。

薛凤生教授的古代汉语语法研究

游文福　刘承慧　清华大学（台湾）

摘要　薛凤生教授在古代汉语语法研究方面提出若干重要主张，包括：（一）必须认清先秦散文具有口语特色这一语言事实；（二）应从“汉语本位”的句式分析入手，确切理解古代汉语语料；（三）解释虚词功能必须注意到语言具有系统性的现实，不宜“随文解义”；（四）语序是决定语意的重要因素。本文回顾这四项主张的相关文献，并作扼要评述。

关键词　口语特色　句式分析　虚词研究　语序　古代汉语语法研究

一　前言

薛凤生教授精研音韵，因长期从事汉语教学工作，所以对汉语语法（尤其是古代汉语语法）投以关注，后来研究兴趣也逐渐转移到语法上[①]，从20世纪80年代初至今发表了一些汉语语法研究的论文。这些论文所关注的课题，包括连词“而”的语意与语法功能、“以”字结构的语法功能、被动句型以及汉语句式的特点，对后来的研究有一定的影响和启发。本文回顾并扼要评述薛教授在古代汉语语法方面的主张。

二　先秦散文具有口语特色

薛教授指出，先秦散文诸如《论语》、《左传》、《孟子》、《庄子》

① 见 Hsueh（1982），薛凤生（1991，1998）。

等，虽是经由书面形式流传下来，但记录时大都把言谈口吻一并记录下来，这些传世文献基本上保留着当时的口语特色（薛凤生 1998，2004；Hsueh，1997）。这主要表现在：（一）主语和谓语经常是松散的“话题”和“说明”；（二）语句简短自然；（三）具有丰富的语气词。例如：

(1) 孟子曰：“自暴者，不可与有言也；自弃者，不可与有为也。言非礼仪，谓之自暴也；吾身不能居仁由义，谓之自弃也。仁，人之安宅也；义，人之正路也。旷安宅而弗居，舍正路而不由，哀哉!”（《孟子·离娄上》）

(2) 子适卫，冉有仆。子曰：“庶矣哉!”冉有曰：“既庶矣，又何加焉?”曰：“富之。”曰：“既富矣，又何加焉?”曰：“教之。”（《论语·子路》）

例（1）中孟子提出他对“自暴者”和“自弃者”的看法，接着指认何谓“自暴者”和“自弃者”，再紧扣“自弃者不居仁由义”，进一步说明“仁”与“义”之于人，就好比“安宅”与“正路”，最后不由得对一般人“旷安宅”、“舍正路”发出感叹。各句主语和谓语都是“话题”和“说明”的关系，而且每一个语句都以句末语气词收尾。例（2）是孔子和冉有到达卫国时的一段对话。“庶矣哉”、“既庶矣，又何加焉”、“既富矣，又何加焉”都是针对同一个话题而发，他们的谈论对象“卫国人民”始终没有出现在语句中，因为卫国人口众多是交谈当下双方亲眼目睹，不言而喻。当孔子说出“庶矣哉”，句末语气词“哉”表明孔子对眼前所见的现实发出赞叹，而孔子以小型句“富之”、“教之”回答冉有的提问，也是自然的对话形式。

薛教授据此驳斥“古代汉语不是自然语言”之说（Hsueh，1997）。其实，这三方面也正好显示了先秦汉语的研究价值。忽略先秦文献的口语特色，定是探求汉语语法规律及其发展变化的重大损失。

三　从句式入手

学者研究古代汉语的目标不尽相同，有些是为通读与解释古代文献，有些是为探究汉语的语言规律。无论如何，只要从事这方面的研究，都要力求接近古代汉语的真实面貌。薛凤生教授多次在论文中强调，有意义的古代汉语语法研究必须根据古代语言事实来立论，而不是盲目套用西方理论去解释文献（薛凤生，1997，1998；Hsueh，1997）。必须做好基本功，确切而深入地理解和掌握古代汉语事实，才能避免为套用理论而削足适履的弊病。

基于这种认识，薛教授倡导“汉语本位”的句式分析（薛凤生，1998，2004）。他在《试论汉语句式特色与语法分析》一文中如此声明（薛凤生，1998：67）：

“我认为所谓‘汉语的特点’，并不是说汉语作为一种语言，本质上与其他语言特别不同，因而不能使用一般语言学理论解析诠释，而是说在风格上，古今汉语的句式都有某些特色，因此在分析当代口语或古代文献时，就必须充分掌握这些特色。”

他以赵元任（1968）所说的汉语语句的主语和谓语是“话题—说明”作为立论的起点，提出汉语句式的八大特色，并据此重新检讨“被动句型”和“动补结构”。虽然具体的论述不无可商榷之处，但引起大家对古代汉语句式的重新思考，这无疑具有重大的影响。

薛教授非常重视句式分析，因为要确切理解古代汉语语料，最直接有效的方法就是从句式入手。例如有学者认为“以”跟连词“而”的用法相同，薛教授就不赞同，认为这是把不同的句式混淆在一起了，例如①：

（3）秦伯素服郊次，乡师而哭，曰：“孤违蹇叔，以辱二三子，孤之罪也。”（《左传·僖公三十三年》）

（4）子谓子贡曰：“女与回也孰愈？”对曰：“赐也何敢望回。回也闻一，以知十；赐也闻一，以知二。”（《论语·公冶长》）

例（3）秦穆公不听蹇叔的劝阻，出兵远袭郑国，导致其三名主将为晋国所俘虏，后来三名主将获得释放回到秦国，秦穆公穿着素衣到郊外接见，就对他们说了这句话。“辱二三子”意为“使二三子受辱”，是穆公违背蹇叔意见的结果，“以”表示“违蹇叔”与“辱二三子”之间的致使关系。例（4）被孔子问到自己和颜回谁比较优越，子贡自认无法跟颜回相比，因为颜回听到一件事，就可以推知十件事，而他自己只能够推知两件事。“以”同样是表示“闻一”与“知十”、“知二”之间的致使关系。薛教授认为，此两例中的“以”若是以“而”替换，那么前后两事

① 例（3）和例（4）转引自Hsueh（1997：38—39），本文引用时增加了相关上下文。

之间的致使关系将不再是重点，秦伯对三位主将的歉疚、颜回和子贡的高下也就无从彰显。试比较：

(5) 子曰："始吾于人也，听其言而信其行；今吾于人也，听其言而观其行。于予与改是。"（《论语·公冶长》）

例 (5) 由"而"连接的"听其言"与"信其行"之间存有某种基于时间先后而形成的前因后果（广义因果）关系，但不同于"闻一以知十"、"闻一以知二"由"以"标记的致使因果关系；假使替换为"闻一而知十"、"闻一而知二"，就失去了"以"加诸的致使因果联系。

连词"以"和连词"而"是不同功能的连词，标记两种不同的句式；从句式角度入手，就不会把"以"字句和"而"字句混为一谈。

四 注意虚词和句式的关系

薛教授在美国大学的教学对象，母语并非汉语，所以他深刻体会到汉语教学一定要把句式和虚词解释清楚；要做到这一点，不能只谈句法（syntax）而忽略语意（semantics）（Hsueh，1982；薛凤生，1991）。①

薛凤生教授讨论虚词的语意功能常常是扣住特定句式来谈，如"而"、"则"、"以"②，因为虚词的语意功能往往是透过句式体现的。要探讨虚词的语意功能，就必须对大量的相关句式进行归纳与分析，而不能"随文解义"。传统语文学者常作这样的解释，如王引之把例（6）和例（7）中的"而"当作"若"，又把例（8）中的"而"当作"则"。③

---

① 他如此叙述他的教学经验："... for practical teaching, we should perhaps pay some more attention than we did before to the semantic definition of grammatical particles. The reason is very simple. In a classroom, we are dealing with a group of intelligent human beings who, nevertheless, may be very naïve about linguistic theories. They are used to thinking in terms of 'meaning', and often feel overwhelmed by logical but dry abstractions of the underlying system of syntactic structure. Moreover, syntactic specification, no matter how precise, is no substitute for accurate semantic definition."（Hsueh，1982：1）

② 薛教授分析现代汉语的"了"、"再"、"又"、"还"（Hsueh，1982）以及"把"、"被"（Hsueh，1989），也是从句式立论。

③ 例（5）例（6）、例（7）转引自（清）王引之（1967：14—15），本文引用时增加相关上下文。

(6) 如是可矣，何必瘠鲁以肥杞？且先君而有知也，毋宁夫人，而焉用老臣？(《左传·襄公二十九年》)

(7) 后世若少惰，陈氏而不亡，则国其国也已。(《左传·昭公二十六年》)

(8) 吕甥曰："君亡之不恤，而群臣是忧，惠之至也，将若君何？"众曰："何为而可？"(《左传·僖公十五年》)

薛教授（1991：55）认为，这些学者的目的在于解经，不是研究语法，本来也是无可厚非的，不过如果要成系统地研究古代虚词，就不能采用这种方式。原因很简单，这种做法表面上把语句说通了，但"通"并不表示"正确"，要是说通就可以的话，那么说通的方法还有很多（王力 2009：10）。

缘此，薛教授在《试论连词"而"字的语意与语法功能》中提出从事古代汉语虚词功能研究应该坚守的两条基本原则，首先是要确认某个"字"代表一个还是多个词素（morpheme），其次要界定其语法和语意功能。他指出（薛凤生，1991：56）：

"我猜想多数人都承认语法词'而'代表一个单一的词素，这也就是我的看法。这就要求我们给这个语法词提出新的诠释。我觉得我们可以综合它的用法，给它下一个这样的定义：'而'字的基本定义：(a) 语法功能：连接子句以构成复句；(b) 语意功能：表示其前之子句为副（subordinate clause），即副词性的描述语（adverbial modifier），其后之子句为主（main clause），即语意焦点（focus）。"

这个见解在当时是很先进的，因为那时的古代汉语虚词研究受到早期学者的影响。如王力（1962）的《古代汉语》、周法高（1961）的《中国古代语法：造句编》（上）都认为"而"兼有多种功能，可用于连接两个词组或语句，连接状语和述语，也可用于主语和谓语之间表示假设，还可表示两件事情的联系，包括顺接和逆接等。① 其后的研究，如谢质彬（1980），张世禄、申小龙（1988），何乐士（2004）都赞同这种看法。

事实上，两方面的意见各有立场。如果就"而"前后的成分所属的词类与功能来说，它的确是用于连接各种不同类型的成分。但若是着眼于"而"和它所代表的句式（"而"字句），那么它是复句的标记，标记前

① 详见薛凤生（1991：55—56）、王力（1962［2003］：447—449）、周法高（1961：149—153，217—219，277—280）。

后子句的从属关系；前面是从属子句，修饰或限定在后的主要子句。且看例（7）“陈氏而不亡”，前面是名词“陈氏”，后面是动词组“不亡”。早期学者倾向把“陈氏”和“不亡”视为两相搭配的主语和谓语，“而”自然被当做主谓间表示假设的记号；但薛教授先确认“而”的功能是连接两个子句，“而”字句是两个表述成分的合成，如此则“陈氏”自成表述成分，语法地位跟“不亡”是一样的。

若根据赵元任（1968）提出的小型句和完整句之间的关系——两个小型句合为一个完整句，这两方面的分析未必是彼此捍格或绝不相容的。然而正因为如此，薛教授提出的见解越发显得重要：“而”在不同组合关系中有不同的解释，是组合环境所赋予的，但“而”之所以用在多种不同的组合环境中，取决于它在先秦语言系统中的规约化功能，也就是连接两个子句（包括小型句）的功能。

语言中的“词素”，既是语言词库（lexicon）中的备用单位，也是语句中的使用单位。作为静态的备用单位，词素被赋予语言系统所规范的功能；然而作为语句中的动态使用单位，它与语句中其他使用单位形成意义上的互动，很自然地就从规范功能延伸出语境限定的作用。早期学者偏重在组合关系中的作用，薛教授厘析“而”的规约化功能，有助于我们理解“而”这个标记的语法特性。

五　语序决定意义

薛教授经常强调的另一个重点是语序。他一再重申语序对构词和造句都极为重要，无论是复合词、词组还是语句，内部成分如果调换顺序，语意关系就会改变，整体意义也将随之改变（Hsueh，1997；薛凤生，1998，2004）。

在《古代汉语的动补结构和“以”字短语的语法功能》一文中，薛教授从“语序”切入[①]，指出《孟子·梁惠王上》中的“以羊易之”和“易之以羊”所指虽为同一件事，但是表达意义有细微的差别，不能等同视之。他的论点是，语序不同表示语意中心有别，整体的意义也就不同（Hsueh，1997）。如：

---

① 原文以英文撰写，篇名的中译文是根据耿振生先生的翻译版本，详见参考文献。

(9) 曰:"臣闻之胡龁曰,王坐于堂上,有牵牛而过堂下者,王见之,曰:'牛何之?'对曰:'将以衅钟。'王曰:'舍之!吾不忍其觳觫,若无罪而就死地。'对曰:'然则废衅钟与?'曰:'何可废也?以羊易之!'不识有诸?"曰:"有之。"曰:"是心足以王矣。百姓皆以王为爱也,臣固知王之不忍也。"王曰:"然。诚有百姓者。齐国虽褊小,吾何爱一牛?即不忍其觳觫,若无罪而就死地,故以羊易之也。"曰:"王无异于百姓之以王为爱也。以小易大,彼恶知之?王若隐其无罪而就死地,则牛羊何择焉?"王笑曰:"是诚何心哉?我非爱其财而易之以羊也,宜乎百姓之谓我爱也。"曰:"无伤也,是乃仁术也,见牛未见羊也。君子之于禽兽也,见其生,不忍见其死;闻其声,不忍食其肉。是以君子远庖厨也。"(《孟子·梁惠王上》)

例(9)是齐宣王叫下人把要用来衅钟的牛给放了,下人请问是不是要废除衅钟这仪式,宣王表示仪式不能废掉,但可以用羊来取代牛——"以羊易之"是独立的命令语。孟子告诉宣王,齐国人认为是他舍不得用牛,改用羊来替换,他不以为然地替自己辩驳说是因为不忍心看到牛发抖,所以用羊来代替它——"即不忍其觳觫,若无罪而就死地"是"以羊易之"的解释,"以羊易之"表述宣王怜悯心大发而带来的结果。当宣王弄清楚为什么人民都以为他小气,一时间也不明白自己当时是怎样的心思而感到好笑,但仍强调不是因为牛所花费较高才下令改用羊——"宜乎百姓之谓我爱也"是他对国人的误会表示能够谅解,而谅解的基础是"我非爱其财而易之以羊也"。

无论是用于下达命令或用于表述怜悯心造成的结果,"以羊易之"的语意重心都在"易之"。然而"易之以羊"的语意重心却是"以羊":"我非爱其财而易之以羊也,宜乎百姓之谓我爱也"是条件关系复句[①],"我非爱其财而易之以羊也"为前提条件,"宜乎百姓之谓我爱也"是条件限定下的推论结果。又"我非爱其财而易之以羊也"由转折关系合成,齐国人认定宣王小气,宣王辩称"我非爱其财"。如果按照齐国人的逻辑,那就应该用较贵重的而非较低贱的牲畜来替换,"以羊"反而落实了猜测。准此,"我非爱其财而易之以羊也"是复杂的表意成分,宣王一方面借以澄清自己并非小气,另一方面表示已经明白当时虽非小气但表现出小气的样子,以致受到误解。他是在这种前提条件下承认"宜乎百姓之

① 本文的所谓"条件句"相当于"conditional sentence"。

谓我爱也”。

也就是说，“以羊易之”和“易之以羊”的语意重心都在后面的动词组上。薛教授指出“以羊”、“易之”两个动词组位置对调，语意关系跟着发生变化。“以羊易之”的语意重心在后，跟现代汉语连动式一致，因此很容易领会。“易之以羊”需要特别解释，因为现代汉语的“以”并没有独立的表述功能，先秦表示工具或手段的“以”具有动词性，可独立表述。如 Hsueh（1997：34）所举《论语·宪问》“桓公九合诸侯，不以兵车”中的“以”，就相当于现代动词“使用”。那么如何解析“易之以羊”的构成方式？先比较下句。

(10) 滕文公问曰：“滕，小国也。竭力以事大国，则不得免焉。如之何则可?”孟子对曰：“昔者太王居邠，狄人侵之。事之以皮币，不得免焉；事之以犬马，不得免焉；事之以珠玉，不得免焉……去邠，踰梁山，邑于岐山之下居焉……”（《孟子·梁惠王下》）

滕文公向孟子请教侍奉大国之道，他指出像滕国这样的小国用尽一切努力去侍奉大国，仍担心遭受大国侵犯，因此请教避祸的方法。孟子以古时候太王为了避祸而迁移到岐山为例，建议他仿效太王。“事之以皮币，不得免焉”、“事之以犬马，不得免焉”、“事之以珠玉，不得免焉”三句都是现实因果关系复句，“不得免焉”表示结果，“事之以皮币”、“事之以犬马”、“事之以珠玉”指陈太王侍奉戎狄的方法，也就是为求免祸所做的种种讨好施为。前因都是主谓式，“事之”为主语，“以皮币”、“以犬马”、“以珠玉”是谓语。

据此再次检视例（9）“我非爱其财而易之以羊也，宜乎百姓之谓我爱也”的前项“我非爱其财而易之以羊”，以连词“而”衔接“我非爱其财”和“易之以羊”两个子句，“易之以羊”就像例（10）“事之以皮币”是主谓式。

这种用法在现代汉语里依然保留，例如“他买书用支票，买酒用现金”这个句子中，“买书用支票”、“买酒用现金”都是由动词组合成的主谓式，这种主谓式与相应的状中式“用支票买书，用现金买酒”，句意似乎没有什么区别。但是，如果把两例放入条件关系复句中，就有了对比。例如：

(11) 他买书用支票，买酒用现金，好提醒自己节制饮酒。

（12）他用支票买书，用现金买酒，好提醒自己节制饮酒。

例（11）和例（12）的后项都是“好提醒自己节制饮酒”，这时候前项用主谓式要比用状中式更恰当，因为“用现金”是自我提醒的手段，因而也是前项的语意重心所在。如果把“用现金”放进状中式，语意重心成了“买酒”，前后的条件关系就没有那么明确了。值得注意的是，例（12）在现代汉语中并非绝无被接受的可能性，主要是现代汉语表示工具或方法的介词组如“用现金”与谓语中心的动词组如“买酒”结合紧密度很高。尽管“用”也可以独立表述，但在状中式作介词的优势高于独立充当谓语中心语。先秦“以”则不然，先秦“以”字词组未必要依附在另一个动词组上，语序也相对于现代的“用”更加自由。

回到例（9）中，“我非爱其财而易之以羊也，宜乎百姓之谓我爱也”中的“易之以羊”是随着条件关系的表达需要而形成的。具体证据是先秦文献并没有把语意重心所在的表示工具或方法的“以”字词组当做状语的用例。

六　结语

薛教授主张古代汉语语法研究一定要从汉语本身出发，唯有这样才能符合汉语实情。从汉语本身出发，首先得对语料有确切的理解与掌握，而最直接有效的方法就是从句式入手。然而句式分析经常面对一个难题，那就是如何恰当地分析虚词的语意功能。“以”和“而”是先秦使用频率极高的虚词，过去有学者把它们混为一谈，又把“而”视同“若”及“则”等，这都难免有“随文解义”的弊病。因此薛教授提出研究虚词语意功能应坚守两条基本原则，把语法研究推向更高的水平，这是很大的贡献。

薛凤生教授作为一位音韵学家，跨领域尝试新的研究，致力于“找出古代汉语中的一些事实，作为建立理论的基础”（薛凤生，1996），尽管这方面的著作无法与其音韵学方面的成就相提并论，但在为数有限的论文中提出重要见解，其研究成果很值得后学者关注，研究精神更值得我们学习。

参考文献

何乐士：《〈左传〉的“而”》，《左传虚词研究》，商务印书馆2004年版。

王力主编：《古代汉语》，中华书局1962年版。

王力：《国学常识讲话》，北京大学出版社2009年版。

王引之：《经传释词》，台湾商务印书馆1967年版。

谢质彬：《从〈论语〉一书看古汉语连词“而”的用法》，《河北大学学报》，1980年第2期，第99—108页。

薛凤生：《试论连词“而”字的语意与语法功能》，《语言研究》1991年第1期，第55—56页。

薛凤生：《试论汉语句式特色与语法分析》，《古汉语研究》1998年第4期，第67—74页。

薛凤生：《汉语句式特色之成因——赵元任先生给古文句法研究之启示》，《语言科学》，2004年，第67—73页。

薛凤生著，耿振生译：《古代汉语的动补结构和“以”字短语的语法功能》，《古汉语研究》1996年第2期，第14—20页。

薛凤生著，冯胜利译：《古代汉语中的主语省略与所谓的被动句型》，《中国语言学论丛》（第一辑），北京语言文化大学出版社1997年。

张世禄、申小龙：《上古“而”字功能研究》，《古汉语研究》，河南大学出版社，1988年。

周法高：《中国古代语法——造句编》（上），台北：“中研院”历史语言所1961年版。

Chao，Yuan-Ren（赵元任）. 1968. *A Grammar of Spoken Chinese*. Berkeley：University of California Press.

Hsueh，F. S. 1982. *The Role of Semantics in Teaching Syntax：Some Examples from Mandarin Chinese*，*Journal of the Chinese Language Teachers Association*，17. 1，pp. 1—13.

Hsueh，Frank F. S. 1989. *The Structural Meaning of Ba and Bei Constructions in Mandarin Chinese：Do They Really Mean Disposal and Passive?*，In Tai and Hsueh ed.，*Functionalism and Chinese Grammar*，pp. 95—125. Beijing：Chinese Language Teachers Association.

Hsueh，Frank F. S. 1997. *Verb Complement in Classical Chinese and its Implications as Revealed by the Particle* 以，In Chaofen Sun ed.，*Studies on the History of Chinese Syntax*，pp. 27—48. Berkeley：Project on Linguistic Analysis，University of California.

瓦罗《华语官话语法》漫议

杨亦鸣　孙万松　徐州师范大学

一

16 世纪中期以后，随着欧洲向全世界的殖民扩张，各教会为了扩大势力，也纷纷派遣传教士来到中国。为了方便传教，这些西方传教士必须尽快学会并熟练地使用汉语以便同中国人进行交流，于是在汉语研究的历史上掀起了西方传教士研究汉语的热潮。传教士们从自己的语言出发分析汉语，写出了很多汉语语法书。现存的有瓦罗《华语官话语法》（1682）、马若瑟《汉语札记》（1728）及《中国语言志略》（1731）、马士曼《中国言法》（1814）、马礼逊《汉语语法》（1815）、艾约瑟《汉语官话口语语法》（1864）等，其中尤以瓦罗的《华语官话语法》（以下简称瓦罗《语法》）流传最广，是现存的世界上第一部刊行的汉语语法书（姚小平，2003），比我国的第一部语法著作《马氏文通》早了两个多世纪。

正因为瓦罗《语法》是西方传教士的教科书，该书向我们展示的是三百多年前的汉语口语的实际情况。这对我们了解和研究那一时代的语言面貌有着十分重要的意义。而且，就研究口头的活的语言来说，瓦罗已经具备很高的语言学理论水准，比索绪尔的同类观点早了 200 多年，可以称得上是索绪尔之前的索绪尔主义者。而在同一时代，中国语言学尚处在传统语文学研究（也即“小学”研究）阶段，研究对象都是已经与口语脱离的书面语，即使是两个多世纪后的我国第一部语法书《马氏文通》也是研究文言语法的。

作为一部西方传教士语法，瓦罗《语法》还为我们提供了一个汉语语法研究的独特的视角。作为一位外国人，瓦罗的研究受传统汉语语法研究的影响较小，使得他可以“从异语角度观察汉语结构”（艾言，2003），所以，他提供的是对汉语语法的一个全新的认识。同时他对汉语的全部认识是在与自己语言的对比中获得的，所以也在很大程度上开了汉语与西语比较的先河。

二

瓦罗《语法》从 1682 年成书，就已经以手稿形式广为流传。手稿有两个原本，一个是瓦罗 1682 年用西班牙语写的，另一个是他 1684 年用拉丁语写的。至 1703 年，西班牙文手稿由方济各会士皮诺艾拉编辑整理在广州首版。1835 年，拉丁文手稿出版于那不勒斯，书名叫《汉语语法》。该书的西班牙文本 2000 年被柯蔚南和约瑟夫译成英文，由 John Benjamins 出版社出版。外语教学与研究出版社 2003 出版的瓦罗《语法》就是由姚小平、马又清译自该本。

西班牙文 1703 版出版前，皮诺艾拉对瓦罗的手稿进行了编辑，书中增加了弁言和由在陕西周围传教的葛莱莫纳编写的《解罪手册》。1790 年，该书第二版印制时，删去了《解罪手册》。美国国会图书馆收有该书的手稿本，既无《解罪手册》，也无序篇。2000 年该书的英文版出版时，书前增加了译者的英译序及鸣谢、英译出版前言和白珊写的《导论》，书后还增加了三个附录，分别是美国国会图书馆手稿的第一章第五节第 9—16 页、第十五章第三节第 127—128 页和 3 页的甲子纪年法介绍，书中相关内容还增加了译者注。该书的中文版出版时，增加了中译序和中译注，并删去了附录的甲子纪年法。

多明我会和耶稣会的传教士们所编写的语法教材，其概念框架都是以拉丁语语法为主导。他们都通晓拉丁语，熟知拉丁语的语法分类，他们利用已知的手段来描述新事物，以便能更好地了解新事物，用熟悉的概念来描写不熟悉的语言，以便能更容易地掌握这种语言。瓦罗的《华语官话语法》也未能脱离拉丁语的限制，其体系框架主要是依据西班牙语法学家内布利亚 1481 年出版的《拉丁语教学语法》。

瓦罗《语法》的正文除弁言外共分 16 章。第一章若干戒律，谈到汉语与欧洲语言的不同，以及学习汉语中的要求和注意点。第二章汉语的声调，介绍汉语的五个声调及发音方式。第三章至第十章，以及第十二章、第十三章介绍词类。第三章介绍名词和代词的主格、属格、与格、宾格、呼格、离格等格变形式；第四章论及名词、形容词的构成以及它们的比较级、最高级问题；第五章涉及动名词、抽象词、指代词，名词的性，以及汉语中的行业名称和多次概念的表达；第六章介绍了基本代词、派生代词，并分别介绍了指示代词、关系代词、反身代词及其用法；第七章是对叹词、连词、否定词、疑问词，以及所谓的“表示条件的词”的介绍；第八章、第九章谈到动词、动词的变位（时态、不定式、虚拟式等）以及被动结构问题；第十章作者用词表的形式以拉丁文意义的顺序列出很多介词和副词；第十二章介绍数词、量词、序数词以及列举时辰、日子、星期、月份和年的方法；第十三章谈到了“当、一、打、得、著”等小词及其用法。该书的第十章，作者还谈到主动句、被动句句型以及构句法问题。第十四章至第十六章涉及语用问题。第十四章介绍了官场中应当注意的礼貌用语，主要是尊称和谦称问题；第十五章介绍如何称呼官员及其家属以及其他人；第十六章介绍平常交谈中的礼貌用语、外交辞令以及拜访、邀请中的礼节问题。

《华语官话语法》的作者是弗朗西斯科·瓦罗，1627 年生于西班牙塞维利亚，1642 年，他进入故乡的圣保罗修道院成为多明我会的见习修士，1643 年加入多明我会。1648 年在菲律宾学习了一年的汉语，1649 年到达中国福建，他的传教地点是福建福安，在福安，他埋头研究当地方言，也研究官话。瓦罗精通官话和福州方言、福安方言，并掌握了高难度的公文语言。在华期间，他多次被迫害、拘禁、放逐，但他仍写了大量的书信、报告和论文，他还分别用西班牙语和葡萄牙语编纂了两部《汉语词汇表》，1682 年完成了《华语官话语法》。此书以手稿形式广为流传。1687 年，瓦罗卒于福州。

该书的编者为皮诺艾拉，所附的《解罪手册》的作者为葛莱莫纳。佩德罗·德·拉·皮诺艾拉，1650 年生于墨西哥城，1676 年到达福建厦门，后往泉州。之后在穆洋遇到瓦罗，跟他学习中文。曾在江西居住长达八年，后因病在广州疗养，1703 年重新编排瓦罗《语法》的手稿。1704 年卒于漳州。巴西略·德·葛莱莫纳，1648 年生于意大利，1684 年参与远东使团到达中国，1696 年被选为中国首位直辖教区牧师，辖区中心在陕西。1704 年卒于陕西。

三

白珊（Breitenbach，S.）是较早对瓦罗及其《语法》进行研究的人，她是研究瓦罗生平和著述的专家（参见 Coblin and Levi 的英译注）。Breitenbach（1996）从以下几个方面对瓦罗及其《语法》进行介绍。

第一，她详细介绍了瓦罗的生平及其著述。包括其学习语言的情况、传教的地点，以及瓦罗用西班牙语和葡萄牙语编纂的两部《汉语词汇表》等。

第二，关于瓦罗《语法》的语法传统及其框架的研究。Breitenbach（1996）指出多明我会传教士对汉语的认识和看法深受盛行于欧洲的古希腊—罗马的语言学观念的影响，他们都用他们所熟知的语法观念来描写汉语。瓦罗对汉语结构的看法自然也受到当时那种他所熟知的语言学观念的影响，因此，古希腊—罗马的语言学传统是贯穿瓦罗《语法》的主线。瓦罗《语法》中最引人注目的是“八大词类”的概念，其源头正是成书于公元前1世纪，影响欧洲长达13个世纪并一直被奉为标准的希腊语法《读写技巧》（又称《语法术》）。Breitenbach（1996）经过考证认为，瓦罗语法的直接来源则是西班牙语法学家内布利亚的拉丁语教学语法，在基本结构和内容上都可以从中找到对应关系，只是瓦罗在章节的排序和内容的表述上作了些调整，并且不乏创新之处。瓦罗把拉丁语语法范畴用到汉语上，是出于实用的考虑，而不是西方语言结构比汉语重要。虽然他是用熟悉的概念来描写不熟悉的语言，但他的语法中体现了如下创新：1）瓦罗的陈述格式；2）为了使新来的传教士熟悉汉语的语音体系，在论语音结束时加的一段话，是他新的想法；3）最后几章的礼仪、习俗用语也堪称他的创新。Breitenbach说，利用拉丁语的语法框架来描述汉语，用拉丁语作为比较的基础，可以减轻学习汉语的困难，传教士们就能更好地了解和掌握这种语言，从实用的角度加以利用，也有利于拉丁语模式的推广。但她同时指出，罗马人仿效司拉克斯并将其语法体系根植于拉丁语，这对于同样是形态语言的拉丁语来说在某种程度上是可以接受的，但瓦罗把古希腊—拉丁语的语法框架移入没有形态变化的汉语中就会产生争议。

第三，关于瓦罗《语法》的语言学阐释及瓦罗汉语观的评价。Breitenbach（1996）的评价可以概括为以下几点：1）瓦罗强调正确发音的重要性。白珊说，正确的发音对瓦罗来说极为重要，所以他用了整整一章来处理语音的问题，语音放在本书的开首。2）小词具有特殊功能，瓦罗相信汉语里有各种词类，用这些小词来划分词类，小词在瓦罗的语法体系中起着重大作用，但这些小词绝不等同于汉语的虚词。3）重视口语，不提书面语。4）中国优秀的通俗小说对于学好汉语非常重要。瓦罗说，要认真地学好这门语言，最好是下功夫读（现代的）“西塞罗”或“小说”，即通俗小说。5）瓦罗《语法》写得浅显明白、通俗易懂，使初学汉语的欧洲人更容易入门。Breitenbach（1996）指出：瓦罗《语法》的重要性在于，它在汉语语法研究的发展史上起过至为关键的作用。瓦罗提供的样板不仅在以后的语言学探索中被其他传教士所遵循，而且可能还决定了日后整个中国语言学的历史发展。保存在这些历史文献中的音韵、形态、句法和语义等语料是一种珍贵的信息，为现代研究提供方便，否则这种语言就会不为我们所知。要把中国本土的语言研究传统结合起来考虑，那么，瓦罗的思考以及继之而起的多明我会语言思维，其形成和发展显然独立于中国语言学传统。而这一传统没有促成注重分析的描写语法。

柯蔚南和约瑟夫是瓦罗《语法》的英译者。Coblin and Levi（1999）也对瓦罗《语法》的成书背景和相关的文献材料进行了介绍，同时对瓦罗《语法》的版本、框架进行了研究和介绍。Coblin and Levi（1999）对瓦罗的相关经历的介绍和对瓦罗《语法》分析框架的说明完全继承了Breitenbach（1996）的观点。但其译介之功不可抹杀。同时他们还研究概括了瓦罗《语法》的语音转写规则，可以为研究者从语音角度研究瓦罗《语法》提供方便。

姚小平、马又清是瓦罗《语法》的中译者。姚小平（2001）介绍了瓦罗和瓦罗《语法》的内容。该文在简单介绍作者之后，对瓦罗《语法》的内容从语体、把握汉语的三要素、词序、词类、形态变化、动词的时体和式、被动意义的表达、句子类型和构句方式、助词等九个方面做了简要介绍。对于瓦罗《语法》的官话性质，姚小平也没有提出任何疑义，而表达了与白珊、柯蔚南相似的观点。但姚小平（2001）首次提出了瓦罗的《华语官话语法》是“现存最早的汉语语法著作”，紧接着，姚小平（2003）又进一步称瓦罗《华语官话语法》是世界上第一部正式刊行的汉语语法。对瓦罗《语法》的历史地位给出了简单却又精确的定位。

国内学者也对瓦罗《语法》开展了初步的研究。马又清（2001）用一篇硕士论文的体量对瓦罗和他的《华语官话语法》进行了研究。该文对瓦罗和《华语官话语法》的背景及《华语官话语法》的研究内容进行了介绍，但所述未能超越Sandra Breitenbach（1996）、Coblin W. South（1999）和姚小平（2001）。该文中较为可贵的是将瓦罗《语法》与艾约瑟的《汉语官话口语语法》和现代汉语语法的经典著作进行了比较和评价，认为瓦罗《语法》的创新之处在于：一是重视活语言的研究，强调学好汉语要模仿本地人说话和阅读小说；二是把量词单列一类；三是介绍了礼貌用语、官场利益。瓦罗《语法》的局限是：一是用欧洲语言学的性、数、格的理论来套汉语；二是在词类划分上有不恰当之处，如“小词”归类不明确，含义模糊，有的归类不对。

林璋（2003）的研究主要是从语音的角度进行的，虽然涉及语法的问题。张美兰（2004）的研究主要是语法方面的。张美兰（2004）认为，瓦罗《语法》中的语法描写虽然内容简单，真正属于语法分析及句法解释的内容不多，且是粗线条的，但通过书中这些语法现象的描写，我们仍能挖掘出瓦罗对当时汉语语法问题的某种认识，并从中归结出瓦罗所理解的当时汉语的特性。她同时认为，瓦罗对词法、句法的解释还是考虑到汉语的特征的，这是应该给予重视的，但瓦罗对词法、句法特点的分析描写存有偏误之处，应给予重新解释。

四

瓦罗《语法》由于原文为西班牙文，使其传布在一定程度上受到了限制，在中国更是“鲜有识者”（姚小平，2003）。直到2000年柯蔚南和约瑟夫（Coblin, W. S. and Joseph, A. L.）将该书译成英文，2003年，姚小平、马又清又将英文转译为中文，瓦罗《语法》才引起了学术界的关注。2003年，在瓦罗《语法》刊行300周年之际，学界在北京召开了“西洋汉语研究国际研讨会”讨论西方传教士对汉语语法研究的贡献，才有学者提交了有关瓦罗《语法》研究的报告。但总体上看，这么重要的一部汉语语法著作，目前学界对它的研究却非常之少，许多问题似是而非，最重要的当属其语法的官话性质问题。几乎涉及此问题的论著，都异口同声地认为瓦罗《语法》的语言基础是南京话，而不是北京话。

但是吊诡的是，并没有人对瓦罗的语法进行过深入的研究，结论不知从何而来！

对瓦罗《语法》的官话性质，Breitenbach（1996）未加分析就认为，“瓦罗所析的语言并不对应于北京地区所讲的方言，也不等于任何时期的北京官话，事实上这种语言的基础是南京话，至少从16世纪一直到18世纪广泛通用于中国。”此后的研究，Coblin and Levi（1999）、姚小平（2001）、马又清（2001）、林璋（2003）、张美兰（2004）不加怀疑纷纷承袭此说。

关于瓦罗《语法》的官话性质，柯蔚南称其“有把握”地说，“《语法》中称为官话的那种语言实际上是南京话，一般认为，至少从16到18世纪，这种基于南京方言的官话曾流行于中国。所以，瓦罗所谓官话绝不是任一时期的北京方言或北京官话。”（瓦罗，2003：F6-F18）但我们从其行文当中并没看清"有把握"之所在，其实只是承袭前说罢了。

张美兰（2004）的研究，从语音、用词、句法表达、语体等四个方面论证了"瓦罗《语法》反映了以南京话为基础的官话语法现象"。在语音上，瓦罗强调说好官话要以南京音为基础，同时指出汉语声调为五声。在用词上，谈到了"同素反序"的双音节词"兄弟：弟兄"、"喜欢：欢喜"、"要紧的：紧要的"等的地域分布和历史分布等方面表现出的官话特点。在句法表达上，瓦罗提到表示怀疑的小词即语气词有"么、否、乎"，而没有用具有闽方言特征的"无、不"等词，也表现出官话的特点。在语体上，她列举了瓦罗提到的表示复数的"们、等"，可以代替"的"构成属格的"之"等作为证据。其实按张文的论述，其结论应是瓦罗《语法》不具有闽南方言特点，而具有官话或北方方言特点。但官话或北方方言并不等于南京话，所以张美兰（2004）说"他（瓦罗）虽在中国福建（也在广东）等东南部地区传教达38年之久，瓦罗《语法》却较为客观地描写了明末清初以南京话为基础的官话，也有力地证明了学界曾论证的观点：明末清初汉语的'官话'是以南京话为基础的。"确实有些奇怪。

总之，当前国内外对瓦罗《语法》的研究才刚刚开始，作为汉语语法史上一部重要著作的《华语官话语法》，我们对它的很多方面的研究还没有深入和具体。而对这些问题的研究，必然可以帮助我们认识和了解那个年代汉语语法的实际，重新审视西方传教士在汉语语法史上的地位和作用，进而推动汉语研究的进步。目前首要的工作一是研究和确立《华语官话语法》的体系和地位：二是研究其语法的语言基础，这些工作有助于我们认清当时官话的性质，对明清官话和近代汉语研究也有着重要的价值。

参考文献

艾言：《"西洋汉语研究国际研讨会"简述》，《语言文字应用》2003年第4期。

Breitenbach（1996）《华语官话语法》F19-F51，外语教学与研究出版社2003年9月第一版。

Coblin and Levi（1999）《华语官话语法》F5-F18，外语教学与研究出版社2003年9月第一版。

马又清：《瓦罗〈华语官话语法〉研究》，清华大学硕士学位论文，2001年。

瓦罗：《华语官话语法》中译本，外语教学与研究出版社2003年9月第一版。

姚小平：《现存最早的汉语语法著作——瓦罗著瓦罗语法简介》，《中国语文》

2001 年第 5 期，第 475—478 页。

姚小平：《16—19 世纪西方人眼中的汉语汉字》，《语言科学》2003 年第 1 期，第 99—103 页。

张美兰：《瓦罗语法中语法问题分析》，《国际汉学》第 10 辑，大象出版社 2004 年版。

汉语口语特征与先秦句式分析*

刘承慧　清华大学（台湾）

摘要　本文从先秦散文的口语特征厘析先秦汉语的句子构成问题。首先，小型句在叙事篇章中的连贯证据显示，“行为者—行为”合成的主谓句应独立于赵元任所说的“话题—说明”之外，词类活用的证据则显示主谓句存有层级之别。其次，句末语气词标记着“言说观点”，而带句末语气词的语句表达说话人的发言态度或立场。从句末语气词与其所依附的句子本体可以区分两重意义，而这种语句又因语境条件互动而衍生出更繁复的表达作用。语句在语境里延伸出多样化的语义，如何穿透富于变化的表象来厘析句式原则，这是本文致力的研究课题。

关键词　口语特征　先秦句式　小型句　主谓句　句末语气词

一　前言

薛凤生教授在《试论汉语句式特色与语法分析》（1998）、《汉语句式特色之成因——赵元任先生给古文句法研究之启示》（2004）二文中持续关注“建立符合汉语特色的句式分析”问题，以汉语主谓结构即话题与说明的组合、无主语的小型句是汉语常态、两个小型句合为一个完整句、语气词是辨识汉语句子类型的依据等重要观念为主轴，阐释汉语在句子构成上以及实词使用上的灵活性。

这两篇论文致力于将汉语句式分析导向汉语本位，借以平衡20世纪80、90年代过度仰仗句法学理论的汉语语法研究趋势；其论述立场如作者本人所言，是沿循赵元任、王力、吕叔湘等前辈学者而来，但无疑蕴涵

---

* 本文使用台湾“中研院”语言学研究所古汉语语料库检索先秦语料。

着新意，最好的证明是由此展开的对古汉语“而”、“则”、“以”的功能研究，还有现代汉语“把”、“被”、“给”字句及古汉语被动句研究。[①]虽然每项研究的课题不同，却都是从大处着眼，搁置词汇细节的异同，把焦点放在抽象的构造原则上。本文沿循此一脉络，继续讨论口语特征与先秦句式分析的关联性。

二　先秦散文中的口语特征

薛凤生（1998：67－68）指出，先秦诸子散文中所使用的语言形式是高度口语风格的形式，如短句子很多，有大量的“无主句”（即单用谓语的小型句），主谓句中的主语和谓语多以松散的“话题”与“说明”成分相互搭配，句首或句末常用语气词标记说话的口吻，这些特征依然留存在现代汉语口语中。

先秦散文中带有口语特征的用例俯拾皆是，如：

（1）师冕见，及阶，子曰：“阶也。”及席，子曰：“席也。”皆坐，子告之曰：“某在斯，某在斯。”师冕出。子张问曰：“与师言之道与？”子曰：“然。固相师之道也。”（《论语·卫灵公》）

（2）告子曰：“性，犹杞柳也；义，犹桮棬也。以人性为仁义，犹以杞柳为桮棬。”孟子曰：“子能顺杞柳之性而以为桮棬乎？将戕贼杞柳而后以为桮棬也。[②]如将戕贼杞柳而以为桮棬，则亦将戕贼人以为仁义与？率天下之人而祸仁义者，必子之言夫！”（《孟子·告子上》）

例（1）记载孔子引导师冕入朝的经过以及事后与子张的问答，无论是引导师冕的“阶也”、“席也”，还是事后的对话“与师言之道与”、“然”、“固相师之道也”，全是单用谓语的小型句；除了“然”之外，其余都使用语气词收句。例（2）是告子和孟子的论辩，孟子用来反驳的每个句子都由不同的语气词收尾，反映出不同的声气和语调。

再看叙事的构成方式。例（1）从“师冕见”到“师冕出”都是以

① 相关研究著作清单请参阅本文附录。

② 此处杨伯峻《孟子译注》以问号断句，我们改用句号，相关说明见本文第五节。

独立的短句子交替陈述师冕与孔子的言行，按照时间的顺序依次铺排。例（3）中“杨朱曰”之前的叙事也是短句的铺排，尽管其中“衣素衣而出”、“衣缁衣而反”、“其狗不知而吠之”都由“而”串接前后的短句，文路显得长短错落，仍是同一叙述模式。

（3）杨朱之弟杨布衣素衣而出，天雨，解素衣，衣缁衣而反，其狗不知而吠之。杨布怒，将击之，杨朱曰：“子毋击也，子亦犹是。曩者使女狗白而往，黑而来，子岂能无怪哉！”（《韩非子·说林下》）

此外是结构松散的主谓长句。例（4）以“北宫黝之养勇也”为全句话题，后面展开多个平行的说明——“不肤挠，不目逃”、“不受于褐宽博，亦不受于万乘之君”、“无严诸侯”、“恶声至，必反之”搭配全句话题；“思以一豪挫于人，若挞之于市朝”、“视刺万乘之君，若刺褐夫”是以“思”和“视”构成的述宾式来搭配行为者主语“北宫黝”。

（4）北宫黝之养勇也，不肤挠，不目逃；思以一豪挫于人，若挞之于市朝；不受于褐宽博，亦不受于万乘之君；视刺万乘之君，若刺褐夫；无严诸侯；恶声至，必反之。（《孟子·公孙丑上》）

以上四例在连续使用小型句、长句内部结构松散、频繁使用语气词收句等方面，都清楚地展现了口语风格。究竟这些口语特征对应什么样的句式道理？本文将提出若干想法。

三　小型句在叙事中的连贯方式

根据赵元任（Chao，1968），“话题”（topic）与“说明”（comment）合成主谓结构是汉语口语的常态，这在古今汉语中都是一样。例（4）就是典型的“话题—说明”合成的长句子。整个句子由“北宫黝之养勇也”引领出一连串的谓语。然而仔细分析，并非每个谓语都止于说明“北宫黝如何养勇”，至少“思以一豪挫于人，若挞之于市朝”、“视刺万乘之君，若刺褐夫”同时联系着“北宫黝”，这是因为动词“思”、“视”的缘故，“北宫黝”和“思”、“视”之间，由“行为者”和“感知行为活动”之关系相联系。

根据赵元任（Chao，1968：69），“行为者”（actor）主语和“行为活动”（action）谓语的组合不过是“话题—说明”常态关系的一种特例。[①] 那么，如果忽略这种特例，把所有的主谓句都纳入“话题—说明”，会不会有损失？某些内部结构较复杂的叙事显示，“行为者”是连贯小型句的重要线索，如：

(5) 蚤起，施从良人之所之，偏国中无与立谈者，卒之东郭墦间之祭者，乞其余，不足，又顾而之他。(《孟子·离娄下》)

(6) 齐人有一妻一妾而处室者，其良人出，则必餍酒肉而后反。其妻问所与饮食者，则尽富贵也。其妻告其妾曰：“良人出，则必餍酒肉而后反；问其与饮食者，尽富贵也，而未尝有显者来，吾将瞷良人之所之也。”……此其为餍足之道也。(《孟子·离娄下》)

例（5）是《孟子》知名寓言故事的片段，位于例（6）的省略号处。例（5）包含七个小型句，一个完整句。开头两句以行为动词“起”、“从”为中心语，搭配承前文省略的行为者“齐人之妻”——她早早起床，尾随丈夫外出；“偏国中无与立谈者”可以视为完整句[②]，“偏国中”（周遍城内）为话题，搭配说明“无与立谈者”；接着全是小型句，中间的一句“不足”将前行句宾语“其余”（残羹剩菜）当作话题[③]，另外四句搭配被省略的行为者主语，即前文提到的“良人”。

前述七个小型句都以行文中被省略的成分作为主语，然而被省略的成分不止一个，如何辨识哪些小型句搭配哪些主语，这牵涉到文篇构成问题，而关键在“齐人之妻”。据例（6）省略号之前所述，一切起自她对小妾说“吾将瞷良人之所之也”——她要亲自查看究竟。齐人之妻非但是行为者，也是后续小型句所述事件的观察者，如果忽略她的观看行为，或者说忽略这个指称成分赋有的行为主体特征，将无法理解“偏国中无

---

① 原文如下“The grammatical meaning of subject and predicate in a Chinese sentence is topic and comment, rather than actor and action. Actor and action can apply as a particular case of topic and comment...”（Chao, 1968: 69）。

② 就可能性而言，“偏国中”与“无与立谈者”可以分为两个小型句，或合为一个完整句。根据行文走势，这两个成分为叙述脉络中的转接点，杨伯峻《孟子译注》并未断句，我们据此合并为一个完整句。“偏国中”是基于“设定一个空间场域”而成为话题。

③ 这个小型句的话题是模棱两可的，除了把前句宾语“其余”视为话题之外，若是把“良人”当作话题，也说得通。不过这并非目前讨论的重点，因此正文从略。

与立谈者”以下四句如何转换主语。

她的观看对象是她丈夫（即“良人”），行文至“徧国中无与立谈者”，叙述焦点已经从跟踪行为转入观看结果，其后小型句继续陈说她亲眼所见，被省略的主语也随着这样的转变而转换为齐人。就例（5）文脉开展而言，“行为者—行为”这条语义线索的重要性远高于“话题—说明”。[①]

准此，先秦文篇中“行为者—行为”和“话题—说明”是并行的两种句式。

四　句式结构的层级性

刘承慧（1998）根据谓语中心语是动词或动词以外的成分，将主谓句区分为施事句和主题句两种，并指出施事句很容易转换为主题句。据此推论，“主题句”兼涉上下位层级，低层的主题句与施事句并立，高层的主题句属于篇章结构，是转换施事句主谓关系的依据。故而本文假设先秦汉语的主谓结构跨越篇章和语法两个层级[②]，如图1所示：

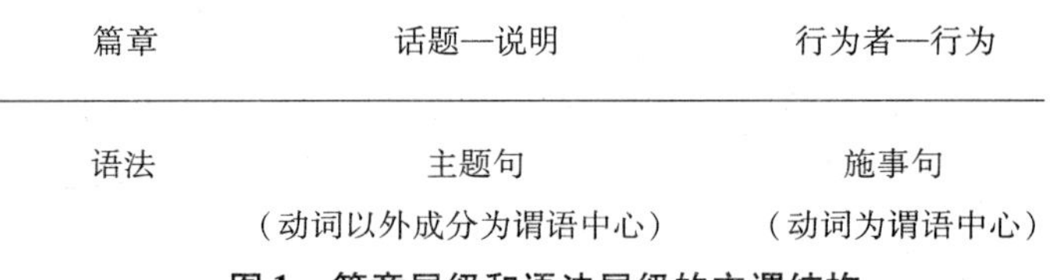

图1　篇章层级和语法层级的主谓结构

赵元任所说的“话题—说明”是篇章层级和语法层级共享的合成依据。它在篇章层级上与“行为者—行为”相对立，在语法层级上称为“主题句”，以动词之外成分为谓语中心语，与动词为中心语构成的“施事句”相对立。刘承慧（1998）指出的“施事句”转换为“主题句”的情况，较精确的说法应是，语法层级以动词为中心语所合成的主谓句式可以通过篇章层级的“话题—说明”转换为另一种主谓句式，这种转换属于跨层级之间的形式转换。

主题句中的主语和谓语是“话题”和“说明”，施事句中的主语和谓语却不见得是“行为者”和“行为”。先秦汉语有许多施事句可以被纳入

① 为使行文简洁起见，以下“行为活动”均由“行为”称说。

② 本文以“篇章”总括“语篇”（spoken discourse）和“文篇”（written discourse）。

"行为者—行为"，但不完全如此，这是因为两种句式的成立依据不同。施事句的成立依据是普通动词在句子构成上的制约作用，"行为者—行为"的成立依据是"行为者"在篇章中引领谓语的功能。施事句与"行为者—行为"有相当程度的叠合，是因为"行为"通常由普通动词表述，尽管如此，我们仍然可以从口语特征确认区别两种句式的正当性。

（一）施事句与"行为者—行为"句式

在进入讨论之前，让我们先为"行为者—行为"中的"行为"与"行为者"做个简单的界说。"行为"是从最广泛的角度着眼，指涉范围涵盖物理世界的行为活动与心理世界的感知活动，因此"行为者"包括物理世界中的运动主体或导致事件发生的肇始主体乃至心理世界中的感知主体。先秦行为动词和感知动词大抵指涉属人［+human］的行为与感知，所搭配的主语几乎都是指人名词或人称代词。

刘承慧（1998）从"动态特征"和"动词对主语论元的选择限制"两项标准立论，主张先秦汉语有"施事句"和"主题句"两种基本句型：凡具动态特征的动词充当谓语且搭配符合它选择限制的指称成分作为主语，就构成施事句；与此对立的则是主题句。[①] 先秦汉语典型的施事句由行为或感知动词组成，如例（3）"杨布怒，将击之"，前一句是以感知动词"怒"搭配感知者主语"杨布"，后一句是以行为动词"击"搭配行为者主语，即承前省略的"杨布"。两句都是施事句，也都属于"行为者—行为"类型。

另一方面，刘承慧（2006）将受事主语句和被动句并入"表态句"。表态句的谓语指涉"某种结果状态发生"，而主语指称"进入该结果状态的主体"。表态句赋有动态特征，部分表态句主语符合动词选择限制，可归入施事句，如：

（7）国定而天下定。（《荀子·王霸》）

（8）楚一言而定三国。（《左传·僖公二十八年》）

例（7）中"国定"、"天下定"是表态句，动词"定"指涉状态发

---

① 刘承慧（1998）区辨施事句，是着眼于普通动词的规约化义涵普遍涉及"时间"概念，由此而构成的主谓结构赋有相同的特征；反之，主题句和主题句谓语都不涉及时间概念。

生，而主语为进入动词所指状态的当事者“国”、“天下”。值得注意的是，“定”是致使/状态同形的动词，有两套规约化的选择限制，可以搭配当事者主语，也可以搭配致使事件中的致使者主语，如例（8）中“（楚）定三国”所示。①“国定”、“天下定”之类归入施事句是基于动词“定”常态性地搭配致使者和当事者主语。

致使/状态动词合成的施事句是否对应“行为者—行为”，要视主语角色而定：若搭配行为者主语，就对应“行为者—行为”；若搭配当事者主语，在篇章中只能并入“话题—说明”。施事句和“行为者—行为”之间的参差，反映出结构层级的区别。

有些表态句的主语不符合动词的选择限制，如例（9）“师行而粮食”中的“粮食”所示：

（9）今也不然：师行而粮食。饥者弗食，劳者弗息，睊睊胥谗，民乃作慝。（《孟子·梁惠王下》）

此例转引自刘承慧（2006：837），“粮”是话题，“食”指涉已然状态，“粮食”为表态句。根据此后（2006：838）的说明，“食”与《孟子·万章下》“上农夫食九人”的“食”是同一个词，意为“供应食物”；“粮食”之后“饥者弗食”一句相当于“饥者不食之”，“食”也是这个动词。它规约化的选择限制是搭配行为者主语，如“上农夫食九人”所示；以“粮”为主语不符合选择限制，因此“粮食”不为施事句。

从动词“食”的选择限制来说，“粮食”在动词语义规范之外，因此情况有别于“国定”。同样是表态句，“国定”由低层级的动词语义原则所衍生，“粮食”由高层级的“话题—说明”衍生。

（二）词类活用与篇章层级的主谓句

普通动词对搭配的论元都有规约化的选择限制，“粮食”违反“食”的选择限制，却依然成立，是因为在篇章中套用“话题—说明”结构框架的结果。凡是违反动词选择限制的表态句，如“粮食”一类，都是普通动词套入“话题—说明”而形成的句子。这种句子不能离开容许它成立的篇章语境，以传统术语来说，“粮食”是动词“食”在篇章中被活用

① 偶或有致使者是“工具”而非“行为者”的用例，但非先秦汉语常态。详见刘承慧（1998）。

所产生的。

反向而言，普通动词以外的实词有时候却表现得像个普通动词，典型案例就是所谓的“名词活用为动词”。例如[①]：

(10) 公戟其手，曰：“必断尔足!”(《左传·哀公二十五年》)

其中“戟”作动词用，意为“把手插在腰上看起来像戟的形状”，是从同形名词“戟”引申出来的。这个动词依附于语境，随语境而生灭。再比较下面四个活用的例子[②]：

(11) 王虐而不忌，楚君子干，涉五难以杀旧君，谁能济之?(《左传·昭公十三年》)

(12) 从之。吴子门焉，牛臣隐于短墙以射之，卒。(《左传·襄公二十五年》)

(13) 子羔遂出，子路入。及门，公孙敢门焉，曰：“无入为也。”(《左传·哀公十五年》)

(14) 今而后知君之犬马畜伋。(《孟子·万章下》)

例(11)中“楚君子干”的“君”相当于“以某人为君”，例(12)中“吴子门焉”和例(13)中“公孙敢门焉”的“门”分别表示“攻门”、“守门”，都是名词活用为动词。它们都是在语境中与行为者主语搭配，因此取得动态特征。

再看例(14)中的“君之犬马畜伋”。名词“犬马”被活用为副词，意指“如犬马一般”。然而同样是活用，如何辨认出“犬马”为副词？应是先认出“君畜伋”属于“行为者—行为”，然后才能领会“犬马”在这个组合环境被引申用来表示“君畜伋”的方式，像副词一样作状语用。[③] 辨识“行为者—行为”是辨识名词活用为动词或副词的关键。

我们过去经常把主谓关系和词类活用当作两种不相干的语言现象，然而根据前面的举证，其实二者是有密切关系的：无论是普通动词活用表示“意念被动”还是名词活用为动词或副词，都受高层主谓结构的制约；普

---

① 此例转引自刘承慧(1999：572)。

② 以下四例转引自刘承慧(1999：571)。

③ 句中还有名物化标记“之”，因为与目前讨论无关，权且从略。

通动词进入“话题—说明”而后表示意念被动，名词进入“行为者—行为”而后转为动词或副词。词类活用是很典型的口语特征，可以据此推知“话题—说明”与“行为者—行为”同样都是活跃于先秦口语的句式原则。

（三）特殊“而”字句的解释

最后，赵元任提出的“两个小型句合为一个主谓俱全的完整句”，可以用来解释有争议的“而”字句，例如《论语·为政》“三十而立”、《左传·襄公三十年》“子产而死”一类。

连词“而”的功能是衔接两个表述成分，如例（3）中“衣缁衣而反”、“其狗不知而吠之”、“白而往”都是如此。不过，薛凤生（1991：55－56）提到，王力和周法高都认为古汉语“而”也用在副词和动词或主语和谓语之间，如“三十而立”是介于副词和动词之间的用例，“子产而死”是介于主语和谓语之间的用例；薛凤生主张“三十”、“子产”相当于独立表述的名词谓语。

这两种分析的着眼点不同，王力和周法高是着眼于词性，薛凤生则是着眼于结构。连词“而”的前后成分具有表述性，是由结构赋予的，而数词、名词担负结构赋予的功能，为“词类活用”。梅广（2003：30）指出，“而”在先秦发展出一些特殊功能，包括在主题结构中表示条件，例如“管仲而知礼，孰不知礼”。同样的，“子产而死”和下句“谁其嗣之”也是条件关系的结合。试问这类用例如何取得归入“话题—说明”的空间？试看：

（15）相鼠有皮，人而无仪！人而无仪，不死何为？（《诗经·墉风·相鼠》）

例（15）中“人而无仪”与存现句“相鼠有皮”并举；“相鼠有皮”是以“相鼠”和“有皮”构成“话题—说明”的主谓句，“人而无仪”中的“无仪”和“有皮”相对照，也就是拿“人”跟“相鼠”相比——人应比相鼠高尚，却不能表现出人的仪态（连相鼠都不如）。就“而”字结构而言，既然“人”出现在“而”前面，即是表述成分；但从行文脉络来说，“人而无仪”也不妨视为两个小型句合成的完整句。

以“两个小型句合为一个完整句”的角度来诠释“人而无仪”，并非赞同连词“而”可以衔接主语和谓语，而是主张“而”构成的句子可能会在特定条件下被纳入“话题—说明”。基于同样的道理，“三十而立”、“子产而死”也可以视为两个小型句合成的完整句，“三十”和“子产”都是话题。①

由低层原则合成的句子形式，到了篇章中可能会基于高层原则的制约而产生歧出于低层原则限定的表现。连词“而”的功能是衔接两个表述成分，但若是在篇章条件的制约下，“而”字句可能被纳入强势的“话题—说明”，致使前后成分被重新解释为主谓关系成分。这种“而”字句相比较于“话题—说明”直接合成的主谓句，话题具有较显著的语义地位。还是拿“人而无仪”和“相鼠有皮”来作比较。“人而无仪”相当于“人啊，没有做人应有的仪态”，正是赵元任说的主语和谓语之间容许短暂的停顿记号“啊”、“呀”之类；“人而无仪”中的“人”属于有停顿记号的话题，显著性高于没有类似记号的话题。②

五　句末语气词与言说观点③

根据 Lyons（1995：176），“直述”（declarative）、“疑问”（interrogative）、“感叹”（exclamative）是三种基本句类（sentence types）。先秦汉语最重要的句类标记是句末语气词，若参照《马氏文通》所说的“传信”和“传疑”，“传信”对应直述句，“传疑”则对应疑问句和感叹句。

句末语气词标记说话人的发言态度或立场，即“言说观点”。刘承慧（2008）指出，先秦最重要的两个传信语气词“也”、“矣”，前者表示说话人“指认”它所依附的语句所述内容为真，后者表示语句所述内容为说话人的“推论、断言或评价”。④ 先秦最重要的传疑语气词是“乎”、“与”、“哉”、“夫”，“乎”和“与”是疑问句标记⑤，“哉”和“夫”表

---

① 要是从这个角度来说，“子产而死”中的“子产”就是指郑国执政“子产”。

② 但这绝不表示“而”等同于“啊”、“呀”。“而”与“啊”、“呀”在语言系统中规约化的功能不同，无法相提并论。

③ 第五节有部分内容已写入《先秦“乎”、“哉”之辨》一文，尚未正式发表。本文囿于论旨与篇幅，无法详述辨析“乎”、“哉”的细节，但仍将扼要提出说明。

④ 另请参阅蒲立本（Pulleyblank，1994）及刘承慧（2007）。

⑤ 本文以“与”代表先秦文献中使用的四个异体字“与”、“欤”、“邪”、“耶”。“与”、“欤”为异体字，“邪”、“耶”为异体字，这是已经被接受的，至于“与/欤”、“邪/耶”异体，过去虽有学者指出，但始终没有很强的证据。巫雪如（2010）从“与”、“邪”字形在战国文本中的分布立论，颇具有说服力。本文据此将四个字形视为同一个疑问语气词的不同写法。

示感叹句标记。

句末语气词的功能难以捉摸，传统语文学者诠释先秦原典中的用例时，往往交互解说，因而有“也”同“矣”或“乎”通“哉”之类的说法。郭锡良（1997）明确表示反对，他认为句末语气词都是单功能标记，是因为带句末语气词的语句在不同的语境延伸出多种表达作用，所以表面上好像是兼具多种功能。例（16）是郭锡良（1997：58）举出的“也”字句在语境中引申之例。

（16）公都子曰：“冬日则饮汤，夏日则饮水，然则饮食亦在外也?”（《孟子·告子上》）

郭锡良认为“然则饮食亦在外也”带有反问之意，不是句末语气词“也”的功能，是语境衍生出来的。这句话的背景是孟季子和公都子争辩“恭敬”是外在或内心本性的表现，孟季子说“敬叔父则敬，敬弟则敬，果在外，非由内也”（对叔父或对弟弟的恭敬，都只是外在表现）。于是公都子顺着他的话指出，“冬日则饮汤，夏日则饮水，然则饮食亦在外也”（冬天喝热水、夏天喝凉水，也是外在表现）。这是借着“饮食在外”的谬误，反衬“恭敬在外”的谬误。

传统注解倾向于认定“然则饮食亦在外也”是反问。如果是反问，大约还伴随着某种语调。不过，“也”是直述句类的指认标记，“然则饮食亦在外也”这个直述形式如何取得反问功能？刘承慧（2008：51－52）指出，公都子顺随着孟季子的逻辑推导出“然则饮食亦在外也”是反唇相讥——同一种逻辑推导出来的说法分明有语病，故而成了“反话”。反问之意是反话用在言语攻防的交际情境中衍生出来的。

因此，不能排除另一种诠释的可能性，即“然则饮食亦在外也”是以直述形式来反证孟季子的逻辑有问题，所以有了“反讽”之意。反讽不是反问，然而两者都是合乎语境的诠释。无论是反问，还是反讽，都要以“也”规约化的指认功能为基础。换言之，“也”字句是以它规约化的功能为圆心，在具体的语境中基于语境的诠释而向外扩张。

同理，疑问语气词“乎”与感叹语气词“哉”也都是单功能标记，只是它们在语境中的引申情况远比“也”更复杂。根据杨树达（1987）对古代文献里“乎”与“哉”用例的解释，它们都兼有表示“疑问”、“反诘”、“感叹”的功能。那么该当如何辨析例（17）中的由“乎”、“哉”注记的语句？

(17) 子路曰："卫君待子而为政，子将奚先?"子曰："必也正名乎?"子路曰："有是哉！子之迂也。奚其正?"子曰："野哉！由也……"(《论语·子路》)

首先，"必也正名乎"的"乎"在杨树达《词诠》和刘淇《助字辨略》中都被指为感叹标记。这或许是基于他们对孔子发言意图的认识——主张"正名"是对"名不正、言不顺"感到忧心。其次，"哉"是感叹标记，后续的对话"有是哉！子之迂也"、"野哉！由也"都是感叹句。试问：这三句话所表达的是不是同一种语气呢?

先秦"乎"的规约化功能是表示说话人的疑惑和不确定的态度，因此"乎"经常出现在表示"询问"的语句中，如例(18)中"吾可以入乎"所示，或用于"委婉陈述"，如例(19)中"其有陶唐氏之遗民乎"所示。①

(18) 公谓公冶曰："吾可以入乎?"(《左传·襄公二十九年》)

(19) 为之歌唐，曰："思深哉！其有陶唐氏之遗民乎！不然，何其忧之远也? 非令德之后，谁能若是?"(《左传·襄公二十九年》)

准此，"必也正名乎"是正式交谈中委婉陈述的语气——子路询问孔子治国理念，孔子以正式口吻应答。他优先正名的主张显然引起子路的不快，子路毫不隐瞒地表现出来，说道"有是哉！子之迂也"。"哉"标记说话人在交际情境中被激发出来的情意反应，所表达的情意内容随着交际情境而变动；子路认为"正名为先"是老套，"哉"传达了他对孔子思想陈腐的不以为然。于是孔子动怒了，"野哉"中的"哉"是传达愤慨之情。我们从"乎"、"哉"透露的情意可以想见谈话当时的气氛。

例(17)显示了以句末语气词收尾的语句至少有两重含义：一重来自语句的本体，另一重来自句末语气词。就"必也正名乎"来说，这个语句的本体"必也正名"主张正名的必要性，语气词"乎"标记说话人的不确定口吻，使主张显得委婉而温和。《左传》记载的外交辞令经常用"乎"，应是相同的道理。

① 吴公子季札在鲁国聆赏周乐，这段话是他听了唐歌之后的评语。他认为唐歌应是陶唐氏遗民所作，因为是在外交场合发言，所以由不确定语气标记"乎"收句，以示委婉。

最后分析例（1）至例（3）带有句末语气词的语句。例（1）出现的句末语气词有“也”和“与”。“也”是直述句的指认标记，“阶也”、“席也”是孔子为师冕带路表示确认时所说；“固相师之道也”指认他为师冕带路符合一个参赞辅助者应有的作为。至于“与师言之道与”用“与”而不用“乎”，意味着子张的询问是出于探测——他想知道孔子怎么看待这件事。[①]

例（3）中“杨朱曰”之前是叙事，不用表达言说观点的句末语气词；“子毋击也”是直述句形式用于表达劝止，“子岂能无怪哉”是以感叹句形式充当条件句后项。这个后项可以分解出三重意义：“子不能无怪”是逻辑推论，“岂”是表示反诘的口吻[②]，“哉”标记杨朱对杨布不以为然的情意反应。

例（2）中告子用“也”指认“人性”与“杞柳”、“仁义”与“桮棬”的模拟关系。孟子四句话中使用四个不同的语气词，为便于讨论，再次引述如下：

（20）孟子曰：“子能顺杞柳之性而以为桮棬乎？将戕贼杞柳而后以为桮棬也。如将戕贼杞柳而以为桮棬，则亦将戕贼人以为仁义与？率天下之人而祸仁义者，必子之言夫！”（《孟子·告子上》）

第一句“子能顺杞柳之性而以为桮棬乎”用“乎”收句，标记说话人对语句内容的不确定态度，然而这个句子经常被解读为“无疑而问”的反诘句。为什么用“乎”收尾的语句被解读为反诘？王力（1984：224）指出，反诘不一定要用标记注明，疑问语句隐含反诘的意味，是因为疑问句和反诘句是“一种东西的两方面”。第一句之所以有反诘意味，是因为受到后续成分的制约——孟子不赞同告子的模拟，然而他口头上不直接说反对，仅只用“乎”表示不确定；反诘意味主要是源自第二句的衬托，若是把第一句孤立起来看，根本没有反诘意味。

第二句“将戕贼杞柳而后以为桮棬也”用直述句标记“也”收句，而《孟子译注》以问号断句应是基于这个语句表示反诘。本文改用句号，是因为我们认为这个语句未必要解释为反诘句，纵或有反诘意味，也是指

① 过去有不少学者已经提到句末语气词“与”表示“探测”，详见巫雪如（2010：84—91）所作相关文献回顾与评述。

② 根据王力（1984：224）指出“岂”是反诘专用标记。

认直述句在语境中延伸出来的诠释意义。根据形式，第一句用“乎”表示不确定，第二句用“也”表示说话人指认他相信语句所述为真。我们从第二句的指认，反推出第一句用“乎”是摆明说话人“非武断”的态度——孟子以“乎”表明自己怀疑“顺杞柳之性而以为桮棬”的可能性，“将戕贼杞柳而后以为桮棬也”是从这样的疑惑进一步翻转出来的认识。[①]

第三句“如将戕贼杞柳而以为桮棬”把第二句的指认当作前提条件，就此而论断“则亦将戕贼人以为仁义”[②]；它同时用“与”收句，表面上好像是要探测对方是不是同意，然而我们却从第四句中得知其实不然。第四句“率天下之人而祸仁义者，必子之言夫”用“夫”标记沉吟与叹息[③]，可以反推出孟子并不在意对方的响应。第三句指陈的条件关系对孟子而言已是真切无疑的，所以他才由此表达叹息。

既然没有疑惑，也绝无探测之意，为何使用疑问语气词“乎”、“与”收句？反诘句没有既定或确切的形式，“反诘”的形成是起于交际双方意见相左，多半是在交谈中明白对立，也可能只是暗藏着不一致，甚至是说话人单方面预设对方可能不同意。有时候句子本身未必是反诘，仍被解读为反诘，就像“将戕贼杞柳而后以为桮棬也”。试问，这三个分别由“乎”、“与”、“也”标记的句子是不是表达同一种意味？

如果从功能分工的角度着眼，自应有区别。用“乎”收句的“子能顺杞柳之性而以为桮棬乎”以第二人称代词“子”为主语，但说话人的用意不见得是询问对方，也可能只是泛泛地表示不确定，由此延伸的反诘重点在于质疑语句内容的可信度。用“与”收句的“如将戕贼杞柳而以为桮棬，则亦将戕贼人以为仁义与”借着“与”的探测功能，迫使对方思考如何为自己的主张提出辩护，其用心要比单纯的指摘更曲折。最后，用“也”收句的“将戕贼杞柳而后以为桮棬也”应是指认直述句；如果

---

① 事实上我们并不否认第二句隐含反诘意味，只是主张反诘意味是指认直述句在语境中的附加延伸。我们不赞同径直地把第二句当作反诘句，是因为前后两句分用“乎”和“也”收句。假使第一句和第二句都是明明白白的反诘句，为什么使用不同的语气词收句？余见正文说明。

② 值得注意的是，“如”并非表示“凭空的假设”，而是表示“有所依据的前提条件”。这个前提条件是基于告子主张“以人性为仁义，犹以杞柳为桮棬”，而孟子认定“只有戕贼杞柳才能够使杞柳为桮棬”，进而论断告子就是主张“只有戕贼人才能使人表现出仁义”。

③ 郭锡良（2007：120）指出句末语气词“夫”大都用于表示“惋惜、哀叹的句子……比‘哉’字要低沉一些”。相对于“哉”注记说话人在交际情境中因特定条件激发而生出的情意波动，“夫”是注记说话人的沉吟与叹息。

其中带有反诘意味，也是延伸自言语攻防的交际情境。

以上针对例（20）作出较细致的分析，是为了揭示句末语气词在论辩文本中如何展衍出繁复的语义内容。句末语气词是口语特征，句末语气词收尾的语句与句中其他成分乃至交际条件交互作用，是口语的自然表现，我们必须由形式线索梳理出诠释脉络，才能穿透富于变化的表象，到达系统内部的规范。

六　结论

本文根据先秦口语特征，讨论可能涉及的句式问题。首先，主谓句有层级之别。语法层级的施事句以动词为中心，搭配符合选择限制的主语，与“行为者”在篇章中引领出来的“行为者—行为”属于不同的结构位阶。“话题—说明”则分占语法与篇章两个结构层级，语法层级的主题句着眼于谓语的词性，与施事句相对立；而篇章层级的“话题—说明”与“行为者—行为”相对立。活跃于先秦典籍中的词类活用现象可以解释为跨层级的形式转换。

其次，句末语气词是言说观点的标记，出现或不出现，关涉“叙述句”与“非叙述句”的对立。带有句末语气词的非叙述句至少表达两重意义：一重来自语句本体，另一重来自附着于本体的句末语气词。带有句末语气词的非叙述句经常在语境中衍生出繁复的意义；非叙述句的多样化对比于叙述句的平铺直陈，前者体现出各种“言说观点”交错可能创造出来的无穷尽的表达作用。

本文的研究可以开展两方面的后续研究：（一）口语特征反映出语法与篇章两个层级之间的连续性，这可以作为先秦篇章研究的起点；（二）带“言说观点”标记的句子往往用于表达隐微的情意或复杂抽象的认识，而言说观点的标记除了句末语气词，还有句首语气词及情态词。多个观点标记的并用于丰富语句的表达作用，也很值得深入观察。

参考文献

郭锡良：《先秦语气词新探》，《汉语史论集》，商务印书馆 1997 年版。

郭锡良：《古代汉语语法讲稿》，语文出版社 2007 年版。

刘承慧：《试论先秦汉语的构句原则》，《中央研究院历史语言研究所集刊》第 69 本第 1 分，1998 年，第 75—101 页。

刘承慧：《先秦汉语的结构机制》，《中国境内语言暨语言学》第五辑，1999 年，第 565—591 页。

刘承慧：《先秦汉语的受事主语句和被动句》，《语言暨语言学》第 7 卷第 4 期，2006 年，第 825—861 页。

刘承慧：《先秦“矣”的功能及其分化》，《语言暨语言学》第 8 卷第 3 期，2007 年，第 743—766 页。

刘承慧：《先秦“也”、“矣”之辨——以《左传》文本为主要论据的研究》，《中国语言学集刊》第 2 卷第 2 期，2008 年，第 43—71 页。

刘淇：《助字辨略》，中华书局 2004 年版。

梅广：《迎接一个考证学和语言学结合的汉语语法史研究新局面》，见何大安主编：《古今通塞：汉语的历史与发展》，台北：“中研院”语言学研究所 2003 年版，第 23—47 页。

王力：《中国语法理论》山东教育出版社 1984 年版。

巫雪如：《上古语气词“与”“邪”新探——以出土文献为主的论述》，《台大中文学报》第 32 期，2010 年，第 78—113 页。

薛凤生：《试论连词“而”字的语意与语法功能》，《语言研究》1991 年第 1 期，第 55—62 页。

薛凤生：《试论汉语句式特色与语法分析》，《古汉语研究》1998 年第 4 期，第 67—74 页。

薛凤生：《汉语句式特色之成因——赵元任先生给古文句法研究之启示》，《语言科学》3.6，2004 年，第 67—73 页。

杨伯峻：《孟子译注》，中华书局 2010 年版。

杨树达：《词诠》，台湾商务印书馆 1987 年版。

Chao, Yuan-Ren（赵元任）. *A Grammar of Spoken Chinese*. Berkeley: University of California Press. 1968.

Lyons, John. *Linguistic Semantics: An Introduction*. Cambridge: Cambridge University Press. 1995.

Pulleyblank, Edwin. *Aspects of aspect in Classical Chinese*, In R. Gassmann and L. He, eds., *Papers of the First International Congress on Pre-Qin Chinese Grammar*, pp. 313—363. Changsha: Yuelu Press. 1994.

附录：薛凤生教授之语法研究著作

薛凤生：《试论“把”字句的语义特性》，《语言教学与研究》1987 年第 1 期，第 4—22 页。

薛凤生：《试论连词“而”字的语意与语法功能》，《语言研究》1991 年第 1 期，第 55—62 页。

薛凤生著，沈家煊译：《“把”字句和“被”字句的结构意义——真的表示“处置”和“被动”?》，见戴浩一、薛凤生主编《功能主义与汉语语法》，北京语言学院出版社 1994 年版，第 34—59 页。

薛凤生著，耿振生译：《古代汉语的动补结构和“以”字短语的语法功能》，《古汉语研究》1996 年第 2 期，第 14—20 页。

薛凤生著，冯胜利译：《古汉语中的主语省略与所谓的被动句型》，《中国语言学论丛》（第一辑），黄正德主编，北京语言文化大学出版社 1997 年，第 105—118 页。

薛凤生：《试论汉语句式特色与语法分析》，《古汉语研究》1998 年第 4 期，第 67—74 页。

薛凤生：《汉语句式特色之成因——赵元任先生给古文句法研究之启示》，《语言科学》3. 6，2004 年，第 67—73 页。

Hsueh, F. S. *The Role of Semantics in Teaching Syntax: Some Examples from Mandarin Chinese*, *Journal of the Chinese Language Teachers Association* 1982, 17. 1: pp. 1 – 13.

Hsueh, F. S. *A Note on the Grammatical Functions of Gei*, *Journal of the Chinese Language Teachers Association* 1983, 18. 3: pp. 81 – 85.

Hsueh, Frank F. S. *The Structural Meaning of Ba and Bei Constructions in Mandarin Chinese: Do They Really Mean Disposal and Passive?* in Tai and Hsueh eds., *Functionalism and Chinese Grammar*, 1989, pp. 95 – 125. South Orange, NJ: Chinese Language Teachers Association.

Hsueh, Frank F. S. *Subject deletion and "Passive Constructions"* in Classical Chinese, in Gassmann and He eds., *Papers of the First International Congress on Pre-Qin Chinese Grammar*, 1994, pp. 383 – 419. Changsha: Yuelu Press.

Hsueh, Frank F. S. *Verb Complement in Classical Chinese and its Implications as Revealed by the Particle* 以, in Chaofen Sun ed., *Studies on the History of Chinese Syntax*, 1997, pp. 27 – 48. Berkeley: Project on Linguistic Analysis, University of California.

Wang, John C. Y., Sue-mei Wu, Shaoyu Jiang & Frank F. S. Hsueh. *Classical Chinese Primer*. Hong Kong: The Chinese University Press. 2007.

"V得很A"和"很A地V"句式教学探讨

何宝璋　美国圣十字学院

写在前边的话

集子的编者提出是否能写一篇薛凤生先生在中美汉语教学方面成就的文章。我想在这方面，对业内人士来说，先生的贡献是不言而喻的。先生从教的美国俄亥俄州立大学的东亚语言文学系是美国最早与国内在对外汉语教学方面合作的院系之一。在黎天睦（Timothy Light）先生和薛凤生先生前后任系主任期间与国内对外汉语教学重镇北京语言学院关系密切、来往甚多。北京语言学院的知名学者如吕必松、张占一、鲁健冀、黄政澄、刘询、崔永华、盛炎等都先后来俄亥俄州立大学访问讲学，最大的成果是俄亥俄州立大学造就了一大批海内外对外汉语教学人才。先生的学生，现在从事对外汉语教学的、或是负责主管对外汉语教学项目的，在北美、港澳和台湾都大有人在。

另外，先生在对外汉语教学作为一个独立的学科领域的建立上贡献匪浅。先生在主持美国《中文教师学会学报》期间组织了大量有深度的汉语本体与对外汉语教学诸方面的研究论文，其中很多文章已成为研究生的必读经典。先生精通音韵，在现代汉语句法、对外汉语教学语法上也都有建树。先生对"把"字句的研究别开生面，多为后学引用，并掀起了对这一老题目的新讨论。先生作为"师傅"在《中文教师学会学报》上掀起的对"呢"的讨论，形式新颖、内容精辟、言简意赅，在业内一时传为佳话。

从先生严谨治学、谦虚待人的学风上看，与其写一篇赞其成就贡献的文章，不如献上学生在对外汉语教学语法研究方面的拙作一篇，先生定会更感欣慰。

一　问题的提出

对外汉语教学初级教学中，常常会遇到这样一个很棘手的问题：就是有两个结构，对中国人来说根本不是问题，结构不同、意思不同、用法不同，什么时候用哪个，清清楚楚；但是对我们的学生来说，刚开始接触这两个结构的时候，不管老师怎么讲解，怎么反复地操练，使用的时候还是常常用错。“唱得很高兴”和“很高兴地唱”就是一对典型的例子。虽然老师们自己觉得是讲清楚了，讲了以后并给学生做了一定的结构上的练习，但是学生在用的时候还是有错。很显然，肯定是老师并没有完全讲清楚，或者说没有抓住问题的关键所在。我们发现很多对外汉语教学初级教材在处理这两个语法点时，都只是着重叙述句法形式，忽略语用功能，更谈不上汉英语法的对比。其结果是虽然老师讲了，并自以为讲清楚了，但学生并没有真正理解和掌握，所以用的时候常常出错。本文试图追根寻源，探寻这两个句式在学生掌握时的难点所在，并把这个小问题解释清楚，以解决一个我们在对外汉语教学中的实际问题。

二　问题的所在

“唱得很高兴”从结构上看是谓语动词带程度补语，“程度补语”在有的语法书或对外汉语课本中也叫“情态补语”，这两个句法上的名称实际上都是从语义方面下的定义。“很高兴地唱”则是形容词作状语修饰谓语动词。对于母语为英语的汉语初学者来说，这两个句式非常容易混淆，不知道什么时候应该用哪个。相比而言，“程度补语”是一个较难掌握和运用的语法点。所谓难掌握，并不完全是语法形式难掌握，而是语法意义难掌握。由于语法意义难掌握，所以用的时候常常用错，或者把“程度补语”和“形容词作状语修饰谓语动词”混为一谈，而乱用或者怕用错而尽量避免使用。

首先来看“程度补语”。所谓程度补语就是在谓语动词（包括形容词）后边补充说明动作的程度或情态的词和词组。形式上，程度补语可以分为下面四类：

A. （VO）V 得很 A

（1）他说得很流利。

（2）他写汉字写得很好看。

B. V 得很

（3）最近他忙得很。

（4）我累得很。

C. V 极了

（5）最近他忙极了。

（6）今天热极了。

D. V 得［S］

（7）忙得他连饭都没时间吃。

（8）他哭得眼睛都红了。

在这四个句式中，学生最先接触的一般是 A 式，实际上也是最难掌握的一式。B 式和 C 式，学生接触较晚，但是由于形式比较特殊，掌握起来并不太难。D 式虽然很复杂，有时候是两三个句型合在一起的，但是学生接触得更晚，有的课本在中级阶段才介绍。那个时候学生已经有了一定的语言基础，所以掌握起来虽有一定的问题，但仍能掌握。另外，D 式是 A 式的扩展，所以掌握好 A 式是大前提。

学生在学习和掌握 B 式和 C 式时，不觉得难，因为这两个句型比较特殊，在英语里没有相对的或者类似的句型。由于在母语里没有，只有在目的语里有，学生在学习的时候不会受母语的影响，只要理解后记住了就可以用了。另外一点就是这两个句型所构成的句子一般都比较短，变量因素不多，所以也比较容易掌握。

A 式学生接触早、难掌握，必然事出有因。下面探讨一下 A 式对学生来说为什么难以掌握。A 式对学生来说很难，因为虽然在英语里缺乏类似的句型或者表达方式，但是在汉语里还存在另外一个完全不同的句式，而这两个不同句式在英语里常常是用同一个句子来翻译。第二语言习得的过程可以概括为给已经熟悉的意思加上一套新的符号，其主要行为就是在新符号与已经储存于大脑中的已有语言意义的相对应符号之间建立等同关系。这样，新的材料和已经存在于学习者认知结构中的概念联系起来，以促进形式—意义关系的构成和组织①。请看下面的例句。

（9）他唱得很高兴。

（10）他很高兴地唱。

（11）He sings happily.

例（9）是程度补语的句子，例（10）是状语修饰谓语的句子。尽管例（9）和例（10）的结构、意思及使用都不同，但往往都可以翻译成同一个英语的句子例（11）。换句话说，在学生的脑子里只有“He sings happily”这样一个句子的概念，这个英文句子和中文句子例（10）是相对的，所以后者非常容易被接受。“程度补语”对学生来说是个崭新的概念，让学生用“He sings happily（他很高兴地唱）”来理解“他唱得很高兴”，并且用这一个概念来区分“他唱得很高兴”和“他很高兴地唱”的不同，可以想象，其间的困难有多大。

在教学上利用这一对例子，教师如果只是在形式或结构方面简单地说补语放在动词后边补充说明动作进行的程度或情态，动词和补语之间用结构助词“得”连接；以及状语的作用是修饰或限制谓语，状语放在动词的前边，并且常常用结构助词“地”连接。这样的讲解实际上并没有任何效果，学生即使在结构上能把二者分开，但对二者语义和语用的差别并不明白，所以仍然不能真正地掌握二者，仍然不会运用，且一用就错。

“唱得很高兴”和“很高兴地唱”以及类似相对的句子，有时候语义上的差别是很细微的。对一个初学者来说，不仅是难以体会和理解，根本上就是无从体会和理解。因为学生对汉语的了解甚少，基本上没有任何语感，不可能领会到它们之间细微的语义差别。

既然以上已说从结构和语义上都不能帮助学生掌握好这个语法点，我们试图从语用上分析二者的不同，告诉学生在什么情况下应该用哪个、不应该用哪个，以及为什么。

① According to Ausubel（Ausubel，Novak & Hanesian，1978），learning a second language is similar to learning another set of symbols for familiar meanings. The main act is establishing equivalency between the new symbols and the meaningful symbols already stored in their mind through the prior language. Thus the new material should be connected to existing ideas in the learner's cognitive structure to facilitate the construction and organization of form-meaning relationships.

三 本质的不同

程度补语大多用来描写。描写主要用于对风景、人物形象、人物心理及人物的语言动作或物体的状态给予刻画和描摹，重视模样、状态和情景。

我们来看下面的句子。

(12)“我们就住在这儿，”他们说，“我们在这儿住得很舒服。”①

(13) 昨天夜里睡得很晚的刘胜，今天起得很早。

(14) 马俊仁情涌神驰，把何总的手握得很紧很紧。

(15) 后来，巴赫的学生金伯格又弹过这支曲子，并弹得很好。

(16) 那段日子里，小丁病得很厉害。

(17) 我看他很疲倦，烟抽得很厉害，安眠药也吃得很多。

从以上几个句子中我们可以发现这样一些语言事实：

1. 程度补语是用来描写某一事件或行为的，我们可以说程度补语是描写性的。

2. 谓语动词所涉及的事件一般来说在交谈中或上文里已经出现过，可以说是“已知”信息或者有对比的意义；程度补语用来进一步说明“已知”动作进行的程度或状态，程度补语实际上是信息焦点。

3. 从意义上看，语义的中心是补语而不是动词。例（12）中的“住得很舒服”强调的是“舒服”，而不是“住”。同样例（16）中的“病得很厉害”不是讲“病”的本身，而是讲病情的严重和厉害。

4. 由于程度补语的语义中心是补语而不是动词，而程度补语大多数是由形容词充当的，那么程度补语所指的是一种“事态（state of affairs)”，全句是表“静态”的句子。

接下来比较“形容词作状语修饰谓语动词”的情况。状语修饰谓语大多是用来叙述的，其作用是对事物的发生、发展和变化的经过作出交代。叙述与描写的最大不同是由“静”变成“动”。请看下面的句子。

---

① 下文讨论的例句均来自北京大学汉语语言研究中心现代汉语语料库，其中多数出自田晓菲《哈得逊河上的落日》。

(18)“凡，你昨夜对我说的有些话，我是一点都没有料到的。比如，你告诉我你曾经爱过我。”女人突如其来的说。

(19)“是啊，那时我一点儿都不知道，”女人自言自语似地说。

(20)女人不说话了。男人有些歉意地拍拍她的手臂。

(21)女人淡淡地，有些辛酸地笑笑。

(22)“云青，他……现在还在那家医院里吗?”男人小心翼翼地问。女人却仿佛没有意识到他心灵受到的震撼，她只出神地望着窗外，忽然她低低叫了一声。

从这些句子中，我们可以归纳出以下几条语言事实：

1. 形容词作状语修饰谓语动词是用来叙述某一事件或行为的，可以说它是叙述性的。

2. 谓语动词所涉及的事件一般来说是信息的焦点，状语只起修饰动作的作用。

3. 形容词作状语修饰谓语动词，从意义上，语义的中心是动词，不是修饰语。

4. 由于语义的中心是动词，“形容词作状语修饰谓语动词”所指涉的是一个动作，全句是表“动态”的句子。①

通过以上对比，我们可以很清楚地区别“程度补语”和“形容词作状语修饰谓语动词”在用法上的不同。尽管如此，有时候学生还是不明白，弄不清什么时候应该用哪个。不同的提问形式可以进一步说明二者的区别。如：

(23) 甲：他在做什么?

乙：他在唱歌。

---

① 在我们的语料中，我们发现有这样数量极少但可以用于描写的句子：

1. 两张同样颜色的沙发零散地摆在墙角。

2. 还有一叠写着零乱字迹的餐巾纸，随意地摆在一只烟盒下面。

显而易见，这类句子中的动词从语义到其内在的时间结构、句型、以及句子所表现的情景和其他的是不一样的，属于另一类。考虑到对外汉语教学，特别是初级对外汉语教学，我们暂把这样的句子放在一边，不讨论。

除了上边两个句子，我们还发现了这样一个句子：

3. 他只看得见她那一双又灼热又冰冷的眼睛，黝黑地凝视着他。

这种纯文学的用法，也不在我们的讨论范围内。

甲：怎么唱？

乙：很大声地唱。

（24）甲：他在做什么？

乙：他在唱歌。

甲：唱得怎么样？

乙：唱得很好听。

例（23）和例（24）甲开始问的都是“他在做什么”，回答的时候需要给出具体的动词，“他在唱歌”。

进一步问下去，例（23）甲是问他怎么唱，用什么方式或方法唱，回答时动词可以由不同的修饰语修饰，如“他在大声地唱歌”、“他在高高兴兴地唱歌”或者“他在默默地唱”。

而例（24）甲是问“他唱得怎么样”，回答只能用带“程度补语”的句子“他唱得很好听”、“他唱得很高兴”、“他唱得不太好”等等。

下面的表格总结了“程度补语”与“状语修饰谓语”诸方面的不同。

	程度补语	状语修饰谓语
用处	描写	叙述
谓语动词所涉及的事件	非信息焦点	信息焦点
语义中心所在	补语	动词
句子类型	静态	动态
问句	V得怎么样	怎么V

四　结果的不同

以上简略地讨论了“程度补语”与“状语修饰谓语”诸方面的不同，目的在于帮助学生了解和掌握“程度补语”。但是程度补语还可以根据内部的语义结构进一步细分。先请看下面三个句子。

（25）他们唱得很高兴。

（26）他们唱得很快。

（27）他们唱得很好听。

这三个句子都是程度补语的句子，动词都是“唱”，但是补语的所指不一样。程度补语实际上也是说明一种结果，是一种广义的结果补语。例（25）他们唱，他们高兴，他们因“唱”而“高兴”，补语补充说明的是主语。例（26）他们唱，但比应有的节奏快，让人觉得有“赶”的感觉，补充说明的是动作本身。例（27）他们唱歌，歌好听，他们的歌唱得很好听，补语补充说明的是谓语动词动作所造成的结果。实际上例（25）、例（26）、例（27）三句中的程度补语表示的都是动作“唱歌”所产生的结果，只不过所产生的结果是不同的。这种细微的语义差别对于初学汉语的学生来说似乎意义不大，但是对老师来说是十分重要的。教师应该有意识地利用这种差别，利用英汉对比帮助学生学习掌握汉语程度补语。请看下面三个句子。

（28）他们很高兴地唱。

（29）他们很快地唱。

（30）＊他们很好听地唱。

例（25）和例（28）相对，例（26）和例（29）相对，但是例（30）是不合语法规范的句子。再看下面三个英文句子。

（31）They sing happily.

（32）They sing quickly.

（33）They sing beautifully/quite well.

例（31）用中文表达既可以是例（25），也可以是例（28）；例（32）用中文表达既可以是例（26），也可以是例（29）；但是例（33）如果用中文表示，只能是例（27）。通过汉语两个不同结构的对比和汉英的对比，我们建议在实际教学中初次介绍程度补语的时候，尽量使用类似例（27）这样的句子，也就是说，补语补充说明的是谓语动词动作所造成的结果，如“写得很好看”、“说得很有意思”等。因为类似例（33）的英文句子只有一个中文表达的可能性，这就是程度补语的句子。这样的教学可以帮助学生理解，减少学生在学习中来自英语的一些困扰，使教学更加有效。

五　教学建议

不管是教学语法的研究，还是教学方法的研究，我们的最终目的是让学生迅速地、准确地掌握和运用所学的语言。就这一组例子来说，我们认为教学的重点应该放在程度补语上，因为这是英语中所没有的。

首先，不管是在教材编写还是在实际课堂教学上，应该把不带宾语和带宾语的两个不同形式分开教。先教“V 得很 A”，在学生理解掌握新的语法概念的同时，尽量使用简单的句法结构，不要再加上动词重复以增加学习的难度。在学生基本上掌握了不带宾语的程度补语后，再教“VO-V-得很 A”。

其次，老师在课堂上讲解清楚以后，一定数量的句型操练是必要的。句型操练并非一定是机械的。具体形式可以是扩展、替换、回答问题等等，其主要目的是使学生掌握所学的语法形式。

最后，在学生基本掌握了该语法形式以后，带领学生做适当的课堂活动，进一步帮助学生理解掌握所学的新语法点，最终达到准确使用的目的。①

参考文献

邓守信：《对外汉语的教学与习得》，《现代中国语研究》2000 年第 1 期。

陆俭明、沈阳：《汉语和汉语研究十五讲》，北京大学出版社 2004 年版。

温晓虹：《汉语作为外语的习得研究：理论基础与课堂实践》，北京大学出版社 2008 年版。

赵日新：《形容词带程度补语结构的分析》，《语言教学与研究》2001 年第 6 期。

北京大学汉语语言研究中心现代汉语语料库。

Ausubel，David P.，Joseph D. Novak，and Helen Hanesian. *Educational psychology*：*A cognitive view*. 2nd edition. New York：Holt，Rinehart，and Winston. 1978.

---

① 课堂活动举例

1. 看图问问题、回答问题：教师课前准备著名歌星、演员、运动员的照片。学生都知道他们是做什么的。

老师：他是做什么的？

学生：他是唱歌的。

老师：他（唱歌）唱得怎么样？

学生：他（唱歌）唱得非常好。

2. 看图或实物，回答问题或口头描述。

老师：这个字写得怎么样？

学生：写得很好看/写得不好看/写得太小/左边写得太大。

“把”字句语法意义的研究及其在对外汉语教学中的应用*

胡文泽　美国海军学院

摘要　本文认为“把”字句是一种“致使”句式，其结构“A 把 B + C”的语法关系意义是：与致使源 A 有关，“把”字宾语 B 处于谓语 C 描写的致使结果状态中。这一结构意义在由“把”字句结构构成的“把”字结构句中呈现一种不均衡的、由强到弱的、典型到非典型的分布。根据这一“把”字句的致使义分析，本文指出对外汉语教学中的“把”字句的结构教学应该遵循一种从结果到致使源的前溯流程，而非现行的“施事——＞把——＞动”顺序。

Abstract　This article argues that the grammatical meaning of the “*BA*-construction, A 把 B + C” is that of causation in a sense that in relation with A, B is rendered in a resultative state described by C. It also points out that there is an unbalanced realization of such grammatical meaning among different types of *ba*-sentences structured on the basis of the *BA*-construction, and that there is continuum in terms of the degree of manifestation of this causative meaning, from the typical to the non-typical, among *ba*-sentences. Based on this causative analysis, this article further argues that different from an “Agent-*Ba* Object-Action” approach as currently adopted in the field

---

* 本文内容是笔者近年来对“把”字句语法意义研究（胡 2005，2010，2011）的综合性总结。谨以此文恭贺薛先生八十华诞。

of teaching Chinese as a foreign language, a "Result-Causer" trace-back approach with an emphasis on the results of causation should be adopted in the instruction of the *BA*-construction.

关键词　“把”字句、语法意义、对外汉语教学、前溯流程

The BA construction, grammatical meaning, teaching Chinese as a foreign language, trace-back approach

一　引言

薛风生先生的“The Structural Meaning of *Ba* and *Bei* Construction in Mandarin Chinese”（1989）一文在重新审视现代汉语“把”字句结构的语法意义上的研究方面有着极其重要的影响。本文将在薛先生理论论述的基础上，综合自己近些年来在“把”字句语法意义上的研究，以及在对外汉语教学具体实践中的心得，进一步指出现代汉语“把”字句是一种“致使”句式，其结构“A 把 B + C”的语法关系意义是：

（1）与致使源 A 有关，“把”字宾语 B 处于谓语 C 描写的致使结果状态中

基于这一理论认识，笔者认为，对外汉语教学中“把”字句的教学应该遵循一种自结果而致使源的前溯流程，而非现行的“施事——→把——→动”顺序。

二　一些背景

“把”字句有一个非常独特的句式。其结构可以用这样的公式来表示：

（2）　A 把 B + C①

其中 A 为“把”字句主语，B 为“把”字宾语，在语义指向上必须

① 本公式见薛凤生（1989）。

定指（definite）或专指（specific），C 为“把”字句谓语。“把”字谓语通常由表示结果义的动词结构或动词加其他前后成分的形式出现；“把”字句谓语不能是光杆动词。

“把”字句是现代汉语句法中研究最多的句式之一。吕叔湘（1942）基本上是从汉语句法内部机制来看这一句型的，认为“把”字句是一种汉语谓语的“提宾”格式，其使用条件取决于动词前后成分及其相应成分的语义构成。王力（1943，1945）提出“处置”说，认为“把”字句式所体现的意义在于把人怎样安排、怎样支使、怎样对付；或把物怎样处理，或把事怎样进行，是一种做的行为，是一种处置，而这种处置的句法过程是通过提宾实现的。很明显，处置说呈现的是一条“施事⟶‘把’字宾语（受事）⟶行为”的分析思路。针对一些无法用“施事⟶‘把’字宾语（受事）⟶行为”处置说解释的“把”字句，王力将它们归到另外一类“继事式”，认为是处置式的一种转化形式（derivation）。值得指出的是，这一处置说在汉语句法研究领域一直占有相当重要的地位；另一方面，以处置说为理论基础的“施事⟶把⟶动”的教学流程也一直是对外汉语教学中“把”字句教学的模式。在汉语语言学界，持处置观点的还有王还（1957）、Li（1974）、宋玉柱（1979，1981）、沈家煊（2002）。他们的论述基本上都是在王力原有分析的基础上对“把”字句的句法及语用构成进一步细化并加以解释性说明，并没有脱离原有“施事⟶‘把’字宾语（受事）⟶行为”的分析轨迹。此外，王还的分析虽然一再说明，“处置”是语法意义，不是客观的描写，但在实际分析时却将“处置”义总结为“说明宾语所表示的事物因动作而产生什么结果”这样一种客观化的状态，这也就将句法结构同客观实际一对一地等同了起来。

我们基本上可以将处置说的观点总结如下：

(3a) “把”字句不止一种

(3b) “把”字句为特定的语法意义所设

(3c) 相当多的情况下 A 通过某种行动对 B 加以处置并形成某种结果

(3d) 相当多的“把”字句中的动词有处置义

(3e) A 是主语，并为施事

(3f) B 是宾语，并为受事

(3g) B 必须有定

在对“把”字句结构意义的研究过程中，我们发现无论是“提宾”，还是处置说均无法涵盖全部类型的把字句，也不能解释“把”字句本身结构构成方面的某些限定。

首先，并不是所有“把”字宾语在语义上都是“把”字谓语动词行为的受事，如“你可把我恨死了”这样的句子只能理解为“我恨你”，所以很难说所有的“把”字句的语义关系都是“施事——→‘把’字宾语（受事）——→行为”。

其次，处置说表面上好像能够解释不少“把”字句现象，如在实际语言应用中相当多的“把”字句是用来表示对某些事物处置的，这一点在命令句中特别明显，但是处置说带有强烈的“意志性施动”意义，而语言现实中“把”字句各成分间的结构语义关系相当复杂，处置说只能说明其中的一部分。正如薛凤生先生指出的那样，无法涵盖相当多的“把”字句应用实例，如：

（4）你快把我想死喽。

（5）洗冷水澡把他洗病了。

（6）他只顾贩运，结果把个老婆也跑丢了。

（7）他失业不久，又把房子失火烧了。

（9）一不留神，我把孩子丢了。

以上各例中的结果均非句中主语意志性行为造成的，如果用处置说定义来解释显然是说不通的。

针对处置说的各种问题，不少学者对“把”字句的结构意义提出了完全不同的看法，不少研究已经开始重新考虑“把”字句结构与其语法意义和功能上的关系。如 Tsao（1989）、薛凤生先生（1987，1989）分别提出各自的“话题—评论”说，尽管具体观点不尽相同，但都认为在“把”字结构中，“把”字宾语 B 同谓语 C 间是一种“话题—评论”（Topic-Comment）的关系，而“把”后各成分所体现的语法特征表现均为这一关系的体现，如 Tsao 指出“把”字宾语的有定性（definiteness）就是这一关系的要求。而薛凤生先生则认为，在“把”字句谓语中，语义重心落在行为或事件造成的结果上，而不是在导致这一结果的行为或事件上面；“把”字谓语中的动补结构所表现的核心是补语所代表的“状态（state）”，而非动词表示的导致这一状态的行为或事件，动词的部分只是起到描述这种状态是如何产生的作用；“把”字句的真正实质是表现“把”字宾语因某事件所处的状态现状。按照这样的思路，我们看一下下面的例子：

（10a）他把脚硌坏了。

（10b）石头把脚硌坏了。

例（10）中，尽管（10a）、（10b）主语的情况各自不同，表现的意志性也很不一样，但是却都是表现“脚”目前现状的，也就是动词所代表的事件“硌”所造成“脚”的现实状态“坏了”。这里核心的部分是“某人的脚坏了”而非如何“硌”的。薛先生 的这一观点得到 Tai（1984）、Sun（1995，1996，2006）的支持。他们认为“把”字句是一种“高及物性”（High transitivity）结构，其语法意义的关键在于“把”字宾语所受到的“全面影响”（complete affectedness）上。Sun 就“把”子句的功能指出：“The primary function of the ba construction is to signal a change of state resulting from some activity.”从上述各家的观点来看，“把”字句实际上是一种致使结构，即由于某种动因，导致“把”字宾语 B 处于某种结果状态中。持类似同样观点的还有张伯江（2000）。胡文泽（2005，2010）在薛凤生先生（1987，1989）分析的基础上，进一步明确地指出现代汉语“把”字句“A 把 B + C”是一种致使格式，并认为这种“致使”分析更符合汉语说话人对“把”字句的整体语感。下面将分节就笔者近年来对把字句的研究作一全面总结，并对这一研究成果在对外汉语教学中的应用提出自己的看法。

三 “把”字句语法意义的分析

笔者认为，以虚词“把”为标记的“把”字句作为一种特殊的句型是因特定的语法意义而存在的，而这种语法意义只能有一个，而不是两个或三个；换言之，只存在一种“把”字句。为了分析方便，将有代表性的几种“把”字句实例排列如下：

A.“处置”意义鲜明，谓语动词表示意志性行为，且“把”字宾语所代表事物本身状态有变化谓语为行为动词加结果或情貌描写的“把”字句

（11）我呢，我把轱辘卸下来了。

（12）你把好的放那儿！
（13）王家他把房子卖了？
（14）我把他打了一顿。
（15）把头也梳一梳。
（16）把他骂得狗血喷头。

B. 谓语动词表示意志性行为，“把”字宾语所代表事物本身状态无变化，谓语动词为行为动词加结果或情貌描写的“把”字句

（17）我昨天下午把三本书都看完了。
（18）我儿在家把书攻得滚瓜烂熟。
（19）他把全国都走遍了。
（20）把安老爷上下量两眼。
（21）你把这个留着自己用吧。

C. 谓语动词表示非意志性行为，“把”字宾语所代表事物本身状态有变化，谓语动词为行为动词加结果或情貌的“把”字句

（22）大风把树都吹倒了。
（23）桑葚把孩子的舌头都吃紫了。
（24）洗冷水澡把他洗病了。
（25）吃饭把他噎着了。
（26）哀怨的笛声把我吹得心酸泪落。
（27）把我笑得肚子都疼了。

D. 谓语动词表示意志性行为，“把”字宾语所代表事物本身状态变化，谓语动词为带“一”的行为动词，并有后续分句的“把”字句

（28）他把旗子一挥，冲了上去。
（29）把眼一瞪，就抄起一根棍子来。

E. 谓语动词表示非意志性行为，“把”字宾语所代表事物本身有状态变化，谓语动词为状态加结果的“把”字句

（30）你快把我想死喽。①
（31）他可把我恨死了。

F. 谓语动词代表非意志行为，“把”字宾语所代表事物本身状态有所变化，谓语动词为状态动词，或状态动词加结果或情貌的“把”字句

（32）小红听了，不觉把脸一红。
（33）偏又把个凤丫头病了。
（34）怎么忽然把个晴雯姐也没了。
（35）看把你臭美得……
（36）年轻轻的，把个老婆死了。
（37）真要把我急死了。
（38）我还不怕，就把你怕成那样。

以上只是一个粗略的分类，但是已经足以说明并非所有的“把”字句都具有意志性，也并非所有的“把”字句都具有“施—把受—行为”的语义关系。显然，按照王力先生的关于“把”字句的原始定义无法全面描写以上所有各类的共性。上述各类，无论语用信息多么不同，无论具体语义有多大的差异，从语法意义上看，它们都有几点是共同的：除了D类外，所有各类中的谓语C为语义重心，正如薛凤生先生指出的那样，都必须是一种状态说明。但是笔者认为，这里有必要进一步指出，这种状态说明不能是随便一种状态，或状态变化说明，必须是结果状态说明。下面一些例句中的谓语C虽表现状态或状态变化，却成不了站得住的“把”字句：

（39a）*把花红了，柳绿了。
（40a）*把他的话明白了。
（41a）*把书在桌子上。

句法上，“把”字句的结果说明是通过谓语C中的动补合成词，或动词加上前置或后置成分实现的。后置成分可以是情貌标记、表示结果的补

① 作为“思考”的“想”是有意志的，但作为表示“思念”意义的“想”只是一种状态，是没有意志的。

语，或情貌标记加结果等等。前置成分中最多用的是“一”。但应引起注意的是，不要“把这种结果描写”简单化地理解为 C 中动词所代表动作、行为造成 B 客观上的变化，而应理解为，B 处于 C 描写的结果状态中，和具体客观现实可以有关，也可以无关。这种结果描写在“把”字句各类中都是显而易见的，如：

（42）卸下来了
（43）骂得狗血喷头
（44）都看完了
（45）走遍了
（46）打量两眼
（47）吹倒了
（48）洗病了
（49）噎着了
（50）笑得肚子都疼了
（51）想死了
（52）病了
（53）臭美的
（54）怕成那样

这些例句中，除了表示结果的状态外，还有代表致使这些状态生成的动词致使成分，也就是我们常说的“动补”结构中的“动”的部分。回过头来看一下例（39a）、例（40a）、例（41a），如果在谓语状态词前插入导致那些状态的动词，这些句子立刻就成立了：

（39b）春风把花染红了，把柳吹绿了
（40b）把他的话听明白了
（41b）把书搁在桌上

这几个例子说明了两个问题：第一，“把”字句谓语必须有“动”和“结果”两个因素，缺一不可；第二，谓语中的“动”无须有“意志”性。这后一点是和“处置”明显不同。关于第一点，有人可能会说，例（33）中就没有这个所谓“动”的部分。表面上例（33）没有“动”的部分，是因为“病”在这里的用法本身就有“致使”意味，因此也就不再需另加一个“动”

的成分来代表这一层意义。这种致使义并非来自“病”这一词本身，而是“病”放入“把”字结构后由“把”字结构生成的。“病”这一词独立使用时是没有使动义的。其实，“病”并不是唯一的例子，汉语中还有其他一些，如“没”、“死”、“跑”等。这些动词本是不及物动词，一旦进入“把”字结构，就有了“致使”的意义。前面所列就是其中一些。恰恰就是这些不及物动词和“把”字结构相互作用所产生的致使义揭示了“把”字句的实际语法意义，使得含有同样词汇的非“把”字句和“把”字句之间的对立显而易见。我们对比一下以下的一些例子：

（55a）老婆跑了
（55b）把个老婆跑了
（56a）林姑娘病了
（56b）把个林姑娘病了
（57a）晴雯姐没了
（57b）把个晴雯姐没了
（58a）火灭了
（58b）把火灭了

很明显，a 类中的句子只是状态或状态变化的描写，但 b 类显然是一种“致使结果”的描写。

“把”字句的致使义不只局限于刚刚谈到的情况，其实在那些传统上认为“处置”义不好解释的“把”字句中，“致使”的体现再明显不过了，如例（22）—例（27）中的情况。其中所有的例子都可作如下解释：

（59）（A）使 B 处于某结果状态 C 中

这里的重点是“使 B 处于某结果状态 C 中”。当然，要使 B 处于某种结果状态中，句中的谓语动词要有一定的要求，即符合“动—结”的结构意义。这也就是为什么除非放入“把”字结构中的谓语动词自身可以在“把”字结构的影响下产生致使结果义，“把”字句谓语动词往往以复杂结构出现的原因。以往“把”字句分析都以大量篇幅讨论“把”字句谓语动词的前后置成分，可是很少提及为什么需要这些成分。现在我们可以明确地说，之所以需要这些成分，是因为“致使”需要结果。这也正好说明语法结构和语法意义是不可分割的；正是有这样的语法意义，所以才需要这样的结构，结构的排列与组合因此并非是任意的、自为的。

现在看来，我们基本上可以用例（59）对“把”字句的语法意义作一个概括性的描写。在例（11）—例（16）中，致使义是很明显的。这里“打了一顿”也好，“骂得狗血喷头”也好，在“把”字句型中都表现了因某致使源通过某行为、某事件而造成的结果，只是在这一类中，谓语动词代表的致使动作、行为性较他类明显而已，而这主要取决于谓语动词本身的词汇语义，与“把”字句“致使”语法意义无必然联系。“打”、“骂”这类词无论放在哪儿，都有强烈的动作行为性，不因是否在“把”字结构中而变化。

纵观除D类外的所有各类“把”字句，可以对例（59）的内在含义作这样的解释：即“把”字句的功能在于对“把”字宾语作致使结果的描写；既然这是一种状态的描写，“把”字宾语相对“把”字句谓语动词而言也就根本不存在什么“宾语前提”的问题，而是一种描写与被描写的关系。

上述关于“把”字句语法意义的分析都集中在“把”字标记以后的部分，那么“把”字前的成分A同“把B+C”是一种什么关系呢？从“处置”说的观点来看，A的语义角色十分明确，是处置动作或行为的施动者，或施事。前面C类、E类，F类中的句子已经证明这种分析站不住脚。笔者认为，“把”字句中的A承担的是“致使源”（causer）的角色，这一角色是“把”字结构中所表现的“致使结果”的责任者。所谓“责任”，并非一定是客观上直接的责任，而应理解为“与之相关”。把A定为“致使源”也就从根本上避免了将A狭隘地与“施事”等同起来。A的这种相对“致使结果”的角色关系在各类“把”字句中都很明显，如：

（60）他把书搁在桌上。

（61）桑葚把孩子的舌头都吃紫了。

（62）你快把我想死喽。

“把”字结构告诉我们“是因为什么原因，致使什么处于谓语C所描写的致使结果状态中”，而“把”字标记明确了致使的方向。这里致使源A无论在句法结构层上出现与否，在语义结构中总是存在的。

根据上面的讨论，我们现在可以将“把”字句的语法意义例（59）进一步修改如下：

（63）与 A 相关，B 处于 C 描写的致使结果状态中。

具体来说，也就是因为 A 的关系，B 处于 C 描写的致使结果状态中。改动了“A 使 B...”的文字是为了避免产生 A 对 B 所处状态的客观责任以及可能相关客观行为的联想。这里 A、B、C 间只存在语法结构上和语法意义功能上的关系。至于具体“把”字句所描述的现实中，A 有时对 B 的状态可能有直接的行为上的责任，有时可能是间接的责任。从语法意义层面上看，那只是一种偶然。具体的情况，根据词汇意义语境而变化，和语法意义无关。

现在看一下前面 D 类中的情况。本类中的谓语带“一”，最少有两个分句，“把”字分句不能独自成立。

如：

（64a）＊他把旗子一挥。

（64b）他把旗子一挥，（就）冲了上去。

（65a）＊他把眼一瞪。

（65b）他把眼一瞪，（就）抄起一根棍子来。

如果仔细观察，会发现例（64b）、例（65b）其实是“把”字结构与“一……就……”格式的结合。准确地说，是“一……就……”格式作“把”字句谓语而构成的一种特殊的“把”字句。我们知道，“一……就……”有自己的功能，其意义表现在于表示两个连续的事件一个接着一个相继发生。“一”后的动词短语表现短暂的行为或事件，“就”后面的成分代表前一事件后立刻出现的行为或事件，而后一事件在某一程度上是前一事件的结果，见以下例句（吕叔湘等，1980）：

（66）一请就来。

（67）门一推就开。

（68）他一解释我就懂了。

（69）一写就一大篇。

由于“一……就……”结构的第二部分有结果义，这样就有了同“把”字结构结合的可能性。尽管在这种结合后的结构中，“把”字结构 C 中动词表现带有一定的过程性，而且结果义与“把”字结构 C 中动词的关系不如动结结构那么紧密，但是由于 C 中带“一”的部分表现的过程性在这些句子中不是语义重点，其语义重心实际上是落在“就……”那部分上，也就是结果上。这样，这些以“一……就……”格式组成的“把”字结构句基本满足了“把”字句表现致使结果的要求。换句话说，我们可以把这一类“把”字句看成“把”字句中的特类。

四 “把”字句结构语法意义的小结

根据上述分析，我们可以将“把”字句的语法意义总结如下：

(70)

结构：	A	把	B	+ C
语义功能	致使源	致使方向标记		致使结果说明

语法意义：与A相关，B处于C描写的致使结果状态中

五 “把”字句语法意义表现的不平衡性

1. 各类“把”字结构句中致使结果义的表现

我们发现在实际语言应用中，例（70）所描述的这种致使性语法意义在众多“把”字结构句中的表现是不均衡的：

(71) 他把车洗干净了。
(72) 桑葚把孩子的舌头吃紫了。
(73) 他把车洗了。
(74) 他把旗子一挥……
(75) 他把车往河里开……

按照前面的分析，“把”字句的语义重心是落在致使结果状态上的，那么“把”字句的整体语义表现就不应同动词表现的动作性或动作延续性发生关系。换言之，“把”字句谓语不应带有体现致使动作本身过程的标记，如短时、进行体貌。从语言事实上看，典型的“把”字句，如例(71)、例(72)、例(73)的确是这样，加入短时貌“一”或表示进行的“在”后都站不住脚，如：

(71a) *他把车一洗干净（了）。

(71b) *他在把车洗干净。

(72a) *桑葚把孩子的舌头一吃紫（了）。

(72b) *桑葚把孩子的舌头在吃紫。

(73a) *他把车一洗（了）。

(73b) *他在把车洗。

然而，例（74）与例（75）的情况就明显不同，其谓语语义有明显的过程性。笔者认为，这种“把”字句语法意义在“把”字结构句中表现不均衡的现象，完全可以用原型理论（Rosch，1973）来说明。

与传统分类法不同，原型理论认为各个类别之间不是一种非此即彼、黑白分明的关系，而是一种从家族核心到外延逐渐变化、由典型到非典型的关系。一个个体之所以属于某一类别，不是因为具备某种区别性特征，而是因为此个体同本类中的核心成员之间存在家族近似性。这种近似性越强，则与核心成员的关系越近，反之，则越远。请看下面几组例句：

(76) 就他的儿子……把他杀掉了。

(77) 你还能把他怎么样?

(78) 那时候有浦心余，那会儿想把满族团结起来……

(79) 他也没后代，没什么的，反正就一人儿了，国家也把他养起来了就。

(80) 石头把我脚硌坏了。

(81) 这事儿真把我急死了。

(82) 什么还能把他怎么样?

(83) 看他这样儿，把刘庸笑得前仰后倒的。

(84) 吃饭把他噎着了。

(85) 一不留神，我把他丢了。

(86) 我刚才的蛋糕哪儿去了？嘿，谁把我蛋糕吃了?!

(87) ……反正是……把他解职了。

(88) 后来到我们这么一穷了，把这刀啦什么伍的都卖了，卖废铁了，哈哈。

(89) 干嘛，练练，来个掉毛儿，把脖子歪了。

(90) 年纪轻轻的把个老婆跑了。

(91) 把裤腿一挽，(就) 下河去了。

(92) 目前，世界各制鞋公司正在把高技术引入制鞋工艺，不断推出新款式的旅游鞋。

(93) ……龙华人正在把梦变成现实。

(94) 图为工贸公司锅巴生产线的工人正在把成品锅巴装箱外运。

例（76）—例（84）就“把”字句语法意义的表现而言，完全符合例（70）的描写，用通俗的话来说，都可以解释为与某人、某物、某事有关，某人、某物、某事由于某事件处于某种结果状态中。表面上看，例（76）—例（79）与例（80）—例（84）不同。主要区别是，例（80）—例（84）中的例句没有具备意志性的致使源，而例（76）—例（79）中有。正是这种区别给人们一种印象，似乎例（76）—例（79）更具备致使义。但从语法意义上看，这两组是一样的，不同的只是它们具体句中的词汇意义。具体来说，例（76）—例（79）中的致使源A恰好具备意志性，而例（80）—例（84）里的A恰好没有。下面一些例子可以进一步说明这一问题：

(95a) 石头把我的脚硌坏了。

(95b) 他诚心把我的脚硌坏了。

(96a) 这事儿真把我急死了。

(96b) 你真的把我急死了。①

(97a) 什么还能把他怎么样？

(97b) 你还能把他怎么样？

这里看出，(a)、(b) 句的致使源有所不同，意志性的有无也不尽相同，但就致使结果义而言，(a)、(b) 没有区别，具体来说：

(95a)、(93b) 我的脚硌坏了。

(96a)、(94b) 我急死了。

(97a)、(95b) 他怎么样。

① 尽管主语由“这事儿”变成了“你”，我们通常的理解也是“你的某些做事方法让我非常着急”，并没有“你存心让我着急”的意思。

再来看一下例（85）—例（90）的情况。这一组的谓语构成与前两组有所不同，其谓语是由光杆动词直接加“了”组成的。语感告诉我们，虽然没有显性补语，但致使结果状态的表现依然充分。这样例（85）—例（90）可以说具备所有例（76）—例（84）的特点。这样，例（76）—例（90）除了语法意义表现形式以外，有几点是共同的：一，“把”字谓语或为动补结构，或为动词加“了”，或为表示结果状态的词语，呈现明显的结果义；二，所有的句子都不表现事件或行为过程本身，句子的语义重心落在由事件或行为引起变化后的结果状态上。正是因为这些共同的特点，例（76）—例（90）中都不可以出现标志事件或动作本身过程的成分，这包括“在、正在、一”。因为这些成分的出现将与致使结果义发生冲突，而使这些句子不可接受，如：

（98）＊石头正把我的脚硌坏了。

（99）＊石头在把我的脚硌坏了。

（100）＊石头正在把我的脚硌坏了。

（101）＊石头把我的脚一硌坏。

（102）＊他正把我的脚硌坏了。

（103）＊他在把我的脚硌坏了。

（104）＊他正在把我的脚硌坏了。

（105）＊他把我的脚一硌坏。

（106）＊我正把他丢了。

（107）＊我在把他丢了。

（108）＊我正在把他丢了。

（109）＊我把他一丢。

可是例（76）—例（90）的这些特点在例（91）—例（94）中却发生了变化。这里有两种情况：一是“把”字句谓语带“一”的情况，二是“把”字标记前带“在”或“正在”的情况。

先看一下有“一”的“把”字结构句，如：例（91）“把裤腿一挽，（就）下河去了”。此类句子其实就是前边讨论过的，“把”字句结构与“一……就……”格式的结合。其语义重心实际上放在了“就”引出的分句上，属于“把”字句的特殊形式。

再来看一下带有“在”或“正在”的“把”字结构句。这类句子有一个共同的特点，即“把”字结构谓语部分都表现一种涉及时空位移及程度改变的“趋向”性。这类“把”字句的谓语整体语义总是表现一种朝向目的点的位移，有时是时空上的位移，有时是不同状态程度间的位移。例（92）—例（93）就是比较典型的例子。尽管这里面各句的具体词汇意义不同，但是各句都表现了向预期目标发展的意义，从而隐含了预期的结果。这类“把”字句谓语带有比较明显的过程性。正是由于例（92）—例（93）中的语义特点，此类“把”字结构句的整体意义表现就与例（76）—例（90）相去甚远，感觉上很不一样。这些“把”字谓语中动词描述的事件或动作带有明显的过程性，而结果性相对削弱。但是需要注意的是，这些句子中的预期结果，无论是显性的还是隐性的，均是“把”字谓语语义指向的终极目标，这在例（92）—例（93）中分别表现为：

(92a) 引入……工艺

(93a) 变成……现实

例（94）的情况稍微特殊一点。第一，例（94）中的“正在”并没有跟“外运”直接发生关系，而同“装箱”有关；第二，“把”字谓语表面上没有明显的结果，起码形式上是这样，因为不能把“外运”在形式上解释成“外”是“运”的结果，这样明显不符合汉语“动结”结构“V＋结”的要求。但是凡是母语说话人都能感觉到本句在语义上确实带有些结果的意思，分析一下本句谓语的情况，此处实际涉及两个事件，第一是装箱，然后是外运，但是在本句中如果没有“外运”，“装箱”似乎不能和“正在”单独使用。

(94a) *图为工贸公司锅巴生产线的工人正在把成品锅巴装箱。

同样没有“装箱”只有“外运”好像也不好：

(94b) *图为工贸公司锅巴生产线的工人正在把成品锅巴外运。

其原因是，不管是“装箱”还是“外运”都只是某种行为，缺乏明确的目标结果，但是两者放在一起就行了。因为此时，“装箱”成了“外运”的前提条件，而“外运”则是“装箱”的目标结果，因此过程和结果就都有了，无论是读者还是听话人都可以从字面上得到这层潜在的意思。这也就解释了为什么例（94）成立。因此可以说例（94）和例（92）—例（93）同属一类。这样虽然有“在”或“正在”的“把”字句结构过程性高于结果性，但是仍然在现代“把”字句语法意义允许的范围内。无论这些句子描写的状态为已然还是未然，基本符合“与致使源A有关，‘把’字宾语B处于C描写的结果状态中”这一意义。这些句子与例（76）—例（90）的主要区别在于语义中心的偏移。这种偏移主要取决于“把”字谓语前后附加成分的具体语义和功能。综上所述，我们认为例（92）—例（94）仍然属于“把”字句，只是属于“非典型”的“把”字句。

2. 连续统的讨论

长期以来，“把”字句语法意义讨论的焦点主要落在是“处置义”还是“致使义”上，观点大都是二分，即是“处置”还是“不是处置”，或是“致使”还是“不是致使”，对观察材料均未作如上的分类，而是一刀切，试图作出非此即彼的结论。当材料在某些方面不符合工作定义时，则使用排除法予以排除。根据这种二分的方法，我们完全可以把例（91）—例（94）排除在“把”字句以外，但是这样的结论似乎有悖于现代汉语母语说话人对“把”字句的整体认知。大概没有人会认为例（91）—例（94）与真正的非“把”字句的“把”字结构句同属一类，如：

（110）把弹子打瞎人的眼睛。

（111）宝玉正把眼瞅着“海棠春睡图”……

同样没有人会认为它们跟下面这些不成立的“把”字句一样：

（112）*我正在把门开。

（113）*他们正在把东西运。

我们一般倾向于认为例（91）—例（94）仍然属于“把”字句。根据对“把”字句的语法意义的认识，我们认为，致使结果义是“把”字句的核心语义；但是在具体的“把”字结构句中，这种致使结果义的强弱表现取决于谓语动词前后成分的组合。不同的“把”字结构句在语义重心的表现上侧重点有所不同，如果某一“把”字结构句的语义重心正好落在致使结果上，那么该“把”字结构句属于“把”字句的典型句。

一旦这一重心偏移，移向致使过程，该“把”字结构句则渐变为非典型句。中心偏移越大，离典型句越远，甚至完全超出了“把”字句的语法意义所允许的范围，成为不可接受的“把”字句。在其他因素均等的情况下，语义重心在“致使过程—致使结果”这一连续段上的位置至关重要，而母语说话人对“把”字句判断上的宽容度也取决于此。语料显示，例（76）—例（90）这一类最为常见，也是人们使用最多的。从上面的分析中不难看出，这一类属于“把”字句的典型范畴，这也就解释了这一类在语料中出现的高比率。与之相比，例（91）—例（94）就少了很多，而其中例（92）—例（94）在口语中基本上找不到，主要以书面语形式出现。但是，不管在实际使用上出现频次的多少，母语说话人从感觉上基本觉得它们同属一种句型范畴。可以这样说，语料实际和现代汉语母语说话人对“把”字句的实际认知是吻合的。人和机器的一大区别就在于其认知从来不是一分为二的，而是全方位的、连续渐变的。面对这样一种语言现实，原型理论（Rosch，1973）的解释最为恰当。我们认为，现代汉语中，“把”字句的语法意义在“把”字结构句中的体现是不均衡的，存在一种由高程度体现到低程度体现的连续统。换言之，在“把”字句这个集合体中，按照“把”字句语法意义体现程度的不同，存在典型“把”字句到非典型“把”字句这样一个连续统。典型与非典型之间的关系可以由下面这个图解表示：

（114）语义重心：致使结果　　　　　　　　致使过程

类型：典型　　　　　　　　　　非典型

这一图解说明的是，如果承认“把”字句的语法意义为“致使结果”义，我们就可以把强烈表现这种“致使结果”义的“把”字结构句看成“把”字句的典型核心句，将那些“致使结果”义表现不那么强烈的，而又在结构和“致使结果”义上与核心成员有着某种家族近似关系的“把”字结构句看成边缘句，而汉语母语说话人心目中的“把”字句正是典型与非典型两极间形形色色“把”字结构句的总体集合。

六 “致使结果”义分析在对外汉语“把”字句教学实践中的指导作用

1.“把”字句教学的指导思路

“把”字句长期以来一直是汉语作为外语教学中的一个难点，其原因是多方面的。首先是其独特性，Sun（2006）指出“there is not another language in the world that has a phenomenon similar to the *ba* construction”，因为类似的结构不存在于学生的母语中，他们很难在他们的已知和面对的未知间建立某种有机的联系，加之包括很多一线教师在内的母语说话人也很难解释清楚“把”字句的形式与意义，以及功能间的关系，因此学习者很难把握。从 Jin（1992）、Wen（2006，2010）对北美地区大学的调查看出，尽管目前各汉语教材都在初级阶段，一年级或二年级初即开始介绍“把”字结构，但由于“把”字句使用上的结构、语意、语用方面的诸多制约，在学习的初级阶段，对汉语学习者，特别是对母语为英语的学习者来说，很难掌握。

我们认为造成这一问题的重要原因之一是以传统“处置”说（王力，1943，1945；王还，1957；Li，1974；Li and Thompson，1981）为基础的现行教学思维没有能够真正反映“把”字句语法意义的关键，以及以这一思维为蓝本的“施事——→把处置对象——→处置行为”教学流程没能有效地帮助学生在形式与语法意义以及相应的语用功能间建立有机的联系。针对这一情况，本节将基于前面对“把”字句语法意义的分析，针对当前“把”字句教学中由结构意义解释或理解不清楚而造成的一些问题，特别是低年级教学中的问题，进一步提出与传统“施事——→把处置对象——→处置行为”教学模式不同的“‘把’字宾语所处致使结果状态——→致使活动/致使事件——→致使源”的前溯教学流程。

2. 传统教学思路的问题

处置说长期以来在对外汉语教学中有着非常深刻的影响，这在教科书和与教学密切相关的语法参考书中表现最为明显。以最近出版的 *Chinese Grammar Made Easy: A Practical and Effective Guide for Teachers*（Bai，2009）为例，该书涉及的第一个语法点就是“把”字句，其表述将“把”字结构所需要的各种结构要求基本上作了穷尽的列举，并对“把”字句所传递的功能信息作了如下的陈述：

> “主语＋把＋宾语＋动词＋其他成分”结构含有两层信息，一是主语对宾语所做的动作或行为，二是宾语因主语所做的动作或行为而产生的改变或结果。

如果说上述语法解释基本上把动作行为以及因动作行为而产生的结果平等对待，那么其所建议的“把”字句课堂练习导入流程中却似乎完全将意义重心放在了动词所表示的行为上。在其课堂操作程序中，该书有如下的导入建议：

> （板书“主语＋把＋宾语＋动词＋其他成分”）
>
> 老师：（课前准备好一小玻璃杯水，让学生能看到杯子里有没有水。带“把”字句时，先给学生看水，然后把水喝完）我做什么了？
>
> 学生：（可能会说错）你把水喝。
>
> 老师：“你把水喝”不对。“喝”的后面应该有别的成分……

显然老师的预期是学生回答出“你把水喝了”，因为黑板上的结构指示已经明确标示“把”字节构的各个必要组成部分。但设想一下，如果在自然情况下，黑板上没有这样的结构提示，教师用同样的导入方法，学生会如何回答呢？很有可能是：“你喝水了。”连“＊你把水喝”这样不合格的“把”字句都未必说得出来。即使说出来，教师也很难说明为什么这里非要加上“其他成分”不可，最多解释说，那是结构上的要求。但这对学生来讲，很难有说服力，因为问句明明是“我做什么了”。第一，面对这样的问题，“你喝水了”是完美的答句，尽管老师之前有把水喝完的动作。第二，问句语义重心与预期回答中的语义重心，即其谓语中隐含的“喝完了、喝干净了、喝得一干二净”的这一意义相去甚远，全然联系不上，造成了形式与意义的脱节，无法增强学生对“把”字结构功能的认识。此外，事实上，像“喝”这样的动词，本身并没有喝完的意思，在常态句中，就是同“了”共用也没有这一层意思，如“他喝了汤了，可是没喝完”，只有进入了“把”字结构，这层意思才显性地表现出来，因此不可以说：“＊他把汤喝了，但是没喝完”（Tai，1984）。而对汉语中像“喝”这类动词的这种特点，作为初次接触“把”字句的学生是不可能了解的。从这一例子中可以看出，教学程序设计者完全是按照“把”字句的“处置”义走向，即“施事——→把处置对象——→处置行为”思维的，尽管在结构上意识到所谓“其他成分”存在的必要性，但是潜意识中并没有认识到这一“其他成分”的存在实际上是“把”字句语法意义或其语义功能要求在句法形式上的体现。在“把”字句教学的初级阶段，学生常犯的一个错误就是无法把握“把”字句的结果语义中心，常常把表现这一结果中心的“其他”成分丢得精光，正如 *Chinese Grammar Made Easy* 中预见的那样。其根本原因是按照“处置”义说“如何做，怎样做”的思路，很难在语法解释中和与其相应的练习设计上把学生的注意力转移到“把”字句的“结果”中心上来。

3. “把”字句教学中的一种前溯教学流程

基于本文对“把”字句语法意义的分析以及目前“把”字句教学中出现的问题，本节将根据“把”字句的结构、语义重心表现、使用特点，针对初级阶段教学提出与传统从前向后程序不同的“把”字句前溯教学流程。具体来说，前溯流程是：

> 从结果向造成这一结果的“把”字句主语，由后向前的教学程序，即：“致使结果——→致使行为/事件——→致使源”。

我们认为，“把”字句初级教学的目的是使学生熟悉“把”字句的形式、基本使用功能，以及形式与意义的联系。为了达到这一目的，使前溯教学流程能够在教学中得到合理安排，我们需要在教材编纂以及课程安排上有意识地对“把”字句的推出做一些必要的预备性铺陈。

（1）“动补”先行

从“把”字句的语义中心来看，谓语 C 在“把”字句结构中是一个十分重要的组成部分，起着对“把”字宾语状态的说明作用。前面说过，“把”字句谓语 C 由两部分组成，即动词和表示结果义的后续成分，如补语和表示结果义的体标记。在某些情况下，动词可以同体标记直接使用。我们这里用如下的形式来表述这一结构构成：

（115）V + R①

其中“V”代表动词，“R”代表结果。这一表述与很多现行教材中的“V + Complement”或“V + other elements”有所不同。这里的 R 除含传统的“结果补语”如“完”、“好”、“懂”、“坏”、“死”、“住”、“上”、“干净”、“清楚”等，“趋向补语”如“出来”、“进去”、“上

① R 指英文的 Result。

来”、“下去”、“来”、“去”、“走”等，以及由“得”引出的“程度补语”，也包括由介词“在”、“到”等构成的动后成分。当然，R还包括由体标记与谓语动词组合后产生的结果。但是，本文认为，在“把”字句教学的初始阶段，应该着重使用前两类R作为示范，而避免使用光杆动词与“了”。原因一，以显性的动补结构呈现，在教学初期容易较为明确地建立形式与意义的联系；原因二，“V了”所表现的结果义常常较为抽象，并受语境、动词本身词汇语义及整句在特定场合下表现的时段语义（verbal semantics）[①] 的制约。对母语为英语的初学者相对来说不容易掌握。如“洗了”是什么意思？是“洗干净了”还是“洗”的事件业已发生，还是被“洗”客体发生了某种预期的或非预期的状态变化？此外，很多教科书中都提到，“把”字句中的V必须是及物动词，其后必须有其他成分，或所谓“complement”。在初级教学中，这样处理不能说不对，但要注意的是并非所有及物动词都可以用于“把”字句，而必须是那种与表示结果的“了”搭配在相应语境下能够产生致使结果义的动词。正如Chief，Lim，Shen（2010）所指出，同是及物动词的“买”就存在这样的问题。在通常情况下，即使有“了”也不行，一般不能说：

（116）＊我把这辆车买了。

但是，这并不绝对，只是语境提供得不够充分，请见：

（117）A：我们让小张准备聚会，他办得怎么样了？
B：他只把酒买了，可乐什么的还没着落呢。

例（117）说明光杆动词与“了”搭配受到的语境因素制约远远比显性的动结结构复杂。从信息传递上看，例（117）不仅说明“他”只是通过“买”达到“买到酒”这一结果目的但没有完成预期任务的全部，而且还在“酒”和“可乐什么的”评述客体之间体现出明显的对比意义。“买”的情况只是“V了”情况复杂性的代表之一，类似的情况还有不少，此处不一一列举。本文认为，对于承载如此复杂语义内涵的“V了”形式，在初级教学阶段应该避免，至少应该推后介绍，并在教学中对于每个动词的用法、语义和语境作出明示。否则，在语法点解释时，仅仅泛谈

① 关于时段语义的论述请参考Vendler（1967）和Dowty（1986）。

结构要求，而例句示范又是难以掌握的光杆动词，然后在练习或作业中要求学生能够根据有限的例句对其他光杆动词举一反三，实在有点强人所难。

至于很多教材提及的“其他成分”，对初学者来说，显性地给出补语远比抽象的“了”容易掌握；至于这一点，不要说学生，就是不少老师当看到“V 了”时都因为找不到“complement”而困惑。其根本原因在于不了解“其他成分”和“complement”的存在是为“致使结果”服务的。在“把”字句中，对于光杆动词来说，“了”的存在是必需的，因为它表示了状态的变化，即一种新的状态出现，也就是致使结果状态。但是，这种致使结果状态的体现不可简单地看成是动词与“了”各自意义的叠加，即 V 代表致使行为或事件，“了”体现结果，而应看成“V 了”整体在“把”字结构中的意义表现。所以说，所谓，“V + Other elements”其实不仅是形式上的，更是语义上的要求。要提请注意的是，现代汉语中光杆及物动词一般并不表示结果。这对母语为英语的学习者而言，常常感到极为困惑，因为汉语与英语在时段语义上有着概念结构上的差别。Tai（2003）认为：

> Chinese has only state, activities, and result, lacking accomplishment and achievement categories. The latter two categories are expressed mostly in action-result verb compounds（V1—V2）.

很多英语中“accomplishment”是由动词本身表达的，比如经典例子“kill”的情况：

（118）John killed Joe.

这里 Joe 必死无疑。但是汉语中“杀”就未必，虽然从生活经验中得来的周遍知识（global experience）告诉我们，常态下，

（119）张三杀了王老五。

王老五肯定死了，但这并不意味“杀”本身包含此行为的必然结果“死”。如：

(120) 张三杀了王老五三次，都没杀死。

(121) 张三杀了王老五三回，均不成功。

但是，一旦进入“把”字结构，情况就发生了本质性的变化：

(122) *张三把王老五杀了，但是王老五没有死。

这可以说是致使结果义强化的结果。其实，Tai（1984）就指出：

> ... while accomplishment verbs in English necessarily imply an attainment of the goal, their seeming equivalents in Chinese do not necessarily so imply.

虽然我们无意在此就汉语的时段语义展开一次讨论，但是上面的几个例子却能给我们的“把”字句教学中“V-R”结构教学的操作提供两点思考。第一，这种中、英时段语义上的差别实际上反映了两种语言在“行为—结果”认知概念结构上的不同。第二，对母语为英语的学习者来说，其母语中的“行为—结果”的表示正如 Tai 指出的，多数为 V 本身加上时态，并不需要什么表现结果的补语或其他什么特殊结构来体现这一功能。对处于这种结果中的客体的描写更不存在与“把”字句相应的句式。对于学生而言，仅凭其有限的汉语知识和母语思维，怎么能知道光杆动词“杀”有时可以表示杀死了，有时表示并没杀死，而进入了“把”字句就一定表示杀死了呢？

综上所述，本文认为，在“把”字句教学中，不能不把中、英文的这一时段语义差别的影响考虑进来。相对来说，明确地用“动补”给出例句，对于学习者来说比“V 了”形式更容易掌握。学生在初次接触“把”字句时，不必为哪个光杆动词可以用、哪个不能用而乱猜，语义与形式的结合也相对明显。这也是为什么笔者不赞同在初次介绍“把”字句时使用只含“V 了”谓语的“把”字句做示范，即使在后期逐步引入“V 了”形式时也应该特别注意交代相关动词以及与其配套的成分和其在不同场合下可能产生的语义，以免学生滥用。结果义是“把”字句语法意义的核心部分，对体现这一动结义的动补结构的了解，以及相关结构的掌握就成了“把”字句学习的关键之一。因此对于这一层语义表达方式的掌握不仅对“把”字句的掌握是教学上必要的前提，而且对汉语其他语法形式，如所谓“话题—评论”（Topic-comment）句等的掌握及使用也是如此。在教学中，包括教材编写中的语法点排序上，以及教学课程顺序安排上，应该先做好“把”字句中动补部分的的铺垫工作，包括先期介绍动补结构及其语法表现形式和使用、各类体标记的用法及其语法意义。这样不仅使学生在接触“把”字句之前，对所涉各种内部结构先期有所了解，并且在一定程度上熟悉其构成和使用环境与特点，避免在刚接触到“把”字句这样一个全新而又陌生的结构时，一下子对其涉及的结构、语义、功能诸多方面的问题不知所措。

（2）“话题—评论”结构随后

除了动补结构与体标记教学的先期安排，“话题—评论”结构，特别是受事话题结构的前期介绍在“把”字句教学的铺垫工作中也是至关重要的。Hsueh（1989）就提到，大多数的“把”字句，在没有“把”及“把”前成分的情况下依然成立，余下结构的关系是“话题”和“评论”的关系。这一观点可以从下面的例子得到说明：

（123）我把这件事情交代清楚了——→这件事情交代清楚了。

（124）我把衣服洗干净了——→衣服洗干净了。

（125）他把我炒的饭吃完了——→我炒的饭吃完了。

要知道，在所谓“话题—评论”这一结构中，“评论”的部分本身表现的就是“话题”所涉及事物的某种状态，而在“把”字结构中，这种“评论”均表现为“致使结果状态”。例（123）说的是因为“交代”而“清楚”，例（124）是因为“洗”而“干净”，例（125）则是因为“吃”而“完”。教学中若设计这种“话题—评论”结构的先期练习，可以让学生对“把”字句谓语与“把”字宾语的关系与内部结构预先熟悉。此外还要注意动补结构与体标记的搭配。因为“把”字句谓语不能与“过”搭配，要注意排除。再有，含“着”的“把”字句句子结构以及应用环境较为复杂，初级教学阶段最好避免。综上所述，我们现在可以对“把”字句教学以及前期准备作出这样的排序：

体标记“了”——→动补结构（包括各类必要动补形式）——→“受事话题—评论”结构——→“把”字句

本文认为，这样的排序本身反映了“把”字句结构自身语法意义表达必要的形式载体在教学中先后出现的顺序，为“把”字句的教学铺垫了一条循序渐进的道路。体标记“了”是动补结构与“话题—评论”以及“把”字句中的重要语法标记，必须最先介绍；动补结构是“话题—评论”结构和“把”字句致使结果义的重要表现形式，应先于后两者推出以做教学上的铺垫；至于“话题—评论”教学的作用前面已经谈过，这里不再赘述。

（3）“把”字句结构教学的前溯流程步骤

与以往“施事──→把 处置对象──→处置行为”的处理不同，本文提出的是一种“‘把’字宾语所处致使结果状态──→致使活动/致使事件──→致使源”的前溯流程。

①切入点

教学中首先需要考虑的是切入点的问题：

（126）她把房间打扫干净了。

（127）他把那张桌子搬出去了。

例（126）、例（127）基本代表了目前大多数低年级教材中涉及的两大类“把”字句的用法：例（126）是描写“把”字宾语所代表的自身事物因某事件或外力所发生的状态变化；而例（127）描写的是“把”字宾语因某事物或外力而发生的位移，而这种位移本身可以看成是一种状态变化。例（127）为代表的这一类是一种最典型的“把”字句的用法。张旺熹（2001）的调查研究显示，表示位移的“把”字句在实际应用中占了很大的比例。在其调查的2016个“把”字句中，就有1121个是表示位移的。因此他认为：“典型的‘把’字句表现一个物体在外力作用下从甲点转移到乙点的位移过程”。因此笔者建议，在“把”字句初级教学阶段应从牵涉物体位移的“把”字句入手，一来贴近汉语中“把”字句的实际应用，二来由于这类“把”字句中的“动结”部分成分意义分工明确，便于学生在形式与意义间建立联系。再则，可以强化学生对汉语中因为某人、某事件、某物体从甲地位移至乙地这一现象的描写必须使用“把”字句的概念。

②前溯流程的操作

这一流程的具体操作过程是这样的，以例（128）为例，在具体教学过程中不要急于关心谁做了什么，而是从结果开始。对学生的启发，可以用书的实物，也可以用图像等等。关键是让学生清楚书的位移，即由于外力从甲地到乙地的位移。当然前提是学生已经熟悉可以导致位移的动词，如“放”、“搬”、“拿”等等，并对前面提到的与“把”字句相关的各结构做过先期教学与训练：

(128)

准备：相应课件，可用动词提示：放、搬等等、相应课堂活动

结构提示：

B V R (话题句)

A 把 B V R (“把”字句)

(情景显示：某人把书从某处放在了桌子上)

A 老师：现在书在/到哪了？——→

B 学生：(现在) 书在/到桌子上了——→

C 老师：how? 提示加入 V 成分——→

D 学生：书放/摆/……在桌子上了。——→

E 老师：Who did that? (指向“把”前成分并要求用整句回答)

F 学生：你/她/她把书放在桌子上了。

我们可以清楚地注意到，其实 B、D 的回答，就是前面所说的“话题—评论”句。因此，只要对“话题—评论”句的前期铺垫工作做得充分，对学生来说，进入 F 并不困难。这就是先期训练“话题—评论”句的意义所在。这一前溯流程的显著优点在于从程序上避免了学生丢失所谓“其他成分”的情况，而且在“把”字结构与其自身致使结果义间在初始阶段就建立了有机的联系。在对位移描写的“把”字句做了相当的练习后，可以转入例 (126) 类的训练，方法也是一样的，这里不再重复。

这里建议的前溯流程正是这种由结果到致使源的追溯全程。要注意的是，虽然在实际话语交际过程中，“把”字句主语常常因为交际场景明确而在形式上省略，但这并不意味其不存在。因此在初级阶段应该由整句训练开始逐步过渡到省略形式，并且应该确认学生能够根据相应的交际环境补出“把”字句主语。相对于“施事——→把处置对象——→处置行为”的教学顺序，前溯流程不仅仅只是简单地颠倒了次序，重要的是这一流程把语句的重点放在了“把”字句语义重心—结果上，从而确保学生的注意力从“如何做、怎样做”转移到“什么结果”上。这里要强调的是，在一、二年级初级阶段，这一教学流程追求的并非是学生对“把”字句的全面掌握，而是在一开始就为以后更为复杂的“把”字句形式与使用的

学习奠定一个形式与意义相结合的基础。

七　结语

本文总结了笔者近些年来对“把”字句语法意义研究的一些心得。笔者认为，“把”字句的结构意义可以总结为：“与致使源 A 有关，‘把’字宾语 B 处于谓语 C 描写的致使结果状态中。”此外，这一语法意义在由“把”字结构构成的“把”字结构句中的表现是不均衡的，呈现一种由“典型”到“非典型”的分布。根据上述结论，以及多年来在对外汉语教学中的经验，笔者提出一种有别于传统“施事──→把处置对象──→处置行为”教学思路的“致使结果──→致使事件/行为──→致使源”的前溯教学流程，认为这样一种流程更能如实地反映“把”字句的结构意义，并且可以帮助学生了解把字句中结果义表现的重要性，在教学之初就为后面各种复杂的“把”字句现象的学习奠定基础。

参考文献

胡文泽：《也谈“把”字句的语法意义》，《语言研究》2005 年第 2 期。

胡文泽：《“把”字句语法意义在“把”字结构句中的不均衡表现》，《语言研究》2010 年第 1 期。

胡文泽：《“把”字句教学的一种前潮流程》，*Journal of Chinese Teachers Association* 46. 2. 2011。

刘月华、潘文娱、故韡：《实用现代汉语语法》增订本，商务印书馆 2001 年版。

吕叔湘：《中国文法要略》，商务印书馆 1942 年版。

吕叔湘：《汉语语法论文集》，科学出版社 1953 年版。

沈家煊：《如何处置“处置式”——试论“把”字句的主观性》，《中国语文》2002 年第 5 期。

宋玉柱：《处置新解》，《天津师范学院学报》1979 年第 3 期。

宋玉柱：《关于“把”字句的两个问题》，《语文研究》1981 年第 2 期。

王还：《“把”字句和“被”字句》，上海教育出版社 1957 年版。

王力：《中国现代语法》，商务印书馆 1943 年版。

王力：《中国语法理论》，商务印书馆 1945 年版。

薛凤生：《试论“把”字句的语义特性》，《语言教学与研究》1987 年第 1 期。

张旺熹：《把”字句的位移图式》，《语言教学与研究》2001 年第 3 期。

Bai，Jianhua et al. *Chinese grammar made easy*：*A practical and effective guide for* teachers. New Haven and London: Yale University Press. 2009.

Chief, Liangcheng, Ni Eng Lim and Wei Shen *Integrated Chinese third Edition Level* 1, *Part* 1 *and Part* 2. *Journal of the Chinese Language Teachers Association* 2010, 45 (2): pp. 137—151.

Dowty, D. R. *The effects of Aspectual Class on the Temporal Structure of Discourse: Semantics or Pragmatics? Linguistics and Philosophy* 1986, 9: 1. pp. 37—61.

Hsueh, Frank F-S *The structural meaning of Ba and Bei construction in Mandarin Chinese: do they really mean disposal and passive? Functionalism and Chinese Grammar*, ed. by James Tai and Frank Hsueh. Chinese Language Teachers' Association Monograph Series. 1989, Vol 1.

Jin, Honggang. *Pragmaticization and the L2 acquisition of Chinese ba constructions. Journal of Chinese Language Teachers Association*, 1992, 18 (3): pp. 33—52.

Li, Ying-che. *What does Disposal Mean? Features of the verb and noun in Chinese. Journal of Chinese Linguistics* 1974, 2, pp. 200—218.

Rosch, Eleanor Heider. *Natural Categories*. Cognitive Psychology 1973, 4. pp. 328—350.

Sun, Chaofen. *Transitivity, BA Construction, and its History. Journal of Chinese Linguistics* 1995, 23. 1: pp. 159—95.

Sun, Chaofen. *Word order change and grammaticalization in the history of Chinese*. Stanford CA: Stanford University Press. 1996.

Sun, Chaofen. *Chinese: A linguistic Introduction*. Cambridge University Press. 2006.

Tai, James H-Y. *Verbs and times in Chinese: Vendler's four categories. Parasession on lexical semantics*, 1984, 20: pp. 289—296.

Tai, James H-Y. *Cognitive relativism: Resultative construction in Chinese. Language and Linguistics*, 4 (2): 2003, pp. 301—316.

Tsao, Feng-fu. *A topic-comment approach to the ba-construction. Journal of Chinese Linguistics* 1989, 15, 1: pp. 3—53.

Vendler, Zeno. *Verbs and Time. Linguistics in Philosophy*. Ithaca, New York: Cornell University Press, 1967, pp. 97—121.

Wen, Xiaohong. *Acquisition sequence of three constructions: An analysis of the interlanguage of learners Chinese as a foreign language. Journal of Chinese Language Teachers Association*, 2006, 41 (3): pp. 89—113.

Wen, Xiaohong. *Acquisition of the displacement ba-construction by Eng lish-speaking Learners of Chinese, Journal of Chinese Language Teachers Association* 2010, 45 (2): pp. 73—99.

Two Dimensions of Modern Written Chinese

Zheng-sheng Zhang　San Diego State University USA

Abstract　This paper reports on a statistical study of modern written Chinese using the Lancaster corpus and the multi-feature, multi-dimensional framework for studying register variation. Results show that contrary to common beliefs, the simple dichotomous distinction between spoken and written Chinese is not sufficient to capture the great range of internal variation in written Chinese. Furthermore, the common assumption associating classical Chinese elements with the written style is also not quite correct, as written registers actually vary along two dimensions, instead of one: the dimension of 'literateness' is distinct from that of 'classical-ness'; the most classical is not the most literate, nor vice versa.

Keywords　written Chinese, variation, multi-feature, multi-dimension, corpus

1 Introduction

It is quite common to see references to certain expressions in Chinese as being *shumianyu* 'written expressions', implying a dichotomous distinction between spoken and written Chinese, which is felt to be so great as to warrant the use of the term 'gulf' to characterize their distinctness (Li & Thompson, 1982).

At the same time, it is also commonly assumed that due to the former prestige of classical Chinese, and the prevalence of classical Chinese elements in formal written genres such as invitations and official announcements, one of the ways in which modern written Chinese differs from spoken Chinese is its close association with classical Chinese.

Yet an empirical study using corpus materials and the multi-feature, multi-dimensional framework suggests that the above picture is too simplistic. As will be shown in this paper, instead of a simple dichotomy, written registers vary along continuous dimensions. Variation in modern written Chinese cannot be accounted for with just one dimension; at least two dimensions are necessary representing literate-ness on the one hand and classical-ness on the other. Contrary to common assumption, the most literate registers are not the most classical ones, nor vice versa.

2 The corpus

The corpus used in the present study is the Lancaster Corpus of Mandarin Chinese (LCMC) (McEnery and Xiao 2004), which includes 1,000,000 word tokens in 15 written registers. The 15 registers are given below, together with their abbreviated labels:

Register	Abbreviated label
News reportage	NewsRep
News editorials	NewsEd
News reviews	NewsRev
Religion	Religion
Skills, trades and hobbies	Hobbies
Popular lore	PopLore
Essays and biographies	Biography
Reports and official documents	Official
Science (academic prose)	Academic
General fiction	FicGen
Mystery and detective fiction	FicDec
Science fiction	FicSci
Adventure and martial arts fiction	FicMart
Romantic fiction	FicRom
Humor	Humor

Figure 1 15 Registers in Lancaster Mandarin Chinese Corpus

The corpus is completely tagged, with 50 tags in the tagset.

3 Multi-feature/multi-dimensional study of registers

The present study adopts the theoretical framework of multi-feature/multi-dimensional study of registers, as pioneered in the works of Biber (Biber 1988) and applied to the study of a number of languages, including Taiwanese (Min dialect of Chinese) (Jang S. -Ch. 1998). In addition to its empirical and quantitative advantages, the framework lends greater power in describing the complex relationship between registers. With the use of factor analysis, the co-occurrence patterns of many linguistic features are reduced to a smaller number of factors/dimensions, which are easier to be given functional interpretations.

But for the present study, correspondence analysis was used instead of factor analysis. This decision was initially dictated by the nature of the data, in the form of a rectangular matrix with 60 columns (features) and 15 rows (registers), which do not readily lend themselves to factor analysis①. But the use of correspondence analysis turns out to be advantageous in other ways as well, as it provides intuitive spatial representations of the dimensions, which aides in their interpretation.

4 Feature selection

60 features are selected, of the following types (complete list given in the appendix):

Major POS (noun, verb, adjective adverb, pre/post-position); subtypes of POS (attrib.)

Derived POS (verbs used as nouns, adjectives used as nouns etc.)

Pronouns (1^{st}sg., 1^{st}pl., 2^{nd}sg., 2^{nd}pl., 3rd m sg., 3rd f sg., 3rd

① Factor analysis was actually attempted, using the same feature matrix. An error message was generated about data not being positive definite. Despite the error message, however, the results obtained were similar to the present analysis.

pl.)

Punctuation (comma, period, semi-colon, parenthesis, question, quotation etc.)

Structural markers (的、地、得、使、被、将、把);

Aspect markers (了、着、过);

Final particles (呢、啊、呀 etc.);

Verbal reduplication; Noun + noun combinations

Connectives

Classifiers

Idioms (成语), Abbreviations, Onomatopoeia

Light verb (进行)

Monosyllabic morphemes (verbal 吠、nominal 日、adverbial 纷、adjectival 强 etc.)

Classical Chinese function words (为、以、所、之、与、于)

Prefixes (非、超、老 etc.), suffixes (们、者、式 etc.)

Time, place, personal names

Most of the features are based on the 50 tagged categories of LCMC. There are a number of reasons for the discrepancy between the present feature set and the LCMC tagset. Of the available 50 tags in LCMC, 11 cannot be used due to the small number of tokens. Some LCMC categories, such as pronouns classes, are deemed too coarse and hence split into individual pronominal features. Some punctuation marks, markers of constructions and key lexical items are added that are not part of the LCMC tagset. Although the LCMC online interface only allows the search of single items, the use of concordance software for further processing makes possible the inclusion of some features that incorporate contextual information, such as noun + noun and verbal reduplication.

As classical Chinese is one of the foci of the present study, two kinds of features related to classical Chinese are also included.

4.1 Monosyllabic morphemes

One series of categories in LCMC are tagged 'xg' (ng, vg etc.). They are short for 'x morphemes', representing monosyllabic morphemes that are bound in modern Chinese but free in classical Chinese. Four such features are included in the present study: nominal (哀悼日、犬吠、赌业), verbal (弃学从商、燃尽、犬吠), adjectival (竞投、纷抢、强忍) and adverbial (奋勇拼搏、顿消、微秃). Their labels are: n, v, adj., and adv. respectively, all lower case, in contrast with word level POSs, which are labeled with UPPER CASE letters).

The distribution of monosyllabic nominal morphemes is given below:

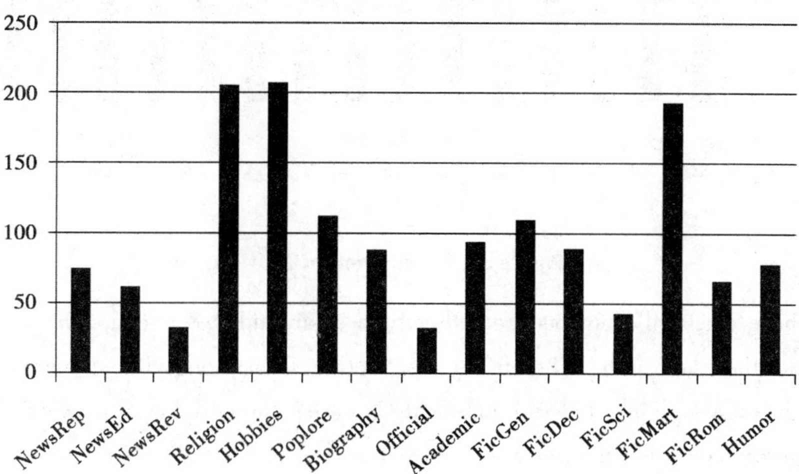

Figure 2 Distribution of monosyllabic nominal morphemes

The distribution pattern is quite different from the class of NOUN, the correlation between the two being very low (-0.144).

Official documents, which have the highest occurrence of NOUN, have the fewest of monosyllabic nominal morphemes; on the other hand, martial arts fiction (FicMart), which is next to lowest in occurrence of NOUN, has one of the highest occurrences of monosyllabic nominal morphemes. Along parallel lines, the distribution of monosyllabic verbal morphemes is also very different from that of VERB, the correlation between the two also very low (0.178). But monosyllabic nominal and verbal morphemes are highly positively correlated with each other at 0.929 (compare: NOUN and VERB = -0.713).

4.2 Classical functional words

Six classical Chinese functional words, 为 'to be', 以 'with', 所 'object marker', 之 'nominal modification marker', 于 'at', 与 'with', are included as another set of classical Chinese elements. The correlations betwe-

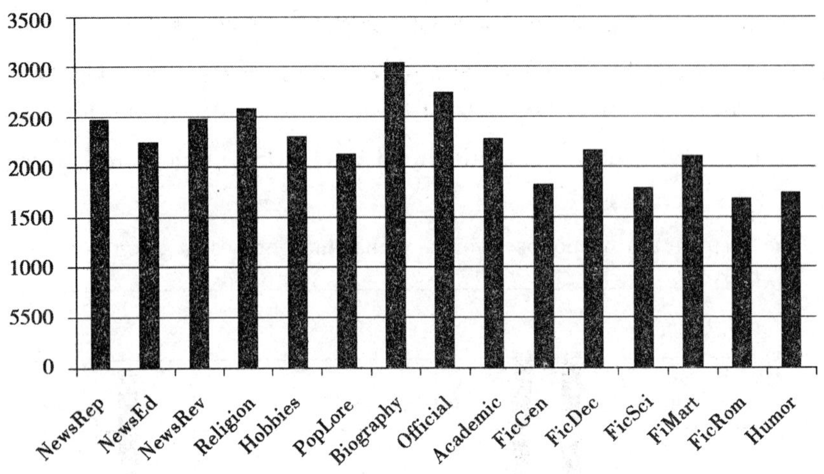

Figure 3 Distribution of NOUNs

en these classical elements are rather high at around 0. 8 and up. On the other hand, they are quite different in distribution from monosyllabic morphemes, which are also associated with classical Chinese; the correlation between 为 and monosyllabic verbal morphemes is only 0. 35.

4. 3 Data collection and normalization

Two tools were used to collect and process frequency data:

*LCMC online concordancer*①, which has a user-friendly interface, with flexible search options (individual words, whole word classes (POS) and individual words with specific POS are all searchable), and an output format that is very easy for direct register comparison. It provides both raw frequency counts and normalized frequency count of per 10k words.

TextStat: LCMC can only search for single terms, rendering it unable to accommodate features that involve more than one term, such as words in contex or the co-occurrence of discontinuous elements. For such features, TextStat was

① Hosted at http://score. crpp. nie. edu. sg/cgi – bin/lcmc/conc. pl at the time of writing, but initially at http://bowland – files. lancs. ac. uk/corplang/cgi – bin/conc. pl)

used for further processing[①].

5 Results

The application of correspondence analysis (using SPSS) yields 14 possible dimensions (15 registers-1). However, only the first two dimensions are readily interpretable. The distribution of features/registers on the two dimensions is given below:

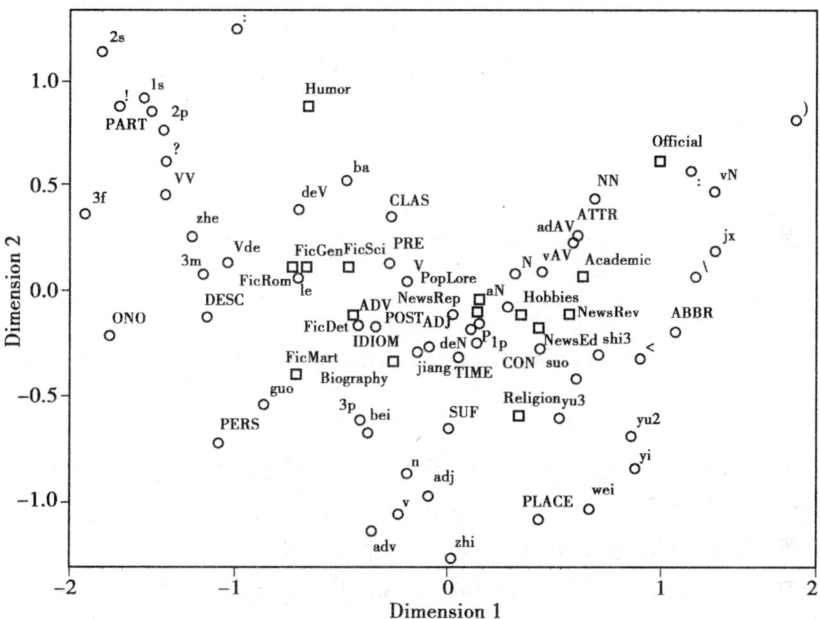

Figure 4 Distribution of features and registers along Dimensions 1 and 2

It is obvious that the features/registers are not evenly distributed. The scatter plot somewhat resembles an upside-down horse-shoe, with a notable hollow middle at the top and two unpopulated side areas at the bottom.

5.1 Distribution of features along the two dimensions

The distribution of features along the two dimensions is shown below:

① TextStat was developed by Matthias Hüning at the Free University of Berlin in 2000/2007. The software is downloadable at http://www. niederlandistik. fu – berlin. de/textstat/software – en. html.

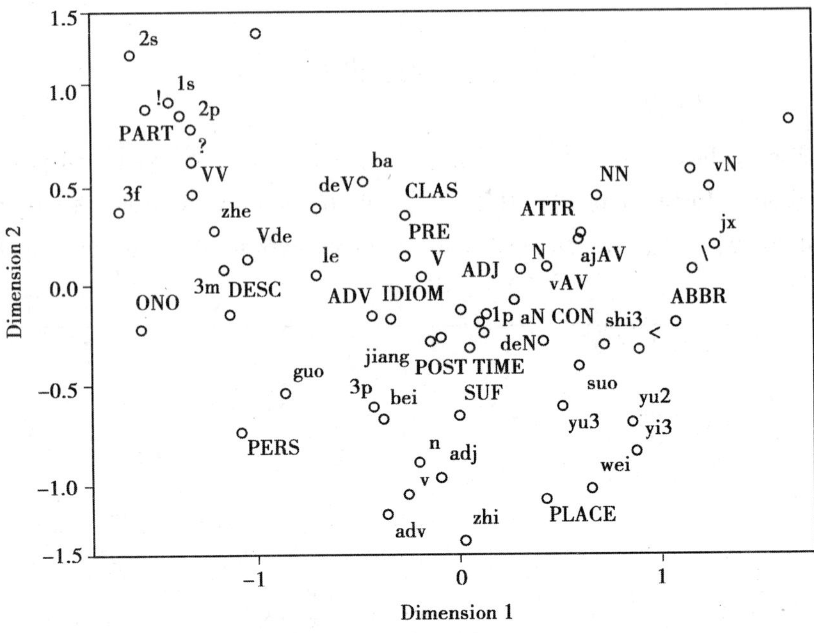

Figure 5　Distribution of features along the 1st and 2nd dimensions

5.1.1　Feature distribution on Dimension 1

Several obvious patterns emerge from the distribution of features along dimension 1:

Noun-related parts of speech are positive:

Noun, verb and adjective used as noun (N, vN, aN)

Nominal modificational/integrative features are positive:

de (的, deN)

Adjectives (ADJ)

Attributive adjectives (ATTR)

Noun + noun combination (NN)

1st plural pronoun is positive;

Abbreviations are positive;

Punctuation marks exclusively for writing are positive: ( ), 《》, 、;

Verb-related features are negative:

Verb (V)

aspectual particles (*le*, *zhe*, *guo*)

verbal reduplication (VV)

Verbal modification elements are negative:

adverbs (ADV)

verbal *de* (得 Vde, 地 deV)

Onomatopoeia is negative;

Sentence-final particles are negative;

Pronouns other than 1st plural are negative.

Punctuation marks more directly related to spoken interaction are negative: '!', '?', ':'

Less obvious are contrasts between features that are all in the negative region;

Singular pronouns are more negative than plural ones;

Predicative complement *de* (得 Vde) is more negative than integrative *de* (地 deV);

'Current state' aspectual *-zhe* and *-guo* are more negative than perfective *-le*.

Quite intriguing also is the contrast between the monosyllabic morpheme classes and the individual classical Chinese function words. While the latter are in the positive region of dimension 1, the former hover around the neutral middle.

5.1.2 Functional interpretation of Dimension 1

Dimension 1 is very strong, accounting for 62.6% of total variance. Dimension 1 is also quite complex. The oppositions incorporated include nominal vs. verbal, predictive vs. integrative, depictive vs. narrative, involved vs. detached, affective/interactive vs. informational, abstract vs. concrete, unplanned vs. pre-planned, parameters that are in fact dispersed among a number of the 7 dimensions of Biber (1988). The complexity may be responsible for the larger amount of variation, it can account for than Biber's first dimension. Given the complexity involved, Dimension 1 will be dubbed the 'literate' dimension.

The present study's inclusion of features not found in Biber's original study (1988) lends additional support for this interpretation of Dimension 1. Exclusively written style devices such as semi-colon, parenthesis and angle brackets are located on the literate end of the dimension, while quotation, question and exclamation marks, which are more characteristics of spoken discourse, are located at the non-literate end of the dimension. The splitting of the class of pronouns into 7 individual pronouns allows the emergence of the distinction between the 1st plural pronoun from the other pronouns, especially singular ones, probably due to the use of 'editorial we' in more literate registers.

Although only written registers are included in the present study, the distribution of features along Dimension 1 nonetheless seems to resemble the typical spoken-written continuum, i. e. , verbal, narrative, interactive, depictive, predicative at one end and nominal, informational and integrative at the other end. This interestingly complements Biber (2004), which found the same parameters at work in the variation of spoken registers.

5.2 Distribution of features on Dimension 2

What is immediately noticeable is the concentration of classical Chinese related features at the negative end (the bottom) of Dimension 2, i. e. , the monosyllable morpheme classes (n, v, adj. , adv.) and the individual classical Chinese function words (*zhi*, *wei*, *suo*, *yi*3, *yu*2, *yu*3). Less negative, while still in the negative region, is the classical Chinese counterpart of the marker for the BA construction *jiāng*.

On the other hand, the following features not characteristic of classical Chinese are found at the positive end (the top):

classifiers (CLAS);
most pronouns (classical Chinese had different ones);
integrative devices of noun + noun (NN) and attributive adj. (ATTR);
punctuation marks;
particles (PART) (classical Chinese had different ones);
aspectual *-zhe* and *-le* (classical Chinese had different ones);
marker of BA construction (*ba*).

Interesting and yet to be accounted for is a subtle contrast between monosyllabic morpheme words and the individual classical function words. While the former are more negative and closer together, the former are less so and more diffuse in distribution.

Compared with Dimension 1, Dimension 2 is a weaker dimension. It only accounts for 10.4% of the total variation. Its lesser weight is perhaps related to the upside-down conical shape: features/registers are concentrated only in the mid bottom part of the figure.

But compared with Dimension 1, the interpretation of Dimension 2 seems more straightforward: that Dimension 2 is the 'classical' dimension. Along with the clustering of classical-related features, the contrast between the synonymous pair of *jiāng* vs. *bǎ* (located on bottom and top respectively) is particularly illuminating.

5.3 Distribution of registers along Dimension 1 and 2

The distribution of registers along the two dimensions is given below:

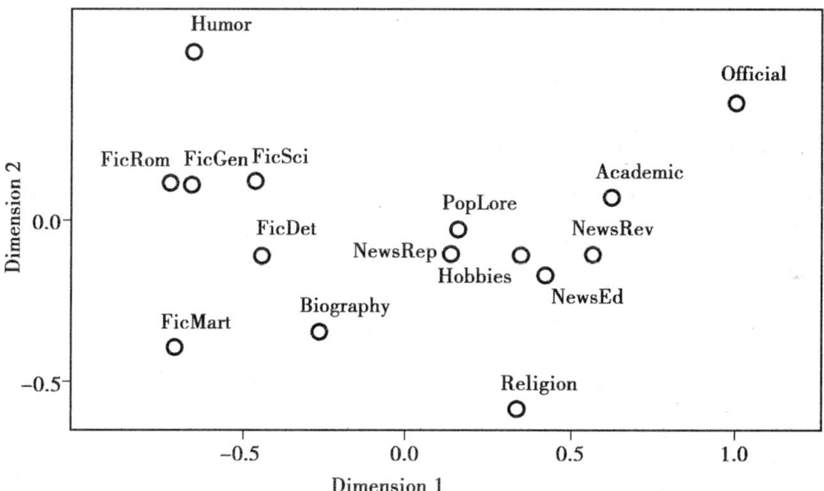

Figure 6 Distribution of registers along the first two dimensions

The ranking of registers on Dimension 1 can be alternatively represented below:

Fiction, humor and biography are the least literate, while official documents and academic writings are the most literate, with journalistic registers and others in between.

The ranking between the sub-types of journalistic and fiction registers is consistent with expectation as well: news reviews and news editorials are more

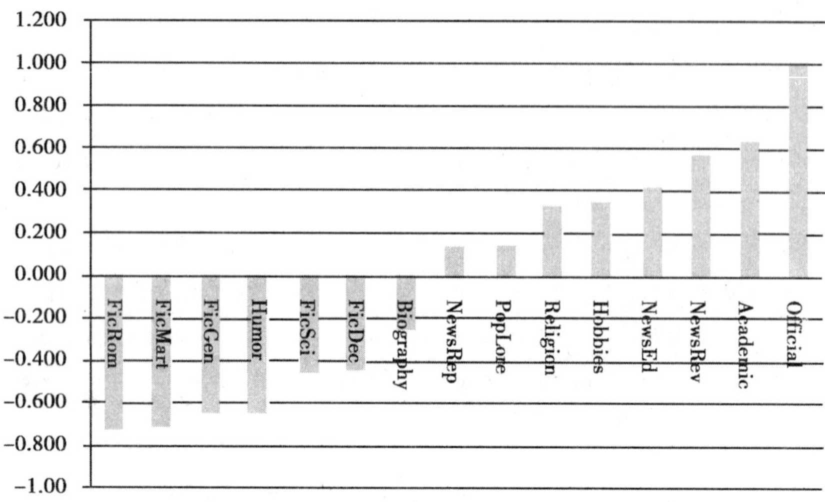

Figure 7 Ranking of registers on Dimension 1

literate, being closer to academic prose and official documents, while news reports are less so; among the fiction sub-types, general and romantic fiction are less literate while sci-fi and detective fiction are more so. It is also worth noting that all the sub-types of fiction are almost all adjacent to each other, with the exception of humor embedded in the fiction block.

The ranking of registers on Dimension 2 can be alternatively represented in Figure 8:

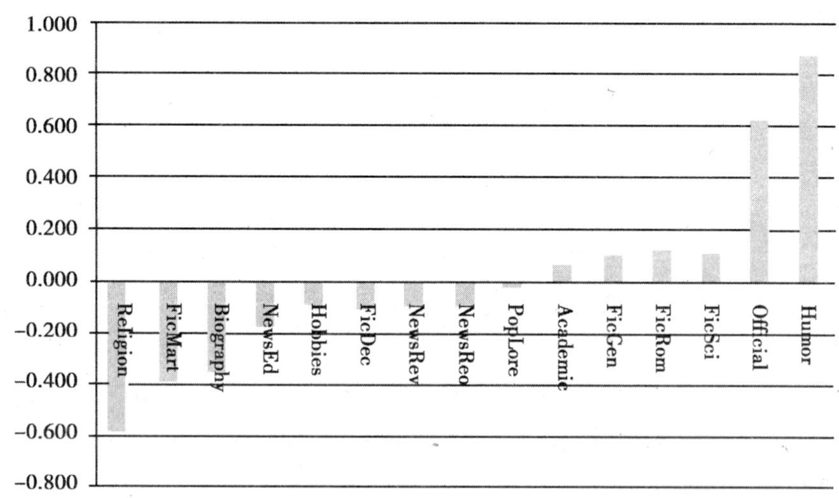

Figure 8 Ranking of registers on Dimension 2

It is perhaps not surprising that religion is at the most classical end of the scale, given its association with classical culture. That martial arts fiction (FicMart) is next may not be too surprising either, as this kind of fiction is conventionally written in a pseudo-classical style. It is also worth noting that it is very much apart from the other fiction sub-types, unlike on Dimension 1, where all sub-types of fiction are closely grouped together.

What is most interesting is the location of official documents and academic prose at the least/less classical end of the scale, being adjacent to humor and most fiction, registers that are least literate on Dimension 1.

6 Traditional assumptions revisited

6.1 No dichotomous distinction

The very fact that features and registers are distributed along continuums argues against the simplistic dichotomous distinction between spoken and written Chinese.

The fact that features and registers are ranked differently on the two dimensions further shows that more than one dimension is needed to account for the variation in written Chinese.

6.2 Dis-association of the classical from the literate

The peculiar horse-shoe pattern seen in the bi-plots also clearly argues against the simple assumption that the most written (literate) styles are also the most classical. This can be seen in two ways:

a. The hollow middle on the top is due to the absence of features/registers that are neutrally literate and -classical; in other words, the -classical features/registers can only be either most literate or least literate (official documents and humor respectively). While it is no surprise that the least literate registers, such as humor and general/romantic/science fiction, are not classical, it is indeed interesting that the most literate registers, like official documents and academic writing, are also non-classical.

b. The non-central blank areas at the bottom is due to the absence of classical registers that are either most literate or the least so. While the least literate is understandably non-classical, it is indeed newsworthy that the more classical registers, such as religion, biography, martial art fictions and news editorials, are not the most literate registers. In the case of martial art fiction, it is rather closer to the non-literate end of the literate-ness dimension.

To sum up the above two observations, that is, the most literate is not the most classical and the most classical is not the most literate, it is clear that the simplistic assumption that the most written is the most classical is simply not borne out by empirical evidence.

7 The intriguing contrast

As noted in 5. 1. 1 and 5. 2, there is an interesting contrast in distribution between the monosyllabic morpheme classes and the individual classical function words. The function words are more literate than the monosyllabic morpheme classes, which are on the whole more clearly classical. Whether this represents an artifact of the study or a genuine distinction between the two awaits further research.

References

Biber, Douglas. 1988. *Variation Across Speech and Writing*. Cambridge: Cambridge University Press.

Biber, Douglas. 2004. Conversation text types: A multi-dimensional analysis. JADT 2004. Les Journées nternationales Analyse statistique Les Donées Textuelles.

Jang S. -Ch. 1998. *Dimensions of Spoken and Written Taiwanese: A Corpus-based Register Study*. Ph. D. Dissertation. University of Hawaii.

Li, Charles, and Sandra Thompson. 1982. The Gulf between spoken and written languages: a case study in Chinese. In Tannen ed. Spoken and Written Language. Vol. IX, *Advanced in Discourse Processes.*

McEnery, T. and R. Xiao. 2004. The Lancaster Corpus of Mandarin Chinese: A corpus for monolingual and contrastive language study. In M. Lino, M. Xavier, F. Ferreire, R. Costa, and R. Silva (eds.) *Proceedings of the Fourth International Conference on Language Resources and Evaluation* (LREC) 2004, pp. 1175—1178. Lisbon, May 24—30, 2004.

Tannen, Deborah (ed.). 1982. *Spoken and written language: Exploring Orality and Literacy.* Norwood, NJ: ABLEX Publishing Corporation.

Appendix: List of 60 features used in the present study (abbreviated labels in parentheses):

1. noun (N)
2. monosyllabic noun (n)
3. verbs used as nouns (vN)
4. adjectives used as nouns (aN)
5. personal Name (PER)
6. noun + noun (NN)
7. verb (V)
8. monosyllabic verb (v)
9. reduplicated verbs 'look, think' (VV)
10. adjective (ADJ)
11. monosyllabic adjective (adj)
12. attributive adjectives (ATTR)
13. adverb (ADV)
14. monosyllabic adverb (adv)
15. adjectives used as adverbs (ajAV)
16. verbs used as adverbs (vAV)
17. preposition (P)
18. post-position (POST)
19. conjuncts (CON)
20. classifier (CLAS)
21. idiom (IDIOM)
22. prefix (PRE)
23. suffix (SUF)
24. time (TIME)

25. place (PLACE)

26. descriptive (DESC)

27. particles (PART)

28. abbreviations (ABBR)

29. onomatopoeia (ONO)

30. –33. $1^{st}2^{nd}$ 3rd (male) singular pronoun (1s), (2s), (3m); 3rd singular female pronoun (3f)

34. –36. 1st 2nd 3rd plural pronouns (1p), (2p), (3p)

37. nominal modification marker de (deN)

38. adverbial modification marker de (deV)

39. verbal complement marker de (Vde)

40. bǎ ('disposal'), (BA),

41. jiāng ('disposal') (Jiang)

42. bèi ('passive'), (bei)

43. shǐ (causative), (shi3)

44. perfective aspect marker -le (le)

45. progressive/durative aspect marker -zhe (zhe)

46. experiential aspect marker -guo (guo)

47. classical wéi 'to be', (wei)

48. classical yǐ 'with', (yi)

49. classical suǒ 'object marker' (suo)

50. classical yú 'at, (yu2)

51. classical yǔ 'and', (yu3)

52. classical zhī 'object pronoun/possessive marker', (zhi)

53. light verb: jinxing

54. '?': question mark

55. '!': exclamation mark

56. ':': direct quote

57. '《》': double angle brackets used in Chinese book titles (<)

58. '()': parenthesis

59. ';': semi-column

60. '、': pause used in enumerating items of a list (\ )

Tonal Patterns of English Accented Mandarin Chinese: An Experimental Study

Rongrong Liao　Defense Language Institute USA

Abstract　This paper introduces an experimental study of Mandarin tonal sequences produced by native English speakers. Sound recordings of learners' Mandarin have been analyzed empirically and acoustically. The conclusions are as follows: tonal variation in accented Mandarin is not correlated to the original Mandarin tones or the context of the original Mandarin tones. The pronounced Mandarin tones selectively transform to each other. The percentage of pronounced Tone 1's and Tone 3's are much higher than those of other pronounced tones in the accented Mandarin. Tonal combination patterns do exist, and there are two basic patterns: Pattern 1 is similar to the Mandarin tonal combination T1T3, and Pattern 2 is similar to the Mandarin tonal combination T3T1 or T3T4. There are two more patterns: Pattern 3 and 4, which could be viewed as the extensions of Pattern 1 and Pattern 2 along the pitch undulation. The two basic patterns occur in speech dozens of times per minute, which significantly contribute to the so called English accent.

Key words　Accented Mandarin, tonal combination, pattern, transform

1　Purpose and methods

Patterns of pronunciation by English learners have been extensively studied, but relatively little research of this kind has been conducted for the Chinese language. Analysis of Mandarin speech samples by foreign learners found that the most noticeable feature of their pronunciation is that the tones vary greatly from expected forms, far more than the variation in vowels or consonants. This paper will analyze Mandarin tonal sequences produced by learners who are native English speakers.

In the Mandarin speech of most native English speakers, tones are often pronounced in unexpected forms. Previous studies focused on tonal error distributions among the four tones, and the main purpose was to explore learners' hierarchy of difficulty of tonal acquisition.

Native Mandarin speakers are very sensitive to the transformed tones. Even without any experience of teaching Chinese to foreigners, many of them could identify the "incorrect" tones without difficulty. Experienced Chinese instructors could immediately tell that these Mandarin speaking sounds contain typical features of English accent, and that tonal pronunciations make up a large part of the accent. However, it is hard for them to explain exactly what the accented tonal features are; therefore researches are needed to explore these features.

To achieve better understanding of the tonal phenomena in foreign learners' speech, the following questions are raised: how do tones transform? Is it possible for a tone to transform to some other tones? If the answer is 'yes', which transformation is the most common? Are there any tones that other tones 'prefer to' transform into, and are pronounced much more frequently than other tones? Are there any patterned tonal combinations that consist of transformed tones? If there are, what are the forms of the tonal combinations?

In order to find the answers to these questions, an experiment that combines empirical analysis and instrumental analysis was conducted. First, a group of six learners were asked to tell stories and their story-telling were recorded. All of the learners had learned Chinese for more than one year. Before recording, each of them was asked to spontaneously tell stories about their own life experiences and to repeat his/her story several times, so they could express themselves in a relatively natural and fluent manner during recording.

Then the sounds in the recordings were analyzed empirically by two listeners, both native speakers and experienced Mandarin instructors. Portions of the recordings were repeatedly played. The listeners paid special attention first to tones on each syllables one by one, and then to tones in sequences.

Afterwards, the recordings were analyzed with the Praat software package. The acoustic analysis provided pitch tracks (F0 curves), wave forms, and intensity envelopes. When tones on a sequence of two or more syllables were examined, pitch tracks and other acoustic data were used for locating syllable boundaries, analyzing stressed pitch contours, and identifying tonal patterns.

When making judgments, such as deciding which tone was produced on a syllable, both auditory impression and acoustic data, especially pitch tracks, were used. The decisions were reached by repeatedly listening to the recordings, and careful examinations of the pitch tracks. One reason for doing so is that the pitch track of a tone may not be the same as the image that is based on the auditory impression, especially when the syllable is short. For example, the pitch track of the high level tone, Tone 1, in a very short syllable is often a pure rising curve or a sharp rising-falling curve, not a level and smooth curve.

2 Analyses and results

2.1 Selective tonal transformation

The first step of analyzing the learners'tonal pronunciations was to examine the tones on each syllable. Portions of the recordings were played again and again; special attention was paid to tones on each syllable, and judgment was made about which tone was actually pronounced. The pitch track of the syllable was also examined to confirm, adjust, or make judgments.

When the learners spoke slowly, with more pauses and strong stresses, it was relatively easy for the listener to judge the tonal categories that they heard; it was also not hard to identify the basic features of many tones. When the learners spoke faster, with fewer pauses and less strong stresses, it was often hard for the listener to tell the features and the categories of the tones. In these cases, pitch tracks provided more accurate information.

The results of the pronunciation evaluation show that in a relatively small percentage of the syllables, the pronounced tones keep the basic features of their original Mandarin tones. In quite a high percentage of the syllables, the tones were pronounced as other Mandarin tones; while in the rest of the syllables, the tones were pronounced in forms that do not belong to any Mandarin tones. These facts mean that in the learners'speaking sounds, Mandarin tones may transform to other Mandarin tones or tones with other forms.

In order to see the way that Mandarin tones transform, the number of times that each tone was pronounced by one learner were counted and displayed in Table 1. The recording is 110 seconds long, and it contains 273 syllables.

Table 1　　Numbers of tones produced in one learner's speaking

Original Tones	Pronounced Tones						
	Tone 0	Tone 1	Tone 2	Tone 3	Tone 4	Other Tonal Form	Sub Total
Tone 0	10	0	1	32	0	3	46
Tone 1	3	40	2	16	1	6	68
Tone 2	2	5	5	11	1	8	32
Tone 3	0	29	1	16	5	6	57
Tone 4	1	18	2	16	19	14	70
Sub Total	16 = 10 + 6	92 = 40 + 52	11 = 5 + 6	91 = 16 + 75	26 = 19 + 7	37	
Total	273						

In Table 1, the original tonal categories are listed in the first column, and the pronounced tonal categories are listed in the second row. The four basic Mandarin tones are represented by 'Tone 1' to 'Tone 4'. The neutral tones are referred as 'Tone 0', and they are tones on fillers (presented as 啊), particles, and tones that should be neutralized, such as the one on the second syllable of 看看 (Tone 4 + Tone 0). The pronounced tones with pitch curves unlike those of any Mandarin tones were referred as 'Other Tonal Form'.

In Rows 3 to 7 and Columns 2 to 8, each number shows how many times that a Mandarin tone was pronounced as the same Mandarin tone, one of the other Mandarin tones, or the 'Other Tonal Form'. For example, the number 29 at Row 6 Column 3 indicates that 29 syllables that originally carry a Tone 3 were pronounced as syllables with a Tone 1. In other words, 29 Tone 3's were transformed to Tone 1's.

In the row 'Sub Total', the equalities for the numbers indicate how many tones were produced in their original form and in other forms respectively. For instance, the equality '92 = 40 + 52' shows that there are 92 syllables produced with Tone 1; among which 40 are original tone 1's, and 52 were transformed from other tones.

Based on the data shown in Table 1, it is clear that the four Mandarin tones transform among each other. Every single one of the tones may transform to other tones; and each tone may transform to every single one of the other tones.

In fact, Table 1 also shows that any one of the four Mandarin tones may transform to not just any of the other three tones, but also the Other Tonal Forms. As for the neutral tone, it may transform to or transform from any Mandarin tone, as well. Although the limited data in Table 1 concerning this particular Learner do not fully show this point, other learners'data do support it. There are many types of filler in the learners' speech that are counted as neutral tone syllables, and most of them were pronounced as Tone 3's.

A further analysis of the numbers in Table 1 reveals interesting phenomena. The data for Tone 0 to Tone 4 suggest that besides keeping their original tonal forms, Tone 0 and tone 1 tend to transform more to Tone 3 rather than to other tones, Tone 3 tends to transform more to Tone 1 rather than to other tones; and Tone 4 tends to transform to both Tone 1, Tone 3 and 'Other Tonal Forms'. As for Tone 2, although the numbers show that it also tends to transform to Tone 3 more than other tones, the tendency is not conclusive, due to the smaller sample sizes.

The statistics in 'Sub Total' row demonstrate that other tones tend to transform to Tone 1 and Tone 3. The reason is as follows: in the following: in each of the five equalities that is in the formula 'A = b + c', 'c' represents the number of the pronounced tones that transform from other Mandarin tones. So the five numbers 6, 52, 6, 75, and 7, that on the position of 'c' in the four equalities, represent the numbers of tones transformed from other tones to Tone 0—4 respectively. Comparing these numbers, the 53 and 75 for Tone 1 and Tone 3 are significantly larger than 6, 6 and 7 for Tone 0, tone 2, and Tone 4. Therefore, the conclusion is that other tones tend to transform to Tone 1 and Tone 3.

This conclusion suggests that in the learner's speech, the Mandarin tones selectively, rather than equally or randomly transform. Learners prefer to pronounce Tone 1 and tone 3 much more than other tones. In fact, this point is also denoted by the significant phenomenon that Tone 1 and Tone 3 occur much more frequently than other tones. Among the 273 syllables, 92 (33%) were pronounced as Tone 1's and 91 (33%) were pronounced as Tone 3's. Putting together,

183 (66%) out of 273 tones were pronounced as these two tones. In other words, two thirds of the syllables carry these two tones, and only one third of the syllables carry Tone 0, Tone 2, Tone 4, and 'Other Tonal Form'. No wonder experienced instructors always feel that there is something in the learners'speech that causes the auditory impression of the English accent. This uneven occurrence of the tones must contribute to the learner's accent significantly.

2.2 Patterned tonal combinations

Besides selective transformation and uneven occurrence of the Mandarin tones, are there any other aspects of the tones, especially Tone 1 and tone 3, might also significantly contribute to the learner's accent? Would tonal combinations in the sound sequences demonstrate anything?

With these questions in mind, the second step of analyzing the learners'tonal pronunciations was taken, which was to examine the tonal combinations on syllables that grouped together, and special attention was paid to the pattern of pitch curves. Again, portions of recordings were analyzed empirically and acoustically.

Listening to the recordings, and observing pitch tracks, one impression was that syllables grouped together in the running speech. In normal pace, there were often two to three syllables in a group; but in faster pace, a group contained more syllables. In each group, tones combined together and sounded like a tonal unit. Pitch tracks also showed the tonal combinations on the grouped syllables as a unit. Between groups of pitch curves, there was often a space, reflecting the pause on the boundary between groups.

Repeatedly listening to the recordings, the evaluators could tell that the tonal accent was obvious and very familiar, which was typical of what they heard in classrooms. This indicates that there must be some common patterns in the tonal combinations. A closer analysis of what was heard indicated that there were many tonal combinations that sounded very similar to each other.

A careful analysis of the corresponding pitch tracks reveals that there are indeed common tonal patterns. The pitch curves of the tonal combinations carry two basic patterns. Pattern 1 is similar to a Tone 1 plus a Tone 3 (T1T3), and Pattern 2 is similar to a Tone 3 plus a Tone 1 or Tone 4 (T3T1 or T3T4). In most cases, both patterns occur in disyllabic combinations, and in some cases, they occur in tri-syllabic or other multi-syllabic combinations.

There are two more patterns, Pattern 3 and Pattern 4 that occur in tri-syllabic and other multi-syllabic groups. Pattern 3 is similar to a Tone 1 plus a Tone 3 and another Tone 1 (T1T3T1), or a Tone 1 plus a Tone 3 and a Tone 4 (T1T3T4); and Pattern 4 is similar to a Tone 3 plus a Tone 1 and another Tone 3 (T3T1T3).

Tonal combinations of all patterns are formed with correctly pronounced Mandarin tones, transferred Mandarin tones, and Other Tonal Forms that do not belong to any typical Mandarin tones. When spoken in a relatively faster pace, the tones become shorter, and more tones group together to form a tonal combination. The basic patterns of the tonal combinations remain the same as described above, but they are formed with more Other Tonal Forms. Many correctly pronounced Mandarin tones serve as the component parts of the accented tonal patterns.

The following are examples of pitch tracks. Patterns 1, 2, 3 and 4 are marked by underlines, round parentheses, square brackets, and brace brackets respectively in the Chinese characters.

Example 1:

那个	(工作)	很有	意思	
nage	gongzuo	henyou	yisi	
that	job	is	very interesting	
T4T0	T1T4	T3T3	T4T0	---- original tones
T1T3	(T3T4)	T1T3	T4T0	---- pronounced tones

'That job is very interesting.'

In Example 1, two groups of syllables, 那个 and 很有, carry Pattern 1 tonal combinations (T1T3), and one group of syllables, 工作, carries a Pattern 2 tonal combination (T3T4). Because of intonational influence, the high starting portions in the pronounced Tone 1's and Tone 4's are quite different in height, but the basic features of the tones are clear. The pitch track is broken due to the interruption of the initial consonants in 工, 作, and 很; and it is continued in 个, 有 and 意, because the initial consonants were all pronounced as voiced sounds. The pitch track in the syllable 思 does not show up due to the final weakening or other reasons.

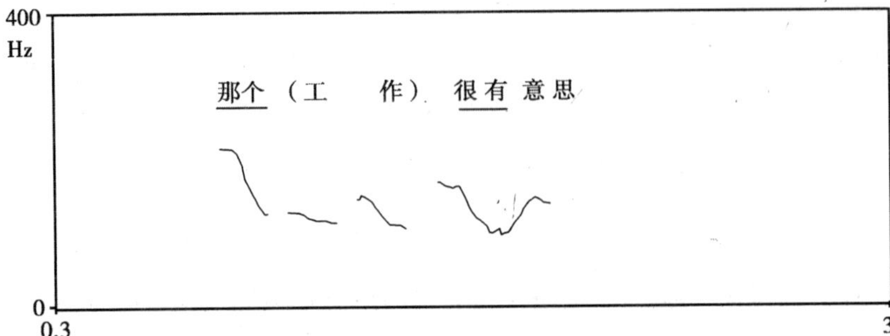

The vertical scale in hertz(Hz)shows F0.The horizontal scale in second(s)shows time.

Example 2:

大家	（很忙）,	［可是我］	只能	看看	
dajia	henmang	keshiwo	zhineng	kankan	
everybody	very busy	but I	only can	watch	
T4T1	T3T2	T3T4T3	T3T2	T4T0	----original tones
T1T4	T3T4	T1T3T4	T1T3	T4T0	----pronounced tones

'Everybody was busy, but I could only watch.'

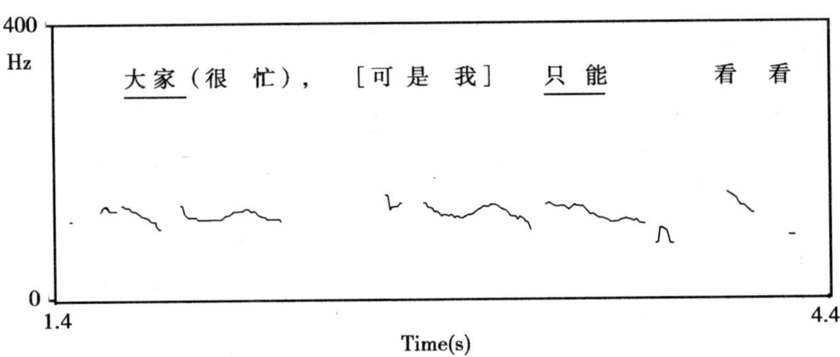

In Example 2, two groups of syllables, 大家 and 只能, carry Pattern 1 tonal combinations (T1T3); one group of syllables, 很忙, carries a Pattern 2 tonal combination (T3T4); and one group of syllables, 可是我, carries a Pattern 3 tonal combination (T1T3T4). In the whole utterance, the pitch range is relatively small, and the differences between the high points and the low points of most of the tones are smaller than those in Example 1.

Example 3:

(第六)	啊	{第六册}	[刚 出 来]	
diliu	a	diliuce	gangchulai	
sixth	filler	sixth volume	just published	
T4T4	T0	T4T4T4	T1T1T2	---- original tones
T3T1	T0	T3T1T3	T1T3T2	---- pronounced tones

'The sixth, oh, the sixth volume was just published.'

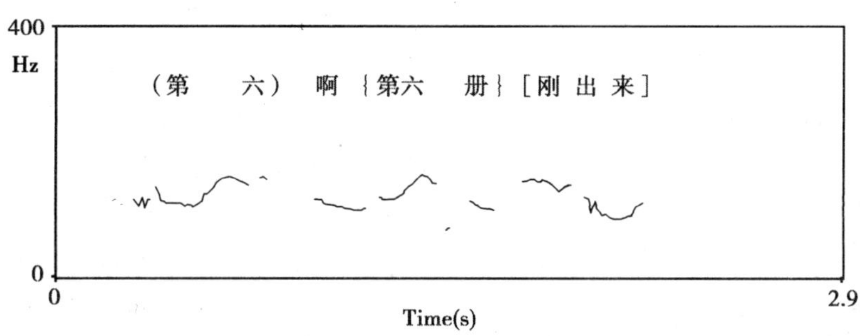

In Example 3, one group of syllables, the first 第六, carries a Pattern 2 tonal combination (T3T1); one group of syllables, 第六册, carries a Pattern 4 tonal combination (T3T1T4); and another group of syllables, 刚出来, carries a Pattern 3 tonal combination (T1T3T1) respectively. Because of the intonational effect, the final tone of the utterance is lowered down, so the final Tone 1 is much lower than other Tone 1's.

Example 4:

嗨,	(我 看 到 了)	{我的以前 的}	女 朋 友	
Hai,	wokandaole	wodeyiqiande	nüpengyou	
filler,	I saw	my previous	girl friend	
T0	T3T4T4T0	T3T0T3T2T0	T3T2T3	---- original tones
T0	T0T3T4T0	T3T0T1T4T0	T3T2T1	---- pronounced tones

'Oh, I saw my previous girlfriend.'

In Example 4, there are three groups of syllables; each group contains three to five syllables, and carries one tonal pattern. One group of four syllables, 我看到了, carries a Pattern 2 tonal combination (T3T4). The tones in the first and second syllables serve as the T3 portion of the tonal pattern, and

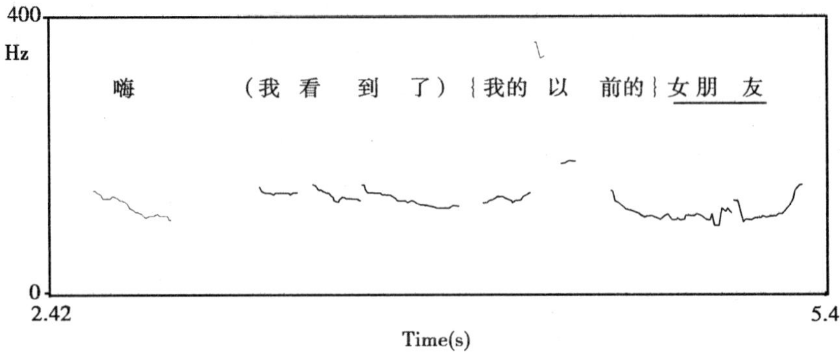

tones in the third and fourth syllables serve as the T4 portion of the tonal pattern. One group of five syllables, 我的以前的, carries a Pattern 4 tonal combination (T3T1T4). The tones in the first and second syllables serve as the T3 portion of the tonal pattern, the tone in the third syllable serves as the T1 portion of the tonal pattern, and the tones in the fourth and fifth syllables serve as the T4 portion of the tonal pattern. Another group of three syllables, 女朋友, carries a Pattern 2 tonal combination (T3T1). The tone in the first syllable serves as the T3 portion of the tonal pattern, and the tones in the second and third syllables serve as the transition to T1 and the T1 portion of the tonal pattern.

The tonal patterns are more clearly displayed in the following pitch track. The pitch range of the tones in the second group is much larger than those of the first and third groups, due to the strong stress placed on the second group. The pitch tracks of the tonal patterns contain more breaks and curves due to the presence of more initial consonant syllables. Tones on several syllables were pronounced correctly, but they serve as the component parts of the accented tonal patterns.

A further analysis of the data shows that the two basic patterns, Pattern 1 and Pattern 2, could be viewed as combinations of Tone 1 and Tone 3 in different orders. Although Pattern 1 and Pattern 2 are similar to Mandarin T1T3 and T3T1 combinations respectively, the degree of similarity is not the same. When Pattern 2 occurs in a disyllabic combination, both auditory impression and pitch tracks show that it is exactly like a typical Mandarin T3T1 or T3T4 combination. However, when Pattern 1 occurs in a disyllabic combination, it is often the case that Pattern 1 does not sound as natural as a typical Mandarin T1T3 comb-

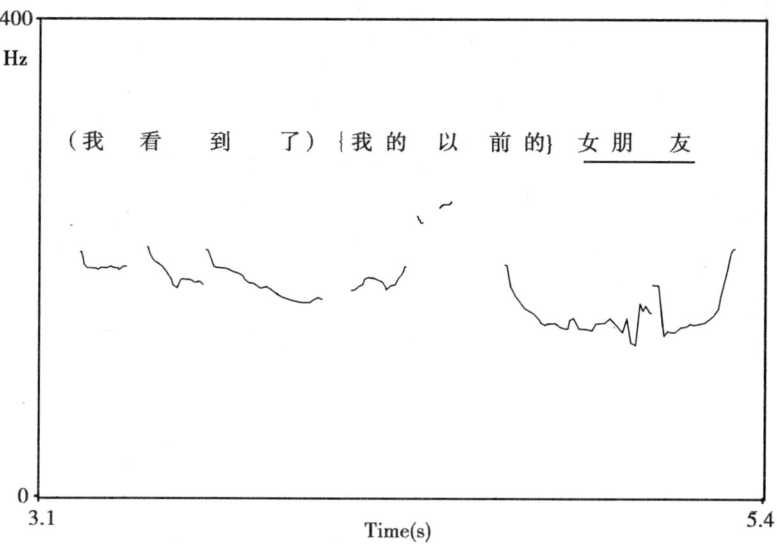

ination. But if one listens to the two tonal portions of Pattern 1 separately, the Tone 1 portion sounds just like a Mandarin Tone 1, and the Tone 3 portion sounds exactly the same as a Mandarin Tone 3. What is the difference between the Pattern 1 and the Mandarin T1T3 combination? A careful observation of the pitch tracks reveals that the main difference is that in Pattern 1, the Tone 1 portion is often much shorter than the Tone 3 portion, while the two tonal portions in the Mandarin T1T3 combination are similar in length. All pitch tracks above concerning 那个，很有，大家 and 只能 in example 1 and 2 carry Pattern 1; the contrast between the lengths of the two tonal portions is obvious.

A further analysis of the data also shows that Pattern 3 and Pattern 4 could be viewed as Pattern 1 and Pattern 2 combining together in different orders and with an overlapping portion. For example, Pattern 3 on 可是我 in Example 2 could also be viewed as 可(是我), i. e. Pattern 1 on 可是 and Pattern 2 on 是我 together create a single tonal unit, with one portion of each overlapping on 是. For the same reason, Pattern 4 on 第六册 in Example 3 could also be viewed as (第六) 册, i. e. Pattern 2 on 第六 and Pattern 1 on 六册 combine to one tonal unit, with one portion of each overlapping on 六. In fact, Pattern 3 and Pattern 4 could also be viewed as the extensions of Pattern 1 and Pattern 2 along the pitch undulation. For example, Pattern 3 in 可是我 in Example 2 could be viewed as pattern 1 in 可是 extending into 我 along the pitch undulation; Pattern 4 on 第六册 in Example 3 could be viewed as an pattern 2 in 第六 extending into 册 along the pitch undulation.

Based on the above analysis, a further question to ask is: what are the percentages of Pattern 1's and Pattern 2's present in the recording? There are 78 tonal combinations, among which 72 are in the form of Pattern 1 and Pattern 2, and 6 are in the form of Pattern 3 and Pattern 4. Counting one Pattern 1 and one Pattern 2 in each Pattern 3 or Pattern 4 once, there are 84 total occurrences of Pattern 1 and Pattern 2. The recording is only 110 seconds long, so on average, one of the two basic patterns occurs once every 1.2 seconds. If they had equal chances to be pronounced, each pattern would occur once every 2.4 seconds.

The interesting fact is that Pattern 1 was pronounced much more often than Pattern 2. Among the 84 occurrence of the two patterns, Pattern 1 occurred 73 (87%) times, while Pattern 2 occurred 11 times (13%). Such a high frequency of pronouncing Pattern 1 must significantly contribute to the so-called English accent. Even for Pattern 2, 11 occurrences in about two minutes are also quite frequent, enough for listeners to build an impression.

The above data are all obtained from one learner. The same accented patterns also appear in other learners'data, although the percentages vary among learners. In general, learners with heavier accent produce more accented tonal combinations and less unaccented tones. The occurrence of Pattern 1 make up about 70% to 90% of the accented tonal combinations, and the accented tonal combination make up in the range of 50% to 70 % of the total syllables. If data of learners with very light accent and extremely heavy accent were collected, the percentage of accented tonal combinations in a learner's speech could vary in an even larger range.

3 Conclusion and discussion

The data and analysis presented in this paper leads to the following conclusions:

First, to certain extent, tonal variation in the learners' accented Mandarin is not correlated to the original Mandarin tones or tonal context. The pronounced Mandarin tones selectively transform to each other, with a preference of transforming to Tone 1 and Tone 3 more than other tones, although any tone may transform to any other tones.

Second, the percentage of pronounced Tone 1's and Tone 3's are much higher than those of other tones in the accented Mandarin. Most of the Tone 1's and Tone 3's occur in disyllabic or multi-syllabic groups.

Third, tonal combination patterns exist in the accented Mandarin. There are two basic patterns. Pattern 1 is similar to a Tone 1 plus a Tone 3 (T1T3), with the Tone 1 portion much shorter than the Tone 3 portion. Pattern 2 exactly consists of a Tone 3 plus a Tone 1 or tone 4 (T3T1 or T3T4), with similar lengths in both tonal portions. The two basic patterns serve as composing elements to form two more tonal combination patterns: Pattern 3 is similar to a Tone 1 plus a Tone 3 and another Tone 1 (T1T3T1), or a Tone 1 plus a Tone 3 and a Tone 4 (T1T3T4); and Pattern 4 is similar to a Tone 3 plus a Tone 1 and another Tone 3 (T3T1T3). patterr 3 and Pattern 4 could be viewed as the extensions of Pattern 1 and Pattern 2 along the pitch undulation respectively.

Fourth, the learner's speech often contains a high percentage of tonal combination Pattern 1 and Pattern 2, and Pattern 1 occurs much more frequently than Pattern 2. For some learners, the occurrence of the two basic patterns together may reach as many as 80 times in a normal paced speech with about 280 syllables in two minutes, and Pattern 1 may repeat as much as 5 times more often than Pattern 2.

Why do accented Mandarin tones vary in the above ways? The basic reason must be that the intonational system of the learners'native language, English, affects their Mandarin pronunciation. In English, there are only two basic tones, a high tone and a low tone, and a few intonational patterns, such as the high-low pattern and the low-high pattern. Tonal changes happen across a group of two or more syllables, not within one syllable. However, in Mandarin, there are four basic tonal patterns (Tone 1, 2, 3 and 4), and patterned tonal changes happen within one syllable, so the learners need to remember which syllable carries which tone for all Mandarin words and manage their pronunciation correspondently. As for a group of two or more syllables, there are 16 or more tonal combination patterns cross syllables, much more complicated than that in English. This fact makes learning Mandarin tonal system exceptionally challenging, and causes learners to frequently pronounce Mandarin tones along the pitch undulation in similar ways as they pronounce English intonations.

REFERENCES

Chen, Qinghai. Toward a sequential approach for tonal error analysis. *Journal of the Chinese Language Teachers Association* 1997, 32, pp. 21—39.

Liao, Rongrong. Underline information and rules of Chinese intonation. *Languag Pragmatic and Innovation, Academic Series to Celebrate the 80th Birthday of Professor Hu Mingyan.* Foreign Language Teaching and Research Press, Beijing, China. 2005, pp. 137—156.

Miracle, W. Charles. Tone production of American students of Chinese: A preliminary acoustic study. *Journal of the Chinese Language Teachers Association* 1989, 24, pp. 49 - 65.

Shen, Xiaonan Susan. Toward a register approach in teaching Mandarin tones. *Journal of the Chinese Language Teachers Association* 1989, 24, pp. 27—47.

Wang, Y., Jongman, A., and Sereno, J. A. 2003a. Acoustic and perceptual evaluation of Mandarin tone productions before and after perceptual training. *Journal of the Acoustical Society of America* 113, pp. 1033—1044.

Wang, Yunjia. Ye tan meiguoren xuexi hanyu shengdiao. *Yuyan Jiaoxue Yu Yanjiu* 1995, 2, pp. 126—140. (On American learners' tone acquisition. *Language Teaching and Research*, 2, 126 - 140.)

White, C. M. Tonal pronunciation errors and interference from English intonation. *Journal of the Chinese Language Teachers Association* 1981, 16 (2), pp. 27—56.

Wu, Zongji. Basic patterns of intonation in Standard Chinese. *Academic Series to Honour the Memory of Professor Wang Li.* Commercial Press, Beijing, China. 1990.

The Mandarinization of Hong Kong Cantonese Tones[①]

Roxana S. Y. Fung and Cathy S. P. Wong
Hong Kong Polytechnic University

Abstract Hong Kong Cantonese has a rich tonal system and is one of the most conservative dialects in respect to the preservation of the Middle Chinese tones. However, results of perception and production experiments with 100 participants reveal that Hong Kong Cantonese tones are in the process of merging. It is predicted that only four contrastive tones will be remained. The future tonal system may resemble that of Mandarin.

Keywords Cantonese, tones, merger, perception, production

1 Introduction

Hong Kong Cantonese (HKC) stands out from other dialects by having a peculiar tonal system. Viewed in traditional terms, HKC consists of nine tonal categories. The eight-tone system of Middle Chinese (*Yin Ping*, *Yin Shang*, *Yin Qu*, *Yin Ru*, *Yang Ping*, *Yang Shang*, *Yang Qu* and *Yang Ru*) is well preserved in the dialect and the *Yin Ru* tone is further split into two sub-categor-

① This study is part of the project entitled 'Variations and Mergers of Tones in Hong Kong Cantonese' (A - SA06) supported by The Hong Kong Polytechnic University. Parts of the findings have been presented at the Fourth European Conference on Tone and Intonation, Stockholm. Our heartfelt thanks go to our Research Assistant Christy Lai for her dedicated contribution to this project.

ies conditioned by vowel length, giving rise to nine categories. Only a few Chinese dialects have preserved the eight traditional tonal categories intact; and more rarely, one of the categories has further split (Norman 1988: 54, 218). Viewed in modern phonological terms, only six of the nine tonal categories are contrastive. As shown in Table 1, the first six tones (T1-T6) are the contrastive tones whereas the last three *Ru* tones (T7-T9) are the shorter variants of the three level tones, which occur only on obstruent-final syllables (i. e. syllables closed by the unreleased stops /p/, /t/, /k/). Another noteworthy feature of HKC tones is its high degree of symmetry: the *Yang* tones: *Yang Ping*, *Yang Shang*, *Yang Qu* and *Yang Ru*, have parallel pitch contours but consistently lower pitch values as compared with their *Yin* counterparts.

However, this highly complex and symmetrical system is in the process of merging, which may give rise to a new tonal system of HKC. The discussion of the possible tone mergers started with *Yin Qu* (T3) and *Yang Shang* (T5). The suspected merger is manifested mainly as dual pronunciations or alternate pronunciations of a set of morphemes with the boundary of the two tones remained intact (Killingley 1985, Cheung 1986, Chang 1993, Wong 2006, Wong 2008, Cheng 2002, Cheng 2003). Recently, it has been observed that more and more speakers cannot distinguish phonemically some of the contrastive tones, in particular, the two *Shang* tones (T2 and T5), and the two *Qu* tones (T3 and T6). Though the experimental studies carried out by Bauer, Cheung and Cheung (2000, 2003), Mok and Wong (2010a, 2010b) have identified a small number of speakers who exhibited mergers with individual variations of the tones, conclusive evidence to support the mergers in the community is yet to find.

Table 1 ***Tonal Inventory of Hong Kong Cantonese***

Register	Tonal category	Tone number	Description	Chao's tone letters	Example
Yin (High)	*Yin Ping*	T1	High-level	55	因 jɐn^{55}
	Yin Shang	T2	High-rising	35	忍 jɐn^{35}
	Yin Qu	T3	Mid-level	33	印 jɐn^{33}
	Upper Yin Ru	T7 (=T1)	High-stopped	5	失 sɐt^{5}
	Lower Yin Ru	T8 (=T3)	Mid-stopped	3	杀 sat^{3}

续表

Register	Tonal category	Tone number	Description	Chao's tone letters	Example
Yang (Low)	*Yang Ping*	T4	Extra low-level/ Low-falling	11/21	仁 jɐn$^{11/21}$
	Yang Shang	T5	Low-rising	23	引 jɐn^{23}
	Yang Qu	T6	Low-level	22	孕 jɐn^{22}
	Yang Ru	T9 (=T6)	Mid-stopped	2	实 sɐt^{2}

The tone mergers in HKC remain anecdotal and the overall picture is still murky. A lot of questions remain to be answered. For example, how many tonal categories in HKC exhibit mergers? What are the directions of the mergers? What will the tonal inventory of HKC look like after the completion of the mergers? In order to answer these questions, an experimental study has been conducted. This paper reports on parts of the findings of the study which will shed important light on the future development of HKC tones.

2 Methods

2.1 Participants

One hundred randomly chosen participants (51 female, 49 male) of an age range of 20-45 years old who were paid with a nominal fee participated in this study. All participants were born and raised in Hong Kong with Cantonese as their native language and the major communication means at home.

2.2 Materials

Two sets of target syllables were derived from eight CV roots forming 48 syllables in total. The syllables used are shown in Table 2. The first set was the full tone set with the CV roots generating 24 syllables of existing HKC morphemes for all six tones. The second set was the deficient tone set in which the syllables generated by the CV roots contained only 12 existing morphemes. All the 48 syllables including those with lexical tones and non-lexical tones formed the stimuli of the perception task. As for the production task, the stimuli contained only the 36 syllables with lexical tones only.

2.3 Procedures

Both production and perception tasks were administered to the participants using a computer program specifically developed for this study. All tasks were run on a notebook computer in a sound-attenuating recording room.

2.3.1 Perception Task

The AX discrimination test was administered in the perception task. Any two syllables of the same CV structure from the materials were paired up by the computer randomizer. A total of 168 pairs of syllables (8 tokens for each 21 tonal contrasts) were then presented to the participants aurally. The participants were to indicate whether the two syllables presented were identical or not by clicking the 'same' or 'different' button on the computer screen accordingly.

2.3.2 Production Task

Each of the 36 existing syllables was embedded into the following 2 sentence carriers of two different sentential positions forming 72 stimuli (36 syllables x 2 positions): /ŋɔ jika duk ________ tsi/ 'I am now reading the ________ character' and /ni kɔ tsi hɐi ________/ 'This character is ________'. The participants have to read out the stimuli which were visually presented to them. A total of 7,200 speech samples were collected and were assessed by two raters to determine if a tone production has met its target. Acoustic analysis was performed on selected speech samples.

Table 2 *Materials*

	T1	T2	T3	T4	T5	T6
Full tone set						
/fu/	呼 'to call'	苦 'bitter'	富 'rich'	扶 'hold'	妇 'woman'	付 'to pay'
/sɛ/	些 'some'	写 'to write'	赦 'pardon'	蛇 'snake'	社 'society'	射 'to shoot'
/si/	师 'teacher'	史 'history'	嗜 'hobby'	时 'time'	市 'market'	示 'notice'
/ji/	医 'to cure'	椅 'chair'	意 'meaning'	儿 'son'	耳 'ear'	二 'two'
Deficient tone set						
/ku/	姑 'aunt'	古 'ancient'	固 'stable'	*	*	*
/p^hɔ/	*	颇 'quite'	破 'worn'	婆 'grandma'	*	*
/ja/	吔 '(interj.)'	*	*	*	也 'also'	廿 'twenty'
/jɛ/	*	*	*	椰 'coconut'	野 'wild'	夜 'night'

Note. The asterisk indicates a syllable that does not have any lexical realization in HKC.

3 Results

3.1 Perception

Figure 1 shows a box plot of the participants' scores for discriminating the 21 tonal contrasts. The scores of two tone pairs, T2/T5 and T4/T6, were obviously lower than that of the other tonal pairs. The accuracy rate of T2/T5 pair (mean = 71% S. D. = .33) was the lowest followed by T4/T6 pair (mean = 84%, S. D. = .20). And the differences were statistically significant $\chi 2$ (20) = 947.34 ($p < .001$). T3/T6 contrast was the third most readily confused pair though the difference was not significant. As for the T3/T5 contrast, it was the only tonal pair that scored 100% correct by all participants.

Note also that the scores of T2/T5 and T3/T6 pairs were widely spread out. Take T2/T5 as an example, the minimum score was 0%, the lower quartile was 50%, the median was 90% and the upper quartile was 100%, which was also the maximum score. This set of figures indicated that there were great individual variations in the perception of the T2/T5 contrast: while some participants preserved the tonal contrast, some participants consistently merged most of the T2/T5 pairs.

3.2 Production

Figure 2 and Figure 3 below show the results of the production task. Figure 2 shows a box plot of the participants' percent-correct tone production as judged by the raters. A good level of agreement was found between the two raters, Kappa = 0.958 ($p < 0.001$). A significant effect of tone type on the production accuracy was also found, $\chi 2$ (5) = 94.31 ($p < 0.001$). The post-hoc tests revealed that the means of percent correct were significantly lower for T2, T3, T5 and T6, all have $p < 0.001$. According to the mean accuracy scores, the participants made most errors in the production of T6 (88.6%), followed by T5 (89.7%), T2 (90%) and T3 (91.2%).

The directions of the production errors are shown by the confusion matrix in Figure 3. Mutual confusion was found between T2 and T5 as well as T3 and T6. As for T6, a small number of tokens were found to be produced as T4 as

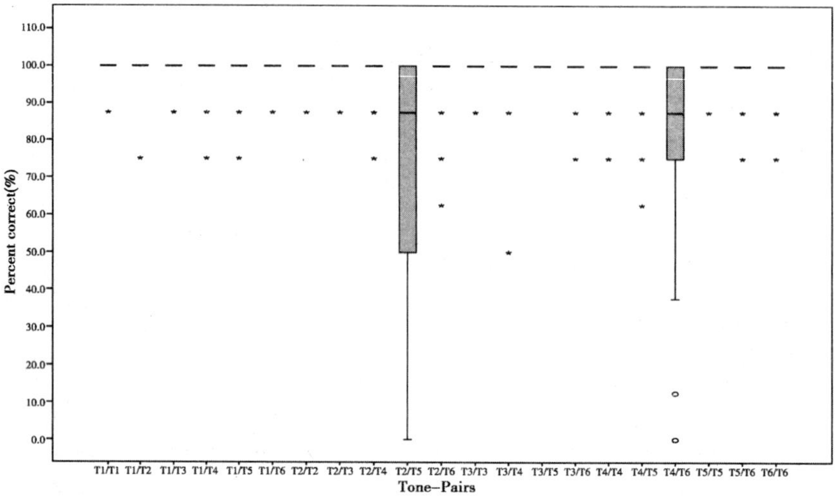

***Figure* 1　Box plot displays accuracy (in percentage) of discriminating the 21 tonal contrasts in the perception task. The x-axis represents the 21 tonal pairs; y-axis displays scores corresponding to the discrimination of each tone pair. Median is displayed by the line across each grey box; upper and lower bounds of each grey box represent quartiles; and the circles stand for the minor outliers and stars represent major outliers.**

well.

Acoustic analysis was performed on selected speech samples. F0 for each target syllable was extracted at 10 evenly-spaced time points from the beginning to the end of the voiced segment of each target syllable using the autocorrelation algorithm in Praat (Version 5. 1. 20. Boersma & Weenink 2009). The raw score was normalized according to the LZ method developed by Zhu (2010). Figure 4 shows the F0 traces of the six contrastive tones produced by a subject with 100% accuracy in both perception and production, a non-merger. Figure 5 shows the F0 traces produced by a subject who has been identified as a potential merger. In his tonal system, the F0 of T2 almost overlapped that of T5 whereas the F0 of T3 and T6 completely overlapped with each other. Therefore, as far as this subject was concerned, only four contrastive tones could be identified.

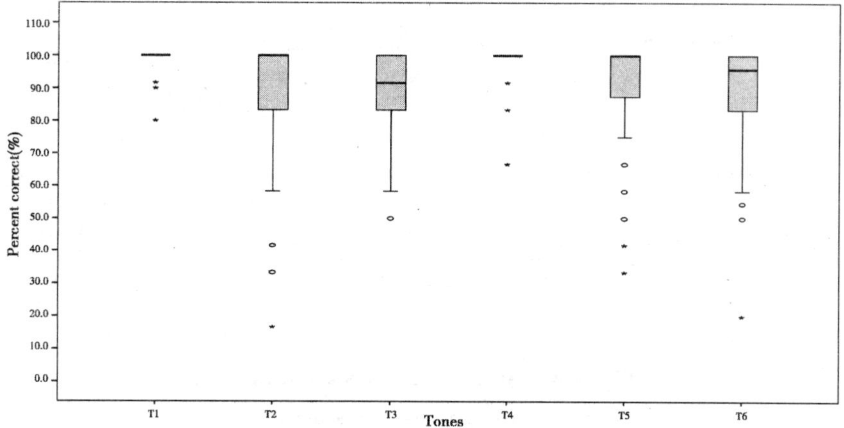

***Figure* 2 Box plot illustrates the accuracy (in percentage) of the production of the six contrastive tones in the production task.**

Target \ Produced	T1	T2	T3	T4	T5	T6
T1	99.1		0.3 (0.3)	0.2		
T2		90.1	0.2		8.5 (1)	0.1
T3	0.1	0.4	91.6	0.2 (0.2)	1.2 (0.1)	6.1 (0.15)
T4	0.2	0.1	0.4	98		0.7 (0.1)
T5	0.2	7.2 (0.4)	1.5		89.7	0.9
T6	0.1		7.2	2.4	1.8 (0.1)	88.7

***Figure* 3 Confusion matrix of the production of the six tones. The stimuli are arranged in columns whereas the responses in rows. Each cell in the tables represents the percentage of response. Shaded cells indicate percentage of correct responses. A number in a non-shaded cell indicates the percentage of errors. A number in parenthesis indicates the percentage of errors that belong to the intermediate of the produced tone and target tone.**

4 Discussion

Our findings provide convincing evidence to support the observation that some tonal contrasts in HKC are in the process of merging. However, the mergers are implemented at different rates. A detailed discussion of each possible merger

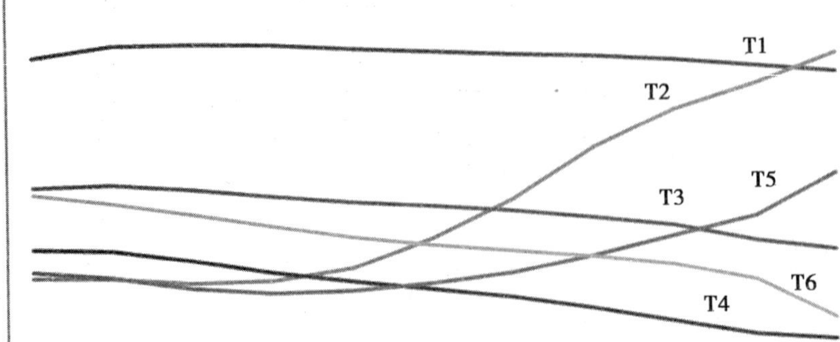

Figure **4　F0 traces of the six contrastive tones produced by a non-merger**

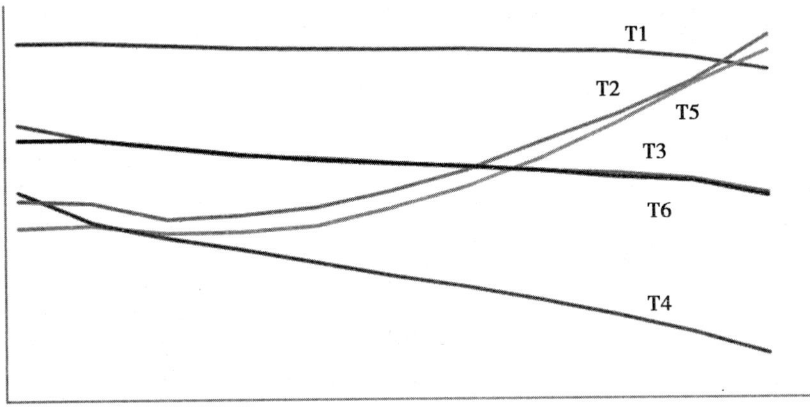

Figure **5　F0 traces of the six contrastive tones produced by a potential merger**

should be in order.

Yin Shang/Yang Shang (T2/T5): The distinction of this tone pair is not well maintained in either perception or production. We propose that T2/T5 is a full merger in a sub-community of HKC.

Yin Qu/Yang Qu (T3/T6): The distinction of this tone pair is maintained in perception but not in production. However, we have to point out that its perception accuracy is the third lowest among all tone pairs. We propose that T3/T6 is a quasi-full-merger. It may be motivated by analogy with the T2/T5 merger in which the tone height differences have been coalesced between tones of the same contour.

Yang Ping/Yang Qu (T4/T6): The distinction of this tone pair is preserved in production but not in perception. That is to say, speakers can produce these two tones distinctly but cannot perceive their differences. It is a typical illustration of near-merger described by Labov (1994). However, it is noteworthy that a few tokens of T6 were produced as T4 by our participants. Can this merger compete with the merger of T3/T6? Its development deserves our close attention.

Yin Qu/Yang Shang (T3/T5): The speakers maintain the distinction of this tone pair contrast in both perception and production. At the present time, the suspected merger is manifested mainly through dual pronunciations or alternate pronunciations of a set of morphemes. We conjecture that the merger of T3/T5 has run its course over a period of time but then suspended. We propose that it is a suspended merger.

5 Conclusion

In the above, we have provided for the first time an overall picture of the mergers in the tonal inventory of HKC: there are full-mergers, quasi-full-mergers, near-mergers and suspended mergers in the synchronic stage. If the picture of the mergers sketched above is valid and the mergers continue to run their course, the tonal inventory of HKC will be largely simplified. The merging direction in the current stage seems to opt for a coalescence of tones of similar pitch contours but different heights. As a result, there may be only four contrastive tones remained in HKC, which are High Level, Rising (as a result of a merger of High Rising and Low Rising tones), Low Level (as a result of a merger of Mid Level and Low Level) and Falling. Not only will the number of contrastive tones become the same as that of Mandarin, but the pattern of tonal categories will be similar as well. It is frequently claimed that the traditional eight-category tonal system of Middle Chinese is well preserved in HKC. In fact, the *Ru* tone is a non-tonal distinction in HKC. It has already merged mainly with *Qu* tone with a sub-category of *Yin Ru* to *Ying Ping* tone. Only the consonant codas of *Ru* syllables are retained in HKC, not the tone per se. Thus, as shown in Figure 6, the new tonal inventory of HKC viewed in traditional terms will be exactly the same as Mandarin. In other words, the HKC tones may be in the process of Mandarinization.

Current tonal inventory

<table>
<tr><td rowspan="2">Yin Ping (T1)</td><td rowspan="2">Yin Shang (T2)</td><td rowspan="2">Yin Qu (T3)</td><td>Yin Ru (upper) (T7 = T1)</td></tr>
<tr><td>Yin Ru (lower) (T8 = T3)</td></tr>
<tr><td>Yang Ping (T4)</td><td>Yang Shang (T5)</td><td>Yang Qu (T6)</td><td>Yang Ru (T9 = T6)</td></tr>
</table>

→

Predicted tonal inventory

<table>
<tr><td>Yin Ping</td><td rowspan="2">Shang</td><td rowspan="2">Qu</td></tr>
<tr><td>Yang Ping</td></tr>
</table>

***Figure* 6　The change of tonal inventory of HKC**

In this paper, we have only presented some preliminary findings of our study due to the page limit. Detailed discussions on the issues of age factor, gender factor, the mechanisms of mergers and the motivations of the Mandarization will be presented in the near future.

References

Bauer, R. S., K. H. Cheung, and P. M. Cheung. December. An acoustic description of lexical tones in Hong Kong Cantonese. Paper presented at Annual Research Forum, Linguistic Society of Hong Kong, Hong Kong. 2000.

Bauer, R. S., K. H. Cheung, and P. M. Cheung. Variation and merger of the rising tones in Hong Kong Cantonese. *Language Variation and Change* 2003, 15, pp. 211—225.

Chang, C. Y. 香港粤语字音存在的一些问题 [Some issues on the reading of characters in Hong Kong Cantonese]. In C. Y. Sin (ed.), *Proceedings of the First International Conference on Yue Dialects*, 1993, 97—102. Hong Kong: Modern Education Research Society.

Cheng, K. S. K. December. *Yangshang-Yinqu* alternation in Modern Cantonese: Irregularity in pronunciation or diffusion through lexicon? Paper presented at the Annual Research Forum of Linguistic Society of Hong Kong, Hong Kong. 2002.

Cheng, K. S. K. June. 3a-2b Tonal Alternations: An on-going sound change in Hong Kong Cantonese. Paper presented to Lelab members, City University of Hong Kong, Hong Kong. 2003.

Cheung, K. H. The phonology of present day Cantonese. (Unpublished doctoral dissertation, University of London, London, UK). 1986.

Fok Chan, Y. Y. A *perceptual study of tones in Cantonese*. Hong Kong: University of

Hong Kong. 1974.

Kei, J. , V. Smyth, L. K. H. So, C. C. Lau, and K. Capell. Assessing the accuracy of production of Cantonese lexical tones: A comparison between perceptual judgment and an instrumental measure. *Asia Pacific Journal of Speech, Language and Hearing*2002, 7, pp. 25—38.

Killingley, S. Y. *A New Look at Cantonese Tones: Five or Six?* Newcastle upon Tyne: Grevatt & Grevatt. 1985.

Labov, W. *Principles of linguistic changes: Internal factors.* Cambridge, Mass. : Blackwell. 1994.

Mok, P. P. -K. , and P. W. -Y. Wong. 2010a. Perception of the merging tones in Hong Kong Cantonese: Preliminary data on monosyllables. *Speech Prosody* 2010, 100986: 1—4. Retrieved from http://www.speechprosody2010.illinois.edu/papers/100986.pdf.

Mok, P. P. -K. , and P. W. -Y. Wong. 2010b. Production of the merging tones in Hong Kong Cantonese: Preliminary data on monosyllables, Speech Prosody. *Speech Prosody* 2010, 100916: 1—4. Retrieved from http://www.speechprosody2010.illinois.edu/papers/100916.pdf.

Norman, J. *Chinese.* Cambridge: Cambridge University. 1988.

Wong, T. S. October. 香港粤语阳上阴去相混之始［The Beginning of Merging of the Tonal Categories B2 and C1 in Hong Kong Cantonese］. Presented at the 7th Phonetic Conference of China and International Forum on Phonetic Frontiers, Beijing, China. 2006.

Wong, T. S. The Beginning of Merging of the Tonal Categories B2 and C1 in Hong Kong Cantonese, *Journal of Chinese Linguistics* 2008. 36 (1), pp. 155—174.

Zhu, X. N. 语音学［Phonetics］. Beijing: The Commercial Press. 2010.

The Delineation Function of *zhe* 者 in Mencius 孟子*

Sue-mei Wu（吴素美）Carnegie Mellon University USA
Mark H. Haney（何礼）Robert Morris University USA

Abstract The function word *zhe* 者 has been ascribed several different syntactic functions. It has been described as a nominalizer, a pronoun or a particle used for emphasis or to indicate a pause. This paper proposes a broader understanding of *zhe* 者 that encompasses and explains all of the aforementioned functions. The paper adopts the approach of Hsueh (1991, 1993, 1994, 1996 and 1997) by considering the special characteristics of Classical Chinese in its linguistic analysis, and by focusing on the ability of the analysis to determine the semantic interpretation of the sentence (Wu 1994, 1997, 1999, 2000, 2008a, 2008b), (Wang, Wu, Jiang and Hsueh, 2007) and (Wu & Haney, 2011). The paper focuses on the use of 者 in Mencius. It concludes that the so-called nominalizer 者 indicates that a set of words should be taken as the property or properties identifying a single entity or a set of entities which the 者 phrase represents. Those scholars who feel that the entity is represented by 者 itself call 者 a pronoun, and those scholars who believe that the entity is repres-

---

* Our sincere appreciation goes to Professor F. S. Hsueh for his insightful guidance, advising us throughout our studies at the Ohio State University. Professor Hsueh always unreservedly shared his solid expertise, logical thinking, and valuable comments, inspiring and shaping our academic training and helping us to discover the enjoyment of analyzing and working on Classical Chinese syntax. Part of this paper was presented at the Annual Meeting of the International Association on Chinese Linguistics (IACL-16) from 30 May to 2 June 2008 at Peking University.

ented by the whole 者 phrase call 者 a nominalizer. Since the 者 phrase represents the entity through its properties, it often has the sense of delineating the specific properties of a subset of a larger set of entities. This paper argues that this delineation function is a natural extension of the so-called nominalization carried out by 者 and can explain why 者 sometimes occurs after nominals and why it sometimes seems to give a sense of emphasis.

Key words delineation function, *zhe* 者 phrase, nominalizing particle, nominalizer

1 Introduction

In an attempt to determine the true syntactic use of the function word *zhe* 者 in Classical Chinese this paper examines uses of *zhe* 者 in Mencius 孟子. Examining example sentences in order to determine the function of a word can be a tricky process. When reading and analyzing Classical Chinese texts we must be sure to recognize the special characteristics of Classical Chinese①. Logical and temporal relationships are often left unmarked in Classical Chinese, and there are many deletion phenomena that we must consider (Hsueh 1991, 1993, 1994, 1996 and 1997). For example, if we consider an isolated sentence there could be many possible interpretations for the *zhe* 者.

① Wu (1997) has listed several special characteristics of Classical Chinese (CC) texts and provided some cases to illustrate the significance of consistently observing these features in the analysis of Classical Chinese. Some of the special characteristics of CC are as follows:

1. Conversational in Style
2. Subject and Predicate as Topic and Comment
3. The Subject of a Sentence Can be a Sentence by Itself
4. The Predicate of a Sentence Can be a Sentence by Itself
5. Omission is Common in CC
6. Loose Correspondence Between Lexical Property and Syntactic Function
7. Notion of Word Classification Different From Western Language
8. Word Order Principle is Most Crucial
9. Abundance of Modals
10. No Specific 'Passive Construction' Exists in CC Syntax
11. No Copula for 'Equational Sentences' in CC
12. Coverbs Are All Verb by Origin

1）万乘之国，弑其君者，必千乘之家。（《梁惠王上》）

"In the kingdom of ten thousand chariots, the murderer of his sovereign shall be the chief of a family of a thousand chariots."①

The 者 here could conceivably be explained as a nominalizing particle, a subordinating particle used in conditional clauses, or a particle indicating a pause. In order to overcome this ambiguity, the analysis reported in this paper utilizes context as much as possible in order to identify examples that strongly suggest one particular function of 者. Particularly helpful, for example, are parallel constructions in which the usage of 者 is restricted to only some of the parallel components.

2. *zhe* 者 as a Nominalizer

The following examples provide strong evidence that one function of 者 is to indicate that the preceding word or phrase is to be taken as one unit and understood in the nominal sense.

2）五亩之宅，树之以桑，五十者可以衣帛矣；鸡豚狗彘之畜，无失其时，七十者可以食肉矣；百亩之田，勿夺其时，数口之家可以无饥矣；谨庠序之教，申之以孝悌之养，颁白者不负戴于道路矣。七十者衣帛食肉，黎民不饥不寒，然而不王者，未之有也。（《梁惠王上》）

"Let mulberry trees be planted about the homesteads with their five mu, and persons of fifty years may be clothed with silk. In keeping fowls, pigs, dogs, and swine, let not their times of breeding be neglected, and persons of seventy years may eat meat. Let there not be taken away the time that is proper for the cultivation of the farm with its hundred mu, and the family of several mouths that is supported by it shall not suffer from hunger. Let careful attention be paid to education in schools, inculcating in it especially the filial and fraternal duties, and grey-haired men will not be seen upon the roads, carrying burdens on their backs or on their heads. It never has been that the ruler of a State, where such results were seen - pe-

① In this paper the English translations of the examples from Mencius are adopted from James Legge, with only minor changes. We are responsible for any remaining errors.

rsons of seventy wearing silk and eating meat, and the black-haired people suffering neither from hunger nor cold - did not attain to the royal dignity."

3）未有仁而遗其亲者也。(《梁惠王上》)

"There never has been a benevolent man who neglected his parents."

4）为长者折枝，语人曰，我不能，是不为也，非不能也。(《梁惠王上》)

"In such a matter as breaking off a branch from a tree at the order of a superior, if you say to people 'I am not able to do it', that is a case of not doing it, it is not a case of not being able to do it."

5）今王发政施仁，使天下仕者皆欲立于王之朝，耕者皆欲耕于王之野，商贾皆欲藏于王之市，行旅皆欲出于王之途，天下之欲疾其君者皆欲赴诉于王。其若是，孰能御之？(《梁惠王上》)

"Now if your Majesty will institute a government whose action shall be benevolent, this will cause all the officers in the kingdom to wish to stand in your Majesty's court, and all the farmers to wish to plough in your Majesty's fields, and all the merchants, both travelling and stationary, to wish to store their goods in your Majesty's market-places, and all travelling strangers to wish to make their tours on your Majesty's roads, and all throughout the kingdom who feel aggrieved by their rulers to wish to come and complain to your Majesty. And when they are so bent, who will be able to keep them back?"

In example (2) we know from context and knowledge of Zhou culture that the phrases 五十者 and 七十者 refer to people who have reached the ages of fifty and seventy. Further, in the second part of the passage the phrases 七十者 and 黎民 occur in parallel. Since 黎民 is already a nominal construction, there is no need to put a 者 after it. If 者 had any additional function here other than acting as a nominalizer we would also expect to see a 者 appear after 黎民. It appears that in 然而不王者，未之有也 the 者 also serves a nominalizing function, indicating that the phrase 然而不王 is to be taken together in a nominal sense. In example (3), which is similar to example (2), the 者 nominalizes the phrase 仁而遗其亲 so that it may serve as the object of the verb 有. In example (4) the phrase 长者 serves as the object of the verb 为. Because we know from context that 长者 refers to the elderly and because the phrase does occur as an object, which removes the possibility of 者 functioning as a subordinating particle or a pause indicator, we can see that it combines with 长 to form a noun phrase①. Finally, example (5) provides another example of a string of parallel constructions in which phrases marked with 者 are parallel to nominal phrases.

3 Extending the nominalizer role to explain more complex examples

Unfortunately, however, there are many occurrences of 者 that are not so easily explained. Before we assign new functions to 者 to explain these examples we should look at the so-called nominalizing function of 者 to see what its basic nature really is and how, if possible, that basic nature may be extended in some way to explain more of the examples.

What the nominalizing 者 does is to indicate that a set of words should be taken as the property or properties identifying a single entity or a set of entities which the 者 phrase represents. This entity can be concrete or abstract. Those scholars who feel that the entity is represented by 者 itself call 者 a 代词, and those scholars who believe that the entity is represented by the whole 者 phrase call 者 a nominalizer. Since the 者 phrase represents the entity through its properties, we propose that it often has the sense of delineating the specific properties of a subset of a larger set of entities. This delineation function is a natural extension of the so-called nominalization carried out by 者 and can explain why 者 sometimes occurs after nominals and why it sometimes seems to give a demonstrative sense, a slight sense of emphasis. Understanding 者 in this way can help bring us to a more comprehensive account of 者. This comprehensive account helps us to understand that even though the usages of 者 may be labeled with separate words, such as 'nominalizer' or 代词 or 语气词, *zhe* 者 can still be understood as one function word with one fundamental usage. Consider the following examples.

① For a discussion of whether or not 者 functions as a subordinating particle in Classical Chinese, please see Wu and Haney (2011) "Does zhe 者 really serve as a subordinating particle in Classical Chinese?" in this volume.

6）且王者之不作，未有疏于此时者也，民之憔悴于虐政，未有甚于此时者也。（《公孙丑上》）

“Moreover, never was there a time farther removed than the present from the rise of a true sovereign: never was there a time when the sufferings of the people from tyrannical government were more intense than the present.”

7）孟子曰：“伯夷，圣之清者也；伊尹，圣之任者也；柳下惠，圣之和者也；孔子，圣之时者也。”（《万章下》）

“Mencius said, ‘Bo Yi among the sages was the pure one; Yi Yin was the one most inclined to take office; Hui of Liu Xia was the accommodating one; and Confucius was the timely one’”.

8）海内之地方千里者九，齐集有其一。（《梁惠王上》）

“The territory within the four seas embraces nine divisions, each of a thousand li square. All Qi together is but one of them.”

9）孟子对曰：取之而燕民悦，则取之。古之人有行之者，武王是也。取之而燕民不悦，则勿取。古之人有行之者，文王是也。（《梁惠王下》）

“Mencius replied, If the people of Yan will be pleased with your taking possession of it, then do so. Among the ancients there was one who acted on this principle, namely king Wu. If the people of Yan will not be pleased with your taking possession of it, then do not do so. Among the ancients there was one who acted on this principle, namely king Wen.”

10）察邻国之政，无如寡人之用心者，邻国之民不加少，寡人之民不加多，何也？（《梁惠王上》）

“I do not find that there is any prince who exerts his mind as I do. And yet the people of the neighboring kingdoms do not decrease, nor do my people increase. How is this?”

11）孟子对曰：“仲尼之徒无道桓、文之事者，是以后世无传焉。臣未之闻也。无以，则王乎？”（《梁惠王上》）

“Mencius replied, ‘There were none of the disciples of Zhong Ni who spoke about the affairs of Huan and Wen, and therefore they have not been transmitted to these after-ages - your servant has not heard them. If you will have me speak, let it be about royal government.”

In all these examples the 者 phrases delineate a subset of a larger set by a specific property of the subset. Also, in all these examples the larger set from which the subset comes is also identified. In example (6) the larger set, the instances of kingly government not arising, is given by the phrase 王者之不作. The following 者 phrase, 疏于此时者, represents the subset of those instances which is delineated by having the property of being further away from kingly government than the present time.

All these examples may be interpreted in similar fashion. The 者 phrases in example (7) all identify subsets of the larger set of 圣, sages, by the particular properties of the subset. These subsets are then equated to proper names, suggesting that the subset identifies the exemplar of that property. In example (8) the 者 phrase 千里者 identifies a particular subset of 海内之地方 by its property of having at least a thousand square *li* 里 of area. In example (9) there are two identical 者 phrases: 行之者. In both cases the 者 phrases identifies a particular subset of 古之人 by a particular property. In this case the property is having done the thing that is referred to by the 之 in the phrase. In example (10) the larger set is 邻国之政. The 者 phrase delineates a subset, namely those who exert their minds to the same degree as the speaker: 如寡人之用心者. Finally, in example (11) the 者 phrase delineates a subset of 仲尼之徒 by the property of having spoken about the affairs of Huan and Wen: 道桓、文之事者.

This type of analysis may also help us to interpret the following examples.

12) 鲁平公将出，嬖人臧仓者请曰……乐正子见孟子，曰："克告于君，君为来见也。嬖人有臧仓者沮君，君是以不果来也。"(《梁惠王下》)

"The duke Ping of Lu was about to leave his palace, when his favourite, one Zang Cang, made a request to him, saying, …Yue Zheng saw Mencius, and said to him, 'I told the prince about you, and he was consequently coming to see you, when one of his favourites, named Zang Cang, stopped him, and therefore he did not come according to his purpose".

13) 故王之不王，不为也，非不能也，曰不为者与不能者之形何

以异？ （《梁惠王上》）

"Therefore your Majesty's not exercising the royal sway, is because you do not do it, not because you are not able to do it. 'The king asked', How may the difference between the not doing a thing, and the not being able to do it, be represented? "

14）夏后氏五十而贡，殷人七十而助，周人百亩而彻，其实皆什一也。彻者，彻也；助者，藉也。 （《滕文公上》）

"The sovereign of the Xia dynasty enacted the fifty mu allotment, and the payment of a tax. The founder of the Yin enacted the seventy mu allotment, and the system of mutual aid. The founder of the Zhou enacted the hundred mu allotment, and the share system. In reality, what was paid in all these was a tithe. The share system means mutual division. The aid system means mutual dependence. "

15）集大成也者，金声而玉振之也；金声也者，始条理也，玉振之也者，终条理也，始条理者，智之事也；终条理者，圣之事也。（《万章下》）

"A complete concert is when the large bell proclaims the commencement of the music, and the ringing stone proclaims its close. The metal sound commences the blended harmony of all the instruments, and the winding up with the stone terminates that blended harmony. The commencing of that harmony is the work of wisdom. The terminating of it is the work of sageness. "

In example (12) one may question why the proper name 臧仓 has a nominalizing particle after it. In both instances in this example the 者 phrase represents the particular favorite assistant (of Lu Ping Gong) who is named 臧仓. Even if the 者 is not necessary here it is possible that it was added to add the sense of delineation. Note that this sense of delineation and emphasis is reflected by the use of the English word 'one' in Legge's English translation: '…his favorite, one Zang Cang…'

In example (13) the first occurrences of the phrases 不为 and 不能 are unmarked by 者 while the second occurrences are. We can see from the equational structure that 不王，不为，and 不能 are meant to be taken as nominals, and yet they are unmarked by 者. Could it be because they do not have the sense of being a delineated subset of anything? In the second part of this example the speaker has changed. When he says the phrases 不为者 and 不能者 he probably adds the 者 because he is referring back to two things which Mencius has just mentioned. Thus the phrases are delineating two specific subsets of the larger set which consists of the concepts 不王，不为，and 不能 mentioned by Mencius. Note how this type of 者 carries a sense of ‘所谓的’（so-called）, but does not really convey specificity or generality. The two phrases refer back to what Mencius was talking about. If he was talking in general terms then they should be understood in a general sense and vice versa. Example（14）can be interpreted in largely the same way as example（13）, however, it is interesting that in（14）the references 彻者 and 助者 should be understood in a specific sense as applying only to discussion of taxation systems. In example（15）as well the terms marked by 者 are each on their second occurrence in that passage and carry the sense of referring back to their first mention in the passage.

Let us apply this type of analysis to one more short passage that is difficult to explain otherwise.

16）曰："嫂溺不援，是豺狼也；男女授受不亲，礼也；嫂溺援之以手者，权也。"（《离娄上》）

"Mencius said, ‘He who would not so rescue the drowning woman is a wolf. For males and females not to allow their hands to touch in giving and receiving is the general rule; when a sister-in-law is drowning, to rescue her with the hand is a peculiar exigency’."

This passage brings up the question of why, in these three loosely parallel constructions, only the third construction is marked by 者. It seems to be related to the delineating and demonstrative sense of 者 mentioned above. In the last construction, 嫂溺援之以手者，权也, we know from context that the semantic emphasis is on the means of saving someone or something. This is reinforced because immediately following this passage Mencius talks about the necessity of using 道 to save the world. We can also see this emphasis in the syntactic structure. The phrase 以手 serves as the focus of the predicate. So perhaps the 者 in this passage is serving to delineate a subset, namely this particular means of saving as opposed to any other means which may be used. This contributes to the emphasis on 以手.

4 The use of 所 and 者

zhe 者 is frequently used together with the nominalizer *suo* 所 in Mencius. Most long phrases nominalized by 所 also have a 者 after them, while shorter phrases (two characters or less) usually have only 所. We know that in these instances the main force of the nominalization is carried out by the 所 because 所 combines with a verbal to create a nominal which represents the underlying object of the verbal. Perhaps in the longer phrases 者 works with the 所 to mark the extent or bounds of what is nominalized by 所.

17）夫子言之，于我心有戚戚焉。此心之所以合于王者，何也？曰，有复于王者曰……（《梁惠王上》）

"When you, Master, spoke those words, the movements of compassion began to work in my mind. How is it that this heart has in it what is equal to the royal sway?"

18）古之人，所以大过人者无他焉，善推其所为而已矣。（《梁惠王上》）

"The way in which the ancients came greatly to surpass other men, was no other but this - simply that they knew well how to carry out, so as to affect others, what they themselves did."

19）其妻问所与饮食者，则尽富贵也。其妻告其妾曰："良人出，则必厌酒肉而后反；问其与饮食者，尽富贵也，而未尝有显者来，吾将瞯良人之所之也。"蚤起，施从良人之所之，遍国中无与立谈者。（《离娄下》）

"On his wife's asking him with whom he ate and drank, they were sure to be all wealthy and honorable people. The wife informed the concubine, saying, 'When our husband goes out, he is sure to come back having partaken plentifully of wine and meat. I asked with whom he ate and drank, and they are all, it seems, wealthy and honorable people. And yet no people of distinction ever come here. I will spy out where our husband goes.' Accordingly, she got up early in the morning, and privately followed wherever her husband went. Throughout the whole city, there was no one who stood or talked with him. ”

20）由君子观之，人之所以求富贵利达者，其妻妾不羞也，而不相泣者，几希矣。(《离娄下》)

“In the view of a superior man, as to the ways by which men seek for riches, honours, gain, and advancement, there are few of their wives and concubines who would not be ashamed and weep together on account of them. ”

21）曰：“王之所大欲可得闻与？”王笑而不言。(《梁惠王上》)

“Mencius said, ‘May I hear from you what it is that you greatly desire?’ The king laughed and did not speak. ”

Example (19) is interesting because the use of 所 is inconsistent, yet 者 is present in all of the nominal phrases. The standard interpretation of the phrases 问所与饮食者 and 问与其饮食者 is that they both refer to the wife's asking with whom her husband is eating.

Example (20) is interesting because of the complexity of the 者 phrases. The first indicates the set of methods by which one can seek wealth, honor, gain, and advancement. The second 者 phrase seems to delineate the subset of those methods which would not cause one's wives and concubines to feel ashamed and weep together. The passage ends with the comment 几希矣, which context and this reading suggest is a comment on methods of seeking wealth and advancement which would not cause wives and concubines to be ashamed, not a comment on wives and concubines who would not be ashamed by their husbands' methods of seeking wealth and advancement as Legge's translation suggests.

The following passages provide more examples of more complex phrases, as well as a few problematic ones.

22）王曰：“然。诚有百姓者。齐国虽褊小，吾何爱一牛？即不忍其觳觫，若无罪而就死地，故以羊易之也。”(《梁惠王上》)

“The king said, ‘You are right. And yet there really was an appearance of what the people condemned. But though Qi be a small and narrow State, how should I grudge one ox? Indeed it was because I could not bear its frightened appearance, as if it were an innocent person going to the place of death, that therefore I changed it for a sheep.’ ”

23）齐人有一妻一妾而处室者，其良人出，则必厌酒肉而后反。（《离娄下》）

“A man of Qi had a wife and a concubine, and lived together with them in his house. When their husband went out, he would get himself well filled with wine and meat, and then return.”

24）人悦之，好色，富贵，无足以解忧者，惟顺于父母可以解忧。（《万章上》）

“The reason why the being the object of men's delight, with the possession of beauty, riches, and honors were not sufficient to remove his sorrow, was that it could be removed only by his getting his parents to be in accord with him.”

25）今恩足以及禽兽而功不至于百姓者，独何与？(《梁惠王上》)

“Now here is kindness sufficient to reach to animals, and no benefits are extended from it to the people. How is this?”

26）既曰志至焉，气次焉，又曰持其志无异其气者，何也？（《公孙丑上》）

“(Gongsun Chou observed),” since you say, The will is chief, and the passion-nature is subordinate, how do you also say, “Maintain firm the will, and do no violence to the passion-nature”?

27）良人者所仰望而终身也，今若此。（《离娄下》）

“It was to our husband that we looked up in hopeful contemplation, with whom our lot is cast for life-and now these are his ways!”

In example (22) the phrase 诚有百姓者 has been interpreted in many ways. We suggest that in this phrase, which refers to Mencius's earlier statement that the people believe Liang Hui Wang to be stingy, is probably confirmation that the king recognizes the peoples' feeling or a sort of rhetorical statement that carries the sense of the king's amazement that the people would actually believe him to be stingy, as if he were shaking his head and saying “there really is that feeling among the people”. In either case the scope of the 者 phrase is only 百姓者. It represents the people's feeling in a very concise manner. In example (24) we see how 者 can be used to form long relative clauses. The scope of the 者 phrase is 人悦之，好色，富贵，无足以解忧者. It can be translated as “That he is delighted in by others, possesses beauty, riches, and honors and yet these are not sufficient to remove his worry". This example, along with examples (25) and (26) reaffirm that the most fundamental use of 者 is as a syntactic indication that a preceding set of words is to be taken as one unit.

In Mencius, there are also several places where numbers, stative verbs, or verbal phrases are used as nominal units and yet no 者 is present.

28）万取千焉，千取百焉，不为不多矣。（《梁惠王上》）

"To have a thousand in ten thousand, and a hundred in a thousand, cannot be said not to be a large allotment."

29）然则小固不可以敌大，寡固不可以敌众，弱固不可以敌强。（《梁惠王上》）

"Yes - and so it is certain that a small country cannot contend with a great, that few cannot contend with many, that the weak cannot contend with the strong."

30）老吾老，以及人之老；幼吾幼，以及人之幼。天下可运于掌。（《梁惠王上》）

"Treat with the reverence due to age the elders in your own family, so that the elders in the families of others shall be similarly treated; treat with the kindness due to youth the young in your own family, so that the young in the families of others shall be similarly treated - do this, and the kingdom may be made to go round in your palm."

31）人无有不善，水无有不下。今夫水，搏而跃之，可使过颡；激而行之，可使在山。是岂水之性哉？其势则然也。人之可使为不善，其性亦犹是也。（《告子上》）

"The tendency of man's nature to good is like the tendency of water to flow downwards. There are none but have this tendency to good, just as all water flows downwards. Now by striking water and causing it to leap up, you may make it go over your forehead, and, by damming and leading it you may force it up a hill - but are such movements according to the nature of water? It is the force applied which causes them. When men are made to do what is not good, their nature is dealt with in this way."

32）是使民养生丧死无憾也。养生丧死无憾，王道之始也。（《梁惠王上》）

"This enables the people to nourish their living and mourn for their dead, without any feeling against any. This condition, in which the people nourish their living and bury their dead without any feeling against any, is the first step of royal government."

33）天之生斯民也，使先知觉后知，使先觉觉后觉，予天民之先觉者也，予将以此道觉此民也。（《万章下》）

"Heaven's plan in the production of mankind is this: that they who are first informed should instruct those who are later in being informed, and they who first apprehend principles should instruct those who are slower in doing so. I am the one of Heaven's people who has first apprehended; I will take these principles and instruct the people in them."

Examples (28) and (29) suggest that when numbers, 万、千 and 百, or stative verbs, 小、大、寡、众、弱 and 强 are used in a general abstract nominal sense no 者 is needed. This provides evidence to support the view of 者 as serving a delineating, somewhat demonstrative function. The remaining examples seem to show that, as with most grammatical words in Classical Chinese, structures normally associated with 者 can and do occasionally occur without 者.

5 Concluding remarks

The nominalizer 者 indicates that a set of words should be taken as the property or properties identifying a single entity or a set of entities which the 者 phrase represents. Since the 者 phrase represents the entity through its properties, it often has the sense of delineating the specific properties of a subset of a larger set of entities. This delineation function is a natural extension of the so-called nominalization carried out by 者 and can explain why 者 sometimes occurs after nominals and why it sometimes seems to give a slight sense of emphasis. This approach has given us a few insights into the particle 者. However, a more suitable comprehensive view of the function of 者 is still waiting to be discovered. It is hoped that this article can help stimulate other scholars to further investigate the fundamental nature and functions of 者.

References

Harbsmeier, Christoph. *Aspects of Classical Chinese Syntax*. London: Curzon Press. 1981.

Hsueh, Fengsheng. 薛凤生. Verb Complement in Classical Chinese and Its implications As Revealed by the Particle *yi* 以. In Chaofen Sun (ed.) *Studies on the History of Chinese Syntax*, Journal of Chinese Linguistics, Monograph Series 1997, 10: pp. 27—48.

Hsueh, Fengsheng. 薛凤生. Subject Deletion and 'Passive Constructions' in Classical Chinese, In Robert H. Gassmann and He Leshi (ed.) *Papers of the First International Congress on Pre-Qin Chinese Grammar*《第一届国际先秦汉语语法研讨会论文集》, 1994, pp. 383—419, Changsha: Yuelu Shushe.

Legge, James. *The Chinese Classics*. Third edition. (Five volumes, reprinted from the last edition of the Oxford University Press.)

Legge, James. *The Works of Mencius*. New York: Dover Publications, 1970.

Pulleyblank, Edwin G. *Outline of Classical Chinese Grammar*. Vancouver: University of British Columbia Press, 1995.

Wang, John C. Y. 王靖宇, Sue-mei Wu 吴素美, Shaoyu Jiang 蒋绍愚 and Frank F.-S. Hsueh 薛凤生. *Classical Chinese Primer* 古文入门. The Chinese University Press, The Chinese University of Hong Kong 香港中文大学出版社. 2007.

Wu, Sue-mei 吴素美. Instrumentality: the Core Meaning of the Coverb *yi* 以 in Classical Chinese. *Proceedings of the North American Conference on Chinese Linguistics* (*NACCL*–20). Vol. 1: pp. 489—498. Edited by Marjorie K. M. Chan & Hana Kang. Columbus: The Ohio State University. 2008a.

Wu, Sue-mei 吴素美. The Nominalizer *zhe* 者: Its Syntactic Function in Classical Chinese, paper presented at the International Association of Chinese Linguistics (IACL-16). May 20-June 2, Peking University, Beijing, China. 2008b.

Wu, Sue-mei 吴素美. The Locative Coverbs *yu* 于, *yu* 於 and *hu* 乎 in Classical Chinese. *Proceedings of the Eleventh North American Conference on Chinese Linguistics*. In Dialectology, Socio-linguistics, and Language Change Section. Compiled by Baozhang He and Wenze Hu. Cambridge: Harvard University Publisher. (First printed in November 2000.) 2000.

Wu, Sue-mei 吴素美. The Nature of *yu* 於 And Its Relative Word Order In Classical Chinese. *Proceedings of the Joint Conference of the Seventh Annual Meeting of the International Association on Chinese Linguistics and the Tenth North American Conference on Chinese Linguistics*. Vol. 2: pp. 652-664. Edited by Chaofen Sun. Los Angeles, CA: GSIL Publications, University of Southern California. 1999.

Wu, Sue-mei 吴素美. The Coverbs in Classical Chinese. Ph. D. Dissertation, The Ohio State University. 1997.

Wu, Sue-mei 吴素美. Instrumentality in Classical Chinese: A Study of the Function Word *yi* 以 with Special Reference to the Confucian Analects. MA Thesis, The Ohio State University. 1994.

Wu, Sue-mei 吴素美 and Mark Haney 何礼. Does *zhe* 者 Really Serve as a Subordinating Particle in Classical Chinese? In this volume, 2011, pp. 316 – 326

刘景农：《汉语文言语法》，中华书局 1956 年版。

吕叔湘：《中国文法要略》，香港：商务印书馆 1942 年版。

王力：《古代汉语》（修订本），中华书局 1981 年版。

王力：《汉语史稿》，科学出版社 1958 年版。

薛凤生：《再论古汉语句式的特色》，第二届国际先秦汉语语法研讨会，1996 年 8 月，北京。

薛凤生：《论古文中的主语省略及其对文法研究的影响》，《语文建设通讯》（香港）第 24 卷，1993 年。

薛凤生：《试论连词而字的语意与语法功能》，《语言研究》1991 年第 1 期。

杨伯峻：《孟子译注》，香港：中华书局 1997 年版。

Does *zhe* 者 Really Serve as a Subordinating Particle In Classical Chinese? *

Sue-mei Wu (吴素美) Carnegie Mellon University USA
Mark H. Haney (何礼) Robert Morris University USA

Abstract The function word *zhe* 者 is very important and pervasive in Classical Chinese texts. The traditional view of 者 is that it has several different syntactic functions, serving as a nominalizer, a pronoun, and a particle used for emphasis or to indicate a pause. Moreover, Harbsmeier (1981) has suggested that 者 can serve as a subordinating particle. This paper investigates Harbsmeier's argument. We build on the work of Hsueh (1991, 1993, 1994, 1996 and 1997) and Wu (1994, 1997, 1999, 2000, 2008a, 2008b and 2011), who demonstrate that grammatical analysis of Classical Chinese should take into account special characteristics of Classical Chinese, such as frequent omission of subjects and other grammatical items. Taking the special characteristics of Classical Chinese into account, we examine Harbsmeier's argument that 者 can serve as a subordinating particle and conclude that in all of the example sentences provided by Harbsmeier, 者 is simply serving as a nominalizer, rather than a subordinating particle.

Key words *zhe* 者, nominalizing particle, nominalizer, subordinating

---

* The idea of this paper was first inspired when we were graduate students taking Professor F. S. Hsueh's Chinese Linguistics courses at the Ohio State University. Part of the paper has also been presented at the 2008 Annual Meeting of the International Association on Chinese Linguistics (IACL-16), May 30-June 2, 2008, at Peking University, Beijing, China. We are grateful to Professor Hsueh for his patient guidance and instruction throughout the years of our studies at the Ohio State University.

particle，subject-deletion

1 Introduction

The traditional view of the particle *zhe* 者 is that it serves as a nominalizing particle，a pronoun，and a particle. Scholars who focus on the character of the 者 phrase call 者 a nominalizer because it can be placed after an adjective phrase，verb phrase，or even a numeral to create a noun phrase. It has been called a pronoun by those who focus on its function of representing the head of an adjectival. In addition，者 sometimes occurs after nouns. In this case it has been called a particle used for emphasis or to indicate a pause.

Christoph Harbsmeier，in his book *Aspects of Classical Chinese Syntax*，uses logical analysis applied to a body of mostly pre-Han works in an attempt to solve grammatical questions in a logical and systematic manner. His analysis of 者 yields some interesting conclusions that motivate us to think more deeply about the basic nature of 者 and its use in sentences.

First，Harbsmeier（1981）provides evidence that 者 can serve as a subordinating particle，occurring in such phrases as would be translated into English as "If...". Next，he concedes that in many cases 者 does indeed serve as a nominalizing particle. He continues by making some generalizations about the nature of 者 that would be applicable to all the observed uses of the particle. Such an approach is admirable，and some of the preliminary hypotheses he has reached concerning the nature of 者 are very insightful. However，we remain unconvinced that 者 truly does serve as a subordinating particle.

2 Harbsmeier's Classification of *zhe* 者 as a Subordinating Particle

The first evidence cited by Harbsmeier in support of his classification of 者 as a subordinating particle is that it frequently accompanies words such as *ze* 则 and *gou* 苟 in subordinate clauses. He gives the following examples to support his argument：（The translations are his own.）

（1）是故任一人之力者则乌获不足恃。（《淮南子 · 主术训》）

"Therefore, if one relies on the strength of one man, then even (the strong man) Wu Huo is not sufficient to rely on."

(2) 顺者错之。(《荀子·强国篇》)

"If anyone obeyed, he left them alone."

(3) 贤者则贵而敬之。(《荀子·臣道篇》)

"If someone is talented, he will respect him out of genuine esteem."

(4) 周之子孙苟不狂惑者,莫不为天下之显诸侯。(《荀子·儒效篇》)

"The sons of Zhou, if they were not really mad or confused, all became distinguished feudal lords."

Harbsmeier contends that in sentences with 则, such as examples (1) and (3), if we take the 者 to be a nominalizing particle rather than a subordinating particle, then we will be saying that 则 sometimes occurs between the subject and the predicate. Harbsmeier feels that such an explanation is unacceptable. This was probably a major motivating factor to his search for a new interpretation of 者.

3 The Special Characteristics of Classical Chinese and Our Reinterpretation of Harbsmeier's Examples

Wu (1997) notes that several scholars of Chinese linguistics have stated that proper grammatical analysis of the Chinese language should start from the characteristics of the Chinese language. Indeed, scholars such as Y. R Chao, Wang Li, Chou Fakao, and Lyu Shuxiang have made great contributions in this regard, though they have not explicitly listed the special characteristics. Hsueh (1994, 1996, 1997) has specified some of the special features of Classical Chinese and has successfully applied these features to the analysis of grammatical particles and syntactic structures. Wu has also listed several special characteristics of Classical Chinese texts and provided some cases to illustrate the significance of consistently observing these features in the analysis of Classical Chinese. Some of the special characteristics of Classical Chinese (CC) are as follows:

1. Conversational in Style
2. Subject and Predicate as Topic and Comment
3. The Subject of a Sentence Can be a Sentence by Itself
4. The Predicate of a Sentence Can be a Sentence by Itself
5. Omission is Common in CC

A. Syntactically, Overt Subject is Not Always Required

B. Frequent Omission of Some Grammatical Particles

C. Object Omission is Common in CC Texts

D. *Jianyu* 兼语 "pivot" Omission in CC Texts

E. Verb Omission in CC Texts

6. Loose Correspondence between Lexical Property and Syntactic Function
7. Notion of Word Classification Different From Western Language
8. Word Order Principle is Most Crucial
9. Abundance of Modals
10. No Specific "Passive Construction" Exists in CC Syntax
11. No Copula for "Equational Sentences" in CC
12. Coverbs Are All Verb by Origin

We agree with Harbsmeier that it is unacceptable to say that 则 sometimes occurs between the subject and the predicate. However, Hsueh has provided an explanation for such phenomena involving the conjunctions *er* 而 and *ze* 则 (Hsueh 1991, 1993, 1994). He has pointed out that Chinese sentences often do not have an overt subject, and that consideration of this special characteristic of the Chinese language is very important to grammatical analysis. There are two insights we can gain from Hsueh's research that are very important to our current discussion of 者. First, words can play different syntactic roles without overt marking (词类活用) (Hsueh 1996, 1997; Wu 1994, 1997; Wang, Wu, Jiang, Hsueh 2007). For example, syntactically it is common in Classical Chinese for a noun to serve as the predicate of a sentence. Furthermore, a noun by itself can serve as a clause if its subject is deleted. Consider the following examples given by Hsueh: (The translations are those of Professor Hsueh.)

(5) 尔何知!? 中寿，尔墓之木拱矣！(《左传·僖公三十二年》)

"What do you know!? If (your life) had been one of average length, the tree at your grave would have been this thick!"

(6) 人而无信，不知其可也。(《论语·为政》)

"When (one) is a human and yet lacks credibility, (I) don't see how that is acceptable."

(7) 相鼠有皮，人而无仪！ (《诗经·墉风》)

"Look! Even rats have their skin-cover; (He) is a human, yet (he) has no manner!"

In these examples we see the noun phrases 中寿 in (5) and 人 in (6) serving by themselves as clauses with deleted subject. Similarly, in Harbsmeier's example sentences, (1) 一人之力者 and (3) 贤者, the 者 phrases need not be considered as the subject; they are nominal expressions standing alone as clauses with deleted subject. Thus, we no longer have the problem of resorting to the unacceptable conclusion that 则 occurs as a conjunction between subject and predicate if we consider 者 to be a nominalizing particle. We conclude that in examples (1) and (3) the 者 serves as a nominalizing particle, and the subordination is indicated explicitly by the conjunction 则.

In example (4) Harbsmeier considers the 者 to be a subordinating particle because it occurs with the conditional 苟 in the conditional part of the sentence, 苟不狂惑者. Perhaps he feels that there would be no other reason to include the 者 there. Here too we would argue that the 者 is a nominalizer serving to nominalize the adjective phrase 狂惑. In this sentence, the original topic, 周之子孙, is a nominal expression. The conditional 苟不狂惑者 serves a delineating function①, representing a subset of the original topic. The negative pronoun 莫 also serves a delineating function, indicating what portion of the subset is acted on by the predicate, 不为天下之显诸侯. We propose that it is only natural that a subset of a nominal expression should also be expressed as a nominal expression. This could explain the presence of the nominalizing particle 者.

This example could also be explained using Liu Jingnong's (1956) view of 者. He classifies 者 as a pronoun representing the head of an adjectival constru-

① Please see Wu and Haney (2011) "The Delineation Function of Zhe 者 in Mencius 孟子" in this volume for a discussion of the delineating function of zhe 者.

ction. Further he shows that 者 can be used as a tool to place a complicated adjectival after its head if the head is also preceded by another complicated construction. This is precisely the case in this example. The head 子孙 is modified by two adjectival components, 周之 and 不狂惑. By using the 者 as a tool to place one of the adjectival components, 不狂惑, after the head the writer can avoid an unwieldy phrase such as 周之不狂惑之子孙. Because the adjectival 不狂惑 is placed after its head, the 者 is necessary as a pronoun to serve as a representation or restatement of the head 子孙.

Harbsmeier also believes that 者 by itself can indicate subordination without the help of other subordinating particles. He cites sentences such as example (2) above to provide support for this assertion. He also offers another example sentence in which he feels that the 者 cannot possibly be considered as a nominalizing particle. The example sentence along with Harbsmeier's translation is listed below:

(8) 故从山上望牛者若羊。(《孟子·梁惠王上》)

"Thus when you look at an ox from a hill, that ox looks (small) like a sheep."

According to Harbsmeier, if the 者 in this sentence is considered to be a nominalizing particle, then the sentence would have to be translated as "Those who look at water buffalo from a hill are sheepish (resemble sheep)". This would be an incorrect interpretation. So, Harbsmeier concluded that 者 here should be a subordinating particle. In fact, if we take the special characteristics of Classical Chinese into account when analyzing the sentence, we see that 者 is actually functioning as a nominalizer.

We believe that it is possible to take the 者 in this sentence as a nominalizing particle if we take the noun phrase 从山上望牛者 to be the predicate of a clause with a deleted subject. The sentence element occurring after the 者, 若羊, can also be considered as a clause with a deleted subject. Furthermore, the two deleted subjects are not the same. Hsueh has shown in the case of two clauses connected by the conjunction 而 that the two clauses may have their subjects deleted and do not necessarily share the same subject (Hsueh 1991). We propose that this is also the case in the current example, even though there is no explicit connective between the two clauses. Thus the sentence could be translated as follows: "Thus, when (it) is looking at an ox from a hill, (that ox) looks like a sheep."

Also note that in example sentences (5) and (6) the noun phrases, 中寿 and 人, serve as subordinate clauses yet have no overt subordinating marker. This is not unusual. Logical, temporal, and spatial connectives are often not expressed in Classical Chinese and must be ascertained from the context and from word order. This, and other special characteristics of Classical Chinese, must be considered when analyzing Classical Chinese sentences. Perhaps Harbsmeier recognized the subordinate nature of some clauses in his data, and, seeing no other explanation for the presence of the particle 者 in those clauses, postulated that the 者 must be some sort of a subordinating particle. However, given that the presence of the 者 in his example sentences can largely be explained by considering subject deletion, and that subordinate clauses do not necessarily need an overt subordinating marker, we are still unconvinced that 者 serves as a subordinating particle in Classical Chinese.

4 Further Thoughts on *zhe* 者

After Harbsmeier presents his argument that 者 can serve as a subordinating particle in Classical Chinese in some cases, he admits that in many other cases it cannot possibly be interpreted as a subordinating particle. This brings up what he considers a central question of Classical Chinese syntax: What is the connection between the nominalizing and subordinating uses of 者? Even though we are not yet convinced that 者 does serve as a subordinating particle, we find the hypotheses arrived at by Harbsmeier very interesting.

Harbsmeier points out that the negations of 者 sentences do not involve a negation of the 者 phrase. From this observation, Harbsmeier deduces that 者 serves to indicate elements of a sentence that remain constant when the sentence is negated, and further hypothesizes that the 者 indicates semantic material that seems assumed or presupposed. Perhaps this is taking the investigation too far. Perhaps we can simply say that the nominalizer 者 turns a phrase into a word-like sentence element, and it is only natural that the negation of a sentence does not enter into the domain of a word-like sentence element.

When considering the difference between sentences with predicate nominalized by 者 and their corresponding verbal sentences, Harbsmeier arrives at another interesting hypothesis. He feels that a sentence with nominalized predicate focuses on the subject's nature rather than what the subject does. Thus he translates this particular semantic force of 者 with the English phrase "the sort of person who..." For example, consider the following examples given by Harbsmeier:

(8) 此危吾位者也。(《韩非子·外储说右上》)
"This is the sort of person who endangers my position."
(9) 管仲非仁者与？　(《论语·宪问篇》)
"Was Guan Zhong not really a typical example of someone humane?"
(10) 管仲不仁乎？
"Was Guan Zhong inhumane?"

We feel that the contrast between example sentences (9) and (10) serves to illustrate Harbsmeier's point very well. It seems that the nominalized predicate serves to emphasize the nature of the subject rather than what the subject does at any particular time. This would be an interesting topic for further research.

We admire Harbsmeier's logical approach and his willingness to question the traditional view of certain grammatical features of Classical Chinese. However, his approach might have some shortcomings. For example, it tends to focus our attention on the sentence level, causing us to look for the syntactic elements responsible for indicating different complex shades of meaning. We believe we should continue to search for the way in which these complex shades of meaning are expressed in Classical Chinese, but we should broaden our vision and include analysis at the discourse level.

Of the works that we consulted as references, most focused on describing the syntactic function of 者. They all presented the nominalizing function of 者, but only Liu Jingnong (1956) considered the practical uses of 者 in forming sentences. He mentions three main uses of 者. The first is to make the sentence more concise. The second is to change the order of the adjectival phrase and its head. We have already mentioned how, by putting part of the adjectival phrase behind its center, we can avoid long, complex adjectival phrases. The third is to change the order of the subject and predicate. This is the process that changes a sentence from a narrative sentence to a sort of equational sentence. Consider the following pair of sentences given by Liu (1956):

(11) 沛公必夺项王天下。

"The lord of Pei [Liu Bang] will certainly take king Xiang's kingdom."

(12) 夺项王天下者必沛公也。(《史记·项羽本纪》)

"The one who takes king Xiang's kingdom will certainly be the lord of Pei [Liu Bang]."

According to Liu, the function of changing the sentence from a narrative sentence to an equational sentence is to make it stronger. Indeed, in the second sentence there seems to be more of a stronger feeling that it is surely Liu Bang who is the one who will take Xiang Yu's kingdom. It is interesting for us to consider why this is so. Perhaps it is because in the first sentence the subject (or topic) is Liu Bang, so when we see this sentence we first think of Liu Bang as a person in general. We are not focusing on any specific attribute of his, but rather waiting for the predicate to tell us something about him. It tells us simply that he will certainly take king Xiang's kingdom. This focuses on what he will do. In the second sentence, however, the subject is "The one who takes king Xiang's kingdom". Perhaps this subject creates in the reader a sense of anticipation, strengthening the effect of the predicate.

These two sentences also bring to mind Harbsmeier's distinction between nominalized constructions occurring in the predicate position and nominalized constructions occurring in the subject position. As we have seen, when the nominalization occurs in the predicate position, Harbsmeier feels that it represents a general characterization of the subject, the semantic force of which can be expressed by the English translation "the sort of person who..." However, when the nominalization occurs in the subject position, Harbsmeier feels that it is a specific reference. More research is required before this question can be answered. However, it does illustrate what kind of things we can pay more attention to as we try to better understand the particle 者.

References

Chao, Y. R. *A Grammar of Spoken Chinese.* Berkeley: University of California Press. 1968.

Harbsmeier, Christoph. *Aspects of Classical Chinese Syntax.* London: Curzon Press. 1981.

Hsueh, Fengsheng. 薛凤生. Verb Complement in Classical Chinese and Its implications As Revealed by the Particle *yi* 以. In Chaofen Sun (ed.) *Studies on the History of Chinese Syntax*, Journal of Chinese Linguistics, Monograph Series, 1997, 10: pp. 27—48.

Hsueh, Fengsheng. 薛凤生. Subject Deletion and 'Passive Constructions' in Classical Chinese, In Robert H. Gassmann and He Leshi (ed.) *Papers of the First International Congress on Pre-Qin Chinese Grammar*《第一届国际先秦汉语语法研讨会论文集》, pp. 383—419, Changsha: Yuelu Shushe. 1994.

Legge, James. *The Chinese Classics.* Third edition. (Five volumes, reprinted from the last edition of the Oxford University Press.)

Pulleyblank, Edwin G. *Outline of Classical Chinese Grammar.* Vancouver: University of British Columbia Press. 1995.

Wang, John C. Y. 王靖宇, Sue-mei Wu 吴素美, Shaoyu Jiang 蒋绍愚 and Frank F.-S. Hsueh 薛凤生. *Classical Chinese Primer* 古文入门. The Chinese University Press, The Chinese University of Hong Kong 香港中文大学出版社. 2007.

Wu, Sue-mei 吴素美 & Mark H. Haney 何礼. The Delineation Function of *zhe* 者 in *Mencius* 孟子, In this volume, 2011, pp. 300 - 315.

Wu, Sue-mei 吴素美. Instrumentality: the Core Meaning of the Coverb *yi* 以 in Classical Chinese. *Proceedings of the North American Conference on Chinese Linguistics (NACCL-20).* Vol. 1: pp. 489—498. Edited by Marjorie K. M. Chan & Hana Kang. Columbus: The Ohio State University. 2008a.

Wu, Sue-mei 吴素美. The Nominalizer *zhe* 者: Its Syntactic Function in Classical Chinese, paper presented at the International Association of Chinese Linguistics (IACL-16). May 20-June 2, Peking University, Beijing, China. 2008b.

Wu, Sue-mei 吴素美. The Locative Coverbs *yu* 于, *yu* 於 and *hu* 乎 in Classical Chinese. *Proceedings of the Eleventh North American Conference on Chinese Linguistics.* In Dialectology, Socio-linguistics, and Language Change Section. Compiled by Baozhang He and Wenze Hu. Cambridge: Harvard University Publisher. (First printed in November 2000.) 2000.

Wu, Sue-mei 吴素美. The Nature of *Yu* 於 And Its Relative Word Order In Classical Chinese. *Proceedings of the Joint Conference of the Seventh Annual Meeting of the International Association on Chinese Linguistics and the Tenth North American Conference on Chinese Linguis-*

tics. Vol. 2: pp. 652—664. Edited by Chaofen Sun. Los Angeles, CA: GSIL Publications, University of Southern California. 1999.

Wu, Sue-mei 吴素美. The Coverbs in Classical Chinese. Ph. D. Dissertation, The Ohio State University. 1997.

Wu, Sue-mei 吴素美. Instrumentality in Classical Chinese: A Study of the Function Word *yi* 以 with Special Reference to the Confucian Analects. MA Thesis, The Ohio State University. 1994.

刘景农:《汉语文言语法》，中华书局1956年版。

吕叔湘:《中国文法要略》，香港:商务印书馆1942年版。

王力:《古代汉语》(修订本)，中华书局1981年版。

王力:《汉语史稿》，科学出版社1958年版。

薛凤生:《再论古汉语句式的特色》，第二届国际先秦汉语语法研讨会，1996年8月，北京。

薛凤生:《论古文中的主语省略及其对文法研究的影响》，《语文建设通讯》(香港)第24卷，1993年。

薛凤生:《试论连词而字的语意与语法功能》，《语言研究》1991年第1期。

周法高:《中国古代语法:造句编》，台北:“中研院”历史语言研究所1961年版。

薛风生教授诗选

首次返乡喜极而吟

尘埃野马蔽山岗，
沧海无涯映夕阳。
铁翼御风归去也，
浮云尽处是吾乡。

归徐二咏

闻小童唱大风歌有感

莫遣儿童唱大风，
重瞳隆准已无踪。
江山空自换新色，
父老何曾醉太平。
吕雉专权几倾国，
萧何忍辱仅全生。
可怜九里山头月，
还照沧桑彭祖城。

莫遣儿童唱大风，
余哀代代总伤情。
河山百战谁为主，
功过千秋孰作评？
劫后黄楼无片瓦，
旧时燕子但留名。
巍巍淮海新碑馆，
又伴徐民话废兴。

参观徐州师院

应鸣皋院长嘱而题词

天涯为客久，
长忆古彭城。
喜见雄豪地，
英才辈辈生。

过明孝陵

红墙半堵证沧桑，
不见前时纪念堂。
独剩凤阳花鼓调，
流民岁岁唱年荒。

读庄子有感

庄叟有名言，
死生如往还。
是非一指辨，
毁誉众人传。
有用同无用，
无弦即有弦。
从知齐物我，
隐几法天然。

悼严老并序

余八一年至武汉，得拜识严老。每与余论学论世，且及音韵学会之创立，壮心果成。不意十年后仙逝，令人痛惜。

八十老翁何所求，
心伤劫火噬神州。
白云黄鹤人终去，
血雨腥风恨亦休。
猿啸洞庭哀国士，
雾迷江渚送归舟。
音声绝学凭谁继，
一叟曾呼在楚丘。

和绍愚兄庚午岁除见赠

不余知者斥余狂，
君见我狂谓我臧。
自古贤豪重收敛，
都缘人世忌锋芒。
蠖伸匡俗吾无术，
龙隐立言子有方。
岁暮天寒吟白雪，
暂忘佳节在他乡。

戏赠国尧兄

学剑无成改学书，
分声析韵聊自娱。
索居海外知音少，
历劫中原我道孤。
斯学克传其在鲁，
方轮独造空嗟余。
东邻说法归来后，
又有新论飨吾无。